EVA PERÓN

La biografía

EVA PERÓN
La biografía

ALICIA DUJOVNE ORTIZ

TRADUCIDO DEL FRANCÉS
POR LA AUTORA

AGUILAR

AGUILAR

Título original: *Eva Perón. La Madone des sans-chemise*
© 1995, Editions Grasset & Fasquelle
© 1995, Alicia Dujovne Ortiz
© De la traducción: Alicia Dujovne Ortiz
© De esta edición:
   1995, Aguilar, Altea, Taurus, Alfaguara S. A.
   Beazley 3860. 1437, Buenos Aires

ISBN: 950-511-205-X
Hecho el depósito que indica la Ley 11.723
Impreso en la Argentina. Printed in Argentina
Primera edición: Septiembre de 1995
Séptima reimpresión: Julio de 1996

AGUILAR

Una editorial del GRUPO SANTILLANA que edita
en Argentina, Bolivia, Colombia, Costa Rica, Chile, Ecuador,
EE.UU., España, Guatemala, México, Nicaragua, Panamá,
Perú, Portugal, Puerto Rico, República Dominicana,
Uruguay y Venezuela.

ÍNDICE

A la memoria de mis padres,
Carlos Dujovne y Alicia Ortiz.
A mi hija Cynthia Reid
y a mis nietas Ariana y Tahana.

La autora agradece a Héctor Bianciotti y a Anny Amberni,
sin los cuales este libro no habría sido posible,
así como a Louis Lautrec, Jean-Claude Hartman, Mireille Favier,
Jorge Forbes, Graciela Schneier, Betty Milan, Acacia Condes,
Denise Méndez, Renaud Meyer, Jean-Jacques y Jean-Philippe Fleury,
Pascal Garnier, Francis Pinochet, Sabine y David Vergara,
Daniel Gutman, Fermín Chávez, Néstor y Amelia Ortiz Oderigo,
Dalila Dujovne, Dora Dujovne, Marta Dujovne, Mora Hurtado,
Carlos Gaustein y Luisa Valenzuela, por haberla ayudado a escribirlo.

"Sobre Evita ya se ha dicho todo.
O a lo mejor todo está por decirse".

Palabras de Eva Perón poco antes de su muerte.

ILEGÍTIMA

La infancia de Evita. El pueblo natal. Los indios. El estanciero y la cocinera. Los hermanos. El entierro del padre. Reclusión. La muñeca renga. El rostro quemado. La huida a Junín. Mil ochocientos cuatro argentinos felices. Evita quiere ser otra. Días de lluvia. El cine. Evita y el teatro. Los malos muchachos. Evita se va.

Las alpargatas eran negras y el delantal, blanco. Pero todo se iba agrisando con el correr de la semana. Llegado el viernes, el polvo de la calle había equilibrado ese contraste social, jamás previsto por el presidente Domingo Faustino Sarmiento, idealista decimonónico que había impuesto en las escuelas el uso obligatorio del delantal blanco. Para Sarmiento, el uniforme "color de paloma" tendría la virtud de abolir las diferencias entre los niños de la Patria, ricos y pobres, milagrosamente nivelados por la pureza de esa nieve, tan europea. Un libro de Sarmiento -*Facundo, civilización o barbarie*- había grabado en la conciencia nacional esta idea imborrable: la civilización era Europa, y la barbarie, nosotros. Idea que parecía materializarse en la imagen de esos pequeños colegiales, libres, igualitarios y fraternales por obra y gracia de sus delantales civilizados, pero cuyas alpargatas eternamente rotas, y por donde siempre asomaba un dedo gordo ansioso de libertad, revelaban la realidad de su barbarie. Sarmiento, en su entusiasmo, olvidaba los pies: el abismo abierto entre un alumno con zapatos de cuero y otro con alpargatas.

Evita estaba entre estos últimos, pero de modo fluctuante: la pobreza, a diferencia de la abundancia, no es un estado sólido (de ahí la angustia y la esperanza que la acompañan). Todo podía suceder en su existencia frágil, desde mirarse en el espejo de unos zapatos de charol, herencia de sus hermanas, hasta dejar sobre el barro del camino a la escuela los círculos concéntricos de unas suelas de soga. Sólo la limpieza se mantenía inalterable: doña Juana, su madre, mujerona robusta pero hermosa que olía siempre a jabón, almidonaba y planchaba los delantales de sus hijas dos veces por semana. Los jueves Eva y Erminda, su hermana, iban a la escuela inmaculadas como si fuera lunes. Un lujo extraño: hasta los colegiales que nunca usaban alpargatas tenían manchas de tinta llegado el jueves. Un lujo sospechoso: ¿qué pecados pretendía lavar esta mujer tan limpia?

"Vos no sos Duarte, sos Ibarguren". Al entrar a su clase, Erminda había encontrado escritas en el pizarrón las palabras que le daban más miedo en el mundo. Se había puesto a llorar y las otras chicas, según la calidad de sus sentimientos, se habían compadecido, o largado a reír. Ahora, sentada sobre una roca artificial, en la plaza del pueblo, Erminda le describía su mal rato a la hermanita menor, Eva, que escuchaba en silencio.

La plaza de Los Toldos no difería en nada de la de todos los pueblos argentinos: estaba rodeada por la escuela, la iglesia, el municipio, el banco y el almacén. En medio de ese espacio cuadrado supuestamente libre, hecho para pasearse y jugar, pero donde todos se espiaban los unos a los otros, se levantaba la Estatua. El general José de San Martín, sin duda: el mismo que, tras liberar a dos países del poder español, había inaugurado el hábito argentino del exilio. Junto a la admiración por su proeza, su retiro en Boulogne-sur-Mer, donde se había muerto, suscitaba una pregunta turbadora: ¿qué era el "ostracismo voluntario"? ¡Cuántas generaciones de niños argentinos habían cavilado sobre el tema! ¿La civilización, entonces, quedaba en Europa? ¿Y el Libertador se había ido para allá por propia voluntad, a convertirse en ostra? ¡Parecía tan raro! ¿Pero era realmente San Martín el de la estatua de Los Toldos? En esos pueblos de la pampa, que se estiran como un largo bostezo, los muertos célebres inspiran poca curiosidad. El héroe tendría sus razones de estarse allí, en el centro mismo, con su sable y su corcel. Sentadas sobre su roca, las dos niñas se preocupaban escasamente por saberlo. Su problema era otro: ¿Por qué decían en Los Toldos que su apellido no era Duarte?

El por indiferencia o por pereza llamado San Martín no era el único erigido en monumento: también había algunos héroes menores y, horizontales sobre el pasto, dos escudos: el de la Argentina con su gorro frigio y sus laureles y el de la localidad de General Viamonte, llamada así en homenaje a otro héroe militar. Este último escudo estaba compuesto por una vaca, una espiga, una lanza india y una mano blanca que estrechaba otra mano más verde que cobriza. El apretón bicolor reflejaba toda la historia del pueblo: Los Toldos se llamaba de ese modo a causa de los indios (y de sus tolderías), indios simbolizados por la mano de mohoso matiz. Era un pueblito de la provincia de Buenos Aires, fundado sobre la tierra fértil y sin embargo melancólica que se designa como pampa húmeda. Evita ya no vivía con su madre y sus hermanos en la estancia La Unión, propiedad de su padre don Juan Duarte. Pero antes, en un tiempo feliz, solía ir al pueblo con su padre. Él la subía al sulky y la sentaba a su lado. Sacudida por el trote, que el padre reavivaba tirando de las riendas, Evita se daba vuelta largo rato para mirar a los indios, que vivían a medio camino entre la estancia y el pueblo. Eran carreteros y trabajaban para Juan Duarte, acarreando el trigo hasta la estación del ferrocarril. Se llamaban Coliqueo.

Su presencia en plena provincia de Buenos Aires no era nada corriente. Hacia 1879 la Campaña del Desierto llevada a cabo por el general Roca había "limpiado" la pampa de sus últimos indios. Además, los Coliqueo eran mapuches originarios de Chile. Se habían instalado en la región en 1862. Su cacique, Ignacio Coliqueo, se había enrolado con su tribu en el ejército del general Urquiza que venció al tirano Rosas. (Sin duda, en el futuro, Evita habría de reprobar a los Coliqueo, sin gran severidad en vista del cariño: el peronismo reivindicaba a Rosas, caudillo federal, adorado por los gauchos y los negros y gran enemigo de Inglaterra, donde acabó por exiliarse él también aunque en su caso, y para mayor desconcierto de los alumnos, los manuales de historia no utilicen el término "ostracismo", reservado únicamente a San Martín.) Así que después de dar una mano cobriza para derrocar a Rosas, los Coliqueo fundaron un pueblo, destruido dos veces consecutivas por otras tribus iguales, pero rosistas, en el sitio que habría de llamarse Los Toldos.

Evita no podía saber todo eso. En la escuela no se lo habían enseñado. En el mejor de los casos los libros escolares, apurados por desembarazarse de los indios en dos líneas, describían los motivos decorativos de sus rotos cacharros. No se lo habían contado ni en la escuela ni en el pueblo: en Los Toldos casi nadie se podía acordar. La Argentina tiene una historia corta y cultiva el olvido.

Para advertir la presencia de aquellos sobrevivientes, vueltos invisibles por la costumbre, se requerían unos ojos frescos y desolados a la vez: ojos de criatura abandonada. A ellos les debió Evita el haber podido distinguir, sobre los cuerpos de los indios, las huellas de un desconsuelo que, años más tarde, habría de descubrir en sus "humildes" sin dudar un instante. ¿Cómo no haberlas visto si su propio cuerpo infantil estaba marcado a fuego por esos mismos signos, fácilmente reconocibles? Por otra parte, para ella, lucidez y gratitud eran sinónimos: reconocer era ser reconocida. Y justamente con los indios estaba en deuda. El 7 de mayo de 1919, día de su nacimiento, una partera había acudido para ayudar a su madre. Era un amanecer lluvioso. La partera que se había expuesto a la tormenta y al barro formaba parte de la tribu. (Se llamaba Juana, igual que la parturienta: Juana Guaquil. ¿Hubiera podido llamarse de otro modo? Es el nombre de todos los que han contado en la vida de Evita. Juan se llamaban su padre, su hermano, su marido, y hasta la madre de este último era Juana.) Cierto es que para pagar una deuda que se remontaba al día de su nacimiento hacía falta memoria. Y Evita la tenía: era de los que nunca borran. En su alma, amigos y enemigos quedaban clasificados para siempre. ¿Una india se había levantado al alba para hacerla nacer? Entonces, los indios eran buenos. En cambio, los que habían escrito en el pizarrón esas palabras vergonzosas terminarían por pagarlo.

Don Juan Duarte era originario de Chivilcoy, una pequeña ciudad cercana a Los Toldos (cercana teniendo en cuenta las dimensiones de la pampa). En apariencia le había alquilado la estancia La Unión al intendente conservador Malcolm, que lo nombró juez de instrucción. Pero según el padre Meinrado Hux, un benedictino suizo convertido en historiador de la región, las cosas no eran tan simples. En primer lugar, Duarte parece haber comprado, y no alquilado, la estancia de marras, amparándose en un testaferro para engañar al fisco. Además, en 1915, el propio Malcolm lo destituyó de su puesto por malversación de fondos. Duarte era un caudillito conservador con ambiciones personales: un conservador duartista. En su estancia hacía proselitismo a lo grande, sin reparar en gastos. Para una fiesta había hecho venir de la ciudad una orquesta completa. Los gauchos de sombrerazo negro, cinturón de monedas y bombacha bataraza que votaran por él no corrían peligro de pasar hambre: para eso estaba Duarte el magnífico con sus montañas de empanadas de un dorado brillante y ampollado. También las manos de doña Juana que, en su doble papel de cocinera y concubina, las había amasado y rellenado una por una, estaban cubiertas de ampollas.

Un talante generoso que no se limitaba a los feriados. Cualquiera que llegase a La Unión en día de semana podía estar seguro de comer y beber a la salud de don Juan, hombre buen mozo, bien plantado, jovial y deshonesto: los fondos despilfarrados en tamaño regocijo pertenecían a la comuna. Evita no recordaba si el borracho que le había murmurado aquella cosa horrible (y que a nosotros nos ha confiado el padre Hux) era un invitado de su padre, o si salía del bar del pueblo haciendo eses, pero sí se acordaba de lo dicho: "A tu madre la cambiaron por una yegua y un sulky. Es el precio que puso tu abuela doña Petrona para vendérsela a don Juan".

La plaza cuadrada no era territorio exclusivo de héroes bigotudos. También tenía rincones para esconderse. La roca artificial que formaba "cavernas", con su fuente verdosa donde se podían tocar con el dedo los pececitos rojos y observar la desnudez de un dios. La rotonda destinada a la orquesta, con su balaustrada de columnitas panzonas y sus guirnaldas amorosas. Y por fin el ombú, hierba gigante de la pampa cuyas gruesas raíces más que crecidas parecen desbordadas. El ombú que vierte sus entrañas sobre la tierra: cuando los argentinos nos quejamos de no tener raíces, nos olvidamos de ésas donde todos jugamos como en el vientre materno.

Caverna, rotonda, entrañas acogedoras: Evita se escondía para pensar en las cosas dichas y en las cosas calladas. El padre ausente que los había abandonado para volverse a Chivilcoy con su mujer y sus hijos legítimos a los que nadie podía acusar de no llamarse Duarte. Sus tres hermanas -Elisa, Blanca, Erminda-, su hermano Juan y ella, Evita, acurrucados alrededor de una madre-ombú. Familia femenina con un solo varón demasiado mimado: un futuro Don Juan irresistible con pelo de azabache y pestañas de terciopelo, único punto débil de su hermana. Para que una familia se convierta en tribu, soldada en torno a un jefe, se precisa muy poco: prohibir a los otros chicos jugar con esas criaturas "de moral sospechosa" (¿qué importa que tengan seis o siete años, si la madre da el ejemplo?) y seguirlos por las calles de barro y polvo diciendo por lo bajo cosas sobre la abuela. No se necesita más para crear un lazo indisoluble. Evita, miembro de una tribu de mujeres, se encerraba en sí misma, escindida, como todos los humillados de la tierra, entre la solidaridad hacia su clan y la vergüenza de ser parte. Alegre y fantasiosa de puertas para adentro, pero arisca y silenciosa más allá del umbral. Y con rabias tremendas: cóleras que la sacudían hasta el punto de preguntarse cómo un cuerpito enclenque como el suyo podía contener semejante tormenta. En la plaza del pueblo, ni las húmedas grutas ni el ombú con sus rollos de grasa se parecían a Evita: todo eso era su madre. Eva sólo se asemejaba a un arbolito extraño, de hojas y ramas contraídas, que la gente llamaba con mucha propiedad: "sauce eléctrico".

Pasando el pueblo vivía la familia materna, "esos Núñez de por allá", como decía la gente honrada para aludir a ellos, haciendo un gesto con la mano que parecía sembrarlos aun más lejos, más al margen del Centro.

Los Núñez representaban el otro rostro de Los Toldos, el pueblo paralelo. Siempre habían sido diferentes. Siempre, desde la fundación del lugar por don Electo Urquizo, en 1892. En realidad, el fundador de Los Toldos se apellidaba Urquiza, como el general que había vencido al tirano Rosas. Pero don Electo, ya de por sí provisto de un nombre prestigioso, consideró que un hombre como él no podía usar un apellido femenino ... y cambió Urquiza por Urquizo.

Urquizo, pues, abrió una pulpería justo en el sitio en que la tribu Coliqueo había intentado en otro tiempo fundar un pueblo. Allí iban los gauchos a tomarse su ginebrita Bols. El bar servía de relevo para las carretas que iban de Bragado a Lincoln o de 9 de Julio a Junín. Al enterarse de que el ferrocarril iba a pasar por allí, Urquizo compró tierras. Hizo venir a un agrimensor y le ordenó trazar el cuadrado donde San Martín, o quienquiera que fuese, posaría sobre ese ombligo del mundo que es el centro de una plaza. También mandó levantar la primera iglesia.

Pero un pueblo necesita habitantes. Demasiado desalentados para intentar de nuevo, los Coliqueo se quedaron en sus tolderías. Entonces nuestro Urquizo apeló a los criollos. Detrás de los criollos apareció una multitud de italianos, españoles, vascos y franceses. En 1895 se fundó en Los Toldos la Asociación Franco-Española. En 1903, la Asociación Francesa. Sea cual fuere su país de origen, los inmigrantes tenían el mismo sombrero modelado por la lluvia y los mismos ojos de iluminados. Todos lloraban la pérdida de una tierra, una casa, una novia, un perro. Esa mezcla de pérdidas dio nacimiento al tango.

El padre de Juana era vasco, carretero, y hubiera debido llamarse Juan como los otros, para respetar la simetría de esta historia. Pero se llamaba Joaquín. Quizá por eso mismo se instaló al bies, para evitar el cuadrado central, el de los buenos y honrados vecinos. En lugar de dirigirse a don Electo Urquizo, viró hacia un lado y fue a darse de bruces con ese otro fundador de poblaciones que fue Espíritu Núñez: un nombre aun más prestigioso, si cabe, y un apellido felizmente neutro, que no necesitaba cambiar de género.

Espíritu Núñez era el patriarca de "esos Núñez de por allá". Tal vez Petrona Núñez, la abuela de Evita, haya sido una de sus hijas ilegítimas.

Por su rama materna Petrona descendía "de esas cantineras ambulantes, trashumantes, que satisfacían las pasiones de los soldados durante la Campaña del Desierto", como lo afirman Borroni y Vacca en su biografía de Eva Perón. ¿Era "trashumante" también ella, o se limitaba a llevar la trashumancia en la sangre, un vagabundeo ancestral, una capacidad de sobrevivir "satisfaciendo pasiones", que Evita heredaría?

Petrona fue amada por el vasco Ibarguren, que prefería los poblados excéntricos, y por varios otros más. Dio a luz dos criaturas: Juana Ibarguren, a la que, según el borracho, cambiaría por una yegua y un sulky, y Liberata Núñez de Valenti. El día en que Evita se casó con Perón, doña Juana se apresuró a olvidar que tenía una hermana.

Siguiendo su ejemplo Evita, en su historia oficial, borró del mapa el pueblo de Los Toldos. Su hermana Erminda cuenta en sus memorias que a la muerte de Petrona, en 1927, Evita, aún muy niña, había llorado a su abuela con auténtica desesperación. La descripción de la escena, donde se ve a la niña deshecha en llanto, tiene aspecto verídico. ¿A quién creerle? De ser ciertas las palabras del borracho, se comprende muy bien que esta tribu de mujeres haya escondido a la vieja Petrona en su ranchito miserable ("rancho cariñoso", como decían en Los Toldos), y hasta que hayan fechado su muerte con veinte años de anticipación: en efecto, el padre Hux sostiene que Petrona gozó de larga vida. Según él, no abandonó este mundo hasta el 29 de mayo de 1953, justo un año después que su célebre nieta. Pero entonces, ¿quién es la Petrona Núñez muerta en 1927, cuya tumba hemos hallado en el cementerio de Los Toldos? Misterios de una memoria agonizante, que a menudo nos habrá de asombrar a lo largo de esta historia, como si, al elegir una versión en vez de otra, cada biógrafo de Evita y cada testigo de su vida se narrase a sí mismo. Misterios femeninos, también. El de Evita era un tiempo de secretos, de palabras prohibidas. Las familias callaban nombres y fechas, escondían amantes y enfermedades. Pero más allá de las traiciones necesarias para la vida, o para la supervivencia, una ciega fidelidad convierte a Petrona, Juana y Eva en tres etapas del mismo camino.

Para andar por el tramo que le tocara en suerte a la del medio, hacía falta coraje. Abandonada por Juan Duarte, doña Juana se fue a Los Toldos con sus cinco hijos y alquiló una casita de ladrillos en la calle Francia. Era una sola pieza dividida por un tabique. La cocina tenía piso de tierra. Pero Juana era propietaria de una preciosa Singer con arabescos de hierro forjado. La máquina de coser le permitió confeccionar bombachas de paisano para un almacén que se las entregaba cortadas. Pasaba tantas horas sentada ante su máquina que le explotaron las venas de las piernas. Cada mañana sus hijas la sostenían por las axilas para ayudarla a levantarse. Entonces recomenzaba el ritmo de la aguja que medía el tiempo con centímetro.

Pero a pesar de su gordura, sus várices, sus niños, todavía gustaba. Necesitaba un protector y encontró a varios. El más importante fue don Carlos Rosset, un estanciero que financió la campaña del doctor Heubert, intendente de Los Toldos alrededor de 1928. ¿Rosset financió también a doña Juana? El continuo pedaleo sobre la máquina Singer nos indica que no del todo. Pero Rosset, propietario de la casa, debió ser comprensivo con el cobro del alquiler. Además intercedió ante el intendente Heubert para emplear a Elisa en el correo del pueblo y a Juancito, el único varón, como chico de los mandados en el Consejo Escolar. Blanca se había ido a Bragado para estudiar de maestra.

A ojos de Evita, don Carlos hizo más que perdonar alquileres. Los días de lluvia su chofer tenía orden de aparecerse en lo de Juana para llevar a los chicos al colegio. Subirse a una Chevrolet que olía a cuero y a cigarro, ¡qué maravillosa aventura! A todo lo largo del camino Evita iba cantando y acariciando el asiento lustroso. Y vivía al acecho de la mínima nube, esperando la lluvia para sentirse princesa.

Unos vecinos de Los Toldos, que han preferido conservar el anonimato, nos han confiado que don Carlos murió, años más tarde, en la cama de doña Juana. Por ese tiempo la tribu casi femenina vivía en Junín. Alfredo, el hijo de Rosset, fue a buscar el cuerpo. Más tarde doña Juana protegió a ese muchacho. No bien tuvo poder para hacerlo, le consiguió un nombramiento de inspector municipal. Eva Perón, en cambio, se mostró implacable con la hermana de Alfredo, Lina Rosset, que era cantante lírica y a la que, según dicen, le impidió cantar en el Teatro Colón.

¿Contradicciones, caprichos de Evita o motivos oscuros? Esos mismos testigos sin nombre insinúan la existencia de un sorprendente parecido entre Lina Rosset (que ha hecho una brillante carrera internacional y ha llegado a cantar en la Scala de Milán) y Evita misma. A sus medio hermanas titulares, en cambio, Eva las frecuentó y ayudó, tal vez para sentirse, también ella, un poco legítima.

Y sin embargo, su primer encuentro no fue de los que se olvidan fácilmente. Los hijos legítimos e ilegítimos se conocieron el día del entierro de su padre. En 1926, don Juan no halló nada mejor que morirse en un accidente de automóvil. Era como abandonarlos por partida doble. Para la niña, al menos, fue un segundo abandono. ¿Cómo perdonarle ambas cosas: haberse ido y ni siquiera esperar a verla crecer? Al morir tontamente, antes de tiempo, el padre destruía su sueño de ir a verlo algún día, hermosa y elegante como una reina. El traidor hubiera suplicado perdón de rodillas y ella hubiera permanecido majestuosa cual estatua de mármol. Ilusiones perdidas.

No se sabe en qué fecha los abandonó por propia voluntad. Las opiniones divergen. Algunos autores consideran que se volvió a Chivilcoy después del nacimiento de Evita. Borroni y Vacca llegan a sugerir cierta relación entre ese abandono y la recién nacida. ¿Concebiría dudas sobre su paternidad? Pero otros testimonios, entre ellos el del padre Hux y el del historiador Fermín Chávez, hacen pensar que Evita conoció a su padre durante los primeros años de su vida. Es la hipótesis que hemos retenido, por encontrarla lógica. Además el hecho de que, años después, Evita haya buscado a un hombre rodeado de partidarios y de fieles, como en menor escala lo fuera el padre, reafirma esta idea. Se sentía hija de "trashumante", pero también de líder.

Se cree que la esposa legítima de Duarte murió en 1922, dos años después del nacimiento de Evita. Quizá por eso, al casarse con Perón, Evita sustituyó su partida de nacimiento por un falso documento que la hacía nacer en 1922 y no en 1919. ¿Por quitarse la edad? Según Fermín Chávez, la verdad es muy otra: nacida en vida de la esposa de su padre, Evita no era solamente hija ilegítima sino, además, adulterina. Y un militar de carrera no podía casarse con un fruto del adulterio. Había que borrar el oprobio situando la fecha del nacimiento después de la muerte de la señora Duarte y, ya que estaban, en el documento apócrifo la volvieron legítima.

A la muerte de dicha esposa legítima doña Juana habría ido a Chivilcoy para llevar una corona. El padre Hux afirma que no fue recibida con todos los honores. Esta actitud desafiante de doña Juana nos revela hasta qué punto se sentía ofendida. ¿La difunta había sospechado siquiera que existiera una Juana en la vida de su esposo? Debió fingir que no, y decirse que un hombre, lejos de su familia, necesita mujer. Para mantener los lazos sagrados del matrimonio, más valía cerrar los ojos. De vez en cuando iba a La Unión para ver a don Juan y reforzar los lazos. Entonces la ilegítima también disimulaba, escondiendo a sus niños y apareciendo a la luz del día en su papel de cocinera.

Los apellidos de Duarte y de su mujer tenían un parecido nada casual: eran un solo y mismo apellido. Siempre según Fermín Chávez, ella se llamaba D'Huart, y no Duarte, por culpa de algún empleado del puerto de Buenos Aires, mareado en tierra a fuerza de dialogar con inmigrantes que no sabían castellano. Cuando esta familia vasca -Duarte, D'Huart, Diuart o Douarte- desembarcó en nuestras costas barrosas proveniente de Pau, cada uno de sus miembros balbuceó su apellido ante un criollo diferente que lo escribió a su modo. También están el cansancio del viaje, el desaliento ante la explicación que se sabe imposible. Frente a semejante incomprensión, el inmigrante baja los brazos: "¿Cómo quiere que me llame? ¿D'Huart? ¿Duarte? Y bueno, qué me importa. Yo lo único que pido es una cama para dormir".

El padre de Juana había tenido mejor suerte: un apellido vasco español, en Buenos Aires, no era difícil de escribir. Agreguemos a esto que la madre de Juan Duarte se llamaba María Echegoyen y llegaremos a la conclusión de que Evita era vasca por tres de sus costados. Hasta su padrino y su madrina pertenecían a ese pueblo porfiado: los nombres de don Antonio Ochotorena y de doña Paz Michotorena, que parecen elegidos por amor de la rima, ocupan todo un renglón de su partida de bautismo, su único documento auténtico, el único que no se vio obligada a falsificar (porque Evita gozó de todos los poderes, salvo de uno: el de decir la verdad).

De modo que don Juan murió viudo. Y ese día, doña Juana demostró su terquedad: ella, contra viento y marea, era la viuda de Duarte. Se vistió en consecuencia, de negro, cosió a las apuradas cuatro vestidos y un trajecito de luto, y la tribu partió hacia Chivilcoy.

No podía ignorar a qué se exponía y lo afrontó sin vacilar, por bravata, para mostrarle al mundo que se daba su lugar, que no faltaba a su deber. Se sabía capaz de dar la cara y lo hizo, pero sometiendo a sus hijos a una prueba de imprevisibles consecuencias: una media-hermana les impidió pasar y los cinco se quedaron en la calle mientras la madre discutía.

Estaban acostumbrados a los desaires. Algunos, en Los Toldos, no los saludaban. Otros sonreían ostensiblemente viendo a Elisa o a Blanca charlar con sus novios delante de la casa: de tal palo tal astilla. No por eso se les había puesto piel de elefante. En pequeñas dosis las ofensas refuerzan la voluntad, pero en fuertes proporciones la ablandan o se enquistan en la memoria. Este último era el caso de Evita.

Tenía siete años cuando la expedición a Chivilcoy. Su madre la había conducido hasta allí sin preocuparse por ella, sólo para afirmar su propia dignidad. No cabe duda de que Evita debió odiarlos a todos: a los legítimos porque la miraban como si viniera de otro planeta y a su madre por venir sin lugar a dudas de algún sitio muy raro.

Por fin, los cinco Ibarguren que querían ser Duarte pudieron besar al yacente de nariz afilada y seguir a su madre en fila india, detrás del cortejo. Eva, la más chiquita, caminaba al final. El cementerio quedaba lejos, aquel 8 de enero, en pleno corazón del verano. Para un vasco de verdad es el momento o nunca de jurarse que algún día marchará a la cabeza.

Así pues, por las calles del pueblo volaban nubarrones de polvo, literales y figurados, que los forzaban a cerrar las celosías: ¿qué remedio quedaba? Los Ibarguren-Duarte vivían replegados y se inventaban su vida. Por suerte doña Juana tenía varios otros méritos, aparte del de matarse trabajando. Es claro que no ahorraba sacrificios. Cuando le pedían que aflojara el ritmo de la Singer, su respuesta era invariable: "No tengo tiempo que perder". Palabras que, quizá sin darse cuenta, Evita repetiría tiempo más tarde.

Pero los sacrificios no lo eran todo. A diferencia de su hija, doña Juana no era enemiga de la carne. Los viejos de Los Toldos la justifican diciendo: "Todo lo que hizo fue por sus hijos", describiéndola como a "una leona que defiende a sus cachorros". Detrás de "todo lo que hizo" debe leerse entre líneas: "sus amores". Quienes no necesiten de ninguna justificación quizás intuyan que, en su vida, un poco de placer iluminaba el cuadro de la necesidad.

En cambio sus hijas tenían que ser lindas, correctas, impecables y casarse como se debe. Grandes ambiciones, muy diferentes de la yegua y el sulky. Juancito sí que comenzaba a inquietarla con sus costumbres de farrista. ¿De dónde había sacado su automóvil azul, marca Ruby, si en ese tiempo los únicos con auto eran los ricos? Pero por más que a doña Juana la preocuparan la pereza y la ganancia fácil, su carácter distaba de ser plomizo. En la casita de ladrillos y en el terreno rodeado por un arbusto espinoso con florecitas amarillas, soñar con otra vida era posible.

Eva y Erminda aprovecharon el permiso (la segunda lo ha narrado en su libro *Mi hermana Evita*). Para ello contaban con Juancito, que las había ayudado a fabricar un piano con una caja de madera, un piano que sonaba de verdad. Les hacía barriletes y casitas en el fondo del jardín. Los días de lluvia las chicas se instalaban a escuchar el canto de las gotas sobre el techo de zinc. Un remedo de circo le permitía a Evita hacer de equilibrista, y cualquiera hubiera jurado que la cuerda tendida entre un sauce llorón y un árbol del paraíso era su verdadera tierra. Elisa, la mayor, les cosía los trajes de payaso y los vestidos de carnaval. Un año memorable en el que Erminda se disfrazó de gitana Evita, envuelta en tules azul oscuro todos sembrados de estrellas, fue el Hada de la Noche.

Un pedazo de tela y un poco de dorado bastaban para lograr el milagro. Hasta que un día de Reyes Evita demostró sus pretensiones: ella quería una muñeca grande. Desesperada, doña Juana corrió al bazar del pueblo y, a fuerza de buscar, descubrió una imponente muñeca con la pierna quebrada, que le costó dos céntimos en vista del defecto. El 5 de enero, por la noche, acostó a la muñeca en los zapatos (o las alpargatas) de su hija dormida. Por la mañana Evita la tomó entre sus brazos y la miró asombrada. Era el momento que esperaba la madre para explicárselo todo. ¡Pobre muñeca! Estaba renga porque se había caído del camello pero, justamente por eso, necesitaba cariño. Al oír estas palabras Evita estrechó con fuerza a la muñeca rota, a la que algo le faltaba pero... ¿qué? Los psicólogos, siempre listos para calificar de "fálicas" a las mujeres con poder, se han precipitado sobre esta anécdota infantil para observar que a la muñeca le faltaba una pierna y a Evita... un pene.

Sin ir tan lejos en la interpretación, lo interesante de la anécdota, más que Evita, nos parece la madre. A Doña Juana no le faltaba imaginación. Una madre austera y aburrida habiera comprado una muñeca diminuta, aprovechando para dar un sermón sobre las realidades de la vida. Por el contrario, la reacción de la tribu fue exagerar el juego, llevando de la mano, con infinitas precauciones, a la pequeña accidentada. La familia estimulaba la ilusión, ovillada en el interior de un vientre cálido y lleno de fantasía. Sin embargo, Elisa le cosió a la muñeca un vestidito largo que le tapara la rotura, porque el defecto, la carencia o la vergüenza son cosas que se ocultan.

Morenita y paliducha, Evita tenía el pelo castaño oscuro cortado "estilo paje". El detalle revela que la madre, por comprensiva que fuera en lo tocante a las muñecas, no carecía de sentido práctico. Es como si se la oyera: "El pelo corto es más fácil de mantener y atrae menos los piojos. En cambio el pelo largo impide crecer porque se agarra toda la fuerza del cuerpo. Y además lo digo yo y basta". Pero las chicas sueñan con largas cabelleras, de ser posible ondeadas y doradas. En cuanto pudo, la pequeña morocha realizó ese sueño femenino que escapa a la consideración de los psicólogos. Lamentable olvido: los peinados de Evita van contando su historia, y el paso de los rulos tímidos o audaces al rodete apretado es más locuaz que mil discursos.

Tenía la piel mate y marfileña sin un atisbo de rosa: la típica piel de una morocha blanca. ¿Era de nacimiento la transparencia de esa piel, o fue por accidente que se volvió tan rara? Erminda cuenta en sus memorias una historia asombrosa. Un día Evita estaba en la cocina mirando las llamitas azules que bailaban en ronda sobre el calentador de bronce bien pulido y brillante. Suponemos que ese calentador tenía un nombre prestigioso y en latín, como los que se escuchan en misa: Primus. Fascinada por el fuego y el oro (otro metal para ella no existía), la niña se fue acercando hasta que la sartén llena de aceite se le cayó en la cara. Gritó muy poco. Al ardor de la quemadura le sucedió una especie de letargo. Los ojos le brillaban abiertos en una costra negra que cubrió su rostro como una máscara. Con el paso de los días esa costra se secó y se arrugó. Cuando acabó de caerse la piel de Evita era demasiado perfecta: tan lisa y tan pulida que parecía piel de sirena, o piel de muerta.

Así como la política le había permitido a doña Juana maniobrar, por intermedio de Rosset, para emplear a Elisa y a Juancito, la política también se encargaría de demoler el frágil edificio. Al menos ella lo creyó, o fingió creerlo para sacar provecho de la nueva situación. En efecto, el doctor Heubert había sido reemplazado por un intendente radical, Pascual Lettieri.

El testimonio de este último tiene el valor de describirnos a una mujer valiente y maliciosa capaz de adelantarse a los acontecimientos. He aquí la escena tal como ese testimonio nos permite imaginarla. Después del triunfo de Lettieri, la gruesa señora, linda como siempre, hace su aparición en la municipalidad. De lejos se le huele el agua de colonia: es una de las pocas pueblerinas que se perfuman. ("Siempre parecía recién salida de la bañera", nos ha contado la fotógrafa Anne-Marie Heinrich.) El intendente la espera con dos testigos. Está de acuerdo en recibirla pero, por cuidarse la espalda, ha hecho venir a un tal Castagnino y a un tal Azcárate. En otros términos, la conoce y se prepara para una escena. Ella va derecho al grano: "Y ahora -le dice poniéndose en jarras-, ¿qué va a hacer con Elisa? ¿La piensa echar?" "Mucho me temo que sí", admite Lettieri. Entonces doña Juana se larga a llorar. Y él no sabe qué hacer ante esas carnes abundantes, sacudidas por los sollozos bajo el vestido de florecitas.

Carnes de pecado, turbadoras, de las que tiene noticias: en un pueblo como ése, todos los hombres van al mismo café, así sean conservadores o radicales. "Y bueno... le podría conseguir un traslado", propone a media voz. Al oír estas palabras, doña Juana alza la cabeza, pliega los ojitos chispeantes de astucia como enhebrando un hilo y contesta sin vacilar, con un tono de triunfo y de avidez que la traiciona: "Sí, a Junín". "Lo tenía todo pensado desde antes, la muy diabla", habrá de relatar el intendente en un tiempo futuro, cuando la historia haya adquirido inusitado interés. Él, que en el fondo disfrutaba de su flamante poderío y que intentaba aparentar severidad para después mostrarse magnánimo, pero tan poco firme que había necesitado un par de escudos humanos para poder protegerse, al fin terminaba por comprender: haciéndose la víctima, doña Juana lo había utilizado. La que quería irse del pueblo era ella.

La tribu de esta mujer bíblica abandonó Los Toldos por la noche: dejaban deudas sin pagar. Evita, por su parte, dejaba a su compañera del colegio, Ema Vinuesa, una de las pocas que no tenían prohibido jugar con ella. Atrás quedaban también la pobre inválida a la que Evita consolaba cantando, bailando y haciendo de payaso y la dama solitaria que tenía en su casa un verdadero altar. Todos los domingos, después de misa, la devota señora llamaba a los chicos para mostrarles al Niño Jesús, y cada vez temblaba de emoción como si fuese la primera. Y los niños temblaban también, por gusto de revivir la emoción (así como más tarde, en la Plaza de Mayo, el pueblo va a querer revivir ese mismo temblor en los discursos mágicos de Evita).

No sabemos qué medio de transporte se empleó en la mudanza, pero sí sabemos que se alejaron por la pampa puesto que de Los Toldos a Junín, y hasta mucho más lejos, no hay más que pampa. Una pampa especialmente concebida para irse "como quien se desangra", según dice Ricardo Güiraldes en *Don Segundo Sombra*. Todo el pasado y todo el presente de quien se va por la pampa perduran sobre la tierra de horizonte infinito. Y sin embargo, por esa tierra chata les parecía estar subiendo. Irse de Los Toldos a Junín era como ascender. En Junín doña Juana no era tan conocida. Ya no oirían hablar de yegua ni de sulky. Lo peor quedaba atrás.

La crisis llora en el tango

Si afirmamos que el argentino verdadero, real, es el que tiene tierras, el lector no deberá imaginarse en modo alguno una huertita. Por el contrario, le aconsejamos cerrar los ojos para poder concebir esta idea impensable: según Navarro y Fraser, la Argentina de 1930 estaba en manos de 1804 propietarios. Esos 1804 argentinos felices habían heredado sus tierras: sus antepasados se las habían quitado a los indios o las habían ganado durante las guerras civiles. El gobierno les debía el favor: ¿acaso, como prueba, no habían exhibido una oreja violeta por cada indio muerto?

Antes de la repartija la pampa no era de nadie: una tierra de nómades cuya misma inmensidad impedía quedarse en ningún sitio. Cuanto más se cabalga más retrocede el horizonte. Entonces uno sigue cabalgando para saber si el horizonte termina o continúa. (¿El escritor argentino Héctor Bianciotti no dice que la falta de límites hace sentirse prisionero?) Los gauchos perpetuaron el movimiento de los indios pero, hijos de la violación y desgarrados por el mestizaje, nunca pudieron ser padres ni maridos ni miembros de un grupo. Sembraban hijos y se iban. Cuando tenían hambre les bastaba con enlazar una vaca de las miles sin dueño que ennegrecían la llanura. Desmontaban, la degollaban, le cortaban la lengua, asaban en las brasas el pedazo elegido y se volvían a ir, dejándoles a los cuervos la vaca entera.

Pero el país había cambiado desde entonces. Ahora sólo los oligarcas, que así se llamaban los 1804 afortunados, vivían en libertad: seis meses en la estancia y seis en París. Cuando tomaban el barco rumbo a Europa, los nómades de lujo se preguntaban seriamente si no sería mejor llevarse una vaca para tomar buena leche en Biarritz.

Los dos millones y medio de argentinos que no pasaban vacaciones en Francia flotaban en una suerte de irrealidad. Al no poseer tierras, no se sentían realmente argentinos. Eran "trashumantes", inmigrantes en su propio país. La clase media "desterrada" descendía justamente de inmigrantes. Algunos de ellos habían alquilado sus tierras a los 1804 afortunados e inventado la agricultura argentina: gracias a los italianos, ese país carnívoro descubrió el tomate y la lechuga. Pero la mayor parte se había agrupado en la superficie del país, esa espuma de los días que son Buenos Aires y algunas otras ciudades de menor importancia. En 1930 todavía llegaban inmigrantes europeos. Pero ya en el interior se anunciaba un movimiento: los sin tierra se ponían el atadito al hombro y rumbeaban para Buenos Aires o, en el peor de los casos, para algún punto intermedio, por ejemplo Junín.

¿Por qué ese movimiento? Porque la crisis mundial de 1929 no había perdonado a la Argentina. El país dependía de sus exportaciones. Su moneda llevaba grabados los dos símbolos de su fortuna: una cabeza de vaca y una espiga de trigo. Pero el peso reflejaba la libra esterlina. País especulador, la Argentina se había beneficiado con la Primera Guerra. Su neutralidad era sólo formal: económicamente formaba parte de la Commonwealth. Alimentando y calzando a los ingleses se había vuelto rica. Los años veinte fueron su época de oro. Buenos Aires, la Reina del Plata, era la ciudad más grande de América Latina y la tercera del continente después de Nueva York y de Chicago. El nivel económico del país era el del Canadá. La oligarquía laica y liberal continuaba alentando la inmigración europea y burlándose de ella: ¡qué divertidos esos napolitanos sentimentales que vendían sus lechugas cantando con el clavel en la oreja! ¡Y qué brutos esos gallegos con una ceja unida sobre la frente angosta!

Pero seguían siendo necesarios. Sin embargo, cuando los radicales encabezados por Yrigoyen ganaron las elecciones en 1916 y en 1926, la oligarquía comenzó a preocuparse. Los radicales representaban a las clases medias descendientes del napolitano con el clavel y del gallego con la ceja. ¿Pretendían acaso gobernar el país?, se preguntaban los propietarios tradicionales de la Argentina. En eso estaban cuando estalló la crisis mundial.

Entonces los 1804 decidieron retomar las riendas y, en 1930, apoyaron el golpe de Estado del general Uriburu, adversario y vencedor de Yrigoyen. Los 1804 no ignoraban los cambios que se habían producido en el seno del ejército: atrás habían quedado los militares obedientes que se contentaban con desfilar en las ceremonias patrióticas y con peinar sus bigotazos de puntas caídas. Ahora copiaban el modelo germánico y hasta usaban cascos prusianos con una punta de lanza como adorno. Hasta ese momento la oligarquía anglófila y francófila los había utilizado sin mayores problemas. Pero en vista de su creciente germanofilia y su ambición de poder, en 1932 esa misma oligarquía despide a los militares como solía hacerlo con las sirvientas y, durante toda una década, se mantiene en el poder gracias al fraude electoral.

¿Qué relación existía entre esta situación y la inmigración interna? La respuesta es simple: para combatir la crisis venida de otras latitudes (aunque, bien mirado, la propia Argentina se hallaba en esas mismas, lejanas latitudes, a las que reflejaba fielmente y a las que a toda costa pretendía acercarse), la oligarquía en el poder pasó de un liberalismo puro a una política proteccionista que dio como resultado una industrialización acelerada. Hubo que fabricar en casa los productos hasta entonces comprados en Europa. La mayoría de las fábricas se instalaron en Buenos Aires. Y un exceso de mano de obra provinciana trajo como consecuencia las delicias del progreso: desocupación y problemas de alojamiento. Frustraciones reveladas por el tango en forma de alusiones a la ropa: no hay tango de los años treinta que no hable de la muchacha de barrio vestida de percal y de la mala mujer con tapado de armiño.

El tango también alude al conventillo, esa casa destartalada donde convivían varias familias que se reunían en el patio común. Cada uno hablaba el castellano a su manera. En ese sitio, el patio, convertido en escenario del mundo, nació el teatro argentino: encuentro de Mustafás, Giuseppes, Manolitos o Dimitris a los que todo les faltaba, menos chispa. El teatro que inspiraron se llamaba sainete y era para llorar, pero de risa.

Curiosamente el tango no dice nada del hambre ni de las ollas populares que en las calles de Buenos Aires daban de comer a las víctimas de la crisis: hombre pudoroso y aristócrata, el argentino de aquel tiempo no se quejaba de nada que no fuera lujoso. Nunca lloró porque a los suyos les faltase el pan: así como no habían existido para el gaucho, la esposa y los hijos tampoco existían para el tango. Tampoco el padre. Sólo la santa madrecita era digna de que un hombre llorara por ella (aunque también se lamentara por el tapado de armiño). Sea cual fuere su origen, el argentino seguía siendo el solitario que abandonaba a los cuervos la vaca entera. Ese porteño que, en *El hombre que está solo y espera* de Raúl Scalabrini Ortiz, pasaba horas en una calle del centro, apoyado en la pared. ¿Esperaba algo, en realidad, o rumiaba su rencor por no poder pasar seis meses en París, enamorado de la madre, de la muerte, odiando a la mujer, descreyendo del futuro y tornándose hacia un pasado que nunca volvería?

Junín era una ciudad pequeña. Más grande que Los Toldos, pero pequeña. Sin embargo, se había convertido en un nudo ferroviario capaz de atraer a una multitud de obreros llegados de todas las provincias. Era un vivero de anarquistas puros y austeros y de socialistas cándidos y pomposos que vibraban al son de los más altos ideales. El movimiento sindical argentino prometía. ¡Ah, si no hubiera aparecido el peronismo a distribuir regalos entre los obreros la historia habría sido tan diferente! Pero no cedamos a la tentación del tiempo condicional y volvamos a las aventuras de doña Juana Ibarguren y su tribu que, en este mismo instante, acaban de desembalar sus pobres enseres: unos tules azules, una muñeca renga y un Primus de oro puro, aunque agrisado por el polvo del viaje.

Norma Shearer en Junín

A doña Juana la suerte le sonrió más que a otros. Elisa tenía trabajo en el correo, Blanca era maestra y Juancito estaba empleado en una empresa, la del Jabón Federal. Gracias a ello la tribu no conoció la auténtica miseria, que consistía en vivir en los barrios precarios construidos para los recién llegados del otro lado de las vías. Los Ibarguren eran pobres pero no miserables. La diferencia está en la casa. Mientras un pobre viva en una casa verdadera, hecha con materiales adecuados, sigue siendo él mismo porque su casa lo construye. Un rancho de adobe lo construye también. Pero al cambiar su casa o su rancho por unas chapas encimadas de cualquier modo, su alma se deshace.

Al amparo de una casa modesta, pero con geranios en el patio, la tribu de Los Toldos no se deshizo. Tampoco se arraigó: su condición de trashumantes los obligó a mudarse tres veces, aunque sin alejarse del centro de Junín. No tenían ni tierra ni padre de familia. Sus señas correspondían a las del tango de Gardel: "Eran cinco hermanos/ y ella era una santa". Claro que doña Juana, por suerte para ella y para sus cinco hijos, carecía de aureola. Pero alcanzaban, por fin, otro nivel social. Fue ahí cuando la madre tuvo la luminosa idea de cocinar en su casa para señores solos.

Hasta Borges ha dicho que doña Juana tenía un prostíbulo en Junín. Los antiperonistas anhelantes de detalles escabrosos han fantaseado mucho con esta imagen. Es que los argentinos, en política, siempre se han aburrido. Para entenderlo basta ver los documentales de antes del peronismo (y de después también). ¿Quién podía soñar viendo a esos militares con la frente ya angosta de por sí, partida por la visera de la gorra, o a esos civiles ahorcados por sus corbatas, pero todos tan serios como perro en bote, para emplear la metáfora más insustituible de la lengua argentina? El régimen peronista fue el único que se atrevió a mostrar mujeres. Sus adversarios lo criticaban, pasándose en secreto la lengua por los labios. Ningún otro gobierno llenaría como éste sus noches de insomnio. Una doña Juana más bien alegre les resultaba poco. De todo corazón hubieran deseado que tuviera un prostíbulo.

Por desgracia para ellos no fue así. En la casa de Junín no había sitio para tanto. Lo más que pudo hacer la pobre doña Juana fue alojar en un rincón a algún adolescente de Los Toldos que estudiaba en Junín. A la hora del almuerzo confinaba a sus hijos en la cocina y reservaba el comedor para tres huéspedes distinguidos: el mayor Alfredo Arrieta, comandante de la repartición militar, don José Álvarez Rodríguez, rector del Colegio Nacional, y el hermano de este último, el abogado Justo Álvarez Rodríguez. A veces los tres comensales recibían la visita del doctor Moisés Lebensohn, célebre periodista y dirigente radical de inmaculada probidad, al que volveremos a encontrar en este relato. Para probar la inocencia de aquellos almuerzos, basta con su presencia.

Los tres señores comían juntos. Había pocas cantinas en Junín y la comida simple y abundante de doña Juana les resultaba preferible. Hablaban de política en voz baja, con extremada finura, secándose la comisura de los labios y volviéndose a colocar sobre las rodillas las servilletas impecables. Evita los espiaba desde la cocina, ansiosa por saber cómo se hacía para ser "persona bien". Elisa y Blanca espiaban con ella pero, a la hora del café, tenían permiso para mirarlos de frente.

Limpias a más no poder, vestidas con esmero y maquilladas con discreción, tenían una mezcla de sufrimiento con aspiraciones de decencia que les daba un aire interesante. Más tarde, Elisa revelaría una ambición similar a la de Evita. Blanca y Erminda eran más suaves, más apagadas. Pero las tres le hacían caso a la madre. Ésta ha debido sugerirles que dirigieran a esos hombres corteses una sonrisa decorosa y ellas han debido ponerlo en práctica, dado que la mayor, Elisa, terminó por casarse (algunos dicen "juntarse") con el mayor Arrieta, y Blanca, con el abogado Álvarez Rodríguez.

El buen Dios había escuchado las súplicas de Juana. Claro que el cuadro presentaba algunos defectos: menos afortunada que sus hermanas, Erminda se casó con un ascensorista llamado Bertolini, del que se divorció en el contexto del suicidio -o del asesinato- de Juancito Duarte en 1953. Empleado de la empresa del Jabón Federal, el Juancito de los años treinta usaba traje de lino y saludaba levantando el panamá, al volante de un Packard que le había regalado el mayor Arrieta. Era cautivador, vivaz, y su fino bigotito volvía locas a las chicas.

Las pretensiones de Evita eran distintas: ella quería ser otra. Lo era, en realidad, igual que sus hermanas y su hermano: su nacimiento mismo la dividía en dos. ¿Acaso no tenía "doble pertenencia", según la expresión del sociólogo Juan José Sebreli? ¿No descendía a la vez de estancieros (el padre) y de desposeídos (la madre)? ¿Y esta doble pertenencia no era característica de un país mestizo, un país-espejo, desgarrado por su ansia de ser otra cosa, de hallarse en otro lado?

Sin embargo, ni sus hermanas ni su hermano estaban partidos, como ella, por una línea medianera casi visible. Las familias y las naciones siempre producen a alguien nacido para sentir lo que los otros olvidan. Fue así como el carácter de Evita se volvió más y más contradictorio. Sus compañeras del sexto grado la hallaban dulce, pero la sabían dominante. Una de ellas, Elsa Sabella, nos ha dicho que Evita era "mandona". Había repetido un grado y tenía catorce años en vez de doce, como todas las demás. Era "la grande" de la clase: pertenecía a la raza de esos alumnos malditos, a la vez más taimados y más torpes que los otros, que inspiran una mezcla de miedo y atracción. El regalo de fin de año para la maestra le había permitido dividir la clase: la mitad de los alumnos se inclinaba por un misal, pero la otra, encabezada por Evita, prefería un rosario. Tierna y autoritaria, con sus ojos soñadores y penetrantes y sus gestos bruscos y serenos, ¿cuántas letanías de términos opuestos no iría a desencadenar más adelante? Santa y prostituta, "aventurera y militante", hada y mártir, el "mito blanco" y el "mito negro".

Era otra y no quería dejar de serlo. Los esfuerzos de su madre y sus hermanas por ser como los demás sólo le inspiraban desprecio. Su orgullo le impedía sumarse a esa campaña de adaptación, por otra parte destinada al fracaso: los ecos de la reputación de doña Juana habían llegado hasta Junín. Tampoco aquí sus compañeras de clase tenían permiso para jugar con ella. A los esfuerzos femeninos, tan vanos, prefería mil veces el desafío de Juancito, la elegancia con la cual imponía su estilo. Ser otro también es volverse intocable a fuerza de belleza, dar la sensación de estar lejos, de haber cumplido el sueño de todo argentino. Devolviendo desdén por desdén permanecía fiel a su condición de otra. Debido a su chatura, Junín era lo más despreciable de todo. Su temor más grande era que un día doña Juana pretendiera casarla con un nuevo comensal.

Pero si una ciudad o una vida se nos antojan chatas, es que contamos con otros modelos. Era exactamente lo que sucedía con ella: Evita no ignoraba la existencia de los teléfonos blancos, las camas en forma de corazón y las sábanas de satén. Saber que aquello existía y asegurarle a Erminda que sólo se casaría con un príncipe, o con un presidente, fue todo uno: hay estados de desesperación en los que la única salida es apuntar a lo más alto. Iba mucho al cine y su ambición era ser Norma Shearer en el papel de María Antonieta. Rara vez un deseo se habrá cumplido hasta tal punto.

De no mediar las películas de Hollywood o la revista *Sintonía* con sus cotilleos sobre las estrellas de cine, las modas y el radioteatro, Evita no hubiera escapado jamás a una existencia sin relieve. En *Boquitas pintadas*, Manuel Puig ha descrito en detalle vidas como la suya. Más que verlas, en realidad, les ha prestado oído: gracias a él se ha vuelto audible el acento de las muchachas provincianas que sueñan con el príncipe pero se casan con el dentista. "Visión auditiva" completada por cierto cuadro de Antonio Seguí que representa un pueblo de la pampa donde el vértigo del horizonte nos absorbe en cada esquina. Las casas, un vecino y un perro parecen aplastados por un cielo parduzco, extendido a lo largo sobre una tierra que se le parece. Pero flotando en ese cielo, un enorme globo multicolor contiene la sonrisa de Carlos Gardel. El mensaje es claro: la realidad no consiste en las existencias abrumadas entre el cielo y la tierra sino en el globo maravilloso inflado por los sueños.

En el colegio Evita solía ser la peor alumna en matemática y la mejor en declamación. Y seguía esperando los días de lluvia, no por la Chevrolet con asientos de cuero que nunca volvería, sino porque esos días raleaban los alumnos y su maestra, Palmira Repetto, la dejaba ir de clase en clase recitando poesías. (Evita ni de adulta pudo decir "poema". Decía "poesías" o "versos". Y la gente culta se burlaba, porque ella no poseía las claves del lenguaje capaces de ubicarla entre los elegidos.)

Los varones la escuchaban apenas, pero las chicas suspiraban con esos versos lacrimógenos sacados de los libros escolares y que Evita recitaba con mucho sentimiento y una dicción catastrófica: todavía en sus épocas de actriz de radioteatro pronunciaba ojepto en vez de objeto y amigos del écter en lugar del éter (una expresión radiofónica corriente en la Argentina, que nos refleja en cuerpo y, sobre todo, en alma: designar las ondas sonoras con la palabra utilizada por la tradición poética para indicar las más elevadas y espirituales regiones del aire, ¿no equivale a establecer un paralelo inesperado entre la radio y lo inefable?). Evita corregiría esos errores al transformarse en Eva Perón, como si al fin, por obra y gracia del poder, se le hubiese destrabado la lengua. El lenguaje y la tierra (no la huerta, la estancia) son bienes de nacimiento. Al acceder a la gloria Evita, que había carecido de ambos, pensó en las otras desposeídas y ordenó que se dictasen cursos de elocuencia a sus "muchachas peronistas", nacidas, como ella, con faltas de dicción.

Los domingos no eran días de cine, porque pasaban estrenos y las entradas costaban más caras. Los domingos Evita se paseaba, como todas las chicas, ida y vuelta por la avenida Rivadavia. Ya tenía once años y después tuvo doce, trece..., la edad en que cada año dura cien. Cuando pasaban delante de los muchachos, recostados contra la pared o amontonados en las esquinas, Erminda le pellizcaba el brazo hasta hacerle doler. Desde temprano las chicas aprendían a tenerles miedo a los muchachos. Ellos les decían piropos groseros sólo por demostrarse unos a otros que podían hacerlo. En el fondo las chicas servían como pretexto para un juego que, al menos el momento, quedaba entre varones. Lo correcto era pasar delante de ellos como si fuesen sordomudas, bajando la mirada y sin contestar. Algún día, cada respuesta callada les perforaría las entrañas.

Evita y Erminda tomaban un helado, saludaban de lejos a alguna compañera de colegio que no se les acercaba para que no la vieran en mala compañía y, a la caída de la tarde, volvían a casa. El olor a milanesas llegaba hasta la esquina. Evita, asqueada, torcía el gesto. Cada vez que doña Juana le ponía un trozo en el plato, ella sentía planear la amenaza. Una chica llamada a convertirse en Norma Shearer no podía engordar. Durante toda su vida Evita se olvidó de comer para no ser su madre. Así se forjó un cuerpo por reacción, un cuerpo cuyo objetivo, sentido y fundamento era decir que no a las redondeces maternas.

Al cine iban los martes, cuando la entrada costaba treinta centavos. Evita volvía del colegio al mediodía y picoteaba algo con el estómago hecho un nudo, bajo la mirada reprobadora de doña Juana que se sentía justamente rechazada por tamaña inapetencia. Después, arrastrando del brazo a su fiel Erminda, rumbeaba para el cine.

El momento en que se apagaban las luces de la sala se parecía al miedo que inspiraban los muchachos. En la oscuridad, esperando el león rodeado de estrellas que rugía dulcemente para un costado, Evita ya sabía, a los catorce años, cuáles serían las emociones más fuertes de su vida. No la espera del amor sino la del espectáculo que va a comenzar. El público juvenil golpeaba los pies siguiendo un ritmo con algo de marcha militar al que llamaban, vaya a saber por qué, "pan francés, chocolate inglés". Y por último, ¡luz, cámara... acción! Hollywood se derramaba en oleadas sobre las chicas de Junín. Mientras duraban las tres películas (ni una menos: salían trastabillando de embriaguez), Evita volaba lejos de sí misma.

No se limitaba a gozar de la película como una simple espectadora. Ya tenía una mirada "profesional". También las otras chicas habían leído la biografía de Norma Shearer. Sabían también ellas que el ídolo de Evita había nacido en Montreal, pobre e ignorada, y que había buscado fortuna en Hollywood, donde Irving Thalberg la había contratado para la MGM, la compañía del león delicado. Todas estaban al tanto igual que Evita, pero Evita lo estaba de otro modo. Al volver a su casa, su rostro llevaba impresa una profunda gravedad. Apartando con la mano el olor a milanesas, le decía a su madre: "Voy a ser actriz". A los catorce años, su madre no había tenido tiempo de entrever su destino, demasiado bien delineado en la mente de su propia madre, y se sentía traicionada: "¿Cómo? ¿Tantos esfuerzos por ser como todo el mundo para que ahora venga la princesa a echarlo todo a rodar?"

Pero soñar con una vida "decente" no le impedía a doña Juana tirarse una cana al aire llegada la ocasión. Contradicciones de las que Evita supo sacar provecho: por autoritaria que fuera, su madre carecía de principios rígidos. Ya hemos visto que su naturaleza generosa la inclinaba a aceptar las muñecas grandes. Así que vacilaba: ¿y si la menorcita, después de todo, tuviera condiciones? Tan mal no había estado cuando actuó en esa pieza, -¿cómo era que se llamaba?- "Vivan los estudiantes". Había sido don Pepe Álvarez Rodríguez el que la había hecho ingresar en la compañía del Colegio Nacional cuando Evita cursaba aún el último año de primaria. También estaba el peluquero de la familia, Evaristo Tello Sueyro, que la empujaba para que actuara en clubes de aficionados. Y hasta había declamado ante un micrófono, uno de veras, en el negocio de artículos musicales. Para animar un poco esta ciudad dormida, el dueño del negocio había puesto un altoparlante en plena calle. La vocecita de Eva sonaba extrañamente a través del micrófono. La voz de Evita planeando sobre la ciudad... ¿Memoria del futuro? "Doña Juana -había dicho don Pepe-, no tenemos derecho a quebrar la vocación de los niños. Déjela probar. Si fracasa, no quedará marcada. Si triunfa, tanto mejor."

¿Y el amor? Durante cierto tiempo Eva había "salido" con Ricardo, un conscripto del destacamento de Junín. Después sucedió lo inevitable. Se empieza por las muñecas grandes y se prosigue preguntando: "¿Las barreras sociales son realmente infranqueables para una chica linda?" A Elisa y a Blanca la belleza las había ayudado: tenían novios aburridos, sí, pero muy por encima de su condición social. Las cuatro eran bonitas, igual que la madre. Entonces, ¿quién te impide intentarlo?, murmuró el Demonio. ¿Acaso los radioteatros que ella escuchaba con fervor no narraban los amores de una muchacha pobre con un rico, o de un vagabundo con una princesa? En Junín había obreros del ferrocarril y burgueses, grandes o pequeños. Ningún interés. También había dos razas de hombres tan lejanos como si hubieran vivido en otra ciudad: los ingleses, directores o empleados de los ferrocarriles, y los dueños de estancias. Con los primeros, nada que hacer: los ingleses no miraban a nadie y se encerraban entre ellos con sus esposas, su bridge y sus escones. Quedaban los segundos.

De modo que aceptó, con una amiga, la propuesta de dos jóvenes oligarcas (una palabra cuya existencia ignoraba hasta entonces y que más tarde pronunciaría tan seguido). Los dos hijos de papá invitaban a las dos niñas de una clase social inferior a una excursión a Mar del Plata, la Perla del Atlántico, ciudad balnearia lujosa y disoluta. Una excursión en automóvil. Corrían los años treinta, vivían en Junín, la ingenuidad aún era posible: las dos amigas habrán debido imaginar una extensión de arena, una partida de ping-pong, un baño de mar y, a lo sumo, un beso bajo las estrellas, pero no habrán supuesto ni por un solo instante que el automóvil se detendría en una estancia aislada, ni que los jóvenes de dos apellidos tratarían de violarlas ni que, para vengarse de sus lágrimas, las abandonarían desnudas junto a la carretera. Un camionero que pasaba con su familia las envolvió en una frazada y las llevó de vuelta para casa. Evita seguramente pensaba en esos dos cuando, años después, ante el pueblo reunido en la Plaza de Mayo, vociferaba contra la oligarquía hasta quedarse ronca.

Este episodio revelador nos lo ha confiado Fermín Chávez. Carmen Llorca, que también alude brevemente a la historia, afirma que Evita llegó a vengarse de los dos violadores, y es de desear que así haya sido.

En una carta de amor que le escribe a Perón en 1947, desde el avión que la lleva a Europa, Evita se refiere a ciertos ecos de su vida en Junín, que Rudi Freude (un alemán muy rubio, muy bello y muy amigo de Perón, que volverá a aparecer en el transcurso de esta historia) había hecho llegar al presidente de los argentinos. "¡Cuando me fui de Junín sólo tenía trece años! -exclama Evita en su carta, perdida la memoria por desesperación, ya que tenía quince-. ¡Qué bajeza, imaginar a una chica capaz de esa indignidad!" A la luz del citado episodio, este inhábil mensaje logra conmovernos. Los ecos transmitidos por Freude sólo podían referirse a la malandanza de Mar del Plata. En el apogeo del poder, Evita seguía obligada a dar explicaciones sobre su conducta. (Es verdad que en aquel tiempo las mujeres rara vez despertaban un sentimiento solidario. En el tranvía, una chica manoseada por un desconocido tenía que callarse. Si se atrevía a quejarse en voz alta, todos los pasajeros, incluidas las mujeres, defendían a ese señor tan bien, injustamente acusado por la desvergonzada. Y, por si quedaban dudas, el señor sacaba a relucir estas palabras sacrosantas: "Ella me buscó".)

Su tentativa de acercarse a los estancieros había sido un fracaso. Para ser otra cosa que su madre y sus hermanas, para ser simple y completamente otra, es decir, actriz, lo único que le quedaba era partir.

A propósito de su partida, la multiplicidad de versiones es tan agotadora que la mayoría de sus biógrafos concuerdan en un punto: lo único importante es que se haya ido. Una multiplicidad que se repite sin cesar en la vida de Evita, donde cada acontecimiento está desdoblado o convertido en varios hechos casi idénticos, pero no del todo: así brilla la piedra bajo el agua, quebrada y multiplicada por la refracción de la luz. Duplicaciones de la verdad, reveladoras de que, en el fondo, todo es cierto, y de que cada mentira, olvido o deformación transmiten un mensaje.

Pero a menudo, alguien parece haber borrado las pistas a propósito. ¿Quién? Evita misma en su deseo de esconder la renquera de su muñeca rota. Frente a su propia vida, tuvo que comportarse como la adolescente del tranvía, obligada a cerrar la boca porque nadie se pondría de su lado. Cuarenta años más tarde, por lo menos habremos ganado el derecho de sacudir a los viajeros: "¿No ven que esta chica tiene miedo de hablar?"

En la primera versión -la de Erminda Duarte-, Evita le pide a su madre que la acompañe a Buenos Aires para una prueba en Radio Nacional. Después de muchas dudas, la madre acepta. Evita declama la poesía de Amado Nervo "¿Adónde van los muertos?" y el director de la radio, Pablo Osvaldo Valle, le ofrece un pequeño contrato. Y la joven actriz se instala en Buenos Aires en casa de unos amigos de su madre.

Segunda versión, de Fermín Chávez: Evita le pide a su madre que la acompañe a Buenos Aires para una prueba en Radio Belgrano. Hace un mes que está ensayando tres poesías con ayuda de su maestra Palmira Repetti, que tanto la quiere. Una de ellas es "Muerta", de Amado Nervo. Madre e hija se van a Buenos Aires, Evita declama ante un jurado y ambas se vuelven a Junín. Pero la respuesta de la radio tarda en llegar y Evita le declara a su maestra: "No importa. Con respuesta o no, me voy lo mismo". Juancito está haciendo el servicio militar en Buenos Aires y se encargará de proteger a su hermana.

Tercera versión, sostenida por los periodistas Jorge Capsitski y Rodolfo Tettamanti, entre otros: el cantante de tango Agustín Magaldi se presenta en un teatro de Junín. El noctámbulo Juancito lo va a ver y le habla de su hermana que quiere ser actriz. Eva se le aparece en el camarín. Le ruega que la lleve a Buenos Aires, Magaldi acepta y todo sucede con ejemplar corrección, ya que el cantor viaja en compañía de su esposa.

Y cuarta versión, de Mary Main (su biógrafa más feroz y encarnizada): Evita aparece en el camarín del cantor, se convierte en su amante y llega con él a Buenos Aires para comenzar su vida disoluta.

Pero no todo es misterio en este abanico de posibilidades. La mojigatería de la época, a la que Evita tuvo que plegarse, o las razones políticas explican ciertas refracciones de la verdad. La primera versión es la de la familia y trata de presentar los hechos de acuerdo con las normas. La segunda destaca un elemento real -el testimonio de la maestra-, pero describe el viaje de manera evanescente. La cuarta se complace en insinuar escenas rocambolescas. Hemos simulado olvidar la tercera para estudiarla mejor.

A Agustín Magaldi lo llamaban "el Gardel de las provincias". Era un hombre paliducho con una voz aguda de tenorino italiano. Para subrayar la melancolía desgarradora de su hilito de voz, cantaba con la mano en el corazón y elevando como una virgen los ojos al cielo. Efectivamente era casado, y demasiado taciturno para ser picaflor. He aquí el caballero.

La dama, por su parte, no era más rubicunda. Podía actuar con la audacia de los tímidos pero la traicionaba la frialdad de sus manos siempre húmedas. No tenía ni pechos ni caderas ni pantorrillas torneadas. Sus únicos encantos eran la piel transparente y los ojos vivos. Su belleza estaba aún sin nacer, como un sol que no logra atravesar las nieblas matinales. Evita se hizo sola. Todo se lo inventó: su vida, su belleza, su muerte. Cuando por aquel tiempo se sentía bonita, lo que veía en el espejo era su imagen futura. ¿Pero acaso los demás la veían también? ¿Y el deslucido Magaldi percibió lo radiante detrás de lo nublado?

No parece probable. De las cuatro versiones, alineadas como los caballos de una cuadriga, quizá la más lógica sea la tercera a la izquierda: ésa en la que Agustín Magaldi, muy burguesamente acompañado por su esposa, carga en su automóvil a la pobre jovencita con su falda tableada y su blusita blanca (ella misma, algún día, le describirá su atuendo de viajera al modisto Paco Jamandreu). Mejor aún: Magaldi le da su dirección para que vaya a verlo a Buenos Aires y Evita viaja en tren. Pero si una cosa es segura, es que Magaldi la conoció. Fue él quien se la presentó al crítico teatral Edmundo Guibourg, un intelectual serio cuyo testimonio, citado por Jorge Capsitski, no deja lugar a dudas.

De manera que el guión más convincente sería éste: el 2 de enero de 1935 Evita, quinceañera, abandona a su madre y sus hermanas y toma el tren a Buenos Aires. Lleva en el bolsillo el papelito donde el "Gardel de las provincias" le ha garabateado su dirección. Su hermano Juancito irá a buscarla a la estación y se ocupará de ella en la medida de sus fuerzas, que no son muchas. Evita deja tras de sí una tierra y una existencia chatas. Es cierto que también Buenos Aires se alza sobre una chatura idéntica. Pero se esfuerza por engañarla levantando edificios como el Kavanagh, el más alto de toda América Latina.

Quizá, secretamente, Evita se identifique con esa flamante torre de treinta y tres pisos (la cifra de su vida), cuya cabeza sobrepasa todas las otras.

ACTRIZ

Buenos Aires. Primera actuación. Una actriz "discreta". El beso mortal. Un repugnante sapo. El vestido de seda. Evita y el tango. Por fin llegó el amor. Casas perdidas. El radioteatro de la Cenicienta. Jabones y espionaje. Evita siempre cree en lo que dice.

La Buenos Aires de 1935 producía una auténtica sensación de grandeza: no era preciso ser una pequeña provinciana para quedarse pasmado. En el siglo XIX, la capital argentina se había impuesto frente a las provincias federales. Ese puerto que miraba hacia Europa se había convertido en una cabeza gigantesca y cosmopolita, puesta sobre un gran cuerpo despoblado. Buenos Aires era el nudo ferroviario, el matadero donde se sacrificaba el ganado (sobre el altar de Inglaterra), el centro mismo del país.

Un corazón plural: su arquitectura reflejaba el mundo entero. ¿Para qué seleccionar una cosa en detrimento de la otra, si el mundo entero estaba allí, anclado en esas costas barrosas? ¡Embriagadora libertad! Parecía que cada arquitecto se hubiese divertido con ese juego infantil del "como si", teatral por excelencia: "¿Dale que éramos ingleses? ¿O españoles? ¿O si no, góticos de la Edad Media? ¿O barrocos? ¿O moriscos?" Pero como suele suceder cuando los chicos imitan a sus padres, Buenos Aires iba más allá de sus modelos. El escritor norteamericano Waldo Frank, citado por Navarro y Fraser en su biografía de Eva Perón, escribía en 1931: "En ninguna parte como aquí aparece de modo tan espectacular el estilo de torta italiana; en ninguna parte alcanzan semejante expresividad los hospitales, los clubes, las mansiones privadas y públicas".

Y sin embargo, la ciudad-rompecabezas vivía con angustia su multiplicidad. Ni siquiera en ese período de expansión y de orgullo se hallaban rastros del optimismo neoyorkino. La crisis influía, sin duda. Pero había algo más: un extraño remordimiento y un apego al pasado que nunca conocieron las ciudades del Norte. El puerto de alma trágica buscaba con desesperación su identidad, sin ver que la tenía: ¿qué más identidad que la exageración de la copia, el estallido del modelo convertido en astillas? Y seguía formulándose preguntas heredadas de Europa ("¿quién soy?"), como si la identidad debiera ser forzosamente una e indivisa, ignorando que su propia respuesta consistía en el goce de su fragmentación.

Evita ya conocía la capital. Para su gran decepción, había podido comprobar que los teléfonos blancos y las sábanas de satén no aparecían por ningún lado. Pero esas visitas habían durado poco y, además, la masa física de su madre le había conferido solidez. Ahora no quedaba sino ella: Evita sola en Buenos Aires, pesando lo que un soplo. Son momentos en los que se siente como nunca la propia inexistencia. ¿Adónde iría a parar? ¿Adónde fue, en realidad?

La primera versión la hace alojarse en lo de una prima de la actriz Maruja Gil Quesada, a su vez amiga de Magaldi. Un testigo ocular, Eduardo del Castillo, citado por Borroni y Vacca, nos describe en detalle el departamento de dicha prima, en la calle Sarmiento: "Era de techos muy altos, con un balcón en forma de medialuna". Pero para otros testigos, el primer alojamiento de Evita habría sido una pensión más que modesta, sin rastros del balcón redondo y maternal. Ambas versiones coinciden con respecto al barrio: tanto la prima como la pensión quedaban cerca del Congreso.

De modo que al salir, Evita se encontraba a dos pasos de la plaza donde un curioso personaje reflexionaba mentón en mano: el *Pensador* de Rodin. "El verdadero, no la copia", se apresuraban a agregar los porteños, orgullosos de tener, por lo menos, un Pensador auténtico. Y una vez más se equivocaban: sin ser una copia, el Pensador porteño es un doble, es decir, un gemelo del otro que está en París. ¿Pero acaso ser un doble no constituye una condición aun más metafísica, más propicia para la meditación, es decir, más argentina? Sin duda por influencia de su estatua, la plaza del Congreso era el sitio ideal para reflexionar sobre las vanidades del mundo. Los jubilados les tiraban maíz a las palomas mientras miraban filosóficamente pasar la vida. Una vida que fluía a todo lo largo de esa Avenida de Mayo donde sucedían los acontecimientos políticos y que conducía en línea recta hasta la Casa Rosada.

Pero la Avenida de Mayo tenía un segundo aspecto mucho menos majestuoso. Apodada "la Avenida de los españoles" en homenaje a los nativos de la Madre Patria, estaba llena de inmigrantes de la península ocupados en mojar sus churros acanalados y espolvoreados con azúcar en el espeso chocolate. Evita se pasearía por allí con cierto extrañamiento, mirando como en un sueño el rosa suave y lejano de la Casa del Presidente (aún sin huecos de balas). Los churros le inspirarían, de seguro, mucho más interés que los muros rosados. Por soñadora que fuese, se habría reído bastante si alguien le hubiese dicho que algún día habría de recorrer esa avenida para instalarse en el balcón del poder. Un balcón ni maternal ni redondeado; un balcón viril.

Benigno Acossano, uno de los biógrafos de Evita que se inclina por la hipótesis de la pensión, arriesga un nombre: Giovannoni, o Giovannone, otro amigo de doña Juana. Un vecino de Junín llamado Müller nos lo ha confirmado, añadiendo que la pensión-restaurante de Giovannoni era el lugar de reunión de los juninenses cuando viajaban a Buenos Aires. Es posible que Evita, al principio, haya probado el menú del restaurante, aunque no por mucho tiempo: pronto alcanzaría plenamente el objetivo de austeridad que se había impuesto a sí misma bajo la amenaza de las milanesas maternas.

Nada mejor, en tales circunstancias, que un buen mate cocido. El mate succionado de una bombilla fina, con la boca fruncida, exige un ceremonial cuya delicadeza no condice con el apuro. Al solitario urgido por meterse algo en el estómago le conviene más hervir agua en una cacerola con tres o cuatro cucharadas de esa hierba bendita o, en caso de estrechez, reutilizar la de la víspera sin una queja, dado que el tango evoca peores situaciones: "Cuando no tengas (...) ni yerba de ayer secándose al sol". Y después beber, beber a grandes tragos el líquido verdoso, que deja un poco de pelusa en la taza y un gran sosiego en el alma. El pueblo no se equivoca al apodar al mate cocido "la milanesa verde", tan cierto es que la infusión con fondo de felpa reemplaza la comida.

Más tarde el peronismo encontraría un nombre para la miseria de Evita: los años comprendidos entre 1930 y 1940, años de olla popular y de fraude electoral, fueron denominados "la década infame". ¡Ah! Si ella lo hubiera sabido en esa época, se habría sentido tan reconfortada como al tomarse el mate: basta nombrar la realidad para hallarse mejor. Pero por el momento, vivía la infamia en cuerpo y alma sin tiempo ni fuerzas para transformarla en lenguaje. Por eso, al conocer a Perón, que había encontrado las palabras para expresar la humillación, el hambre y el resto, se apoderó de esas palabras con fervor, repitiéndolas sin pausa como si hubiera dicho "Sésamo ábrete".

A los quince años, por desgracia, Evita carecía de la fórmula mágica. No tenía ni un léxico adecuado, ni una pronunciación correcta, ni una evidente y explosiva belleza que hiciera las veces de vocabulario y de dicción. Corriendo por la calle para sobrevivir, no había forma de cursar estudios teatrales. ¿Lo hubiera hecho, por otra parte, en caso de poder? Pocos eran los artistas de teatro que se habían inscripto en el flamante Conservatorio. A su llegada a Buenos Aires Evita sólo aprendió lo que se le antojaba vital y que lo era: los circuitos de la profesión. A quiénes acercarse, en qué cafés del centro establecer contactos.

Habrá sido Magaldi quien le dio el primer empujón al presentarla al director teatral Joaquín de Vedia y al actor José Franco. Más adelante, cuando su carita tensa y alargada se volvió familiar en el ambiente artístico, Evita golpeaba directamente a la puerta de los teatros. Pero es lógico suponer que, al principio, alguien la ayudó. Su primera experiencia en el mundo del teatro le hizo ver que a menudo los directores, los actores famosos y los críticos teatrales ejercían el derecho de pernada con las pequeñas debutantes. Evita acababa de ingresar en un mundo rencoroso que se comportaba con la mezquindad de un Junín más agudo y por ende más perverso. Pero eran cosas ya vividas y, aquí como allá, se refugió en el silencio. En este otro "infierno chico", el tema de conversación ya no era doña Juana sino ella. La hallaban insignificante y la observaban sonriendo de costado, acechando el mal paso, tan inevitable como si lo llevara inscripto en las líneas de la mano.

José Franco y Joaquín de Vedia le dieron su primer papel en una pieza titulada "La señora de Pérez". Evita, la mucama, tenía que anunciar: "La mesa está servida". Cuatro palabras simples, si las hay, que ella debió articular correctamente ya que la compañía de Eva Franco, la hija de José, le confió otros papeles, claro que mudos, en dos obras de títulos prometedores como *Cada casa es un mundo* y *La dama, el caballero y el ladrón*. El debut de la *Dama* tuvo lugar el 2 de enero de 1936, aniversario de su partida. Un año ya. ¡Qué rápido pasaba el tiempo en Buenos Aires! ¡Y qué lejos parecía la época morosa en la que cada año duraba cien! Ahora vivía al ritmo vivo y nervioso que le correspondía. Es cierto que los críticos nunca le habían concedido otro elogio que "discreta". Pero tampoco la habían hallado completamente mala. Y aunque le habían pagado un sueldo miserable, había trabajado sin parar. El balance parecía positivo. Sin embargo, al caer el telón de la *Dama* hubo una temporada baja sin visos de recuperación. Y como la pobreza engendra el movimiento, Evita se convirtió en la persona de la que todos dicen con una sonrisita: "Se muda tanto de casa que en mi libreta de direcciones ocupa toda la D".

El vagabundeo se prolongó hasta mayo. Cuatro meses durante los cuales, para darse ánimos, habrá debido recordar constantemente el punto culminante de su carrera, y también el más riesgoso, cuando representó el papel de una hermana de Napoleón en *Madame Sans Gêne* de Moreau y Sardou. Su piel alabastrina se veía exaltada por el vestido estilo imperio. "Un vestido de persona importante, que tiene poder y gusta de ejercerlo", diría Eva Franco más tarde, no sin intención. Pero se supone que el talle alto destaca las formas. ¿Qué hacer cuando no hay mucho que mostrar? Evita, a escondidas, resolvía el problema gracias a un par de medias arrolladas que le aumentaban el volumen.

Conquistado por esos bultos engañosos, un espectador le envió flores a Eva. Eva, simplemente, sin apellido. Fue pues con inocencia que la vedette de la compañía se creyó la natural destinataria del ramo. Cuál no sería su sorpresa al comprobar que la tarjeta de visita con su ángulo doblado y sus ribetes de oro estaba dirigida a otra Eva, invisible hasta entonces: Eva Duarte. Por unas flores malhadadas, las relaciones entre ambas Evas se volvieron tirantes. Poco después Eva -la Eva desventurada y marfileña- representó en la compañía su último papel.

Los ensayos de *Madame Sans Gêne* habían dado lugar a una broma pesada. Sus amables compañeros habían insistido para que Evita les mostrara sus progresos artísticos subiéndose a una mesa con una vela en la cabeza. "El equilibrio es importante para un artista", habían dicho a guisa de argumento. Y la pobre adolescente, que declamaba sus poesías a tontas y a locas ante cualquiera que quisiese escucharla, se había encaramado sobre la mesa con su vela encendida. Pero una vez arriba, había llegado a sus oídos ese sonido de garganta que acompaña la risa cuando no es de alegría. ¿Era posible que el maligno ronquido, tan ligado para ella a los recuerdos de la infancia, resonara también aquí, entre los "artistas"? A estas alturas, hubiera deseado al menos bajarse de la mesa con un salto gracioso. Pero en vano: rara vez los humillados están tocados por la gracia. Embotada, entumecida, la guardiana del fuego sólo supo caer torpemente sobre sus tacos carretel, despegados, colmo de la desgracia, por la fuerza del golpe.

Único punto positivo: como el calor disminuye el apetito, la desocupación es menos dura en verano que en invierno. En otoño Evita es contratada por la Compañía de Pepita Muñoz, Eloy Alfaro y ese mismo José Franco del que ya hemos hablado. Las obras en las que Evita figuró con su presencia generalmente silenciosa eran comedias costumbristas más bien ingenuas, pertenecientes al género llamado "digestivo". Muy distinto fue el caso de *El beso mortal* de Loïc Le Goudariec, una obra con la que nuestra joven actriz realizó una gira, siempre en la compañía encabezada por José Franco. El beso mortal era el de la sífilis, circunstancia apasionante para un público poco habituado a los temas higiénico-sexuales, y Evita hacía de enfermera.

En ese tiempo una gira teatral era toda una aventura. Si recaudaban poco, sálvese quien pueda, cada uno se volvía a Buenos Aires por sus propios medios. Los ensayos no eran pagos. Cada actriz se encargaba de su propio vestuario. Según un testimonio anónimo citado por Navarro y Fraser, los directores se burlaban de las mal vestidas: "¿Qué clase de actriz sos que ni siquiera tenés un amigo que te pague los trapos?" Se daban dos representaciones diarias, tres los domingos y feriados. El escritor David Viñas describe la situación en estos términos: "Eran los buenos tiempos de la República gobernada por los intereses de los estancieros. Un teatro estaba gobernado como una estancia". Y agrega que Evita, con sus papeles mudos, representaba "esa entidad anónima y sin voz que se llama las entrañas del pueblo".

De creerle a Fanny Cúneo, siempre citada por Navarro y Fraser, la compañía estaba en Mendoza cuando José Franco entró al camarín de Evita y le dijo dándose aires de estanciero: "Si no te acostás conmigo, estás despedida". En ese mismo instante y en ese mismo hotel, el Royal, se alojaba un hermoso capitán de tropas de montaña llamado Juan Domingo Perón.

Pero Evita lo ignoraba, y aun de haberlo sabido no estaba en ella apresurar su destino. Pidió consejo y el apuntador de la compañía, que era su confidente, le sopló el único bocadillo posible. La prueba es que José Franco no la despidió. La esposa de éste, en cambio, viajó a Rosario para armarle un escándalo a su marido pero también a Evita ya que, como es sabido y todo tango lo proclama, la culpable siempre es la mujer. De regreso a Buenos Aires, Eva la trashumante abandonó la compañía.

Este último dato se lo debemos a otra biógrafa de Evita, Carmen Llorca, según la cual, años más tarde, Evita le dio un cargo importante a José Franco en su Fundación de ayuda social. La citada autora deduce de ello que las relaciones entre Franco y Evita habían sido "inocentes". Otra deducción posible sería imaginar esa venganza deliciosa que consiste en abrumar al enemigo bajo una montaña de favores.

Antes de devolver al olvido a la familia Franco, evoquemos una última anécdota que pinta a nuestro personaje en cuerpo y alma. Seguimos en Mendoza, ciudad, como se ha visto, de riesgos y posibilidades. Un actor cae enfermo. No ha contraído la sífilis pero tiene una enfermedad contagiosa. El director prohíbe a sus compañeros que lo vayan a ver al hospital. Evita se apiada de él, lo visita a escondidas, le da el "beso mortal" y se contagia. Pasado el tiempo, recibirá cada día a centenares de pobres y se mostrará incapaz de ver a un leproso, a una mujer con el labio devorado por sabe Dios qué llagas atroces o, más sencillamente, a un mocoso con piojos, sin echárseles al cuello a darles besos, más preocupada por no ofenderlos que por cuidarse a sí misma.

El director de teatro que contrató a la pobrecita a su regreso de la gira se llamaba Pablo Suero, pero lo apodaban el Sapo. El escritor César Tiempo era el autor de una definición complementaria: "Escorpión super-hétero-anodino, maldiciente y para colmo español". El Escorpión, o el Sapo, depende de los gustos, era un obeso con los ojos saltones. Se pasaba la vida ante una mesa del café Real, en la avenida Corrientes, la arteria de los teatros y las carteleras luminosas, recientemente ensanchada y orgullosa de llamarse "la calle que nunca duerme". Una tras otra, las estrellitas en busca de trabajo circulaban junto a esa mesa que parecía aureolada por un olor grasiento y, una tras otra, se dejaban palpar las nalgas por esa criatura de nariz reluciente, doble mentón aceitoso y manos peludas, que se aplicaba en la tarea. Evita, que después de su gira compartía la pieza de pensión y el mate cocido con otras dos desdichadas -Fina Bustamante y Anita Jordán- tuvo que apretar las mandíbulas y rechinar los dientes. Todo era preferible a volver a la casa de su madre "con la frente marchita", como dice Gardel en el tango "Volver". En diciembre de 1936 el Sapo le confió el papel de Catalina en *Las inocentes* de Lilian Hellman. Ella, que se seguía debatiendo con su lengua materna, tenía que decir "Ferebant" en latín, y después, en castellano, "tiene la cabeza tan dura que necesita más de un día para aprenderse la lección". Era la tirada más larga que le había tocado en suerte hasta la fecha. Una actriz que trabajó junto a ella, igualmente anónima y citada por Navarro y Fraser, declaró que a Evita hacer de ingenua le costaba muy poco. "Tenía ojos castaños, labios muy rojos y una piel transparente del color y la suavidad de la magnolia. Parecía la imagen misma de la inocencia y era cierto: en el fondo, Evita era muy pura."

Por una vez, el hétero-anodino había contratado a unas alumnas del Conservatorio, chicas de clase media que no tenían que gastarse las suelas por un café con leche. Para el primer ensayo, Evita se apareció del bracete con el Sapo. Llevaba un vestidito de algodón azul, modesto pero planchado con esmero. Por lo menos en eso, el planchado, le había hecho caso a su madre. Desgraciadamente era la seda lo que estaba de moda. Los vestidos floreados, y sobre todo las medias "color humo", debían ser de seda, y las de Evita eran de una imperdonable opacidad. Pero un detalle en particular impresionó a esas muchachas inocentes que asistían boquiabiertas a la entrada del Sapo con su joven protegida: las alpargatas vascas atadas con lazos blancos hasta la pantorrilla. Inútil agregar que Evita no las usaba por fidelidad a sus orígenes. La recibieron en medio de un silencio molesto, o con una excesiva solicitud que ella rechazó, encerrándose en su eterno mutismo. Conocía muy bien la humillación que no consiste en el mal trato sino en una exagerada dulzura: el interlocutor se dirige a uno en un susurro como si, de visita en el hospital, hablase con un enfermo incurable.

El que relata el episodio de las alpargatas es Benigno Acossano. La anécdota ha sido un éxito pero otros testigos, como el actor Raúl Rossi, la encuentran indignante. Aun al comienzo de su carrera -afirma Rossi-, Evita se vestía normalmente. Podemos comprender y compartir dicha indignación. Demasiado a menudo los antiperonistas viscerales han utilizado detalles de ese tipo como para que aún resulten inocentes. Y Benigno Acossano, junto a varios otros biógrafos como Mary Main, Damonte Taborda o Román Lombille, está considerado como un detractor de Evita. Sin embargo, entre esa abundancia de detalles tendenciosos, se puede distinguir lo imaginario de lo realmente observado. La mirada del odio suele ser más aguda que la del ciego amor. Quizá los enemigos nos conozcan mejor que los amigos. ¿Por qué prescindir entonces de este otro detalle que debemos a Damonte Taborda, cuando dice que los pulgares de Evita eran muy cortos en relación con los otros dedos? Podemos equivocarnos, o fingir que lo hacemos, cuando se trata de hechos, fechas y nombres. Sólo las cosas vistas resisten al tiempo.

La compañía se trasladó a Montevideo. Mientras las otras chicas viajaban con sus madres, Evita cargaba sola su valija y sus nervios. Sin embargo, los paseos por la playa de esa ciudad encantadora le endulzaron la vida. Gracias a Dios, sus acompañantes eran de mejor ver que el batracio, aunque igualmente obtusos. Uno de estos jóvenes uruguayos de buena familia ha declarado: "Evita era atractiva pero ordinaria: ni muy inteligente ni muy bruta. Una chica como se encuentran a montones, y de una clase social muy inferior".

Acossano relata otra anécdota graciosa que, pretendiendo mostrar a Evita con el dedo, revela de su parte una ternura involuntaria. Una tarde, en Montevideo, Evita vuelve al hotel con un vestido de seda poco discreto (sin duda por cansancio de ese adjetivo soso que siempre le aplicaban). Lleva medias de seda, zapatos con plataforma vertiginosa, una enorme cartera y una capelina con una rosa. Las otras chicas la siguen hasta su habitación, pero ella se desviste con aire distraído, aparentando no ver el estupor que despierta. En vista de eso, también las otras fingen ignorarla, aunque espiando de reojo el corpiño de encaje y las enaguas de satén color carne. En ese momento llaman a la puerta y un enorme ramo para la señorita Eva Durante (no se sabe por qué se había cambiado el nombre durante cierto tiempo) llena completamente la habitación. Un gigantesco ramo es el signo del éxito. Las chicas olvidan su prudencia, se precipitan sobre Evita, la sacuden, la abrazan, la bombardean a preguntas. Ella abandona su mutismo, los colores vuelven a sus mejillas y las palabras a su boca, tiene las manos menos frías, menos húmedas, relata lo ocurrido, se ríe, se siente humana y acompañada por un instante que dura lo que un sueño.

De regreso a Buenos Aires, fue a entrevistarse con Suero. El batracio se disponía a montar otra obra en el teatro Astral. Evita ya no vestía de seda sino de algodón estampado con fondo blanco. Llevaba una gran flor de color verde prendida en el escote. Felizmente para ella, en vista de lo que sigue, el ala del sombrero le tapaba buena parte de la cara. La sala de espera estaba repleta de actores que venían a ofrecerse igual que Evita. Cuando se hizo anunciar, el Sapo abrió la puerta de su oficina y gritó, descompuesto de rabia: "¡Dejá de molestarme! ¡Soy un hombre casado!" A esta declaración le siguió un rosario de insultos. Eva contestó con dulzura que sólo quería trabajar, y ese hombre delicado le respondió a su vez: "No porque me haya acostado con vos estoy obligado a darte trabajo". Los testigos de la escena estaban helados. Una actriz que se hallaba presente, citada por Navarro y Fraser, dijo que Evita logró a duras penas articular unas palabras. Su voz sonó más dulce todavía, o más apagada. Ni una gota de sangre le quedaba en el rostro.

Después de esta aventura pudo gozar de una tregua: actuar en una pieza de Pirandello, *La Nueva Colonia*, dirigida por Armando Discépolo, excelente autor teatral (*Mateo, Hombres de honor, Mustafá*) y lo menos parecido a un sapo que imaginar se pueda. En esa pieza prestigiosa, que se mantuvo en cartel menos de una semana, Evita no decía más que cuatro palabras. Pero nadie la humilló y, por una vez, el crítico teatral Augusto A. Guibourg olvidó llamarla "discreta" y la juzgó "graciosa".

La Nueva Colonia debutó el 5 de marzo de 1937. Entre la escena con el Sapo y esta pieza, Evita había atravesado por un período inactivo, pero breve. Nada comparable con el que ya se anunciaba: 1937 fue el peor año de su vida. ¿Qué hacía en esos meses de desocupación? ¿Qué hizo durante los dos meses que mediaron entre la pieza de Pirandello y una aventura cinematográfica sin consecuencias (un pequeño papel en *Segundos afuera* de Chas de Cruz)?

Un príncipe puede esconder a otro

Digámoslo sin vueltas: en aquellos momentos el destino de Evita se asemejaba singularmente al de la mujer "perdida" cantada por el tango, con rabia, con dolor, con elocuente insistencia. En los años veinte las prostitutas de París habían recorrido el "camino de Buenos Aires", soñando con el estanciero engominado que habría de salvarlas: ese estanciero riquísimo al que habían visto en París año tras año, tan elegante, bello y tenebroso con su piel mate y sus ojazos de carbón. Otra raza de argentinos afortunados visitaban París, ataviados de cuero de pies a cabeza. Se los acusaba injustamente de lucir dientes de oro y se los llamaba "rastacueros". Otras chicas se embarcaban también para Buenos Aires: las judías polacas que una organización de proxenetas judíos, la Migdal, atraía con la promesa de un buen casamiento, pero que, a poco de llegadas, se encontraban presas en un burdel de la Boca. Sobre estas polaquitas el tango nunca ha hablado. En cambio, ha llorado en abundancia al evocar la suerte de la prostituta francesa que, diez años más tarde, no ha encontrado a ningún estanciero y sufre como todos los efectos de la crisis. ¡Pobre Madama! ¿Pero cómo era posible que esa música misógina pudiera comprender hasta tal punto el dolor de la "franchuta" que extraña su país? La respuesta está a la vista: el tango tampoco olvidó a la porteñita que se ha echado a rodar a causa de los hombres. Para que el macho tanguero olvidara por un instante a sus dos grandes amores, su madre y su propio yo maltrecho y malherido, y se enterneciese con dos destinos de mujer, hacía falta que la miseria de esos años fuera realmente impresionante.

Evita no era como aquellas mujeres. Los hombres le habían "hecho mal", como a la Milonguita del tango, pero tenía una vocación que la colmaba y era una apasionada capaz de sacrificarlo todo por alcanzar su objetivo. Durante su período artístico, cada uno de sus amantes fue seleccionado según un criterio preciso: conseguir un papel. Los demás eran útiles cuando escaseaba el trabajo, pero sólo servían para permitirle aguantar hasta la próxima película o la próxima obra. Incapaz de conformarse con un hombre que se limitara a protegerla sin ayudarla a triunfar, consideraba a los hombres como un medio, no como un fin. Un medio necesario: ¿cómo arreglárselas, si no? Esto formaba parte de la lógica de su vida. Sería hipócrita callarlo. Es verdad que esperó frente a la puerta de la radio, con su amiga Juanita Larrauri, que un hombre la invitara. Es verdad que aceptó pasar un fin de semana en una isla del Tigre con otra chica y dos desconocidos y que uno de ellos la rechazó por encontrarla "vulgar". "Tenerla de amante salía caro -nos ha dicho un tercero (todos ellos testigos anónimos y empeñados en serlo)-. Estaba enferma todo el tiempo y había que pagarle los remedios." ¿Qué remedios? "Inyecciones de calcio que le recetaba el doctor Pardal", nos ha confiado un amigo de éste, el doctor Larrauri. Calcio para la desnutrición.

El que la hallaba vulgar se había sentido molesto por su lenguaje. Un lenguaje "indecente" que sólo las prostitutas empleaban por entonces. Recién en los años sesenta las mujeres "liberadas" de cierto ambiente cultural porteño se lanzaron a proferir alegremente tremendas groserías. Hasta en eso Evita fue una pionera. Con respecto a las palabrotas que la hicieron famosa, cabe un paréntesis. Una vez en el poder, Evita se dedicó a insultar a ministros y embajadores con expresiones pintorescas que nunca habían resonado antes entre esos rojos tapices. Pero se ensañaba únicamente con los señores importantes. Con sus "cabecitas negras" siempre fue de una perfecta cortesía. Seleccionaba a sus víctimas entre los poderosos de este mundo. Una vez más, se desdoblaba según el nivel social de su interlocutor. Nadie más que los "humildes" tenía derecho a su sonrisa y a llamarla Evita. Si utilizó ese lenguaje ante el delicado del Tigre que no quiso aceptarla fue porque él le devolvía una imagen detestable. Al comportarse como la prostituta que él veía en ella le demostraba su desprecio, porque si sólo eso veía es que era indigno de otra cosa.

Cuando su hermana Erminda cayó en cama con una pleuresía, Evita fue a Junín y se instaló a su cabecera. Su madre y sus hermanas aprovecharon la ocasión para pedirle que volviera, que abandonara sus locas ilusiones. Pero ella permaneció inquebrantable: desde el día de su partida, esta vasca testaruda no había cambiado ni un ápice. "Volveré -respondió-, pero más tarde y sólo después de haber triunfado".

Fue realmente en 1937 cuando conoció al periodista chileno Emilio Kartulowicz, director de la revista *Sintonía* y, por si esto fuera poco, ex piloto de carreras automovilísticas. Vacca y Borroni nos lo aseguran, agregando que Evita le debió un pequeño papel en *Segundos afuera*. Pero Marysa Navarro se ha tomado el trabajo de seguir día a día las andanzas de Evita y lo que nos describe es otro invierno de miseria. De nuevo sin trabajo, nuestra aventurera había vuelto a vagabundear con las suelas agujereadas y el vientre vacío, lo cual nos induce a suponer que el encuentro con Kartulowicz tuvo lugar más tarde, quizás antes del estreno de *No hay suegra como la mía*, o quizá después. Esta pieza con tema de palpitante actualidad habrá debido enfervorizar a las masas puesto que se mantuvo en cartel desde noviembre de 1937 hasta marzo de 1938. Además fue difundida por Radio Splendid, con poco gasto para Evita: su papel era mudo. Pero poco importaba: tenía trabajo y le podía hacer los cuernos con el pulgar y el meñique a ese año 1937 en el que alguien debió echarle el mal de ojo. A principios de marzo, un concurso de radio organizado por la revista *Sintonía* le permitió conocer a Emilio Kartulowicz.

Real o imaginaria, la lista de sus amores en el ambiente artístico es muy larga. ¿Por qué detenerse entonces en este hombre más que en otro? Porque Kartulowicz, aparte de Perón, fue el único importante en su vida. Debemos recordar lo que significaba para ella *Sintonía*, la revista que leía en Junín, la misma que, al publicar la biografía de Norma Shearer, encendiera en su alma el fuego sagrado. Bien mirado, era esta lectura lo que años más tarde la había conducido a presentarse al concurso. Se trataba de postularse para un papel en *La gruta de la fortuna*, una comedia que la compañía de Pierina Dealessi iba a montar en el Teatro Liceo. En el fondo, Evita hubiera podido presentarse ante Kartulowicz con las siguientes palabras: "Si estoy aquí, es por culpa suya". Se ignora lo que le dijo en realidad, pero se sabe que enseguida se enamoró de él.

Es claro que era también por su poder que lo quería tanto. Al tiempo que lo amaba, buscaba lo de siempre: un apoyo, una recomendación, una foto en la revista, lo que en nada disminuye el sentimiento: para defenderse de la acusación de querer a los hombres por su dinero, el personaje de Marylin Monroe en *Los caballeros las prefieren rubias* dice que su dinero forma parte de ellos mismos y que al amar el dinero se ama al hombre. Del mismo modo, Evita amaba al eslavo chileno porque era alto, fuerte, cálido y también poderoso. Un deportista, un hombre hecho, todavía en la plenitud de la vida y capaz de ayudarla: he aquí su modelo de príncipe azul, que reaparecerá más adelante bajo los rasgos de otro hombre tan cabal como ése, exteriormente por lo menos, y tan dado a los deportes. Este amor le sirvió de ensayo general. Si sólo hubiera conocido historias sórdidas, el de Perón no le habría despertado ecos. Y sucede que en la existencia todo es eco, "bosque de símbolos donde colores, perfumes y sonidos (pero también amores) se responden".

Y Kartulowicz publicó la foto de Evita. Así pagó con la moneda de la que disponía por un amor que pronto comenzó a impacientarlo. Demasiado apasionada para tener sabiduría, Evita estaba lejos de ser una coqueta seductora. Doña Juana hubiera debido estar allí para prodigarle los consejos de las madres de antaño: "Hacés mal en llamarlo veinte veces por día, nena. Hacete valer". Mauricio Rubinstein, citado por Borroni y Vacca, afirma haber visto a Evita en el vestíbulo de la revista limándose las uñas y esperando a Kartulowicz durante doce horas. Y la actriz Juanita Quesada, que trabajaba con Evita en Radio Belgrano, le ha confiado a su hermana, que nos lo ha dicho a su vez: "Evita no tenía suerte con los hombres. Era seguidora y los cansaba. Kartulowicz se iba al Tigre con otras chicas, un fin de semana, y ella lo perseguía hasta allí". Honesta, directa, ardiente de corazón si no de cuerpo, rehusando andar con rodeos o incapaz de hacerlo, Evita se adelantaba a su tiempo. También en ese plano se equivocó de década. En la Buenos Aires de los años sesenta hubiera podido blasfemar tranquilamente como un carrero y, además, expresar sus sentimientos de frente sin que se la mirase de costado.

La foto de *Sintonía* le fue útil, sin duda. Tras la ruptura de sus relaciones Kartulowicz publicó varias más, lo cual parece indicar que no era un batracio. Según Carmen Llorca, cuando Evita se convirtió en la mujer del presidente, le regaló el papel para su revista en una época en la que la prensa argentina sufría la escasez de dicho material. Pero testigos dignos de fe afirman que Kartulowicz fue perseguido por el régimen y que acabó por volverse a Chile.

Sin embargo, por una vez, la relativa prosperidad de la que Evita gozó en 1938 se debió a una mujer. Todo comenzó con un papel en *La gruta de la fortuna*. Después del concurso Evita había ingresado a la compañía de Pierina Dealessi. La actriz italiana había notado la presencia de la endeble criatura que esperaba su turno y se le habían conmovido las entrañas. Este es el retrato que habría de bosquejar en el futuro: "Eva era una cosita transparente, fina, delgadita, con cabellos negros y carita alargada. La contratamos por un salario de miseria. Trabajábamos siete días por semana y los domingos dábamos cuatro representaciones seguidas. A la tarde nos encontrábamos en los camarines para tomar algo. Evita tomaba mate pero como era delicada de salud, yo le agregaba un poco de leche. Era tan flaca que no se sabía si iba o si venía. Por el hambre, la miseria y un poco de negligencia siempre tenía las manos húmedas y frías. También era fría en su trabajo de actriz: un pedazo de hielo. No era una chica de despertar pasiones. Era muy sumisa y muy tímida. Una triste, devota de la Virgen de Itatí. Comía muy poco. Creo que nunca comió en su vida. Cuando se acabó la miseria era por falta de tiempo que se privaba de comer. El único amor de su vida era su hermano Juan, un adorable atorrante".

Pierina Dealessi era soltera, vivía con la madre y solía decirle a Evita con tierna solicitud: "Esta noche, después del teatro, venite a casa a dormir. Es peligroso volverte sola a las tres de la mañana". Y junto a su baúl de inmigrante le acomodaba una camita.

Navarro y Fraser dicen que en esos años vagabundos Evita vivió con un joven actor dispuesto a casarse. El noble joven le había instalado un departamento donde Evita llevaba una existencia "decente y normal". Pero cierta noche, de regreso a su nido de amor, Evita había encontrado el departamento completamente vacío. El actor se había ido llevándoselo todo, cama, ropero, cacerolas. Y Evita había retornado a sus pensiones sórdidas.

John Barnes y Jorge Capsitski nos relatan una historia gemela de departamento perdido, sólo que esta vez ya no se trata de noviazgos rotos sino del adorable atorrante. El hermano idolatrado había hecho su servicio militar en Buenos Aires y había permanecido siempre muy cerca de Evita. Su complicidad era total. Se entendían con medias palabras y Juancito podía escucharlo todo, aun lo inconfesable. El vivo de la familia hacía causa común con la hermanita aventurera. Pero los dos, en el fondo, eran de un gran candor: provincianos que se creían terriblemente astutos. Esos biógrafos no indican la época del episodio, pero otros indicios nos hacen situarlo entre 1939 y 1940. Evita se había instalado en un departamento (Capsitski dice en un hotel lujoso, el Savoy) que pensaba compartir con un rico industrial. Es entonces cuando recibe la noticia: Juancito había malversado los fondos de la Caja de Ahorro, donde estaba empleado. Evita vendió todo para pagar la deuda y volvió a la pensión. Capsitski va más lejos y afirma que recaló en un conventillo, espacio teatral por excelencia, como ya hemos visto, pero que ella no estaría con ánimo de apreciar.

Lágrimas radiales

Y de pronto, en 1939, el 1º de mayo (una fecha que el peronismo transformaría en su símbolo), brusco viraje en la carrera de Evita: la Compañía del Teatro del Aire comenzaba a difundir una serie de radioteatros escritos por Héctor P. Blomberg. Encabezaban el reparto Eva Duarte y Pascal Pelliciotta. Evita formaba parte de una compañía, en calidad de estrella, y un autor conocido le hacía los libretos a medida.

El mismo mes, la revista *Antena* publicó su foto dos veces: una en blanco y negro, la otra en colores y en la tapa. Sus cabellos castaño oscuro aparecen divididos en dos partes: la primera, peinada hacia arriba e inflada con postizos, enmarca su rostro, y la segunda cae sobre sus hombros. Un peinado a mitad de camino, correspondiente a una Evita que aún no ha podido juntar sus elementos diversos en apretado haz. Sólo más tarde lograría domar su cabellera, obligándola a ceñirse en forma de rodete, y fue entonces cuando tuvo su destino en un puño. ¿Pero qué había pasado? O más bien, ¿quién era Héctor P. Blomberg?

Andaba por la cuarentena. Novelista y poeta, se había dado a conocer por sus obras de teatro histórico, a menudo consagradas a la época de Rosas ya que formaba parte de una corriente nacionalista que reivindicaba al dictador del siglo XIX y, a la vez, exaltaba la cultura popular. Virgen por entonces de toda ideología, Evita tuvo éxito en su carrera radial al unirse a un autor cuyas ideas prefiguraban las del peronismo.

Frente al nacionalismo, los escritores del otro bando hacían muecas de horror. La cultura argentina de los años treinta era primero francesa, segundo inglesa y siempre universal. La izquierda no le iba en zaga, en este aspecto, a los intelectuales "oligarcas". Unos y otros alardeaban del mismo desprecio por la cultura "populachera" encarnada por Evita. No por eso debemos identificar el rosismo con los radioteatros, mucho más lacrimógenos que ideológicos. Digamos simplemente que el abismo entre el peronismo y sus adversarios era, entre otras cosas, un abismo estético. Por razones de gusto, Evita fue "peronista" mucho antes de que el propio Perón tuviera conciencia de serlo. Desde el resentimiento social a la estética del tango y del radioteatro, ella tenía mil razones para entenderse con Perón. Y sin embargo, en cierto momento de su vida, Evita escapó a todo determinismo sociológico y psicológico gracias a una suerte de aleteo: quizás el Ángel de la muerte, al elegirla, la volvía libre.

Existe una hermosa anécdota en relación con ese ángel. Se la debemos al escritor César Tiempo. Una noche, en un bar de Buenos Aires, Roberto Arlt estaba hablando con su habitual fervor y sus gestos ampulosos. Sentada a su mesa, una muchacha pálida tomaba un café con leche de a sorbitos. Tenía un aspecto tan frágil y tosía tanto que parecía salida de *Los siete locos*. Era Eva. A fuerza de ademanes, el escritor terminó por derramarle la taza sobre la falda. Para hacerse perdonar, se arrodilló ante ella con una mano en el corazón. Eva se levantó y corrió hacia el baño. Cuando regresó, tenía la falda limpia y los ojos rojos. Volvió a sentarse con calma y dijo simplemente: "Me voy a morir pronto". "No te preocupes -le dijo él-. Yo moriré primero." Él murió el 26 de julio de 1942, y ella, otro 26 de julio pero diez años más tarde.

Así que ahora su foto aparecía regularmente en las revistas, con sombrero o sin él, los cabellos oscuros y ondulados sobre sus frágiles hombros. Tan regularmente que el público reconocía su sonrisa. Tenía dientes perfectos, puestos en evidencia por la mandíbula superior algo sobresaliente. El labio inferior retrocedía un poco, mordido por los caninos, lo cual le daba un aire cándido y a veces hasta simple.

Pero, en fin, se volvía "visible", era "alguien". ¿Se sentía feliz? La insatisfacción parecía ser su destino. Había vivido solitaria a causa de la miseria y ahora preservaba sus logros con más soledad. Sus relaciones y sus amores existían en función de su carrera. En la radio grababa los programas sin hablar con nadie y volvía a su casa sin tardanza. El actor Pablo Raccioppi, que trabajó con ella, ha aludido al rencor que le inspiraban los hombres: "Conmigo todos quieren lo mismo", se quejaba. Cuando Raccioppi, que era casado, le hablaba a Evita de su mujer y de sus hijos, ella guardaba un silencio enfurruñado. Ese testimonio se agrega a otros que nos describen a Evita como una mujer tensa, ambiciosa, frígida y, para utilizar el término de entonces, sin ningún sex appeal. Esos rasgos bastaban para que muchos la considerasen masculina. Era el tiempo en el que un célebre bolero definía lo femenino de este modo: "La mujer que al amor no se asoma/ no merece llamarse mujer".

Siempre con libretos de Blomberg, Evita comenzó un segundo ciclo de radioteatros difundidos por Radio Prieto, y después un tercero. También actuó en una película histórica sobre la Patagonia, *La carga de los valientes*, y en dos obras de teatro. Era preciso admitirlo: no había nacido para las tablas. Se ganaba muy poco y sus papeles seguían siendo poco parlantes. En 1941 trabajó en otras dos películas, *El más infeliz del pueblo*, con el cómico Luis Sandrini, y *Una novia en apuros*, del norteamericano John Reinhardt. Pero esas actuaciones no fueron memorables. Le quedaba la radio y lo sabía. El padre Benítez, su confesor, transcribe estas palabras de Evita: "En el teatro fui mala, en el cine me las supe arreglar, pero si en algo fui valiosa es en la radio".

Una radio de tal importancia que, según Navarro y Fraser, estaba considerada como la segunda del mundo después de la norteamericana. Aún no se había inventado la radio de pilas, que más tarde se difundió masivamente por todo el país. Pero los pueblos que carecían de electricidad recibían la visita de camiones equipados, enviados por los fabricantes de radios. Gracias a los altoparlantes, los pueblerinos accedían a un mundo maravilloso que cambiaría sus vidas y que, de ahora en más, lucharían por conseguir.

Cada tarde, a las cinco, las amas de casa, las sirvientas y, si el ruido lo permitía, las obreras de las fábricas, vivían un momento de magia. Los temas de los radioteatros eran siempre los mismos, porque la repetición, por oscuras razones, tranquiliza al oyente. La historia de Cenicienta volvía sin cesar. Una muchacha pobre, hermosa, dulce, casta y desdichada ama al hijo del patrón. Llora y sufre media hora por día durante varios meses. Y al final, a fuerza de belleza, pero también de bondad, logra atravesar las barreras sociales. Un papel indicado para la voz de Evita, aguda y al mismo tiempo quebrada, cándida y dolorosa. Una voz torpe, pueril y sin pretensiones, semejante a todas las voces. Para aquellas mujeres era un momento único que sólo les pertenecía a ellas. Era también la hora del mate y, al aspirar la última gota, el rezongo de la bombilla parecía acompañar los suspiros de Evita.

Entre 1939 y 1940 el nombre de Eva está ligado a un jabón o dos. Había conocido a algunos fabricantes y, según Mauricio Rubinstein, citado por Borroni y Vacca, esas nuevas relaciones le habían permitido ubicar a su hermano en la Caja de Ahorro, donde, como hemos visto, Juancito terminaría por hacer de las suyas. Sea como fuere, en 1941 el adorable atorrante había vuelto a trabajar como viajante de comercio en la empresa Guereño que fabricaba el jabón Federal y en la que ya trabajaba cuando vivía en Junín. Esto ha impulsado a algunos a creer que el contrato firmado por su hermana con el anunciador de los jabones era obra de Juancito. En realidad, según parece, ocurrió lo contrario: Eva colocó a Juancito en ese puesto tras pagarle la deuda.

Examinemos a los jaboneros de más cerca. En un principio Evita había frecuentado a un tal Raimundo López, pariente del patriarca de la empresa Guereño. Al ser nombrado administrador de Guereño y Cía, López había auspiciado el ciclo de Evita por Radio Prieto. Pero la historia no se detiene allí. Según Raccioppi, Guereño habría hecho las presentaciones entre la actriz y otro fabricante de jabones llamado Llauró. Y ambos habían trabado amistad. (Los autores de un célebre chiste antiperonista, "el jabón Perón evita la roña", ¿estarían al corriente de estos avatares?) A principios de 1942 Llauró había hecho otro tanto presentándole a Pablo Osvaldo Bayer, director artístico de Radio El Mundo, donde Evita comenzó a trabajar.

No abandonemos estas pistas resbaladizas sin aludir al aceite Cocinero, que tuvo el mérito de haber auspiciado los programas de Evita en esa última radio, programas bendecidos por el productor de la revista *Guión*, Lafrenz, otro amigo de la actriz al que, "para contribuir a la confusión general", como decía el surrealista Aldo Pellegrini, algunos llaman Jorge y otros Enrique. Esas empresas utilizaron el radioteatro de Evita con fines comerciales y éxito asegurado, lo cual nada tiene de asombroso, así como tampoco es raro que Evita haya actuado en un film de Linter Publicidad, *La luna de miel de Inés*, o posado para fotos publicitarias. Lo asombroso era la época, no ella. *France Dimanche* publicó una de estas fotos el 27 de julio de 1947, mientras Evita se encontraba en París. Una riquísima y antiperonista familia argentina, los Bemberg, se la había ofrecido a ese diario sensacionalista con el objeto de revelar ante el pueblo francés la verdadera índole de la Primera Dama argentina. En la fotografía publicada la esposa del presidente, en visita oficial, aparecía envuelta en una tela, también de aspecto resbaladizo, que retenía con una mano sobre el pecho y la otra sobre el vientre. La sandalia de taco alto se le salía levemente del pie, como a la Olympia de Manet que, en su tiempo, a causa de ese detalle, suscitó un gran escándalo. Y por fin, ¡horror!, la pierna aparecía toda desnuda.

¡Cuántas lágrimas lloradas de prisa y cuántos suspiros improvisados no habrá vertido y exhalado Evita durante aquellos años, hasta 1943! Los libretistas eran Martinelli Massa o el siempre fiel Héctor P. Blomberg. Cada día, media hora antes de grabar, el autor distribuía entre los actores los diálogos recién salidos de su pluma. ¿A Evita se le seguía trabando la lengua? ¿Decía siempre ojepto por objeto y écter por éter? Raúl Rossi se niega a admitirlo: "Es cierto que a veces le pedía al guionista que cambiara una palabra impronunciable por otra más sencilla. Pero todos hacíamos lo mismo. ¿Qué actor no lo ha hecho? Sólo que a Evita, cuando fue amante de Perón, la esperaban con una piedra en cada mano y no le dejaban pasar ni una".

La versión de Gloria Alcorta difiere de la anterior. Es cierto que esta escritora pertenece a una clase social separada de la de Evita por un auténtico abismo. Por otra parte, su testimonio alude a un período posterior de esa carrera radiofónica (lo cual no cambia nada con respecto a la voz).

"Empezamos a escuchar radio -nos ha dicho Gloria Alcorta- en una época en que Alberto Girondo, mi marido, estaba enfermo en cama. Y por pura casualidad, nos encontramos con una tal Eva Duarte que representaba el papel de Catalina de Rusia. Para nosotros era una perfecta desconocida. ¡Pero qué revelación! ¡Lo que nos divertía aquella voz guaranga que hacía de emperatriz con tono tanguero! Era para morirse de risa. Esperábamos con impaciencia la hora del radioteatro y lo comentábamos con nuestros amigos. Creo que hemos contribuido mucho a su celebridad."

En cambio, las mujeres que no frecuentaban el mundo de esta excelente cuentista escuchaban a Evita bañadas en llanto. Gracias a ellas y a sus lágrimas, en marzo de 1942 Evita abandonó su pensión mohosa y se mudó a un departamento de la calle Carlos Pellegrini, cerca de la Avenida Alvear (ahora Libertador), en un barrio elegante. Le incumbe a Pablo Raccioppi, que da en su testimonio la dirección precisa del nuevo departamento, sembrar el desconcierto en nuestro espíritu con la siguiente frase: "La gente de la farándula decía que ese departamento era una *garçonnière* del coronel Aníbal Imbert".

Si este dato nos deja perplejos es porque todos los testigos concuerdan en que Evita conoció al coronel Imbert después de la Revolución del 4 de junio de 1943. Todos, excepto Silvano Santander y Carmen Llorca, que si bien no se refieren expresamente a Imbert, anticipan las fechas ellos también.

El primero, diputado radical, publicó un libro en 1955, después del derrocamiento de Perón, titulado *Técnica de una traición*. En ese libro Santander no se queda corto y acusa a Evita de haber trabajado para la embajada de Alemania a partir de 1941. En el ejercicio de esas funciones, es decir, en el espionaje alemán, Evita habría conocido a los militares argentinos pronazis que forjaron la Revolución de 1943. Santander menciona a Perón y no a Imbert, pero los dos formaban parte del mismo organismo, el GOU (Grupo de Oficiales Unidos). En apoyo de su tesis, Santander reproduce fotocopias de los pagarés firmados a la orden de Eva Duarte por el embajador de Alemania, Von Thermann. Volveremos in extenso sobre este asunto espinoso. Por el momento digamos que los argumentos de Santander son globalmente válidos, pero que los documentos presentados son groseras falsificaciones: este escritor honesto, que peca por demasiado apasionado, se ha dejado engañar por un informador sospechoso.

Carmen Llorca, por su parte, confía en su propia intuición, la cual le indica que Perón y Evita se conocieron bastante antes de junio de 1943 (mientras que la fecha oficialmente reconocida del histórico encuentro es el 22 de enero de 1944). ¿Por qué llegar a esa conclusión, intuitiva o no? Porque Evita desapareció del "éter" durante los primeros meses de 1943 y Llorca deduce de ello que estaba trabajando para el movimiento preperonista, el de la Revolución de junio. En efecto, la mayoría de los autores se asombran ante esta desaparición, que sobreviene en el momento mismo en que Evita comenzaba a triunfar. Algunos suponen que estaba enferma y que seguía un tratamiento. Otros aceptan la justificación que dio ella misma en un reportaje de la revista *Antena*, el 27 de mayo de 1943: "En estos últimos tiempos no me han propuesto ningún papel suficientemente interesante para una artista de mi categoría".

Sin embargo, nos cuesta imaginar a Evita embanderada tan pronto en una causa política y, más aún, convertida en Mata Hari a partir de 1941. Su personaje político se fue forjando con el tiempo. Un proceso visible: todo el mundo pudo observar sus torpezas iniciales y divertirse con ellas. Hasta 1946 careció de tacto y de fineza: fue el viaje a Europa de 1947 lo que acabó de transformarla. ¿Cómo creer que en plena guerra la Embajada de Alemania haya corrido el riesgo de contratar a una chica de veinte años especialista en furcios? A su propio nivel, era lista y desenvuelta. Pero una cosa es conquistar a un fabricante de jabones para hacerse apadrinar un programa de radio y otra muy distinta ser espía por cuenta de los nazis.

Es posible afirmar sin gran margen de error que alrededor de 1942 Evita era una joven actriz ambiciosa, deseosa de tomarse un desquite, con una predisposición natural por el nacionalismo y un interés por los problemas sociales. Mejor aún: ella misma era un problema nacional y social. Y tal como lo ha afirmado en su autobiografía, *La razón de mi vida*, a lo largo de toda su vida la injusticia le provocó una rabia sofocante. Nada cuesta creerlo. El mismo sentimiento, expresado más tarde, no pareció ni improvisado ni fingido. Eso es todo: ningún testigo ocular, aparte de Raccioppi, confirma la tesis de Carmen Llorca ni la de Santander. Y si Evita conoció al coronel Imbert antes de la Revolución de 1943, se habrá tratado de una típica afinidad entre un militar y una actriz en nada relacionada con "la causa".

¿A qué pudo deberse entonces su desaparición durante los primeros meses de 1943? La única hipótesis aceptable es la de la enfermedad. Su palidez era tal que le atribuían una anemia y hasta una leucemia. Además, si hubiese desaparecido para consagrarse a una labor política, ¿cómo explicar entonces que una vez convertida en la amante de Perón, lejos de abandonar el mundo del espectáculo trabajara como nunca en el cine y la radio?

Otro testimonio relacionado con el "sentimiento de injusticia" anclado en su corazón desde antes de 1944 nos parece mucho más convincente. Lo relata Libertad Demitrópulos en su biografía de Evita. Es una noche lluviosa. En una calle de un barrio pobre y alejado del centro, una mujer desesperada busca un automóvil para conducir a su marido al hospital. Un taxi se detiene a su lado y una hermosa mujer baja para ofrecerle ayuda. Dice que conoce a un buen médico en un hospital y le ordena al chofer que los lleve. Esta hermosa mujer es Evita, que ha de pasar la noche a la cabecera del enfermo y seguirá yendo a visitarlo hasta que esté curado.

Pero durante esa noche de angustia hubo alguien más junto al enfermo y junto a Evita: un obrero anarquista. Libertad Demitrópulos agrega: "Eva Duarte y el obrero se hicieron amigos, conversaron mucho sobre la situación política del país, sobre la que Eva tenía ya ideas muy claras, y a partir de entonces la vida, que los había acercado, los hizo actuar en muchas circunstancias críticas para ellos y para la Patria, hasta que finalmente los separó con la muerte de ella once años después". Algo más adelante esta escritora peronista -pero de familia anarquista a juzgar por ese Libertad típico de los libertarios- se arriesga a dar un nombre. El misterioso obrero no sería otro que Isaías Santín, miembro de la CGT y estrecho colaborador de Evita hasta el final de su vida. Observemos de paso que a Evita se le ha podido atribuir una complicidad con el nazismo y también con el anarquismo. El peronismo es un "cambalache" que permite toda clase de interpretaciones. Mejor aún, las estimula.

Ahora había triunfado o se hallaba muy cerca. Estaba plenamente consciente de ello y la misma persona capaz de pasar la noche a la cabecera de un enfermo no vacilaba en decir, mostrando con el mentón a los otros actores: "Pablo, vos y yo encabezamos el cartel. No podemos seguir yendo al mismo café que todos ésos. Para guardar las distancias es mejor que vayamos a algún café más caro".

Ya sea por sentido de las jerarquías o por marcar sus diferencias con las amas de casa, a una actriz que le pidió permiso para llegar más tarde, aduciendo que el horario de grabación coincidía con el biberón de su bebé, Evita le respondió: "Esto no es un hospicio. Si no puede llegar a hora como todo el mundo, búsquese otra profesión".

Pero Raccioppi termina por confesar, casi a pesar suyo: "Eva siempre creía en lo que decía".

Este libro sólo será la historia de un encuentro entre una mujer que creía y un hombre incrédulo. Una historia de sinceridad y de simulacro, donde lo verdadero y lo aparente correrán a la par.

AMANTE

Llegan los militares. Estrella de la radio. Eva y el coronel juegan a las escondidas. La sonrisa de Perón. Un "día maravilloso". Historia de un cazador de la Patagonia. Perón admira a Mussolini. Y a Hitler. Las amenazas de Evita. La amante del coronel se vuelve rubia. La bofetada. "¡Escúchenla!...¡Es ella!" Un vestido bordado de azabache.

El 4 de junio de 1943 un golpe de Estado fomentado por el general Arturo Rawson derrocó al presidente Ramón J. Castillo y lo reemplazó por el general Pedro Pablo Ramírez.

Cuando estalló la anterior revolución militar, la de 1930, Evita se acababa de mudar a Junín con su tribu materna. Al oír los tiros le había dicho a su hermana Erminda, mostrándole el cerrojo de la puerta: "No tengas miedo que con eso estamos a salvo". ¿El año 1943 le iría a regalar un cerrojo mágico, ya no para cerrar la puerta sino para abrirla a todas las maravillas? Pero antes de llegar a las maravillas, ¿sabía por lo menos de qué revolución se trataba y qué pretendían sus autores? ¿Conocía los acontecimientos ocurridos en su país a partir de 1930? Sí, a grandes trazos. Estaba lejos de ignorar la existencia de una clase social conservadora que poseía la tierra, de una clase media a menudo descendiente de inmigrantes que sostenía a los radicales (cuyo caudillo bienamado era don Hipólito Yrigoyen), de una clase obrera en expansión, y del ejército. Entre los obreros había una minoría socialista, comunista o anarquista, afiliada a los sindicatos. Los demás se limitaban a soportar su destino. Por su parte, el ejército había probado suerte en 1930, destituyendo al "Peludo" Yrigoyen que resultaba cada vez más indescifrable.

El estilo de Yrigoyen había sido siempre abstruso. Pero su tendencia al hermetismo aumentaba con la edad, a la vez que florecían sus hallazgos verbales. ¿Qué pensar de esas famosas "efectividades conducentes", expresión típicamente yrigoyenista que los especialistas traducían por: "lo que conduce a la eficacia"? Había que rendirse a la evidencia: Yrigoyen era cada vez menos conductor y cada vez más ineficaz. Y el ejército había aprovechado para desencadenar el primer golpe militar de la historia argentina. Su objetivo explícito era el mismo que, a intervalos regulares, habría de fijarse en el futuro: "sanear" el país y devolverle la fuerza, la moral, los valores cristianos y nacionales. Su objetivo inconfesado: tomar el poder.

Pero Uriburu y los suyos, empantanados en una gran confusión, habían carecido de coherencia. Tenían ideas de extrema derecha tomadas de Maurras, de Mussolini y de Primo de Rivera, pero eran vacilantes. Y su movimiento había caído como fruta madura en manos de la oligarquía, que no era nacionalista y germanófila como ellos, sino liberal y anglófila, y que había reemplazado a ese Uriburu algo chocante por un general de corte más clásico: Agustín P. Justo.

Comenzaría entonces la década "democrática", que los partidarios de Perón llamarían "infame". Situados bajo el signo del fraude electoral, esos años transformaron más que nunca al país en productor de materias primas destinadas a los ingleses. Pero ya hemos visto que la crisis de 1929 había sido contrarrestada por el impulso dado a la industria. Y en 1939, la guerra europea había obligado a la Argentina a industrializarse aun más, ya que los productos manufacturados y la mano de obra, hasta entonces provenientes de Europa, habían cancelado el viaje. Esto acrecentó el movimiento de inmigración interna y los obreros afluyeron de las provincias.

He aquí por qué la clase obrera se agrandaba y por qué cambiaba de color. Los "cabecitas negras" caían sobre Buenos Aires como un polvillo prieto que la ciudad, blanca y orgullosa de serlo, trataba inútilmente de sacudirse de los hombros. ¡Los porteños se habían burlado tanto del napolitano con el clavel y del gallego con la ceja! Ahora los "cabecitas negras" inspiraban menos risa, porque verlos era verse a sí mismos en un espejo poco halagador. Su sola presencia revelaba la llaga nacional: ¿entonces los argentinos no eran tan albos como habían creído? Más que hacer chistes a costa de ellos hubiera sido preferible mantenerlos ocultos. Por suerte se quedaban en sus suburbios lejanos. Los porteños podían continuar ignorándolos y creyéndose europeos. Pero, ¿por cuánto tiempo?

Frente a la guerra europea, el gobierno de Castillo se había visto desgarrado por un dilema que los revolucionarios de 1943 recibirían como herencia: la neutralidad argentina. Los ingleses "comprendían" la posición de ese país amigo y no tenían particular empeño en obligarlo a declarar la guerra a los alemanes. Si se mostraban tan comprensivos era para evitar que la Argentina cayera bajo la influencia de los Estados Unidos, cediendo a las presiones de esa potencia aliada en la batalla pero rival en el expansionismo. Y los argentinos se aprovechaban de la ganga: así podrían venderse al mejor postor si el Eje resultara victorioso.

Un juego fluctuante revelado por el episodio del naufragio del acorazado alemán Admiral Graff von Spee, cuyo enigma tardó en dilucidarse. En diciembre de 1939 el Graff von Spee fue atacado en el Río de la Plata por navíos ingleses. La batalla naval se inclinaba más bien en favor de los alemanes cuando Hans Langsdorff, comandante de la nave germana, decidió dar la espalda a sus agresores, se adentró en el Río de la Plata y se dirigió a Buenos Aires, metiéndose voluntariamente en la trampa.

Jorge Camarasa da una explicación de esta actitud en su libro *Los nazis en la Argentina*. El que había autorizado a Langsdorff a hacer lo que hizo había sido Hitler en persona. León Scasso, el ministro de Guerra argentino, era partidario del Eje. Los nazis eran capaces de identificar a sus simpatizantes hasta en el seno mismo de un gobierno liberal. Y la Argentina, con la bendición de los ingleses, se deslizaba al bies en esta historia de guerra, para gran indignación de los norteamericanos que insistían en que el país eligiera su bando.

El detonador que hizo estallar la Revolución de 1943 fue el nombramiento de un candidato elegido por el gobierno de Castillo para ganar las próximas elecciones "libres": Robustiano Patrón Costas, millonario enriquecido con la explotación de la caña de azúcar. El ejército moralizante o, más precisamente, el GOU (sobre el que volveremos), hablaba de modernizar el país, de conferirle una "estructura", un "orden", y no podía tolerar este nuevo y aun más escandaloso fraude electoral. Por otra parte, la Revolución de 1943, que también se proponía "sanear" el país y devolverle su fuerza, sus valores, etc., tenía un objetivo bastante más claro que su hermana mayor (la de 1930): no quería convertirse en instrumento de la oligarquía sino tomar el poder. El ejército se había vuelto una especie de clase social completamente aparte, un país adentro de otro. Esta revolución tenía ideas claras. Disponía también de una carta que le había faltado a la anterior: un líder que conocía su propia voluntad y que, por haber vivido en la Italia fascista, lo había entendido todo. Era el coronel Juan Domingo Perón.

Pero Evita ignoraba esto. Lo que sabía, en cambio, ocupaba menos sitio que esos saberes abstractos y la afectaba en carne propia: su trabajo de actriz iba a sufrir las consecuencias de esta revolución aseptizante. Al ser nombrado director de Correos y Telecomunicaciones, el general Aníbal Imbert había difundido un severo comunicado. Prohibido difundir "tangos negativos" (de ésos que remueven el cuchillo en la llaga repitiendo que la juventud perdida no volverá jamás). Orden de preferir el folklore provinciano, más ingenuo, más "nacional" y, por ende, más positivo y marcial. Y, sobre todo, obligación de someter a su consideración los textos de los radioteatros, a fin de eliminar todo rasgo insalubre. Fue así como nuestra joven actriz tuvo que presentarse a la oficina del Correo, convocada, igual que sus colegas, por Celedonio Galván Moreno, un funcionario que había requisado un piso entero para expurgar los libretos a sus anchas. Y, para colmar la suerte, ¿quién estaba al lado de Imbert, junto a Galván Moreno? ¡Oscar Nicolini en persona! El viejo Nicolini, al que Evita, allá en Junín, había conocido muy bien.

Oscar Nicolini: otro señor canoso que encarnaba un papel paternal, como Carlos Rosset o como el supuesto Giovannoni de la primera pensión en donde Evita se tomara su mate cocido. En una palabra, otro amigo de doña Juana. Inútil aclarar que también este punto se presta a discusión: hay quienes niegan la presunta relación amorosa entre Doña Juana y Nicolini y quienes la sostienen. Pero el testimonio de Fermín Arenas Luque, que debemos a Vacca y Borroni, nos parece concluyente. Este escritor e historiador trabajaba en el Correo en la época en que la tribu de Evita llegó a Junín. Según él Nicolini, viejo funcionario del Correo Central de Buenos Aires, había ido a Junín con el encargo de investigar la denuncia presentada contra un colega incorrecto por una tal Elisa Duarte. Y la denunciante había hecho las presentaciones entre el señor canoso y doña Juana, cuyos cabellos también se iban agrisando. Digamos asimismo que una vecina de la familia Nicolini, adicta al anonimato, nos ha dicho sonriendo con esa sonrisa peculiar que sólo la historia de Evita hace florecer en los labios: "Todo el barrio sabía que Nicolini tenía una amante en Junín. La señora de Nicolini se la pasaba gritando en el patio: ¿Ya te vas para allá, a encontrarte con tu Juana?"

Relación amorosa o no, este personaje representa un papel importante en el desarrollo de esta historia. Era un hombre sencillo y sin lustre (aunque, después de la caída de Perón, la Revolución Libertadora descubrió una fortuna en su casa). Su importancia no fue otra que la de haber estado donde era bueno que estuviera. Si Evita no lo hubiera conocido de antes, gracias a doña Juana, y si Nicolini no se hubiera encontrado junto a Galván Moreno pero, sobre todo, junto al coronel Imbert, la actriz no habría podido acercarse tan pronto al nuevo director (esta hipótesis implica suponer que, en esa época, Evita no conocía aún al coronel Imbert, lo cual a su vez implica descartar el testimonio de Pablo Raccioppi sobre la *garçonnière* que el coronel habría compartido con ella a partir de 1942), ni se habría convertido en su amante ni habría conseguido, gracias a él, actuar en radioteatros más brillantes que los lacrimógenos de siempre, y quizá ni siquiera habría conocido al coronel Perón. Más aún: si en 1945 Evita no hubiera hecho nombrar a Nicolini director de Correos y Telecomunicaciones, el ejército no se habría rebelado contra Perón y los acontecimientos que condujeron a este último a la Presidencia de la Nación nunca habrían tenido lugar.

¿Pero se puede reflexionar en esos términos? Este rosario de condicionales replantea el problema del azar y del destino. Para que la historia se desarrolle es preciso encontrarse en un sitio determinado: situación geográfica necesaria, pero no suficiente. Aun en connivencia con un amigo de su madre, otra en el lugar de Evita no hubiera sido tan rápida. Ella, en cambio, no esperó mucho para salir de la oficina de ese coronel Imbert eternamente uniformado (sus empleados civiles estaban obligados a hacerle la venia) con un aire de triunfo asaz curioso, a medio camino entre lo voluntarioso y lo crispado. Un aire muy particular, que se puede observar también en la primera fotografía de Evita como mujer del presidente, apenas dos años después. Un aire que puso sobre aviso a los actores y actrices que esperaban afuera: Evita les había ganado de mano. De todos ellos, a no dudarlo, era la más rápida.

Tampoco el resultado se hizo esperar. La Revolución había tenido lugar en junio. En setiembre la revista *Antena* anunciaba que "la célebre actriz Evita Duarte" sería la protagonista de una serie de programas difundidos por Radio Belgrano, consagrados a mujeres no menos célebres como la emperatriz Carlota, Isabel de Inglaterra, Sarah Bernhardt, Alexandra Feodorevna, la emperatriz Josefina, Isadora Duncan, Madame Chiang Kai Shek, Eleanora Duse, Eugenia de Montijo, Lady Hamilton, Ana de Austria, Catalina de Rusia y otras más. Libretistas: Alberto Insúa y Francisco Muñoz Azpiri (un escritor nacionalista que más tarde redactaría los discursos de Evita, suavizando así el pasaje del espectáculo artístico al político). La elección de las mujeres célebres parece, en cierto modo, un ensayo general. Autores como Marysa Navarro, ante todo preocupados por atenerse a los hechos, aconsejan resistir a la tentación y no sacar conclusiones de dichas actuaciones. Para esta autora, como para muchos otros historiadores, lo importante es aislar cada elemento biográfico sin tomar en cuenta las correspondencias que los ligan, los ecos que despiertan unos en otros. Y los peronistas, en su gran mayoría, tienden a quitar importancia no sólo a esos papeles históricos sino también a todo otro acontecimiento que preceda el encuentro entre Evita y Perón: la primera habría nacido del segundo (del mismo modo que su antepasada bíblica había nacido de Adán).

Lo cierto es que Evita nació en 1919 sin esperar a conocer a Perón. Antes de tal encuentro, ciertos momentos de su vida aclaran y hasta anuncian lo que habrá de ocurrir. Ya otras actrices como Mecha Ortiz habían encarnado a esas mujeres célebres. Y no es imposible que el coronel Imbert, con su manía de grandezas, haya visto en las heroínas de la historia y del arte un tema extremadamente noble y decente. Pero más allá de ambas evidencias se impone una certeza menos demostrable y, sin embargo, mucho más fuerte: una de esas verdades aprehendidas en un rapto de lucidez tan delicioso como breve. En su adolescencia Evita soñaba con ser Norma Shearer en el papel de María Antonieta. Durante su viaje a Europa, en 1947, monseñor Roncalli, el Nuncio italiano que habría de convertirse en el papa Juan XXIII, exclamó al verla entrar a la catedral de Notre-Dame: ¡"E tornata l'Imperatrice Eugenia!" Estamos constituidos por una galería de personajes más o menos prestigiosos, alguno de los cuales siempre termina por imponerse. En Evita, el personaje de la reina cohabitaba con varios otros mucho más dolorosos. Pero la reina estaba allí. Desde siempre. Fue gracias a Perón que alcanzó la victoria, pero no fue Perón quien la hizo nacer.

El contrato mirífico firmado con Jaime Yankelevich, director de Radio Belgrano -con quien Evita mantendrá relaciones tirantes- le permitió alquilar un departamento. Por fin tenía un sitio propio, en la calle Posadas 1567 (una dirección que la historia argentina difícilmente olvidará). Su relación con Imbert tendría otras consecuencias para esta marginal intuitiva que había aprendido a atrapar al vuelo la ocasión y a mantenerse alerta, con la inteligencia aplicada de los animales en la selva y de los humanos en la guerra. Imbert había sido designado en ese puesto por la sencilla razón de que el GOU (Grupo de Oficiales Unidos al que pertenecía Perón) consideraba la radio como un factor de influencia extremadamente poderoso. Otra idea básica de Perón, heredada también de la Italia fascista: la importancia de los sindicatos. Evita debió sentir lo que estaba en el aire. En lo de Imbert pudo escuchar conversaciones truncas, indicadoras de algo que no le era ajeno. El 3 de agosto de 1943 figuró entre los fundadores de la ARA (Asociación Radiofónica Argentina), cuyo objetivo era "defender los intereses de los trabajadores de la radio argentina". ¿Oportunismo o, más bien, perfecta concordancia entre su propia cólera (el empresario teatral Francisco López, citado por Borroni y Vacca, ha dicho que en Mendoza Evita se peleaba con la gente de teatro "porque no podía aceptar ciertas humillaciones") y esas ideas nuevas que ya captaba con su habitual rapidez?

Durante este período, entre fines de 1943 y principios de 1944, Evita y Perón parecen jugar a las escondidas, cruzándose sin verse. Pero se buscan. Si la prensa argentina de la época hubiera publicado los anuncios que permiten hallar grata compañía, cada uno hubiera podido redactar su texto con la mayor simplicidad. Perón buscaba a una mujer joven y linda para exhibirse junto a ella. A falta de anuncios periodísticos, esperaba que sus amigos se la presentasen, ya que, en cosas del corazón, no tenía ni experiencia que ganar ni tiempo que perder. También buscaba, por distintas razones, a una persona de radio; pero tanto mejor si las dos coincidían en una sola mujer. Evita, por su parte, buscaba más que nunca a un hombre con poder; en la Argentina de 1943, ese hombre sólo podía ser un militar. Pero no Imbert: aquel coronel de ceño adusto no estaba hecho para ella, ni ella para él. El testimonio de Carmelo Santiago, citado por Borroni y Vacca, resulta muy claro: "Imbert no soportaba el carácter indomable de Evita y se la presentó a su amigo, el coronel Perón". Para agregar después: "Dorita Norvi, amiga de Evita, había sido amante del coronel Imbert... Eva conocía a las amistades de Imbert por haber asistido a sus reuniones".

Esto confirmaría, o más bien completaría, uno de los múltiples, confusos y contradictorios testimonios que han llegado a nuestros oídos sobre el encuentro entre Perón y Evita. Es el de Sarita Romero, una "peronista de la primera hora" quien, a su vez, lo escuchó de labios de la aludida Dorita Norvi. (Mujeres indefensas, el diminutivo era su escudo, una especie de gracioso mohín con que pedían gracia.) La versión de Sarita es la siguiente: "Perón necesitaba una amiga y le habían pedido a Dorita Norvi que organizara una fiesta con actrices para presentárselas al coronel. El que arregló todo fue el propietario de una agencia de publicidad que se llamaba Díaz. Primero habían pensado en Zully Moreno, que era muy conocida pero demasiado pretensiosa. Pero después a Díaz Publicidad le pareció que Eva era más sencillita, más gatita que Zully, los presentó y el resto ya se sabe".

(Otros testimonios completan lo manifestado por Sarita y Dorita. Para el animador de televisión Roberto Galán y para la fotógrafa Anne-Marie Heinrich, Zully Moreno se habría negado violentamente a convertirse en la amante de Perón, no sólo antes de que Evita hubiera conocido al coronel en busca de mujer, sino también después. Anne-Marie Heinrich nos ha contado un curioso episodio que tuvo lugar en su estudio. Raúl Apold, futuro director de propaganda del régimen peronista, trabajaba en esa época para una compañía cinematográfica, Argentina Sono Films. Al enterarse de que Zully debía ir al estudio para sacarse fotos, se apareció en compañía de un militar uniformado y le dijo a la fotógrafa: "Dígale a Zully que la espero aquí para presentarle al coronel, o al general X" (Anne-Marie no retuvo el nombre ni el grado). En eso llega Zully. Con toda inocencia, la señora Heinrich le transmite el mensaje. Pero Zully reacciona con rabia, como si ya hubiera recibido en abundancia mensajes similares: "¡Nunca! ¡Eso nunca! ¡Dígale que se vaya enseguida porque mi César Amadori (un célebre director de cine) se va a enojar en serio!" Entretanto, y sin querer, el señor Heinrich ha escuchado detrás de la puerta la siguiente conversación entre el uniformado y el aspirante a Celestina: "¡Hay que convencer a Zully! -gimoteaba el primero-. Es absolutamente necesario que se encuentre con Perón. ¿Cómo vamos a hacer, si no? Perón cayó en las redes de Evita y nosotros tenemos que impedirlo a toda costa".)

Sin embargo, ya hemos visto que Perón no sólo frecuentaba el ambiente radial por razones sentimentales. Y aun en el caso de que la fiesta organizada por "Díaz Publicidad" hubiera sido mera fantasía, Perón pudo tener la oportunidad de conocer a Evita durante dos visitas a Radio Belgrano que realizó para saludar a los artistas y distribuir sonrisas y apretones de mano. Pero si Evita estaba allí, ninguna foto lo atestigua. Entonces ¿qué pensar? ¿Perón la conoció antes del terremoto de enero de 1944, fecha oficial del encuentro? Quizá la había visto en alguna reunión organizada en su honor o en una de esas visitas a Radio Belgrano. O quizás Imbert ya los había presentado y ellos se habían sopesado con la mirada, flirteando con la idea del triángulo que formaban con él, tal como suele suceder cuando un encuentro de a dos está situado bajo el signo de un tercero, no siempre en discordia. Lo cierto es que el 25 de diciembre de 1943 Perón se apersonó en esa misma radio para dirigir a los argentinos un mensaje de Navidad. Iba acompañado por "su señorita hija". Esto parece indicar que, hasta ese día, aunque ya conociera a la exclusiva, posesiva y celosa Evita, aún no había entablado con ella una verdadera relación. De lo contrario no hubiera podido aparecer públicamente en compañía de la Piraña, su amante infantil, esa adolescente confiada a Perón por su propio padre, un campesino de

Mendoza, para que se ocupara de educarla. No, Perón no tenía hijas ni hijos. Era un viudo de cuarenta y ocho años dado a la fruta verde. Evita tenía veinticuatro y aún se la podía tomar por una muñeca, con la condición de enceguecerse a su respecto de modo casi consciente. Y Perón podía representar el papel del señor paternal. Ambos estaban listos para equivocarse; listos para el malentendido necesario, utilizado por la naturaleza para que la historia se realice.

Un terremoto que sacude la Historia

El 15 de enero de 1944 la ciudad de San Juan, situada como Mendoza en la región del Cuyo, fue destruida por un tremendo terremoto. Murieron diez mil personas y los noticieros cinematográficos hicieron llorar al país entero con sus imágenes de huerfanitos de caras oliváceas y ojazos negros. Apenas había familia donde no se hablara de adoptar a un cuyanito. Entre las comisiones de ayuda a las víctimas figuraba la Asociación Radiofónica Argentina, que ofreció su colaboración para organizar un gran festival artístico a beneficio de los damnificados.

Ese festival tuvo lugar el 22 de enero en el estadio del Luna Park. Desde la mañana los actores comenzaron a reunirse en las oficinas del coronel Juan Domingo Perón, subsecretario de Trabajo y de Asuntos Sociales, quien, acompañado por su adjunto, el teniente coronel Domingo Mercante, y por alumnos del Colegio Militar, recibía a la gente de teatro estrechándole la mano como si cada uno fuera único. Y cada uno guardaba en su palma la vibración de una energía que parecía estarle exclusivamente destinada, y en sus ojos, la calidez de una mirada que sólo era para él. Cada uno se sentía elegido.

Era alto, macizo, cuadrado. Llevaba uniforme blanco, gorra con visera y botas negras. También llevaba su sonrisa esplendorosa, esa "sonrisa de Perón" que seguiría utilizando en todo momento, como si la encendiera apretando un botón, pero que daba la ilusión de un corazón mil veces más abierto que los otros: tan abierto y tan grande que partía todo a lo ancho el rostro rudo y caluroso, ese buen rostro argentino y viril, ¡oh, tan viril! Una gordura incipiente, justo lo necesario para inspirar ternura a las mujeres, envolvía los músculos cuidadosamente trabajados y contribuía a dar una impresión tranquilizadora: ahora que él estaba allí, los argentinos desamparados ya no tendrían que dormir en la calle. Al brillo de la sonrisa se agregaba el fulgor del uniforme inmaculado. Más tarde habría de decirle a uno de sus biógrafos: "En las fotografías del ejército se me reconoce por el uniforme. El mío es el que no tiene ni una arruga". También sus botas estaban enceradas con ardor o con rabia. ¿A Evita esta obsesión de la limpieza le recordó los delantales almidonados de doña Juana? Sin duda no tardó en comprender, aunque sólo fuera oscuramente, que ambas obsesiones tendían a eliminar toda ambigüedad y toda zona de sombra. Pero por el momento, Evita no advierte en él sino la ausencia de toda imprecisión, de toda fluctuación. No ve sus brazos demasiado cortos ni sus caderas demasiado anchas ni su manera de inclinar la cabeza sonriendo como un monaguillo algo crecido. La sonrisa deslumbrante borra el resto. Lo único que ve es la imagen de un hombre: el hombre argentino por excelencia, con su "pinta" de Gardel y su asombroso parecido con San Martín (hasta le habían propuesto filmarlo en el papel del Libertador). Un hombre de contornos delineados y netos, un hombre claro, honesto, fácil de comprender. Un hombre.

Cuando él, por un momento, se quitó la gorra, ella pudo apreciar la perfección de sus cabellos, negros y engominados, cuidadosamente aplastados sobre una cabeza que prolongaba la línea oblicua de la frente. Ese pelo tupido, domado con esfuerzo, y esa nariz aguileña traicionaban el origen indígena Perón se parecía al indio Patoruzú, héroe de una célebre historieta argentina en la que se inspiraron los creadores del galo Astérix. En realidad, las asperezas viriles de sus mejillas se debían a una psoriasis que él trataba y maquillaba con una pomada: de ahí su máscara gardeliana, tan fotogénica. Pero para quienes lo ignoraban, esas rugosidades evocaban el desierto patagónico, es decir, una vez más, la rudeza masculina.

En *La razón de mi vida* Evita ha dicho que ese día fue su "día maravilloso". Nada cuesta creerle, ni imaginarla excitada, atareada, trotando y agitando como un sonajero la alcancía para las víctimas. Junto a otras actrices, iba siguiendo al coronel Perón por la calle Florida, la de las grandes tiendas. A él sí que no había forma de no verlo, con su espalda tan ancha y su caminar tan elástico ¿Quién no hubiera seguido a un hombre semejante? Era uno de esos días húmedos y pesados del verano porteño en los que se hinchan los tobillos (y los de Evita tenían esa mala costumbre, pese a la delgadez de sus piernas). Pero ella se sentía con alas: un gorrión revoloteando alrededor de un toro.

¡Extraño paseo! Evita nunca se hubiera imaginado a sí misma recorriendo la calle Florida sin detenerse a ver vidrieras. Es verdad que, a causa de la guerra, las de Harrods y Gath & Chaves ya no aparecían rebosantes de aquellos tés de sabores sutiles o de aquellos bombones de menta blanda que las damas elegantes saboreaban con unción, como si fuesen hostias, porque venían de Inglaterra. Pero pese al retroceso que implicaba recaer en las vulgares pastillas duras, fabricadas en un suburbio obrero de Buenos Aires y desprovistas de aureola, la calle Florida seguía siendo ella misma. Su doble marea humana se detenía con curiosidad y simpatía a poner unos pesos en la alcancía de esas lindas chicas de caras conocidas (gracias a *Antena* o *Sintonía*), y en la de ese militar tan humano, cordial y familiar cuyas insignias, sin embargo, proclamaban su importancia. "¡Pero claro! Si es el subsecretario de Trabajo, ése que recibe a los obreros y los escucha a todos, uno por uno... ¿Cómo era que se llamaba? ¿Perón?"

¿Evita habrá logrado llamarle la atención durante la reunión de la Secretaría? Y en caso afirmativo, ¿de qué modo? ¿Con palabras? ¿Con discursos? ¿Será verdad que le dijo, como ella misma lo cuenta en *La razón de mi vida*: "Si su causa es la del pueblo, por lejos que haya que ir en el sacrificio yo me pondré a su lado"? (Y uniendo el gesto a la palabra, ahora, en la calle, apresuraba el paso para que él la viera y la oyera: "¡Una ayuda para los huérfanos de San Juan! Vamos, señores, ¿una ayudita, por favor"?) O bien, ¿será verdad que, como Perón lo ha relatado en sus memorias, ella le habría dicho, con una extraña seriedad, que la plata para los pobres había que quitársela a los que la tuvieran? O, en fin, ¿será cierto que, como nos lo ha asegurado el ex diputado Ángel Miel Asquía, Evita le habría dicho a Perón esta frase asombrosa: "Coronel, no es bueno para su reputación que usted aparezca en compañía de actrices"? ¿Y que viéndola tan lúcida, trabajadora y decidida él le habría encargado que organizara todo?

Nada de esto es seguro. La memoria de Perón es simplificadora. Abrevia, va muy rápido y pinta un retrato de Evita que sólo será cierto más adelante. Es la memoria de un hombre distraído que olvida los detalles. En esas mismas memorias, Evita aparece rubia desde el día en que se conocieron ("una larga cabellera rubia que le caía sobre los hombros"), cuando, en realidad, aún tenía el pelo negro. Es un retrato esbozado por Perón veinte años después de la muerte de Evita, donde la única observación interesante nos parece la siguiente: "Eva tenía una tez blanca, pero cuando hablaba su rostro se inflamaba. Sus manos estaban enrojecidas por la tensión, sus dedos fuertemente entrelazados; toda ella era puro nervio". También describe la "fragilidad" de Evita y sus "ojos ardientes", pero da la impresión de poder aplicar los mismos términos a miles de mujeres. En cambio, esas manos rojas tienen el peso y la consistencia de la realidad. Y no se trata en absoluto de una observación sensual. Las palabras que emplea para describir a su mujer son de carácter abstracto. Las únicas palabras concretas que ella le inspira revelan una mirada fría. ¿Deformación profesional? Se diría que examina a un soldado para comprobar su eficacia. "¿Tiene nervio?" "Afirmativo, mi coronel." "Muy bien, en ese caso, proceda a enrolarse."

Un día, ya viejo y meditando sobre todo esto desde su exilio madrileño, Perón habría de decirle a Tomás Eloy Martínez que Evita había sido su obra y que él la había pulido como un diamante. La tarea -agregaría- no había sido fácil: Evita era indomable. Volvería a referirse a sus cabellos largos, a sus ojos ardientes, a sus manos, ahora "finas", y a sus pies, también "finos como una filigrana". Pero confesaría con franqueza: "Su cuerpo no era gran cosa. Era una de esas típicas criollas flacas con piernas flacas y tobillos anchos. No fue su físico lo que me atrajo. Fue su bondad".

Curioso atractivo, la bondad, sobre todo en labios de un militar ambicioso. Pero no hay que tomarlo en el sentido que le da el diccionario: "Tendencia a hacer el bien, a ser dulce e indulgente". Si Evita tenía esa tendencia, él aún lo ignoraba, y es dudoso que dicha cualidad lo haya atraído hasta tal punto. Más bien hay que entenderlo en el sentido del tango: la mujer es "buena" cuando es fiel. "Mujer de ley", decían los compadritos para designar a la mujer "verdadera" que no traiciona a su hombre. En resumidas cuentas, Perón dejó entre paréntesis el cuerpo de Evita, observó concretamente sus manos y sus pies (Tomás Eloy Martínez va más lejos al atribuirle un gusto excesivo y fetichista por el pie femenino), pero captó de inmediato, en un relámpago, esa "bondad" que haría de ella su instrumento.

¿Un ciego instrumento? Por poco que la haya observado, no ha podido imaginársela ciega un solo instante. Esta es la gran contradicción de Perón y, en definitiva, su aspecto más simpático: preferir a las jovencitas o a las mujeres incapaces de "penetrar sus no-sentimientos", según la acertada expresión de su citado biógrafo, pero dejarse encandilar por una mujer que existía. Su asombro al descubrir que Evita era un instrumento provisto de mirada debió igualar al del personaje del *Libro de la risa y del olvido* de Milan Kundera, cuando, al hacer el amor con una mujer-objeto, se encuentra con los ojos de esa mujer y experimenta la impresión de quien, al manejar un martillo, descubre de repente que el martillo lo mira.

Pero el coronel no huyó despavorido como el personaje del novelista checo. Por el contrario, le dio alas a esa existencia femenina. Y, al hacerlo, demostró un coraje único (hasta podríamos decir con cierta malignidad: su único coraje). Es cierto que se pasará el resto de la vida repitiendo obstinadamente, como para convencerse mejor: "Evita era mi sombra". ¿Pero qué tiene esto de asombroso? Muchos hombres toman por sombras a sus mujeres y frente a los detalles concretos se muestran distraídos. Planear en la abstracción presenta la ventaja de estar ausente, de no comprometerse. Hasta aquí, esta historia es bastante trivial. Deja de serlo cuando se trata de una mujer que, convertida en la luz de un hombre, y comprendiendo que tanto resplandor le molesta, acepta ser su sombra y extinguirse hasta morir.

Aunque el festival del Luna Park comenzaba a las cuatro de la tarde, Perón llegó a las diez y media de la noche en compañía del presidente Pedro Pablo Ramírez y de la esposa de éste. Ambos pronunciaron discursos, pero fue Perón quien despertó el entusiasmo del público al subrayar el contraste entre los "sufrimientos de los trabajadores" y la "buena vida de muchos potentados". Cuando Ramírez se fue con su mujer, al lado de Perón y de Imbert quedaron sillas vacías. Instante decisivo para dos vidas y para la Argentina entera. Tan decisivo que las múltiples versiones sobre el modo en que Evita logró ocupar ese asiento vacío divergen hasta el infinito. En este caso, a los tapujos oficiales se agrega el deseo de ser aquel que permitió el encuentro entre Evita y Perón. Entre los candidatos a ese honor, efectivamente insigne, figuran Homero Manzi, el célebre letrista de tango, quien le contó su aventura al escritor nacionalista Arturo Jauretche que, a su vez, se lo contó a Borroni y Vacca; Roberto Galán, el animador de televisión, que se lo ha contado a la autora de este libro, y el coronel Mercante, según su hijo, al que también entrevistamos.

En el relato de Manzi Evita, acompañada por una amiga, la actriz Rita Molina, trataba en vano de abrirse paso ante la puerta del Luna Park. Un primo de Manzi las ayudó llamando al artista, que ya era bastante conocido, para que utilizara su influencia haciéndolas entrar. Una vez adentro, Evita exclamó: "¡Cuánta gente! Nunca vamos a encontrar asiento". "Me parece que sí -le dijo Manzi, mostrándole las sillas vacías junto a los dos coroneles-. Allí estoy viendo asientos libres." Y Evita, seguida de Rita, se abrió paso entre la multitud para sentarse en el mejor lugar.

En la versión de Galán, Evita ya había entrado al estadio pero, en lugar de sentarse, se había quedado abajo del escenario tironeando del pantalón de Galán (que estaba arriba, ocupado en organizar el espectáculo) y suplicando: "Galancito, por favor, anunciame que quiero declamar una poesía". Galán, en los inicios de su carrera, no tenía poder como para imponer a una estrellita frente a los grandes números artísticos que desfilaban por el escenario: Libertad Lamarque, Hugo del Carril, las orquestas de Canaro y D'Arienzo. Así que le aconsejó paciencia, y Evita permaneció de pie, esperando su momento.

Entretanto, Perón había llegado con otros coroneles. Todos se habían sentado en los sillones de mimbre (veinte sillones, para ser más precisos) que Galán había instalado con sus propias manos. A media noche, Ramírez se había retirado. Quedaban puestos libres. Fue entonces cuando Galán concibió su genial idea: llamó a Evita, siempre lista, juntó a otras tres actrices -Rita Molina, Chola Luna y Dorita Norvi-, y les dijo: "Los coroneles se han quedado solos. Se los voy a presentar diciendo que ustedes forman parte del Comité Femenino de Recepción". Y Evita se sentó junto a Perón. A partir de ese momento, todo el mundo observó que el gallardo coronel no miró más el espectáculo: parecía hechizado por esa mujer que le hablaba y le hablaba, ¿pero de qué?

"Mentira -dice el hijo de Domingo Mercante-. Cuando yo era jovencito, iba a la quinta de Perón todos los fines de semana, acompañando a mi padre. Y mil veces oí que Evita le decía, delante de todos: "¿Se acuerda, Mercante, cuando usted en el Luna Park me llevó de la mano para hacerme sentar al lado de Perón? ¡Ay, el miedo que tenía! ¡Y usted, mire que estuvo inspirado!, ¿eh?"

El hecho es que, gracias a Manzi, a Galán, a Mercante o a cualquiera que pretenda haber cambiado, con ese solo gesto, el rostro de la Argentina, Evita y Rita lograron ocupar los dos asientos más codiciados de la noche, al lado de Perón y de Imbert. Como ya sabemos, para este último una de las dos no era una desconocida. De modo que el periodista Hugo Gambini, autor de *Historia del peronismo*, también tiene razón al afirmar que el presentador no fue otro que Imbert. Uno de los tres caballeros arriba mencionados ha debido conducir a Evita frente a su amante, el cual, al verla, ha debido exclamar: "¿Vos por aquí?", y presentársela a Perón.

Pero más allá de esos detalles más o menos discordantes, o acumulables (el conjunto de dichas versiones puede contener la verdad), la historia subyacente es clara: pese a sus éxitos radiales, a su actividad sindical, a sus relaciones con Imbert y a la marcha de la calle Florida, esa misma mañana,

Evita no había conseguido que la invitaran al festival o que la reconocieran en la puerta. Así haya entrado ayudada por Manzi o haya querido declamar su poesía, o así Mercante, al encontrarla en su camino, la haya elegido entre tantas otras por azar o por lástima, la imagen es la misma: una pequeña postulante que patalea desesperada. Sólo a último momento, al verla entre la gente repartiendo codazos, los dos militares concibieron la idea de ofrecerle un asiento.

¡Por fin! Nunca más, a partir de ese día, tendría que andar golpeando puertas (salvo la tan estrecha o infranqueable del corazón de Perón).

Pero ¿qué le habrá dicho para que él entreabriera esa puerta chirriante, de goznes herrumbrados? ¿Se habrá dejado ir a uno de esos estados de perfecta beatitud, que hacen nacer la palabra justa? Sólo sabemos que, al principio, Eva charlaba con Imbert, y Rita, con Perón. Y que después, ni crispada ni tensa, y contemplando, desde su envidiable ubicación, el mundo a sus pies, pequeñito allá abajo, se volvió hacia Perón. ¿Será verdad que le dijo esas palabras decisivas que el viejo exiliado madrileño le confiara a su biógrafo: "Gracias por existir"? Se non è vero, è ben trovato. Esas breves palabras resumían la historia que comenzaban a vivir en ese mismo instante. Al afirmar que él existía, Evita daba por sentado que ella misma no era nadie. En efecto, según Perón, también le habría dicho: "Yo no soy una artista, soy una rasca" (una menos que nada). "No soy nada ni nadie -murmuraba esa voz interior que Perón, tan experto en desiertos y en vacíos, podía oír con claridad-, pero puedo ser vos, convertirme en vos para servirte."

En la fotografía que nos los muestra sentados lado a lado, fascinados el uno por el otro, se están mirando con atención: dos perfiles marcados, dos narices aguileñas frente a frente. Narices adultas, imposibles de confundir con los breves apéndices impuestos por el cine norteamericano y por la civilización del Norte. Ella lucía un vestido negro, guantes negros, largos hasta el codo, y sombrero negro con una pluma blanca. Después del espectáculo, Perón tenía que ir a tomar una copa con los organizadores del festival. Pero los hizo llamar para excusarse: "Lo siento, muchachos, pero nos vamos a comer con estas chicas. Mejor para ustedes, así les quedará más para tomar". Y se fueron los cuatro, de a dos en dos. Una de las parejas, rumbo al olvido. La otra, hacia una historia inacabable que aún nos atormenta.

Perón vivía con la Piraña (curioso apodo para una amante niña) en un pequeño departamento situado casi en Arenales y Coronel Díaz, en Barrio Norte. Por esa misma razón, la primera noche de amor han debido pasarla en lo de Evita, en la calle Posadas. Y una vez depositado sobre la silla el uniforme blanco, el sombrero, la pluma, los guantes y el vestido, han debido experimentar el choque de la realidad con mucha más violencia que las parejas de hoy cuando se quitan los jeans. Un uniforme de coronel y un traje de vestir conservan un rango con el que no hay desnudez que se compare, especialmente si el deseo no es lo bastante intenso como para adornarlo con nuevas galas. Pero la frialdad de Evita y la indolencia de Perón han debido impedir ese despliegue de imaginarios atavíos. Quizá fundar una pareja sobre la ausencia de ilusión tenga la ventaja de que, al verse tal como son, los amantes se ahorren el trabajo de volver a empezar, cuando el ardor se enfría, una nueva relación sobre bases distintas.

Y sin embargo es erróneo pensar que toda sensualidad les estaba negada. La experiencia de Evita habrá debido indicarle sin tardanza que el amor del coronel se alimentaba de diminutivos. Al negar en su corazón la existencia del otro, hombre o mujer, Perón sólo podía amar empequeñeciendo. Si los apodos (bastante más amables que el de la pobre Piraña) que habría de prodigar a sus "perritos bandidos" se han vuelto legendarios, es porque los argentinos intuyeron que el único cariño del que Perón fue capaz es el que infantiliza y disminuye. Así que a Evita no la quiso pese a su cuerpo endeble, sino, por el contrario, a causa de esa carne poco sexuada que él hallaba graciosa como la de una niña. Una actriz curvilínea como Zully Moreno, con sus labios carnosos y sus ojos pesados como un postre oriental, no estaba hecha para él (aun en el caso de que ella misma no hubiera rechazado la propuesta con un grito de horror). Es verdad que Evita tenía esa nariz adulta y aguileña que expresaba su fuerza. Pero, por lo demás, estaba sin hacer. A los veinticuatro años, su belleza perezosa tardaba en revelarse. Y su rostro esperaba, disponible, como si fuese de cera (cuyo color tenía). Modelar y transformar: he aquí otra de las formas de ataviar ese deseo al que no le basta con el cuerpo. El drama de Pigmalión parece anunciarse: amar la impronta de sus manos sobre su maleable criatura y desear destruirla cuando la obra vive por su cuenta.

Pero al principio, la alumna lo divierte. Y Perón se rió con Evita, tratándola como a la muñeca con la que en el fondo soñaba y formando con ella una pareja de niños: el maestro gusta de resbalar hacia una infancia que nunca ha conocido. Cuando se instalen en el Palacio Unzué, el de los presidentes de la República, hoy demolido, el presidente Perón y su esposa habrán de bajar las majestuosas escaleras resbalando, justamente, uno por cada baranda.

El papel de muñeca debe haber sido representado por Evita un poco a su pesar. Las diversiones pueriles la cansaban casi tanto como la realidad del sexo. Ella había vivido una auténtica niñez, con muñecas rengas pero aureoladas por los sueños. Los que se quedan niños son aquellos que no han tenido infancia. Evita había sido niña cuando correspondía, y ahora era una mujer. En ese punto Perón, enceguecido por sus fantasías, cometía un error.

Pero jugar a las muñecas no era su único papel. Hacia la misma época representó también el de enfermera. A menudo el coronel estaba enfermo: ataque al hígado, gripe, dolencias inofensivas y muy útiles que, expresando el malestar en pequeñas dosis, impiden la verdadera enfermedad. La prueba es que vivió, fuerte como un roble, hasta frisar en los ochenta años.

En sus memorias, el escritor y hombre político Bonifacio del Carril describe su primer encuentro con Evita en el departamento de la calle Arenales. Ese día, Perón le había presentado a Evita con las siguientes palabras: "Es increíble lo que conoce a la gente. Tiene olfato para la política". Y así diciendo, había apretado entre sus dedos esa nariz adulta que, por obra y gracia del gesto, se volvía pueril. Después le había pedido a Evita que fuera a buscar vino. Aprovechando su ausencia, había asegurado que no pensaba "perderse por una mujer" y que el propietario de su persona (en realidad parece que dijo: "de mi bragueta") no era otro que él mismo. Y por último, cuando Del Carril le hizo unas bromas sobre el hecho de que ahora, enfermo como estaba, Perón se hallaba en manos de sus compañeros, que le habían llamado a un médico, el aludido se enderezó en la cama con presteza y pronunció esta frase extraordinaria: "Evita es muy capaz. No hay nadie como ella para poner las ventosas". Mensaje para políticos: "Ocúpense de lo suyo. Mi persona de confianza ya la encontré".

¿Y Evita? ¿Cómo podía sentirse junto a ese hombre macizo al que tomara por un toro y que, en realidad -según los términos de un hombre de campo que nos lo ha dicho como si fuese la evidencia misma-, era más bien "toruno"? Se sentía feliz. Había conocido a varios hombres que le doblaban la edad. Había amado al "viejo Kartulowicz", el director de *Sintonía*, y buscaba a un padre desde siempre: un padre con botas, un padre cuyo cuerpo pareciera formar uno con el de su caballo, un padre caudillo, rodeado por una muchedumbre de fieles. El poder la excitaba mucho más que la potencia sexual. Y, como muchas mujeres, le era fácil sentir ternura por una corpulencia viril de la que sólo ella conocía el secreto. Además, ser la única en saberlo ¿no equivalía a tener dominio sobre él? Y Perón, al afirmarle a Del Carril que el propietario de su bragueta no era otro que él mismo, ¿acaso no confesaba su temor a haber caído prisionero?

Con respecto al amor, hay mil maneras de querer el cuerpo de un hombre. Sentirse protegida por esa mole. Dormir envuelta en su calor y en su olor: ardiente o frío, alguien tan grande y sólido como él debía oler a hombre. ¿Quién hubiera pedido algo más? Tal vez su madre. Evita no: ella se sentía colmada. Aceptarle los chistes, curarle las pequeñas molestias, prodigarle cosquillas y ventosas le confería el derecho a pasar la noche acurrucada contra él. Perón era su techo, su casa paterna, por fin reencontrada. Ese derecho a cobijarse bajo un hombre era el mismo que Ruth, al quedar viuda, había conquistado gracias al buen consejo de su suegra, que la mandó a acostarse a los pies de Booz, el hombre protector ¿Y no era ése el consejo que la bíblica doña Juana había dispensado siempre a sus hijas?

Por otra parte, la singular sexualidad de Perón le dejaba el campo libre para pasar de inmediato a las cosas serias, es decir, a la política. En el relato de Del Carril, Perón ya ha observado el olfato de Evita. El testimonio de Arturo Jauretche, citado por Borroni y Vacca, lo confirma: "Conocí a Evita un mes después de que se juntara con Perón. Como él estaba enfermo, me pidió que fuera a su casa de la calle Arenales para hablar con él. Por más que se hubiera metido con el teatro, Eva era una chica asexuada. Ésa era su afinidad con Perón, porque tampoco él era muy sexual. En ese casamiento se juntaron dos voluntades, dos pasiones de poder. No fue un casamiento por amor".

Por el momento, dejemos de lado esta última observación y concentrémonos en Evita. Evita que seguía a Perón como una sombra. Evita con el alma al acecho, escuchando las comprometedoras conversaciones políticas desarrolladas en su presencia, para asombro y escándalo de políticos y militares: ¿cómo era posible que Perón tolerase tamaña indiscreción?

Ya iba quedando poco que no le permitiese. Según un testimonio anónimo citado por Navarro y Fraser cierto día, al volver a su casa, Perón la había encontrado firmemente instalada con todos sus petates. Sus vestidos colgaban de las perchas junto a los uniformes. En el armario del baño, sus cremas de belleza se codeaban con la pomada para la psoriasis. Ni siquiera había tenido tiempo de preguntarle por la Piraña. Rápidamente y con un aire desafiante que escondía un temblor, ella le había anunciado: "La fleté para Mendoza". Y él no había contestado ni una palabra. Había aceptado sin parpadear la decisión de una mujer que le imponía su presencia, a él, un militar autoritario. A este respecto, el propio testimonio de Perón difiere un poco del anterior pero no lo contradice. A Tomás Eloy Martínez le confesó que Evita lo había ido invadiendo de a poco, colocando sus cremas de belleza en el armario, pero una tras otra. Por razones inmobiliarias, esta versión del interesado nos parece convincente. Aun en la cúspide de la pasión resulta poco creíble que una gitana siempre en busca de techo deje el departamento que ha logrado obtener. Lo más probable es que haya perseguido a Perón de modo progresivo. A veces, cuando él llegaba tarde a su casa, se la encontraba esperándolo afuera, parada en el corredor. Era caer en los excesos pasionales que habían asustado a Kartulowicz, por no citarlo sino a él. Sin embargo, esta vez, tomar la iniciativa era posible y ella lo sentía. Tanta tenacidad terminaría por doblegarlo.

Su ascendiente sobre él tiene una explicación. Más allá de las cosquillas y las ventosas, Evita poseía una experiencia humana que a Perón le faltaba. Siempre había vivido en el capullo del ejército. Las únicas mujeres que había conocido eran prostitutas o jovencitas insignificantes, y los únicos hombres, militares. Tenía ideas claras sobre la Argentina y conocía su propio deseo de liderar el país, pero en un plano teórico. Evita, en cambio, conocía a la gente. A este conocimiento le debía el haber sobrevivido en la jungla teatral. Por "conocer a la gente" debe entenderse: sondear los corazones para sopesar la verdadera lealtad o la tentación de la traición. También tenía, como ya lo hemos visto, una virtud personal: esa bondad de tango que la volvía fiel. Perón, el abstracto, había encontrado a una compañera siempre alerta, capaz de advertirle: "Cuidado con ése". ¿Pero era abstracto Perón? ¿Acaso no había en él, junto a su rigidez militar y a sus ideas importadas de Italia y de Alemania, una sabiduría criolla compuesta justamente de pequeños saberes aplicados y concretos, sabiduría pragmática que Evita reconocía por haberla visto relucir en los ojos indígenas de su familia Núñez, allá en Los Toldos? Su propio modo peroniano de conocer a la gente era considerarla, por principio, indigna de confianza. Dualidad o laberinto de Perón que Evita comenzaba a entender al escuchar su historia.

Vida de Perón

Sin duda se la fue contando de a poco, al principio con pudor y después más confiado, a medida que iba encontrando en ella un oído atento y una adhesión absoluta y casi aterradora, a fuerza de ser íntegra. Pero el coronel era un solitario. Y, por primera vez, había una presencia a su lado. Una presencia. ¡Qué fascinación, qué alivio, qué profundo temor y qué tremenda causa de celos futuros! Él, que no era sino ausencia, ¿cómo no se hubiera dejado llenar hasta los bordes por Evita, creyendo modelarla? Esa ausencia venía del desierto, de la Patagonia donde había crecido, de un padre soñador y de una madre redonda y poderosa como la tierra misma. Y del ejército.

Había nacido el 8 de octubre de 1895, en Lobos, pequeña ciudad de la provincia de Buenos Aires. "Como Junín", habrá debido pensar Evita, orgullosa de la coincidencia que los volvía, si no iguales (él era el ser superior, y ella, la subalterna que gozaba del privilegio de escucharlo), al menos vagamente parecidos. Evita no tardaría en descubrir que la historia de Perón tenía varias otras similitudes con la suya, asaz turbadoras.

El padre, Mario Tomás Perón, era hijo de Tomás Liberato Perón, médico, químico y senador, enviado a París por el presidente Sarmiento para premiar sus servicios durante la epidemia de fiebre amarilla que había diezmado la población de Buenos Aires, sobre todo la negra, hacia 1870. Ese ilustre abuelo, hijo de un comerciante sardo que llegó al país hacia 1830, y de una escocesa, Ana Hughes Mackenzie, se había casado con una uruguaya, Dominga Dutey, hija de vascos de Bayona. "¡Ah, tenés sangre vasca igual que yo!", debió exclamar Evita en el colmo de la dicha, y Perón habrá añadido: "También hay vascos por mi lado materno".

Es que el hijo del médico célebre había elegido un camino completamente distinto. Cansado de sus estudios de medicina, que había comenzado por no ser menos, había abandonado Buenos Aires tras la muerte del padre para instalarse en Lobos, donde se ocupaba de una propiedad que recibiera en herencia. No tenía ninguna experiencia de la pampa. Elegir ese sitio perdido era un modo de huir. Quizá trataba de esquivar el fantasma de un padre tan invasor que su hermano, Tomás Hilario, en vez de optar por el desierto terminaría suicidándose. Apenas llegado a Lobos, Mario Tomás conoce a una sirvientita criolla y le hace un hijo: Mario Avelino Perón, hermano de Juan Domingo. Se llamaba Juana Sosa Toledo y sus padres, Juan Ireneo Sosa, albañil de profesión, y Mercedes Toledo, vivían en un rancho de adobe en los alrededores de Lobos. "Como los Núñez", quizás haya murmurado su confidente, más perturbada que encantada.

En efecto, como los Núñez, los Sosa Toledo eran verdaderos criollos.

¿Pero qué significa ser un "verdadero criollo"? Dado que el español, padre del criollo, es un guisado de árabes, judíos y otros sabores picantes, y dado el mestizaje, la verdad de la condición criolla es no ser verdadera. Según Tomás Eloy Martínez, al que debemos la mayor parte de estos datos, Juana Sosa Toledo admitía sin ambages que sus abuelos eran indios. A algún vasco perdido en la noche de los tiempos le habrán debido esos indios el apellido Sosa. ¿Perón le habrá explicado a Evita que sus ojos achinados y su nariz de Patoruzú le venían de los primitivos habitantes del continente, o bien, por seducirla, habrá insistido en el origen vasco del apellido de su madre, como siempre lo hizo con todo el mundo, declarándose Peroni al hablar con italianos y Perron cuando hablaba con franceses? La condición criolla es un espejo roto. El que lo haya entendido sabrá fascinar con sus múltiples fragmentos a una multitud diversa y desigual. Si Evita hubiera sido judía, no hay duda de que Perón le habría dicho sin mentir que Toledo era un apellido marrano. El mapa de su sangre era típicamente argentino porque siendo tan vasto y extendiéndose sobre la superficie del planeta, dibujaba países imaginarios y rozaba otros mundos. En la Argentina, el sentimiento de ausencia y su corolario, el amor por lo fantástico, quizá provengan de un vacío, el de la pampa, y de un exceso de raíces.

Después de hacerle un primer hijo a Juana Sosa Toledo, Mario Tomás Perón le había prometido a su familia y a la gente "decente" de Lobos que cortaría su relación con la gruesa sirvienta de pelo duro y renegrido, piel cobriza, ojos oblicuos y cara ancha de pómulos salientes. Pero no había cumplido su promesa, un poco por inercia y otro poco porque en el desierto de su vida Juana era como el ombú en la pampa: al amparo de su cuerpo, robusto y oscuro, y aferrándose a él, el hombre de ciudad pálido y débil, perdido en sus teorías sobre la naturaleza y en sus brumosos discursos, tenía menos miedo de volarse. Cuatro años más tarde, siempre sin mediar casamiento, les nacía otro hijo que se llamó Juan Domingo. Los Toledo se quedaron atónitos: esperaban que fuese niña. La abuela Mercedes le había cosido unos preciosos pañales con cintitas rosadas. Y la tía Honoria, que le pensaba regalar a la recién nacida sus aretes de plata, le rezó al buen Dios para que reparase su error, cambiando el sexo del bebé.

Juan Domingo, varón pese a todo, tenía tres años cuando su familia se instaló en otra localidad de la provincia de Buenos Aires. Después el padre, contratado para ocuparse de unas tierras en la provincia del Chubut, en plena Patagonia, se encaminó hacia el desierto, solo y a la cabeza de un rebaño de quinientas ovejas. Entretanto su Juana se quedó en Buenos Aires, en casa de la madre de Mario Tomás, doña Dominga Dutey. Un año más tarde, en 1901, cuando Juan Domingo tenía seis años, el padre volvió para casarse con Juana y reconocer a sus dos hijos. Y toda la familia se embarcó para Puerto Madryn, un puerto del Atlántico, al sur de la Argentina, tan al sur que buscarlo en el mapa produce vértigos, en el fondo ilusorios ("no hay arriba ni abajo", cantaban las brujas de Macbeth), pero reales porque la historia lo ha decidido así: no es fácil superar la sensación de estar abajo, cuando desde hace siglos se ha decretado que todo el abandono y toda la soledad forman parte del Sur.

A partir de Puerto Madryn continuaron en carreta, en medio de las tempestades y bajo ese cielo patagónico más pesado aún que el de la pampa, porque sus colores invertidos oprimen el corazón: aquí la tierra es de un gris casi azul y el firmamento, verde. La estancia La Maciega los esperaba al final del camino. Alrededor, nadie. Sólo el espacio. Fue allí donde Perón aprendió a hablar solo, a imitar a los animales, a no sentir frío, ni sed, ni sentimientos. Fue también allí donde, cazando guanacos, se inició en el arte de la estrategia, tanto militar como política. Para cazar a esos altivos animales que miran ofendidos como las llamas y los camellos pero que cultivan una curiosa especialidad (escupir certeramente en el ojo), había que desorientarlos con falsas señales. No sabemos si Perón fue víctima de la escupida, pero sí que utilizó las falsas señales con los seres humanos.

En esa carrera desenfrenada La Maciega no fue más que una etapa. Años más tarde la familia vuelve a emigrar aun más lejos, a Chankaike: una tierra que se cae del mapa a fuerza de quedar en el extremo sur de toda esperanza. Una región áspera y ruda donde ser mujer a la manera de otras latitudes resultaba totalmente imposible. Y esto doña Juana lo sabía muy bien. Lo mismo que su homónima, la madre de Evita, ella trataba de sobrevivir a cualquier precio. Montaba, domaba, curaba a los enfermos, ayudaba a las parturientas. Con sus hijos había entablado una relación de complicidad: ya que el marido era quien era, había que entenderse con ellos con medias palabras y guiñar el ojo a sus espaldas: una guiñada maliciosa, femenina y criolla que Perón imitó. (¡Ah, ese guiño del coronel, rápido como el rayo, que dejaba al interlocutor convencido de ser su exclusivo destinatario y que no era sino un tic, pero revelador, una broma de sus nervios que lo llevaba a imitar inconscientemente el gesto de su madre!) "Mi madre era un amigo, un consejero", diría en las raras ocasiones en que habló de ella, eligiendo el masculino para acentuar su elogio, como si "amiga" y "consejera" no fueran términos lo bastante fuertes.

¡Trampas del lenguaje! Su biografía oficial -*Perón, el hombre del destino*- muestra a una madre ornada de virtudes femeninas y a un padre de una virilidad enfática y severa. Según esos biógrafos, Mario Tomás habría sido un pedagogo austero que velaba celosamente por la educación de sus hijos, lo cual está lejos de ser falso pero no explica la manera en que ese padre, al huir cada vez más lejos, parecía deshilacharse y disolverse en el espacio. ¿Y qué le queda por hacer a una mujer tan fuerte, en medio del desierto, cuando el hombre que la ha llevado hasta allí se vuelve inconsistente y vaporoso, desvaneciéndose en su sueño de un viaje sin fin? Nuevamente es Tomás Eloy Martínez, en *La novela de Perón*, quien se arriesga a decírnoslo. Un día en que Juan Domingo volvía de Buenos Aires (donde sus padres lo habían "abandonado" en lo de su abuela Dominga para que aprendiera a leer y escribir y para que, olvidando a los guanacos, volviese a su condición de ser humano), encontró a su madre acostada con un peón de la estancia. Se volvió a ir sin despedirse y nunca pudo perdonar. Durante varios días, comulgando en silencio con el padre traicionado, vagabundeó en absoluta soledad. En Puerto Madryn tomó el barco de vuelta a Buenos Aires. Una etapa de su vida se cerraba.

A partir de entonces, la suya y la de su padre parecen bifurcarse. Mientras Mario Tomás levanta campamento una vez más y se instala con sus últimas cien ovejas, todas enfermas, en otra extensión desértica de cielo verde a la que llama, no sin ironía, estancia El Porvenir, Juan Domingo entra al colegio militar. Cuanto más se dispersa y se disipa el padre, más se construye el hijo en la disciplina rígida del espíritu de cuerpo. Pero no por eso se vuelven diferentes. Acaso el rigor del hijo perfecto, bastante buen alumno, buen jinete, buen boxeador y sobre todo, excelente esgrimista, esconda la misma vacuidad que hace escapar al padre cada vez más lejos, perseguido por sus fantasmas. Entrar al ejército representa, de algún modo, huir de todo cuanto desborde de sus contornos precisos por miedo a la disolución de la vida, o a la disolución que es la vida. Abandonar a su familia para ingresar al ejército: otro modo de exiliarse. En esta historia, Evita no ha podido sino sentir el aroma de su propio exilio, de su propio desarraigo. Sin confusión posible, la marginalidad de Perón, su condición de "doble hijo", surgido de dos medios sociales diferentes y, al menos durante los primeros años de su vida, él también ilegítimo, se revelaba claramente ante ella.

La existencia de Juan Domingo está encaminada. Nunca más podrá perderse. Ninguna llanura, por infinita que sea, podrá engañarlo con sus espejismos (muy por el contrario, será experto en el arte de desorientar a su prójimo -rebaño de guanacos-, sin perder nunca el... Sur). Endurecido por su infancia patagónica, sobrevivió a las torturas de los rituales militares de iniciación y a las maniobras, ejercicios y torneos de un sadismo increíble, infligidos a los alumnos para quebrar su voluntad. Perón, ante sus compañeros, era el que no se desinflaba. Como dice el tango: "La patota me miraba y no era de hombre el aflojar". Así se iba preparando para una vida consistente en demostrarles a otros hombres que no se es una mujer.

Llega a subteniente de infantería en 1915, a teniente en 1919 y a capitán en 1924. Pronto redacta textos para los manuales del ejército: "Gimnasia militar", "Higiene militar", "Moral militar". En 1917 los obreros de La Forestal declaran la huelga. Perón consigue solucionar la situación hablando simplemente con ellos, que se asombran de encontrarse ante un militar tan comprensivo y de sonrisa tan radiante. Después escribe otros trabajos sobre las guerras de liberación en el Alto Perú y sobre el frente oriental durante la Primera Guerra Mundial. Enseña en la Escuela de Suboficiales y en la Escuela Superior de Guerra y, en 1929, tras obtener el diploma de oficial de Estado Mayor, se casa con Aurelia Tizón. "¡Basta!", ha debido exclamar su confidente, hasta entonces toda oídos. (Durante una gira electoral, llegó a abandonar la sala porque un conjunto folklórico cantaba, delante de Perón, la zamba favorita de la pobre Aurelia.)

Y sin embargo, el personaje de la pobre Aurelia no justificaba semejantes celos. Eficaz como siempre, Perón la había conocido justo al decidir que le convenía casarse. Hasta ese momento, su vida amorosa había sido muy sencilla: de vez en cuando (mucho menos a menudo que sus compañeros), iba al burdel. Se empezaba a comentar que sus escapadas eran pocas. Necesitaba a una mujer para mostrársela a la patota, así como antes le demostrara su resistencia.

Es inútil aclarar que las versiones sobre el encuentro entre Perón y Aurelia, aunque no igualen a las que relatan la velada del Luna Park, no coinciden jamás (se la presentaron unos amigos y él le dirigió la palabra en el cine; Aurelia era la hija de uno de sus amigos; la conoció en Plaza Francia, frente al Museo de Bellas Artes, donde ella seguía cursos de pintura). La edad de la muchacha también se presta a discusión. Digamos, para zanjar la dificultad, que tenía entre diecisiete y veinte años. Tocaba la guitarra, el piano y pintaba acuarelas. No era ni linda ni fea. Su gran atractivo, a ojos de Perón, era que no lo molestaba cuando trabajaba y que sabía distraerlo en los ratos de ocio: a Perón le gustaban la música folklórica y el teatro (hasta había escrito algunas piezas que hacía representar por los soldados). Aparte de sus talentos artísticos, Aurelia era apagada. La mujer del general Lonardi (el que encabezó la Revolución Libertadora contra Perón en 1955) la conoció en 1936, cuando Perón era agregado militar de la Embajada Argentina. Un prodigio de insignificancia, según su testimonio; una cosita insípida y vestida como una institutriz.

Aurelia respetaba tanto a su marido que nunca lo llamó por su nombre de pila (poco le faltaba para tratarlo de capitán). Por su parte, era tan joven, tan inexistente y abultaba tan poco, que ni derecho a su nombre tenía: todos la conocían por Potota, el sobrenombre de su infancia. Potota, es decir, preciosa, en lenguaje de niños.

Vivían en un enorme departamento oscuro y majestuoso ("un verdadero mausoleo", según los testigos). Perón leía y redactaba sus manuales militares mientras la pequeña Potota, aun más disminuida entre los grandes muebles marmóreos o de maderas negras, tejía escarpines hundida en un sillón con capacidad para varios como ella. No estaba embarazada, pero depositaba todas sus esperanzas en la llegada del ser que le hubiera quitado ese hielo del pecho. Y tejía, tejía. Hasta el día en que el médico le hizo comprender que la estéril no era ella. ¿Pero cómo decirle a un esposo al que una ni siquiera se anima a llamar por el nombre: "¡El culpable sos vos!"? (Volveremos sobre este punto -la esterilidad de Perón-, debatido hasta hoy en la Argentina con una pasión que deja estupefacto.) La pobre nada dijo y retomó su lana y sus agujas. Una noche de 1938, mientras la familia reunida alrededor de la mesa festejaba el santo de Perón, Aurelia se desmayó. Poco tiempo después moría de un cáncer de útero.

1929, año del casamiento de Perón, inaugura una etapa decisiva para el país. Ya hemos visto que la historia argentina se divide en antes y después de 1930. Antes hubo un país liberal, fundado en 1810 sobre los sagrados principios de la Revolución Francesa. Después, y aunque el ejército aún no hubiera alcanzado el poder absoluto, la Argentina debió admitir la existencia de una fuerza militar nacionalista. No cabe la menor duda de que Perón formó parte de la revolución que derrocó a Yrigoyen. Lo hizo con reticencias, pero reticencias formales, no con respecto al contenido ideológico sino a la falta de organización de un golpe de Estado cuyas ideas aprobaba y por cuyo jefe, Uriburu, sentía un gran respeto: mil veces repitió a lo largo de su vida que lo consideraba "un hombre honesto, bueno y valiente", lo cual no le impidió contradecirse otras tantas: tras haber declarado que estaba de acuerdo en lo fundamental con el golpe de 1930, agregó que al formar parte de él no había hecho sino obedecer las órdenes de sus superiores. La ambigüedad era consciente. Sus lecturas de estrategia militar corroboraban su experiencia infantil de cazador de guanacos: a Perón le gustaba desconcertar. Por eso multiplicaba las versiones, las posiciones, las ideas, por opuestas que fuesen. ¿Con qué objeto elegir, excluir hipótesis, eliminar puntos de vista? Cuanto mayor sea la cantidad de afirmaciones, más posibilidades habrá de hallar a alguien que coincida con alguna. Perón seducía por la acumulación de las incertidumbres.

En 1931 se lo promueve al grado de mayor e integra una comisión encargada de delimitar las fronteras entre la Argentina y Bolivia. Publicará después varios trabajos, entre ellos tres volúmenes sobre la guerra ruso-japonesa, una toponimia mapuche y una memoria geográfica sobre la provincia de Neuquén. En 1936 lo nombran agregado militar en Chile y obtiene el grado de teniente coronel. Allí protagoniza una extraña historia relatada igualmente por la viuda de Lonardi y que le debemos a Tomás Eloy Martínez. Perón había entrado en relación con un oficial chileno, Leopoldo Haniez, que iba a proporcionarle documentos secretos sobre su país. Esto nada tiene de asombroso puesto que el espionaje forma parte de las actividades diplomáticas normales. Pero se vuelve mucho más sorprendente al enterarnos de que Perón, después de haber arrastrado a Lonardi hacia esa pendiente peligrosa, lo abandonó cuando los servicios del contraespionaje chileno sorprendieron a éste en gran conversación con Haniez. Aparte de los nombrados, el único que estaba al tanto de la cita era Perón. Por fin, en 1939, se fue para Italia, enviado por el Ministerio del que dependía, para estudiar la situación europea en vísperas de la guerra .

Evita debe haber visto la fotografía en la que Perón aparece esquiando en el Regimiento de Montaña Nº 14, en Chietti, con pantalones a la rodilla, medias gruesas y una gorra con visera que prefigura la que habrá de llevar más tarde, después de la muerte de su mujer, en la época en que las chicas estudiantes lo llamarán Pochito y en que podrá permitirse ostentar públicamente un aspecto de sí mismo disimulado hasta entonces. El hombre fotografiado de ese modo es un atleta sonriente y rebosante de energía, pero ligeramente cómico. ¿Es la influencia italiana lo que le da ese extraordinario parecido con Alberto Sordi, o se trata más bien de la actitud física y psicológica de un hombre que, libre de obligaciones en tierra extranjera, puede exhibirse tal como en su propio país nunca lo ha hecho?

En Italia los días de Perón transcurrían felices. Mussolini lo fascinaba y el fascismo le parecía la experiencia social más extraordinaria y revolucionaria de la historia. ¡Qué manera de hacerse obedecer, esos fascistas! ¡Qué férrea autoridad! En 1965 el periodista y escritor Eduardo Galeano, citado por Juan José Sebreli, será el depositario de estas declaraciones de Perón: "Manejar a los hombres es una técnica, la técnica del líder. Una técnica, un arte de precisión militar. Yo lo aprendí en Italia, en 1940. Esa gente sí que sabía mandar!" También admiraba a Hitler y había leído y releído *Mein Kampf*. El orden perfecto del nazismo lo fascinaba tanto como el fascismo. Y, como muchos peronistas de la primera hora (entre otros, el ex ministro Alberto Rocamora, al que hemos entrevistado), sólo lamentaba una cosa: ciertos "excesos" cometidos en los campos de concentración.

El hablar un italiano perfecto fue lo que lo decidió a elegir Italia en lugar de Alemania. Ansiaba sumergirse en la multitud, hablar con la gente, compartir su inmenso entusiasmo por la estimulante renovación que cambiaría la faz del mundo. El pueblo italiano, tan próximo al argentino, asistía exaltado a los preparativos de su Duce, listo para invadir Albania, antes de entrar de lleno, triunfalmente, en el conflicto mundial. El día en que Mussolini anunció desde el balcón del Palazzo Venezia su decisión de entrar en la guerra, Perón estaba allí, confundido con la masa unida y cálida que lloraba de dicha. Su propio fervor era tal que, pese a su repulsión por el contacto físico (era un hombre cordial que abrazaba a los otros, pero sin permitir que lo tocaran), estrechó entre sus brazos a esos obreros sanos y fuertes con aroma de aceite de oliva y los ojos llenos de sol. Su sueño de una Argentina saludable y poderosa que retomara la antorcha de la "tercera posición" comenzó en ese instante. (En 1968 le dijo al historiador Félix Luna: "Frente a un mundo dividido en dos imperialismos, los italianos contestaban: no estamos ni con unos ni con otros. Representamos una tercera posición entre el socialismo soviético y el imperialismo yanqui". ¿Hay que rastrear más lejos los orígenes de esa expresión, "tercera posición", convertida en la definición misma del peronismo?)

Un sueño surgido de un sentimiento. La frialdad de Perón y su maquiavelismo de cazador de guanacos no deben hacernos olvidar la realidad de ese hondo sentir al que siempre fue fiel: su adhesión al fascismo. Años más tarde, al anunciarle a Perón la muerte de Mussolini, el periodista Valentín Thiébault le dijo: "Algún día habrá que levantarle un monumento". Y Perón respondió con una pasión nada habitual: "¿Un monumento? ¿Uno solo? ¡Diga más bien una estatua en cada esquina!" ¿Será verdad que conoció a Mussolini el 3 de julio de 1940, tal como gustaba relatar, o será más bien que su deseo de haberlo visto de cerca fue tan intenso que en su mente se volvió realidad? ¿Y será cierto que lo saludó alzando el brazo a la manera fascista? Sólo cuenta el deseo: verdadero o soñado, ese gesto existió en la imaginación de Perón. Puede que la única sinceridad de este hombre consista en una historia que nunca tuvo lugar.

Antes de esa fecha Perón había sido nombrado auxiliar extranjero de la división alpina Tridentina y de la División de Infantería de Montaña Pinerolo. Se había consagrado a endurecer sus músculos con un rigor obsesivo, gastando su energía en esos ejercicios euforizantes que alisan el cerebro y desarrugan el alma. Se había embriagado con las rudas canciones montañesas, alegremente viriles, y con la nieve purísima que eliminaba de un plumazo las ambigüedades de su niñez. En la montaña blanca, la naturaleza entera parecía un uniforme bien planchado. Había aprendido los secretos de la guerra de montaña en la escuela de alpinismo de Aosta y en la escuela de esquí de Sestrières. Más tarde, en Turín, había seguido cursos de ciencias teóricas y, en Milán, de ciencias aplicadas. Fue allí donde terminó por comprenderlo todo: el capitalismo y el comunismo eran cosmopolitas. La verdadera novedad era el nacionalsocialismo. Había penetrado el secreto del funcionamiento interno de la economía capitalista, y el de los métodos para apoderarse del poder: sindicalismo y propaganda. Poco antes del comienzo de la guerra, viajó a Berlín. Los oficiales de la Wehrmacht lo recibieron amablemente. El viaje le confirmó sus ideas sobre un pueblo alemán trabajador unido en torno a su führer. Visitó la línea de Loebtzen, en la Prusia Oriental, y la línea rusa de Kovno-Grodno, donde los oficiales soviéticos, muy amigos de los alemanes, lo pasearon por su país. También visitó Hungría, Yugoslavia, Albania, España, Austria y Francia.

Pero en 1941, cuando a su regreso a su país trató de compartir su experiencia con los oficiales argentinos, su actitud se prestó a un malentendido: ¡lo tomaron por comunista! Y para desembarazarse de él, lo despacharon a otra región de nieves inmaculadas: los Andes mendocinos, donde dirigiría el Centro de Instrucción de Montaña. Su alejamiento forzoso no le hizo perder las esperanzas. En su opinión, la Argentina había caído en la corrupción y la podredumbre. Lo que el país esperaba era un ser intachable. Ortega y Gasset, al visitar la Argentina en 1939, sintió esta expectativa en el aire: "Tened cuidado, argentinos -dijo-, o tendréis un dictador". Una expectativa que no escapó a la mirada enternecida de otro tipo de observadores. Según Juan José Sebreli, el 3 de mayo de 1942 Goebbels escribía en su diario: "La Argentina podría volverse muy importante para la posterior evolución de la situación en América del Sur". Un año más tarde, y un mes antes de la Revolución de junio de 1943, el general Wilhelm von Faupel, jefe del espionaje alemán en España, viajó a Buenos Aires, donde se entrevistó con el dirigente nacionalista Carlos Ibarguren y con tres miembros del GOU: Von der Becke, Perine y Perón.

La sonoridad del nombre de Perón acaso haya influido en la decisión de los jóvenes coroneles nacionalistas, miembros del GOU, que lo habían ido a buscar durante el verano de 1941, entre sus nieves a medio fundir. Ningún elemento es desdeñable en política, y es cierto que las masas argentinas, necesitadas de un padre, difícilmente hubieran coreado un apellido como Perine, terminado en cola de gato. En cambio, el sufijo on sugiere el aumentativo. Gritar "Pee-rón, Pee-rón" despertaba en la multitud un sentimiento de grandeza.

Pero los jóvenes coroneles no debieron afinar hasta tal punto su percepción auditiva. Iban al encuentro de Perón porque conocían y compartían sus ideas sobre la Italia fascista, la Alemania nazi y el futuro de la Nación argentina. El GOU era una logia militar secreta cuyos miembros pensaban convertirse en los *gauleiters* de la América del Sur después del triunfo de Alemania, al que consideraban seguro. El nacionalismo argentino era una vieja tradición. Militaban en sus filas intelectuales como Diego Luis Molinari, Manuel Gálvez, Leonardo Castellani, el ya citado Carlos Ibarguren y muchos otros. Todos ellos adhirieron al peronismo, así como al nacionalsocialismo que financiaba sus periódicos: *Pampero* o *Clarinada*. El escritor Raúl Scalabrini Ortiz no comulgó abiertamente con el nazismo pero visitó Berlín y sostuvo a Hitler con los argumentos "pragmáticos" típicos de Perón. "Lo que el señor Hitler hace en Alemania -le hace decir Norberto Galasso en la biografía que le ha consagrado- a nosotros no nos interesa, o nos interesa sólo en la medida en que eso favorece a la Argentina, el Perú o Venezuela. Si, tal como parece, está contra Inglaterra, nosotros tenemos que aprovechar al máximo y ocuparnos muy poco de la ideología y de los métodos hitlerianos."

Así pues, la clave del movimiento y, a la vez, su aspecto más positivo, consistía en el rechazo del colonialismo inglés. Podríamos agregar en su descargo que, en su momento, Scalabrini Ortiz no podía predecir ese "detalle" (la expresión pertenece al neonazi francés Jean-Marie Le Pen) que fueron los campos de concentración. Pero volvamos a Perón, que acepta con fervor la propuesta del GOU (una logia sin jefe, cuyos miembros más activos son los coroneles Eduardo Ávalos, Enrique González y Emilio Ramírez) y se convierte en la cabeza pensante de ese grupo de oficiales que soñaban con una Argentina blanca como la nieve. Blancura moral y no racial: el supuesto nazismo argentino mal hubiera podido ser racista en el sentido en que lo era el germánico, porque se apoyaba en los "cabecitas negras" del interior del país, mientras que al liberalismo, adorador de Inglaterra, le cabía el dudoso honor de despreciar las pieles cobrizas.

Pero si la nívea blancura peronista iba a admitir distintas tonalidades, el manifiesto secreto del GOU del 13 de mayo de 1943, cuya autenticidad ha sido reconocida por Carlos Ibarguren, carecía de matices: "Alemania está realizando un esfuerzo titánico para unificar el continente europeo. La tarea de gobernar los destinos del continente en su nueva configuración le corresponderá a la nación más grande y mejor preparada. En Europa será Alemania. (...) Hoy Alemania le está dando a la vida un sentido heroico. Es un ejemplo a seguir(...) La lucha de Hitler, tanto en la paz como en la guerra, deberá guiarnos en adelante". Fiel a los principios del documento, Perón fue a visitar a von Faupel y se hizo amigo del embajador Edmund von Thermann pero, sobre todo, de dos millonarios alemanes establecidos en la Argentina: Ludwig Freude (al que ya había conocido en Italia) y Fritz Mandl.

Evita conocía el resto de la historia: la Revolución de 1943 y los dos nombramientos de Perón: secretario del Ministerio de Guerra y del Ministerio de Trabajo. En lo tocante al primer puesto, la cosa estaba clara: el presidente Ramírez había nombrado ministro de Guerra al general Edelmiro Farrell, gran amigo de Perón. Era evidente que este último se reservaba para un puesto más importante en el futuro, aunque gozando desde ya de un poder indiscutible por intermedio de Farrell. Pero ¿y el segundo puesto? Evita debe haberle formulado la misma pregunta que sus compañeros del GOU: ¿Por qué haberlo elegido? Podemos imaginar el guiño de Perón y su sonrisa astuta al responder: "Creen que es un puesto secundario. En realidad, el verdadero poder se apoya en los sindicatos. Y en la radio", habrá agregado con un nuevo temblor de su párpado izquierdo que acentuaba su parecido con otro héroe argentino: el viejo vizcacha.

Enojos

Apenas unos días después de haberla conocido, Perón asistió al programa radial de Evita acompañado por Domingo Mercante, su colaborador en la Secretaría de Trabajo y Previsión. Era la primera vez que, públicamente, daba muestras de conocerla, y resultaba evidente que deseaba ayudarla. Sin embargo, la semana siguiente a la del festival no había sido fácil, ni para él ni para los otros miembros del gobierno. El 26 de enero el presidente Ramírez se había visto en la obligación de romper relaciones diplomáticas con el Eje, presionado por los norteamericanos que habían acabado de indignarse a causa de una curiosa historia de compra de armas.

Cinco meses atrás, en agosto de 1943, el gobierno argentino le había pedido a Washington que le proporcionara esas armas. Según Jorge Camarasa, la respuesta habría sido: "¿Cómo podríamos dárselas a un país que sigue en relación con los alemanes?" Entonces Ramírez había enviado una comisión a Alemania para procurarse el armamento que el enemigo de ese país se rehusaba a entregarle. Pero el barco en el que viajaba el cónsul argentino en Barcelona, encargado de la misión, fue interceptado por los ingleses, quienes encontraron a bordo una documentación comprometedora y la transmitieron a los norteamericanos. Éstos enviaron naves de guerra al Río de la Plata y sus banqueros bloquearon los fondos argentinos. Y ahora sí que Ramírez se apresuró a romper con el Eje. Perón se limitó a declarar que aceptaba el veredicto de sus superiores, pese a haber participado personalmente en ese episodio, revelador de la terquedad de los militares argentinos que, a despecho de la evidencia, aún creían en una victoria alemana. Sea como fuere, la crisis ya se había desencadenado en el seno del gobierno argentino. El 24 de febrero, el general Farrell asume la presidencia de la Nación. Dos días más tarde, Perón recibe el nombramiento de Ministro de Guerra.

Estas agitaciones no le hacen olvidar la carrera de Evita: el mismo día en que se pone a la cabeza del Ministerio, aparece por segunda vez en Radio Belgrano. El testimonio de un fotógrafo que se hallaba presente nos da una idea del estado de ánimo de Perón, tal vez aterrado por la velocidad con que evolucionaba su relación con Evita. El inocente fotógrafo aún no estaba al tanto de esa relación y se disponía a fotografiar lo que tenía ante los ojos: Perón e Imbert, sentados, y Evita entre los dos, de pie, con un codo sobre el respaldo de cada silla. Al advertir la presencia del fotógrafo, Perón gritó encolerizado: "Pero pará, ¿qué estás haciendo?" Los policías rodearon al inocente y le arrancaron el negativo. Él seguía sin entender: "¿El Ministro no vino oficialmente al programa de Eva Duarte? Entonces, ¿dónde está el problema?"

Su asombro es comprensible. Había transcurrido apenas un mes desde la noche del 22 de enero y ya Perón asumía públicamente su interés por la carrera de Evita. Aunque el fotógrafo aún no estuviera al tanto de sus amores, el reguero de pólvora no tardaría en difundirse en el ambiente artístico y político. Entonces, realmente, ¿qué había que esconder? ¿Quizá la presencia de Imbert? ¿O Evita entre ambos hombres?

Esa cólera incongruente fue el último coletazo del muy masculino deseo de independencia de Perón. En el transcurso del mismo mes, Jaime Yankelevich demostró no ignorar el motivo de sus visitas: le hizo una enorme publicidad al nuevo programa del ciclo de mujeres célebres, consagrado a Isabel de Inglaterra, y le firmó a Evita un contrato de un año con un salario del que ella misma, en un reportaje publicado por la revista *Radiolandia* el 7 de abril de 1945, dijo que era "el más alto que la radio argentina había pagado jamás". A falta de elegancia y de modestia, el comentario era comprensible en alguien que había pasado sin transición de tomar mate cocido a nadar en la abundancia. Ahora ningún fotógrafo podía ignorarlo: ella era la amante oficial del Ministro de Guerra. Perón la protegía abiertamente, trataba de calmarle los nervios y utilizaba su autoridad para hacerla respetar en su trabajo.

En sus memorias, Bonifacio del Carril relata una escena pintoresca: Evita vuelve de la radio temblando de rabia. Perón, muy molesto, intenta hacerla entrar en razón y le promete ocuparse del asunto. Aquí tenemos otro matiz de su relación: Perón eludía las explosiones de Evita en lugar de enfrentarlas. ¿Era la actitud paternalista y machista de un hombre maduro ante las niñerías de una joven, atribuibles a trastornos ováricos o, por el contrario, tenía miedo de Evita, de su mal carácter, de sus crisis de rabia que la sacudían desde la infancia como un sauce eléctrico? A Tomás Eloy Martínez le confesó mucho más tarde que Evita era colérica pero que él nunca había temido sus rabietas porque con él se apaciguaba. Con el mayor respeto, permítasenos dudar de una afirmación formulada en la vejez con el único objeto de redorar su imagen. ¿Evita, dócil? Los testimonios que nos la describen diciéndole cobarde a un Perón impasible, pero de un rojo subido, son demasiado numerosos como para que podamos fiarnos de un hombre viejo, preocupado por justificarse ante una patota de tango que, a esas alturas, ya sólo existe en su cabeza.

Una de las explosiones de Evita tuvo lugar en casa de los Machinandearena, propietarios de los estudios cinematográficos San Miguel que acababan de contratar a Evita para la película *La cabalgata del circo*. Se hablaba de matrimonio (la escena ha debido tener lugar algo más tarde, hacia abril o mayo de 1944, y nos la ha relatado una amiga de las hermanas Duarte). Perón desviaba la mirada y cambiaba de tema. Pero Evita no tenía ni un pelo de guanaco y le dijo, furiosa: "¡Te conviene casarte, porque si no voy a decir todo lo que sé sobre vos!" ¿A qué comprometedoras revelaciones estaría aludiendo? ¿A detalles de orden sexual (el Perón "toruno") o político (las amistades de Perón en la Embajada de Alemania)? El hecho es que Perón escucha estas palabras sin reaccionar, como un hombre que ha caído en la trampa. Ahora bien, ¿de qué trampa se trata: la del terrible secreto que ella decía poseer, o bien, sencillamente, la de necesitarla, él que nunca había pertenecido a nadie ni dependido de ninguna mujer, ni siquiera para cuidar de su uniforme y de su ropa, ya que dominaba a la perfección el arte de plancharse el pantalón con paciencia y esmero, haciendo coincidir las costuras para marcar el pliegue?

Nos inclinamos por la segunda hipótesis: Perón la necesitaba. La supuesta amenaza de Evita nos parece ingenua: nadie en la Argentina hubiera tomado en serio a una estrellita de la radio que denunciara la impotencia o el fascismo del Ministro de Guerra. En cambio, salta a la vista que ese hombre callado y preocupado por calmarla necesita a esa mujer. La necesita por las razones ya enunciadas: cosquillas, ventosas, lealtad, olfato político, propaganda radial. A dichas razones pronto se le agregará la gratitud, todo lo cual constituye un cúmulo de razones suficientemente importante como para que no se deslice entre ellas una pequeña sinrazón que aclare su silencio, sus ganas de ayudarla. La frontera entre el amor y la necesidad es una línea borrosa. En ese tiempo, Perón amaba a Evita. La amaba dentro de los límites de su capacidad de amor, que no era infinita, pero experimentaba por ella sentimientos cercanos al amor. Quizá por desesperación y por denigrarse a sí misma, ella pensaba que él sólo se casaría para evitar el escándalo. Pero se equivocaba. El peor de los escándalos era casarse con ella, cosa que Perón no tardó en hacer aun a riesgo de provocar la hostilidad del ejército, que reaccionaría en su contra a causa de Evita. Al hacerlo, sorprendió a sus compañeros pero, sobre todo, se sorprendió a sí mismo. Felizmente existe un tango (hay uno para cada ocasión) que, al describir su caso, debe haberle ayudado a no sentirse tan solo. El compadrito, avergonzado ante los muchachos de la patota, se queja de la mujer que lo domina: "No me has dejao ni el pucho en la oreja/ de aquel pasao malevo y feroz".

La madona rubia

La filmación de *La cabalgata del circo* comenzó en marzo. Para representar un papel en esa película, dirigida por Mario Soffici y cuyo reparto estaba encabezado por Libertad Lamarque y Hugo del Carril, Evita se hizo rubia. Durante toda su vida y hasta después de muerta le fue fiel al peluquero que le tiñó la cabellera, Pedro Alcaraz. Él la acompañó en su viaje a Europa, él creó para ella el rodete dorado que se tornó legendario y él peinó la cabeza de su momia. Eva no tenía secretos para Pedro Alcaraz. Más tarde, la peluquería de ese Fígaro con los labios sellados se convirtió en el sitio donde Evita mantenía conversaciones especiales cuando temía que, en el palacio presidencial y en su propia oficina, las paredes oyeran.

La nueva cabellera rubia apareció por primera vez en la revista *Antena*, el 1º de julio de 1945. El oro transfiguraba a esa morena de piel mate, dándole una extraña palidez que su futura enfermedad tornaría sobrenatural. La transparencia de su piel era acentuada por el contraste con ese oro que era un no disimulado artificio: las tinturas aún no habían adquirido su perfección actual y ese color exagerado no pretendía parecer natural. Era un oro teatral y simbólico que tenía la función de las aureolas y los fondos dorados en la pintura religiosa de la Edad Media: aislar a los personajes sagrados y alejarlos de los colores de la tierra, del peso y del volumen, de la carne opaca que ocupa un espacio y proyecta una sombra. En la Argentina de los años cuarenta (y también en la de hoy), las actrices y las burguesas soñaban con ser rubias y adoptaban el color impuesto por la civilización del Norte: ser rubia significaba, y aún significa, salvarse de la maldición del Sur. Lo rubio es signo de riqueza y de ascenso social. Evita siguió la corriente y se hizo decolorar el pelo para representar en la película un papel de ingenua. Pero una vez dorada, descubrió que la cabellera radiante exaltaba su belleza. Más aún: ¡por fin le permitía nacer! Recién entonces se levantaban las nieblas matinales: Evita había sido creada para irradiar la luz. El oro de sus cabellos la inundaba como un aura. Morocha, era agradable pero insignificante. Lo moreno la aprisionaba y limitaba, lo rubio la liberó. Rubia, no sólo rozaba un nivel social que borraba en ella todo recuerdo de Los Toldos y de los Núñez sino que además accedía al nivel privilegiado de la pintura sagrada que, lejos de encarcelar, lanza hacia la anhelada lejanía.

Ahora poseía una auténtica aureola que la propaganda peronista iba a utilizar ampliamente, obrando sobre el inconsciente de un pueblo colonizado para el que las santas y las hadas sólo podían ser rubias. Evita, la bella, había nacido al mismo tiempo que Evita la madona. Transparencia y resplandor: su belleza no consistía en otra cosa. A partir de este momento puliría y afinaría su personaje, suprimiendo de a poco los excesos ornamentales -rulos en forma de banana, vestidos floreados-, mientras que el oro de su pelo se iría incrustando en su cerebro, penetrado por ese halo de santidad hasta en sus repliegues más hondos. Es así como llegaría a encarnar literalmente su papel de santa, hasta la mortificación de la carne. Todo eso tardaría en decantarse, pero el proceso comenzó el día mismo en que Pedro Alcaraz le aplicó en los cabellos el mágico producto que, al quitarle todo rastro nocturno, hizo brillar el sol, como si lo negro simbolizara el pecado, y lo rubio, la inocencia. Varias veces en su vida, Evita dijo sonriendo:

"Soy una morocha arrepentida". Era una broma, claro. Pero arrepentimiento y Magdalena son ideas afines.

La bofetada libertaria

Durante la filmación de *La cabalgata del circo*, la flamante cabellera de la reciente rubia no fue el único tema de conversación para actores y actrices. La película se halló bajo el signo de una sonora bofetada. Según las malas lenguas, Libertad Lamarque no habría dudado en propinársela a la amante del coronel. Libertad Lamarque, que aún canta con voz de tiple y vive en México desde el tiempo lejano de su disputa con Evita, ya era una estrella indiscutida en esa época. Era ella quien cantaba en el escenario del Luna Park en el momento mismo en que Perón y Evita se miraron a los ojos por primera vez. Hasta se dijo que esa noche Libertad estaba sentada junto a Perón y que, aprovechando el momento en que la diva se había levantado para cantar, Evita se había apresurado a quitarle el sitio. La anécdota no es cierta pero sirve para expresar la competencia entre las dos mujeres.

Libertad era morocha, pequeña y regordeta. Tenía la mandíbula inferior pronunciada, la boquita pintada en forma de corazón y grandes ojos soñadores que, al cantar, levantaba hacia el cielo como Agustín Magaldi. Las revistas de la época habían advertido un punto en común entre Libertad y el ídolo de Evita, Norma Shearer: tanto la una como la otra bizqueaban levemente. Ese detalle hubiera podido inspirarle a Evita sentimientos más tiernos con respecto a Libertad. Pero no fue así. Con su rostro enmarcado por tirabuzones de azabache (en ciertos casos particulares las cándidas doncellas sin oxigenar estaban permitidas), y con su falda de volados, Libertad cantaba igual que el ruiseñor, rehuyendo los avances de un vello tenebroso de bigotito fino. Quienes acusan a Evita de haber sido una pésima actriz deberían rever la inimitable película *Besos brujos*, donde la soprano ligera canta bañándose en un río, el agua hasta el mentón y la cabeza bajo un sauce llorón que le despeina los rulos, una canción titulada "Como un pajarito", mientras el gaucho dispuesto a violarla y que, ablandado por la canción, se aviene a respetarla, espía entre el follaje a esta casta Susana en versión argentina de los años cuarenta.

Evita, como actriz, ni siquiera tuvo la fuerza de rozar el ridículo. Sin duda por timidez, era demasiado tiesa y envarada para causar tanta gracia. De creerle a Gloria Alcorta, su voz podía ser risible, pero su actuación merecía el único adjetivo que sus críticos le habían concedido: "discreta".

En sus memorias, Libertad Lamarque relata el célebre episodio que ha hecho gastar tanta saliva como tinta. Ya hemos dicho que Libertad era una estrella mientras que Evita, hasta entonces desconocida en la pantalla, había obtenido su papel gracias a Perón. Además, Libertad formaba parte de los demócratas que temían la escalada de un ejército fascista, mientras que

Eva se había vuelto oficialista por el camino de la alcoba. Sin embargo, Libertad sostiene que el motivo real de la pelea fue de índole profesional: Evita no respetaba los horarios de filmación. Llegaba por la tarde para filmar una escena prevista para la mañana. Y Libertad esperaba en su camarín, ya vestida y encorsetada, muerta de hambre pero sin atreverse a almorzar por si la diva hacía su aparición de un momento a otro. Por fin, hacia las cuatro de la tarde, Evita llegaba en un automóvil negro y resplandeciente, aunque pasado de moda a causa de la guerra que bloqueaba la importación; uno de esos automóviles cuadrados con el capó achatado como gorra de militar. Quizá por influencia de esta metáfora guerrera, el chofer del Ministerio de Guerra se apresuraba a abrir la portezuela y se inclinaba ante la rubia pasajera. Entonces Libertad apretaba más aún las mandíbulas, ella que, por la mañana temprano, y ya maquillada para no perder tiempo, había tomado el tren a San Miguel, situada a cierta distancia de Buenos Aires, y recorrido a pie el camino de tierra que iba de la estación a los estudios de filmación.

Según el testimonio de Sergia Machinandearena, la escena de la bofetada, o de la ardiente discusión entre la verdadera estrella y la estrellita con "cuña", tuvo lugar durante el ensayo de un pericón, una danza folklórica que no requiere particular talento y que todos los colegiales argentinos saben bailar. Pero por finos y delicados que fuesen sus pies, Evita no lograba adaptarlos a las exigencias del ritmo. Y Libertad, que bailaba muy bien, terminó por explotar. Según su propio testimonio, no la cacheteó pero le dijo de todo. Que estaba harta de los horarios absurdos y saturada del desdichado pericón para el que habían tenido que contratar a un profesor de baile que desentumeciese a la señora. Y mientras Libertad se desahogaba Evita, muy pálida, se limitaba a sonreír con una calma extraña que recordaba la escena de otros tiempos frente al horrible Sapo.

Mario Soffici no comparte esta visión de las cosas. Para él, Evita era una actriz que respetaba su trabajo. Pero esta contradicción no significa mucho. Evita pudo ser buena compañera con aquellos que no la miraban desde arriba, y pudo divertirse en provocar a la cantante que, pese a su estatura, la contemplaba desde la cima de su buena conciencia. Además, lo mismo que cualquiera, a veces habrá llegado a horario y otras no. Y al llegar con retraso, habrá puesto en evidencia la languidez de la mujer amada y mimada, perdidos los ojos en una ensoñación elocuente, tremendamente irritante para otra mujer. Por otra parte, no guardaba el secreto. Hablaba de Perón a diestra y siniestra, con candidez y sin reparos. No contenta con explicar las ideas de Perón a quien quisiera oírla, revelaba su intimidad. En los estudios San Miguel se la oyó quejarse de una mala digestión y agregar, palpándose el vientre: "¿Quién sabe? A lo mejor lo que tengo es un Peroncito". ¿Lo creía realmente? La actriz Fanny Navarro le contó a la fotógrafa Anne-Marie Heinrich que Evita había perdido un hijo de Perón, versión a la que adhiere Fermín Chávez sin citar sus fuentes. Y dos testimonios recientes apoyan la tesis de la fertilidad de Perón: el de su segunda mujer, Isabelita, que afirma haber perdido también ella dos hijos de Perón, y el de una señora que asegura ser la hija del ex presidente. Por su parte, Tomás Eloy Martínez ha sostenido siempre que Perón era estéril. Algunos hallan la idea insoportable: un líder popular está obligado a ser fértil y de una gran virilidad. Es así como la sexualidad, la capacidad o no de dar la vida y el cuerpo mismo de los protagonistas de esta historia se vuelven temas políticos.

Lo que enfurecía a algunos de los compañeros de Evita, durante la filmación de la película, era la ostentación de su dicha. ¿Lo hacía con inocencia? Se puede ser al mismo tiempo "cándido como una paloma y prudente como una serpiente" (es un consejo del propio Jesucristo). Evita se sentía realmente feliz, pero lo demostraba por revancha. Es fácil imaginarla, regocijada de llegar en coche oficial, muy a deshora y disculpándose apenas, mientras la estrella famosa la aguardaba con el estómago pegado a la espalda y el maquillaje rayado de polvo. Y cuando ésta explotó, no resulta más arduo concebir la idea que germinó por primera vez en la cabeza de Evita, idea reflejada en su extraña sonrisa y su acentuada palidez: "Esperá un poco y vas a ver adónde van a parar tu profesionalismo y tus tirabuzones de azabache".

En efecto, apenas Evita tuvo poder, Libertad se encontró sin trabajo y emigró a México, donde ya era célebre y donde se convirtió en un monumento nacional. En la Argentina nadie se hubiese atrevido a contratar a un actor o una actriz aquejados por la maldición del "no corre", difundida expresión que significaba exactamente: "Evita lo prohibió".

Ciertos testigos como Roberto Galán o el actor Pedro Maratea nos han asegurado que la supuesta maldición no existía. Libertad incluso habría solicitado una entrevista con Evita, cuando ésta se convirtió en la esposa del presidente.

En la primera versión se trata más bien de la hija de Libertad, inquieta por su madre que se hallaba en Colombia al estallar unas sangrientas revueltas. Evita habría intervenido para que encontraran a Libertad y la llevasen a México sana y salva. En la segunda versión, es la propia Libertad quien la va a visitar y le pide autorización para trabajar en la Argentina. Evita habría sonreído irónicamente antes de contestar: "Pero trabaje, trabaje, ¿quién se lo impide?" Y como Libertad le respondió que no conseguía contratos en la Argentina, a Evita la sonrisa se le habría ensanchado: "Es que a lo mejor sus películas aquí ya no interesan". Pero tanto en un caso como en el otro, el fondo del episodio es el mismo. Ésta es una historia con bofetada y con venganza. La bofetada pudo estar simbolizada por unas palabras hirientes, como lo afirma Libertad, y la venganza pudo adoptar matices que iban desde la protección de una Evita todopoderosa hasta el intento de negociación de parte de la cantante. Los detalles varían pero lo fundamental no: Evita fue víctima de afrentas y consiguió vengarse. Esas afrentas ¿fueron reiteradas? Durante la puesta en escena de *El cura de Santa Clara*, se dice que otra actriz, Nelly Ayllon, también le habría propinado una tremenda cachetada. ¿Se tratará de dos bofetadas a falta de una? El mismo episodio pareciera volver de maneras distintas. Se diría que la memoria procede como los sueños, recurriendo a símbolos parecidos para revelar lo esencial.

Esta disputa femenina tuvo también un motivo económico y político no desdeñable: la escasez de celuloide. Floreciente a partir de 1939 en virtud de la guerra, el cine argentino entraba en un período de decadencia debido a las difíciles relaciones entre la Argentina y los Estados Unidos. Los norteamericanos, productores de acetato de celulosa, se negaban a vendérselo a un país neutral. Una negativa exacerbada por el hecho de que, a partir de 1944, el Poder Ejecutivo argentino había firmado un decreto de neto corte dictatorial que le permitía apoderarse de todo el celuloide importado y distribuirlo según su parecer, vale decir, sólo a sus partidarios. México no tenía ese problema, de donde Marysa Navarro deduce que la verdadera razón del exilio de Libertad (y para muchos, en efecto, la que abandonaba el país era la libertad misma) no era otra que las dificultades de la industria cinematográfica argentina. Sea como fuere, en esta historia Perón y Evita ya se perfilan como los grandes manipuladores de la comunicación en que habrían de convertirse: la imagen del coronel que impone a su amiga con el argumento indiscutible de los rollos de celuloide acaparados bajo el brazo anuncia la del Presidente y su esposa, transformados en dueños de la prensa gracias a la posesión del papel.

Poco más tarde, en setiembre de 1945, la revista *Sintonía* publica la siguiente caricatura: un hombre con un ramo de flores en la mano llama a la casa de su novia. Pero la mucama le dice: "La señorita no quiere saber nada más con usted. Le han dado celuloide y va a ser estrella de cine". Con ese chiste, el "viejo Kartulowicz" dirimía no menos viejas diferencias con Evita. Pero ella no debe haberse ofendido si, de creerle a Carmen Llorca, lo proveyó de papel para su revista. Uno de esos gestos generosos que aclaran en qué consiste la sociedad llamada "de favores": el derecho no existe y sólo cuentan los amigos. Mucho antes de conocer a Perón, Evita llevaba estas características inscriptas en su ser. Mauricio Rubinstein, citado por Borroni y Vacca, relata que durante su período artístico ella solía decir: "Los defectos de mis amigos no los veo, y las virtudes de mis enemigos, tampoco".

Un traje Príncipe de Gales para un mundo mejor

Durante el curso de ese año 1944, por una vez no es Evita la que hace las valijas. El que se muda es Perón. Había quedado libre un departamento en el edificio de la calle Posadas donde vivía Evita, y Perón se instaló. De ese modo los amantes podían vivir juntos y separados a la vez. Más que una forma de disimulo era un arreglo cómodo, ya que su relación era públicamente conocida. Pero en ese tiempo se requería un mínimo de precauciones. Exhibir la cohabitación no resultaba conveniente. Y Evita se preparaba para una vida de representación, ya no teatral sino oficial.

El testimonio del modisto Paco Jamandreu, que la conoció en la calle Arenales, poco antes de la instalación de Perón en la calle Posadas, une lo útil a lo agradable. Por una parte nos hace ver la actitud mental de Evita en ese momento de su vida y, por otra, nos divierte con su sabrosa descripción de un personaje habitualmente pintado con la más desoladora gravedad. Jamandreu, un homosexual regordete al que le encanta fotografiarse con adornos de plumas, la boca adelantada en forma de beso y un hombro al aire, le rinde justicia a Evita en un estilo picante y sin vueltas, como nunca lo han hecho sus devotos ni sus feroces detractores.

Atraída por la celebridad del joven modisto, que vestía a las actrices pero también a la señoras de la alta sociedad, Evita lo había llamado para encargarle ropa. Pero su pedido iba más allá de unos cuantos vestidos. Lo que deseaba era que él la ayudara a forjarse una doble imagen que correspondiera a su doble identidad: la de la actriz y la de la mujer política. La hija ilegítima de un estanciero y de una mujer de pueblo, que siempre había soportado pasivamente su doble identidad, se disponía a representar de manera consciente los dos papeles, tornando activo y positivo lo que sólo había sido hasta entonces un sufrimiento ciego.

"No pensés en mí como en tus clientas -le dijo-; en mí habrá desde ahora una doble personalidad; por un lado la actriz; ahí maricaneá hasta el más allá: lamés, plumas, lentejuelas. Por otro lado lo que este mandón quiere hacer de mí, una figura política. Acá empezamos: para el 1º de mayo tengo que ir con él a una gran concentración, la gente hablará hasta por los codos, es la primera aparición de la pareja Duarte-Perón. ¿Qué me vas a hacer para esa ocasión?" "Un *tailleur* -respondió el modisto-. Un *tailleur* Príncipe de Gales con doble abotonadura y cuello de terciopelo."

Eva Perón había nacido. Ese *tailleur* fue el primero de una serie ininterrumpida de trajecitos tan similares, y tan queridos por Evita, que Perón se quejaba creyendo que eran el mismo, traicionado en su deseo de vestirla como a una princesa. Para Evita, el traje Príncipe de Gales se convirtió en su ropa de trabajo. Se la ha identificado con él tanto como con el rodete. Pero, ¿quién era el "mandón" que quería prepararla para la vida política? No otro que el coronel Perón quien, desde la habitación contigua, reclamaba a gritos la presencia de Jamandreu. "Vamos -dijo Evita-. Te quiere conocer y no sabe esperar. ¡Qué ansioso es este hombre! Me exaspera."

Cuando el pequeño modisto entró en la habitación, encontró al coronel tendido sobre una cama tan modesta como el resto del mobiliario, comiendo un sandwich de chorizo y tomando vino tinto. Su cuerpo macizo ocupaba todo el espacio de la cama, a lo largo y a lo ancho. Miró a Jamandreu con curiosidad, "como si viera una cosa que nunca había visto en su vida", y el regordete diseñador le devolvió la mirada. Dos mundos frente a frente: la loca de las agujas y el rudo militar. Y entre los dos Evita, siempre en su papel de barquero, de una orilla a la otra.

Desde el primer encuentro Evita le reveló a Jamandreu algunos aspectos de la compleja trama de su relación con Perón, subrayando que el coronel se proponía empujarla, exhibirla e imponerla: "Este loco quiere que lo acompañe a la función de gala del Teatro Colón, el 24 de mayo"; "tengo que visitar una villa miseria, a ver si estoy preparada para asumir las funciones que deberé ejercer según él". Resulta claro que, tras un instante de asombro ante el olfato de Evita, Perón había pasado a la acción: utilizar a fondo el animal político en bruto que había descubierto en ella y la imagen de ternura y bondad que era capaz de proyectar. Pero por otra parte, Evita dejó entrever una ligera irritación, al decir que Perón la exasperaba, tratándolo de loco y criticando su sandwich de chorizo. Sin duda, una coquetería de desollada viva que se abstiene de demostrar su alegría por temor a verla evaporarse. Pero había algo más: Perón, el verdadero, el de todos los días, comenzaba a impacientarla.

Y a medida que ese Perón le iba dando dentera, el otro, el Perón ideal, iba ocupando en su corazón todo el lugar disponible. Éste es el Perón al que ella amó hasta la adoración y el sacrificio. Por gratitud hacia este Perón, el redentor que la había elegido, purificado y salvado, Evita hubiera sido capaz de ir cantando a la hoguera, y efectivamente fue capaz de destruirse a sí misma por medio del cáncer. "No hacía más que darme las gracias", le confesó Perón a su biógrafo Tomás Eloy Martínez. ¿Acaso ese amor místico que había despertado lo impacientaba, a su vez? A estas alturas, ¿se hallaría ya en condiciones de entender que ella lo amaba por transparencia, más allá de su cuerpo ancho y de su sandwich de chorizo, y que idolatraba su imagen mucho más que a él mismo? ¿Pero quién era él mismo, el "verdadero" Perón? ¿Y cómo responder a esta pregunta si, de modo programado y consciente, ambos estaban abocados a la tarea de elaborar una imagen pública?

Con el tiempo Evita encontraría esas respuestas finales (y mortales). Por el momento está esbozando un movimiento que la aleja de Perón para acercarla a él de otra manera. Algún día, en *La razón de mi vida*, llegaría a confesar, con increíble candor, que Perón estaba celoso de Perón. ¿Quién no lo hubiera estado en su lugar? ¿Cómo rivalizar con su doble idealizado? ¿Qué hombre le hubiera llegado a las suelas de los zapatos a un héroe semejante? Traicionar a su marido con él mismo fue el gran pecado de esta Magdalena que, al volverse rubia y al optar por su imagen transfigurada, se fue infiel a sí misma ella también.

En junio de 1944 Evita lanzó un programa titulado "Hacia un mundo mejor". Su objetivo era mostrar a sus oyentes la imagen idealizada del coronel. Francisco Muñoz Azpiri, su guionista nacionalista, había sido nombrado director de Propaganda de la Subsecretaría de Informaciones que dependía de la Presidencia de la Nación. "Hacia un mundo mejor" era su obra, y Evita representaba el papel de una mujer del pueblo que exaltaba la Revolución de junio pero, por sobre todo, al coronel Perón. Éste todavía no era candidato a la presidencia. Sin embargo, el programa lo presentaba inequívocamente como el líder de los argentinos.

La retórica vitalista de esos textos era de tipo fascista, pero asombra su parecido con cierta poesía revolucionaria de izquierda, que ya florecía por los años cuarenta y que llegó a su apogeo en los cincuenta y los sesenta. Era un Neruda mal digerido donde siempre se hablaba de "entrañas" y de "savia". Pero la coincidencia más turbadora consiste en que el personaje simbólico de Juan Laguna, obrero ideal al que vemos aparecer en este programa, habrá de reaparecer mucho más tarde en la obra del pintor comunista Antonio Berni, quien bautizó así a uno de sus personajes, adornado con las mismas virtudes: el hombre del pueblo, sano, auténtico, honesto y explotado. Esto no es fruto del azar. A la llegada del peronismo el Partido Comunista argentino se dividió en properonistas y antiperonistas. En los años setenta, jóvenes burgueses de izquierda adhirieron al peronismo, a causa, entre otras cosas, de cierta comunión de índole retórica y estética. Ya hemos dicho que la clase social representada por un Jorge Luis Borges nunca hubiera podido ser peronista, justamente por motivos estéticos. Un sector de la izquierda podía.

Ciertos párrafos de esos textos merecen ser citados. He aquí algunas muestras. Fondo de música militar con claros clarines. Un hombre dice con voz vibrante: "Aquí, en el revuelo misterioso de la calle, donde se gesta y nace una voluntad nueva..., aquí, entre la masa anónima del pueblo que trabaja, calla, sufre y piensa..., aquí, en las pupilas del cansancio o de la esperanza, de la justicia o de la burla..., aquí, en esta caravana informe que compone el motor de una ciudad capital, centro nervioso y motor de un gran país americano en marcha, aquí está la mujer que nos define un movimiento, a través de su misma intuición de madre, esposa, hermana o novia... ¡Oídla! ¡Es ella!" Y Evita decía: "¿Os acordáis del 4 de junio? ¡Era una madrugada de acero, recia y sangrienta! Nadie la olvidará ya, porque de ella ha venido una oleada de savia nueva, estallante como un turbión que nada retacea. (...) La Revolución vino por algo, por algo angustioso y duro que germinaba adentro, en la raíz de las vísceras. (...) La Revolución de junio se hizo por Juan Laguna, que volvió a su provincia..., y por los trabajadores explotados. (...) Un hombre, que iba a traer al trabajo la noción de la redención -un soldado digno, uno de aquellos que vio volverse a Juan Laguna con su cruz de hambre-, un soldado del pueblo que sintió dentro de sí la llama de la justicia social, fue el que ayudó decisivamente a la estallante revolución del pueblo mismo... ¡Aquí está su voz y su confesión!"

Después se escuchaba un discurso de Perón. Y la voz de Perón contrastaba a la vez con la virilidad estereotipada de la voz del locutor y con el nerviosismo de la de Evita, voz de pajarito desgañitado que se tornará más grave y más intensa con los años. La voz de Perón olía a tierra. Hacía pensar en su sonrisa. Poca o ninguna histeria, ninguna retórica. Una voz algo velada que, con el correr del tiempo, terminará por sonar sofocada, igual que la de Borges, como si las dos voces de la Argentina coincidieran en un punto: la falta de oxígeno. Por el momento Perón aún no ha encontrado su último timbre, el de la sabiduría criolla. Y sin embargo se la siente, o se cree sentirla, y el resultado es tranquilizante sin ser refrigerante. Por una parte, tambores, trompetas, voces infladas o nerviosas para exaltar al público. Por otra, un hablar pausado y verdadero, de "digno soldado del pueblo", para inspirar confianza.

(Pero aun en el seno de la retórica más hueca, ciertas verdades pueden deslizarse como de contrabando. Así podemos hallar en ese texto palabras que expresan la realidad de Evita, como si hablara ella misma: "Algo angustiante y duro que germinaba adentro, en la raíz de las vísceras". Ese núcleo de dolor fue el germen de su muerte, el único fruto de su vientre.)

Volvamos al libro de Jamandreu para completar el retrato de Evita en 1944. Al verla por primera vez la encontró descolorida. Los pantalones no combinaban con los zapatos. Su departamento de la calle Posadas era un prodigio de mal gusto. Pero Evita ya existía. Se estaba preparando para trepar hacia ella misma. Un día le pidió que la acompañara a una villa miseria para ver "si era capaz". Entre los pobres que la recibieron, algunos reconocían su voz radiofónica y otros no. Pero a ella la reconocieron: una mujer sincera que les ofrecía su ayuda. ¿Cómo supieron que era sincera? Viéndola morderse el labio inferior cada vez que a su pregunta reiterada y casi obsesiva -"¿dónde está el padre de este niño?"-, las madres respondían que esos niños ilegítimos carecían de padre. Los no reconocidos se reconocían entre sí y sellaban un pacto silencioso.

Otra Evita nació por esos días gracias a Jamandreu. El "loco" de Perón quería que el 24 de mayo, en la función de gala del Teatro Colón, ella apareciera como la Cenicienta en el baile. ¿"Qué vestido me vas a hacer?", preguntó ansiosamente, sin preocuparse por nada más: no tenía el problema del zapallo-carroza ni el de los ratones-caballos, porque iría a la fiesta en el coche con capó militar, y no a buscar a un príncipe sino ya con el Ministro de Guerra sentado junto a ella.

Y Jamandreu le hizo un vestido de seda negra con una inmensa falda, bien apretado a la cintura. El *corsage* y las mangas, largas y ajustadas, formaban una red de cintas de terciopelo. Una cuenta de azabache brillaba en cada cruce. Cuando Perón vio el vestido, exclamó: "¡Tenés que posar así para una foto que saldrá en *El Hogar*!"

¡Viejo Vizcacha! Atacar a la oligarquía en sus puntos sensibles era su gran diversión. La revista *El Hogar* sólo publicaba crónicas mundanas. Ninguna actriz había aparecido nunca en sus páginas. Y ninguna amante de ningún hombre público había asistido jamás a una función de gala del Colón, en el palco oficial. Perón lloraba de risa. El vestido mismo parecía gozar de semejante provocación. Era un vestido malicioso que, al desplegarse por el palco, relucía con mil brillos de azabache, como contento de que las esposas legítimas atornillasen los ojos a sus gemelos, horrorizadas, para escudriñarlo mejor. Batalla de miradas: por un lado, ellas. Por otro, Evita, constelada por una multitud de pupilas del color de la noche que lanzaban guiños premonitorios sobre su pecho y sus brazos.

RECONOCIDA

Un papel premonitorio. El fantasma de Martin Bormann. Una estrella de David sobre un cofre suntuoso. La Meca de los nazis. Los militares las prefieren sumisas. El embajador norteamericano hace de las suyas. "Alpargatas sí, libros no." La huida. Perón en la isla. La verdadera Pasionaria era la secretaria. Salvar a su hombre. El bautismo de Evita. El 17 de octubre de 1945. El triángulo amoroso.

¡La Pródiga! Por alguna misteriosa razón, Evita se siente fascinada por esa película que se está por filmar. Toda su energía se concentra súbitamente en una sola idea: la Pródiga es ella. Es inútil argumentar que los Estudios San Miguel ya han elegido a una conocida actriz para representar el personaje: Mecha Ortiz, la misma que había representado a las mujeres célebres mucho antes que Evita. El personaje de la Pródiga -una mujer madura- le va como anillo al dedo: Mecha Ortiz se encuentra en esa etapa de la vida en la que las mujeres dejan de ser lindas para volverse "interesantes". Y Evita, por su parte, apenas si comienza a ser linda. Pero Eva posee una fuerza poco frecuente: conoce su deseo. A medida que nos alejamos de nuestras necesidades básicas, como el hambre o la sed, nuestros deseos se vuelven imprecisos. Hay que permanecer muy cerca de su cuerpo para desear como Evita, sin arrepentimientos ni matices, con un deseo crudo y desnudo que mueve montañas. Nada que ver con la nostalgia del tango. Evita no siente ninguna inclinación por esa melancolía, tan argentina, del tiempo condicional: lo que ella quiere debe dársele ya, de inmediato. Ninguna delicadeza, ningún remordimiento lograrán detenerla. Víctima de la injusticia, sabe que tiene derecho a desear con fuerza. Hay que tomar la vi-

da por asalto como si fuera un colectivo porteño colmado y multicolor: se requieren buenas piernas para correrle detrás y codos puntiagudos para hacerse sitio. Más tarde, Evita les gritará a los desheredados un mensaje formulado de otro modo pero que todos entenderán así: "¡Hagan como yo! ¡Deseen! ¡Pidan lo más caro, lo mejor, el lujo, la felicidad! ¡Todo les pertenece! ¡Sírvanse sin miedo!" Por el momento, ese violento deseo que le acelera el corazón tiene el rostro de la Pródiga.

Perón, hombre de sentimientos ambiguos, no puede sino admirar la claridad de Evita, sus ganas, sus amores, sus odios. Termina por ceder o, más bien, inaugura un juego que se convierte en su modo de vida y cuyas reglas consisten en empujar a Evita para que se lance a la acción, fingiendo dejarse arrastrar por ella, que cree haberlo dominado. Pero a menudo se invertirán los papeles y ya no se sabrá quién es el amo y quién el esclavo. "Rindiéndose" al deseo de su amante, y adoptando un aire entre astuto y resignado de macho que obedece, aunque guiñando el ojo para sugerir lo contrario, Perón le hace saber al propietario de los Estudios San Miguel que le entregará el celuloide para filmar *La Pródiga* con la condición de que el papel principal sea para Evita. Y el papel principal fue para ella.

¿Por qué lo deseaba como si en ello le fuera la vida? Memoria del futuro: la Pródiga, un personaje creado por el novelista español Pedro Alarcón, es una pecadora arrepentida que se dedica a las obras de caridad. La gente humilde la considera casi divina y la llama "la Señora", "la madre de los pobres" o "la hermana de los afligidos". ¿Pero acaso Evita podía imaginar en esa época que un día no lejano ella misma se convertiría en la Señora, la Dama de la Esperanza o la Abanderada de los Humildes? ¿La fuerza de su deseo era tan grande que transformaba la realidad? Por desconfiados que seamos frente a las premoniciones, la coincidencia no deja de sorprender: una actriz que representa en la vida el papel que ha encarnado en el cine (y en varios radioteatros). Pero dejemos la premonición y supongamos que Evita, al crear su Fundación de ayuda social, le ordenó a Raúl Apold, el jefe de propaganda, que la hiciese llamar "la Señora" o "la Dama de la Esperanza". Semejante voluntad, ejercida por una mujer de teatro que se transforma en su propio personaje y en su propia directora artística, ¿no es aun más sorprendente?

Y sin embargo, en la Argentina, *La Pródiga* no ha sido difundida casi nunca. Inclusive hoy es tan difícil conseguir una copia que la película parece maldita. Pocos argentinos han podido ver a Evita en su papel premonitorio. Los que la han visto concuerdan en encontrarla sosa. Una opinión severa: su voz, aunque monótona, logra conmover. Su rostro sólo expresa una eterna melancolía, pero no carece de nobleza. Si era demasiado joven para ese papel, no es fácil darse cuenta, ya que su peinado de fin de siglo, aumentado y corregido por la moda de los años cuarenta, no la rejuvenece: muy por el contrario, es un peinado concebido para subrayar la importancia, la dignidad, la majestad. Pese a la frescura de su piel, hasta en la vida parecía mayor de lo que era, porque mantener su rango la obligaba a disfrazarse como con los vestidos de su madre. Por otra parte, es cierto que la película tiene detalles incongruentes. Cuando el pueblo viene trayendo a la Pródiga, que ha muerto ahogada, su larga cabellera dorada roza la tierra, ondulada con esmero y perfectamente seca. Pero la historia del cine mundial también es pródiga en incongruencias capilares. Recordemos los peinados anacrónicos del cine norteamericano de los años cincuenta, siempre impecables en medio de las más intrincadas malezas.Y, como es fácil suponer, el tema del peinado no fue determinante: no fue por eso por lo que el público argentino se quedó sin ver la película. Por conmovedora que haya sido su actuación, lo intolerable era que la esposa del Presidente se mostrara en la pantalla como actriz. Al suplantar a Mecha Ortiz, Evita creyó tener su vida artística en sus manos. Lejos estaba de imaginar que sería su último papel, por lo menos en el espectáculo artístico.

Tampoco lo imaginó cuando, el 7 de abril de 1945, le concedió una entrevista a la revista *Radiolandia* donde volvió a decir que había cursado estudios de teatro y a reafirmar su gusto por "los autores clásicos y modernos", la música clásica y la equitación. La novedad no estaba en esas declaraciones obligadas, y en las que nadie estaba obligado a creer, sino en confesar, con encantadora franqueza, que era dueña de una casa. ¿El departamento de la calle Posadas? Mucho mejor: lo que Evita poseía era una verdadera mansión en la calle Teodoro García, en ese barrio de Belgrano con imponentes moradas de estilo inglés donde vivían, en efecto, muchos ingleses, pero también numerosos alemanes. ¿Y acaso no había sido justamente un alemán -Ludwig Freude, el millonario al que Perón había conocido en Italia y reencontrado en lo del embajador Von Thermann- quien, según dos de nuestros testigos, ambos cubiertos por el anonimato, se la había regalado? Quince meses después de la velada del Luna Park, Evita había progresado: si ese hombre de negocios la halagaba hasta tal punto, es que la consideraba la mujer de Perón. Lo que quedaría por saber es por qué el millonario alemán intentaba halagar a Perón por medio de un regalo a su mujer un tanto más rumboso que los bombones o las flores.

La Meca de los nazis

Para tratar de responder a esta pregunta deberemos remontarnos al 10 de agosto de 1944 y abandonar la Argentina para viajar a Strasbourg, en la Francia ocupada. (Seguimos aquí a Jorge Camarasa en su libro *Los nazis en la Argentina*.)

Setenta y siete hombres están reunidos ese día en un edificio de la Place Kléber conocido como la Maison Rouge. Hace dos meses, los aliados desembarcaron en Normandía. Los setenta y siete conjurados, flor y nata de la jerarquía nazi, saben que los días de su gobierno están contados. Sólo tienen una idea en la cabeza: salvar sus bienes. Según parece Martin Bormann, el número dos del poder hitleriano, es de la partida. También lo son Albert Speer, ministro de Armamentos, el almirante Wilheim Canaris, los grandes industriales del régimen (los Krupp, Thyssen, Messerschmidt o Siemens) y los banqueros, los financistas, todos aquellos que, al poseer algo, temen perderlo. Martin Bormann (o, quizá, su representante personal) resume de este modo la propuesta final de la reunión: "La jerarquía del Partido supone que algunos de sus miembros serán condenados.(...) El Partido está dispuesto a proporcionar sumas importantes a los industriales que contribuyan a organizar la posguerra en el extranjero. En cambio, exige el control de todas las reservas financieras ya transferidas al extranjero, o que lo serán próximamente, para fundar en el futuro, después de la derrota, un nuevo y poderoso Reich".

El proyecto de apostar al futuro no sólo tiene en cuenta las ganancias industriales. Pero los invitados de la Maison Rouge no necesitan saberlo. Según Glenn B. Infield en *Skorzeny, chef des commandos de Hitler*, a fines de 1943 Martin Bormann habría descubierto "la existencia de considerables riquezas depositadas en el Reichsbank de Berlín, que consistían principalmente en plata, oro y joyas robados a los judíos en los campos de concentración", a nombre de "Max Heilger" y bajo la directa responsabilidad del doctorr Walther Fund, presidente de dicho banco berlinés. Bormann habría tomado el tesoro a su cargo y, con ayuda de su colaborador, el doctor Helmut von Hummel, y de Otto Skorzeny, habría encaminado su botín a bordo de dos o tres submarinos. Término del viaje: la Argentina.

Los conjurados de la Maison Rouge dibujan tres itinerarios posibles para los futuros fugitivos. A partir de Munich, atravesarán Austria y llegarán a Madrid, o se embarcarán en Génova rumbo a Egipto, El Líbano, Siria... o Buenos Aires. En cualquiera de esos casos, el viaje estará organizado por una red llamada la "red romana", "el camino de los monasterios" o "el camino de las ratas". El corazón de la red no es otro que el Vaticano. Y su alma, el obispo austríaco Alois Hudal, en estrecha colaboración con veintiún dignatarios del Vaticano, entre ellos el cardenal italiano Umberto Siri y el arzobispo croata Kronislav Draganovic. Según las revelaciones del diario *La Repubblica* del 29 de mayo de 1994, Hudal formaba parte de una organización vaticana, la Pontificia Commissione di Assistenza o PCA, cuya Sección Extranjeros de Piazza Cairoli estaba presidida por monseñor Ferdinando Baldelli. En 1947, esta Comisión logró obtener pasaportes de la Cruz Roja internacional para 25.000 refugiados alemanes y austríacos.

Poco después de la reunión en la Maison Rouge Walter Rauff, otro hombre de confianza de Martin Bormann, se instala en Milán y ofrece a los partisanos italianos los archivos del fascismo, que están en sus manos, a cambio de un favor: hacer salir a los nazis por el puerto de Génova. Un favor que parece haberle sido concedido.

Siguiendo el ejemplo de Joseph Goebbels, ministro de Propaganda que en 1942 había depositado una fuerte suma en un banco argentino, los industriales alemanes y los jefes nazis transfirieron sus bienes al extranjero, donde crearon nuevas empresas o financiaron otras ya existentes. La lista de los países elegidos por los grandes capitales alemanes está encabezada por Suiza; el segundo y tercer puesto lo ocupan la España franquista y la Argentina peronista. Esta última acogió 98 empresas. Varios jefes nazis imitaron al ministro de Relaciones Exteriores von Ribbentrop, que transfirió sus fondos personales al Banco Alemán Transatlántico, el Banco Germánico, el Banco Strupp y el Banco Tornquist de Buenos Aires.

El país vivía una vieja historia de amor con Alemania. De amor y, por consiguiente, de odio. El primero en aludir a ella fue el presidente Sarmiento. Según Luis V. Sommi en *Los capitales alemanes en la Argentina*, ya en 1882 Sarmiento denunció un artículo publicado por la revista *Deutsche Rundschau*, donde el sur del Brasil, la Argentina, Uruguay y Paraguay aparecían como "provincias alemanas". El expansionismo germánico que indignaba a Sarmiento corría parejo con su corolario habitual, las teorías sobre la superioridad de la raza teutona. La lista de las empresas alemanas establecidas en la Argentina en el siglo XIX es demasiado larga como para que tenga sentido citarla aquí. A la llegada del nazismo el terreno estaba bien abonado: la colectividad alemana, rica e importante, adhirió casi masivamente al movimiento nazi. En 1938, el diputado radical Raúl Damonte Taborda y el diputado socialista Enrique Dickmann formaron una Comisión de Investigaciones de Actividades Antiargentinas a la que no le faltó material que investigar.

Entretanto, Perón sobrenadaba, feliz de haber hallado a un interlocutor inteligente en la persona de Nelson Rockefeller, nombrado director de Asuntos Interamericanos en 1944. ¿Qué había sucedido para que el gobierno argentino se decidiera a declarar la guerra a los alemanes y a los japoneses el 27 de marzo de 1945, sólo cinco semanas antes de la rendición de Alemania? Simplemente, un intercambio de guiñadas entre esos dos astutos que eran, cada uno a su modo, Rockefeller y Perón. Entre otros privilegios para su país, el primero le ofrecía al segundo el reconocimiento diplomático y la calidad de miembro de las Naciones Unidas, con la condición de que se resolviera a mostrar su ánimo guerrero, aunque fuera *in extremis*.

En 1970 Perón le confesó lo que sigue a Tomás Eloy Martínez, citado por Juan José Sebreli: "Mucho antes del final de la guerra nos habíamos preparado para la posguerra. Alemania había sido vencida y lo sabíamos. Pero los vencedores querían apropiarse del inmenso esfuerzo tecnológico realizado por ese país durante diez años. La máquina estaba destruida, pero quedaban los hombres. Entonces les hicimos saber a los alemanes que íbamos a declararles la guerra para salvar miles de vidas". Salazar y Franco transmitieron el mensaje a los alemanes que, siempre según Perón, después de la guerra resultaron muy útiles.

Es obvio que los vencedores, sobre todo los norteamericanos, se interesaron por los técnicos de la "máquina". Comprendían muy bien que el líder ambicioso pretendiera apropiarse de los conocimientos tecnológicos del gigante caído, puesto que ellos mismos se proponían hacer otro tanto, argumentando que la ciencia no tiene ideología. Hasta ahí, no había nada en la actitud de Perón que sobrepasara la proporción de pragmatismo o de cinismo normal en todo hombre político. Pero puede que la historia (o la leyenda) de los dos submarinos cargados de oro por un fantasmagórico Martín Bormann modifique dichas proporciones.

El 10 de julio de 1945 un submarino alemán, el U-503, apuntó su periscopio hacia las costas de Mar del Plata, la ciudad balnearia lujosa y disipada adonde diez años antes Evita había sido invitada por dos oligarcas de Junín. El capitán se presentó a las autoridades argentinas. Era el teniente de navío Otto Vermouth. Fascinados por semejante aparición, los argentinos lo apodaron "Cinzano", sobre todo cuando un segundo submarino, el U-977, bajo las órdenes del capitán de navío Heinz Shaeffer, apareció también en Mar del Plata, demostrando que el primero había sido un simple aperitivo.

Los dos submarinos con nombres en U excitaban el humor y la imaginación de la gente. Súbitamente proyectados hacia el escenario de un conflicto mundial, como en el caso del Graff Spee, los argentinos se sentían por fin en el centro de los hechos. ¡El país quedaba tan lejos! Era la época en que se decía que en la Argentina nunca pasaba nada. País de niños, país de hijos de europeos que sí eran adultos y tenían guerras de verdad, mientras nosotros, allá abajo, al fondo y a la izquierda del planeta, achicábamos los ojos para escudriñar la vida que transcurría a miles de kilómetros sin concedernos ni una ojeada. Y hete aquí que la vida emergía literalmente frente a nuestras costas. La Argentina estremecida se dedicó a tejer las conjeturas más fantásticas, más horripilantes y deliciosas.

Por supuesto, las declaraciones de "Cinzano" y de Shaeffer no convencieron a nadie. Ambos comandantes dijeron que al enterarse de la capitulación del Tercer Reich, el 8 de mayo de 1945, estaban en alta mar. Y pese a la reciente ruptura de relaciones entre la Argentina y Alemania, habían preferido rendirse a los argentinos, cuya natural bondad conocían muy bien, antes que caer en manos de adversarios tan antipáticos como los ingleses. Nadie les creyó, excepto el gobierno argentino, que tomó esas declaraciones como palabra santa y se apresuró a declarar que los dos submarinos no transportaban nada ni a nadie sospechoso: Hitler, por ejemplo -nada menos que Hitler- no formaba parte de la tripulación. Quizá la sola mención de un nombre tan terrorífico haya sido la cortina de humo destinada a esconder, ¿quién sabe?, a Martin Bormann y su tan mentado tesoro.

Un intelectual del peronismo, el sociólogo Juan José Miguens, nos ha dado una versión de la historia diametralmente opuesta. En su opinión, esos submarinos que la gente creía ver por todas partes no han existido nunca. Al final de la guerra, los ingleses enviaban mensajes radiales desmoralizadores a los soldados alemanes, diciéndoles que los submarinos habían optado por la huida. Los norteamericanos captaron esos mensajes y los tomaron en serio. Pero los ingleses "se olvidaron" de desmentir el rumor y los ingenuos norteamericanos siguen tomándolo en serio.

Frente a esta visión de las cosas, la descripción de Alain Pujol, con su detallada enumeración del contenido de los "U", nos deja pensativos. Alain Pujol, miembro del "Deuxième Bureau" -el servicio de inteligencia francés- describe dos desembarcos que tuvieron lugar durante las noches rocambolescas del 7 de febrero y del 18 de julio de 1945.

La acción transcurre en las playas de San Clemente del Tuyú, no lejos de Mar del Plata. Unos hombres de aspecto misterioso descargan cajones sobre la arena. Son enormes cajones sobre los cuales puede leerse (con ayuda de una linterna): "Geheime Reichssage" (Secreto de Estado). El hombre de apariencia autoritaria que da órdenes a los conductores de los camiones estacionados en el camino, al borde de la playa, no es otro que Ernst Kaltenbrunner, jefe de la Policía Secreta del Tercer Reich. ¿Adónde van los camiones con su pesada carga? A la estancia Lahusen, cerca de la costa de San Clemente. ¿Quiénes son testigos de la escena? Brenneke, Detelman y Achotz, tres marinos del Graff Spee. ¿Qué contienen los cajones? 187.692.400 marcos, 17.576.500 dólares, 4.682.500 libras esterlinas, 24.976.500 francos suizos, 8379 florines holandeses, 54.963.000 francos franceses, 17.280.000 francos belgas, 2511 kilogramos de oro y 4638 quilates de diamantes y brillantes. ¿Quién será el responsable del depósito de esos fondos en los bancos Alemán Transatlántico, Germánico, Tornquist y Strupp? Ludwig Freude, agente del espionaje alemán en Buenos Aires. ¿Y a nombre de quién serán depositados dichos bienes? De Juan Domingo Perón y de Eva Duarte.

Idénticas cifras figuran en el libro de un periodista húngaro, Ladislas Farago, corresponsal del diario inglés *Sunday Chronicle*, miembro de los servicios de inteligencia norteamericanos y autor de best-sellers como *Aftermath, Martin Bormann and the Fourth Reich*, publicado en 1974. En ese libro, demasiado imaginativo para muchos pero repleto de detalles de turbadora precisión, Farago confirma el papel representado por Perón en el traslado de los capitales nazis a la Argentina, sobre todo los de la familia Krupp, e insiste en que Martin Bormann estuvo en Buenos Aires, tal como también lo sostuvo un miembro de la Embajada norteamericana, John Griffiths, del que volveremos a hablar. Farago agrega que Bormann era un hombre "extremadamente frugal" y que trataba a los nazis de la Argentina de acuerdo con sus propios criterios de vida. En una palabra, no compartía el tesoro con suficiente largueza, lo que no fue del agrado de Ludwig Freude y de sus tres socios, Heinrich Dörge, Ricardo von Leute y Ricardo Staudt. A partir de 1949 ese malentendido terminó en asesinato y en "suicidio", tal como habremos de ver al observar de cerca otro "suicidio" no menos dudoso que tuvo lugar en 1953: el de Juancito Duarte.

Siempre según esos autores, y algunos otros como Juan José Sebreli, antes de finalizar la guerra Perón le habría dado al agregado militar de la Embajada de Alemania, von Leers, ocho mil pasaportes argentinos y mil cien cédulas de identidad, firmados y sellados por la policía pero sin foto ni huellas digitales. El 8 de agosto de 1944, es decir, seis días antes de la reunión de la Maison Rouge, Heinrich Himmler recibía esos documentos en Estrasburgo. La "entrega de pasaportes" sería el origen de la célebre "cuenta suiza" de Perón y Evita que hizo correr tanta tinta. Von Leers también habría comprado para el líder argentino una mansión en El Cairo, donde él mismo vivía en 1960, cuando la detención de Adolf Eichmann en Buenos Aires. Y la capital argentina se convirtió en "la Meca de los nazis", para utilizar la expresión de Sebreli. Un informe del Comité Internacional para el Estudio de los Asuntos Europeos calcula que en 1947, 90.000 nazis alemanes vivían felices en la Argentina. Entre ellos, el grupo de oficiales de la Luftwaffe a los que Perón llamaba jovialmente "justicialistas del aire": el ingeniero Kurt Tank, constructor del Pulqui II, primer avión a reacción de la América Latina; el teniente general Adolf Galland y los aviadores Hans Ulrich Rudel, Otto Behrens y Werner Baumbach.

Curiosamente, son los investigadores judíos, israelíes o no, los que tienden a desmitificar esas historias de tesoro nazi tan divulgadas por los antiperonistas de los años cincuenta. Simon Wiesenthal, el célebre cazador de criminales de guerra, vivió fascinado durante largos años por el personaje de Bormann, rastreando sus reiteradas "apariciones" y sus múltiples "muertes" (se han hallado tumbas de Bormann en el mundo entero). Sin embargo, en 1972 terminó por aceptar el peritaje del gobierno de Alemania occidental que ratificaba la tesis de la muerte de Bormann durante la noche del 1º al 2 de mayo de 1945, mientras trataba de huir del bunker de la Cancillería. He aquí las declaraciones de Wiesenthal: "Los nazis utilizaron a Bormann como una bandera. Después de la guerra, repetían: 'Está vivo. Volveremos.'(...) Hoy sabemos que se suicidó. No queda la menor duda".

¿La menor duda? No es ésa la opinión de Paul Manning, citado por Jorge Camarasa, que se permite afirmar: "Wiesenthal ha dejado de ocuparse del caso Bormann debido a la presión de los dirigentes judíos. La organización Bormann no es sólo una organización de antiguos nazis. Es un grupo económico muy poderoso cuyos intereses, actualmente, sobrepasan las ideologías".

Quizás haya sido una simple coincidencia el hecho de que el propio Wiesenthal, al que hemos consultado en 1992, durante el Congreso sobre el Antisemitismo de la Unesco, nos declarara con un aire de agotamiento revelador de largos años de búsquedas infructuosas y de vanos esfuerzos: "¡No tengo ninguna prueba sobre Perón! ¡Ninguna! ¡Y ruego a los argentinos que me dejen tranquilo!"

Pruebas no, no las hay. Indicios, por docenas. En 1992, durante la visita del presidente Carlos Menem a los Estados Unidos, Gerald Posner, autor de *Hitler's Children*, publicó un artículo en el *New York Time* que tuvo el efecto de una bomba. En ese artículo, titulado *The Bormann File* (el expediente de Bormann), Posner relata que le escribió varias cartas al presidente Menem en las que le pedía que mostrara públicamente los archivos de la policía referidos a los nazis. No hubo respuesta. Posner formula entonces esta pregunta retórica: "¿Por qué Menem habría de proteger los archivos de los criminales de guerra cuarenta y seis años después de finalizado el conflicto?", antes de contestarse sin esperar respuesta: "Porque la Argentina tiene mucho que esconder en el caso Bormann".

Esta vez las autoridades argentinas le respondieron, pero sólo para negar la existencia de un expediente Bormann en la Policía Federal. Posner decide enojarse y, el 7 de diciembre de 1992, replica con una segunda carta, igualmente publicada por el *New York Times*, donde escribe: "Yo vi el expediente de Bormann con mis propios ojos en 1984. Tenía más de 30 cm de espesor. Por otra parte, si esos archivos no existen, ¿cómo se explica entonces que la Policía Federal haya contestado a mi carta de setiembre de 1991, negándome la autorización de consultarlos?"

Posner terminó por ganar la partida. Los archivos fueron mostrados solemnemente ante la prensa y ante representantes del Centro Simón Wiesenthal y del Congreso Judío Mundial. Se referían a cinco criminales de guerra: Joseph Mengele, Josef Franz Schwamberger, Walter Kutschmann, Eduard Roschmann ("el carnicero de Riga") y Martin Bormann.

Delgados expedientes que confirman la presencia nazi en la Argentina, sin colmar las expectativas. Sin embargo, son pruebas suficientes: en definitiva los rumores habían sido menos fantásticos de lo que algunos creyeran. Por ejemplo, Frederick Forsyth había escrito en su novela *Odessa* (nombre de la organización que se ocupaba de encaminar a los nazis hacia sus tierras de promisión): "(En Buenos Aires), Eduard Roschmann fue recibido por Odessa y alojado en casa de una familia alemana, los Vidmar, que vivían en la calle Hipólito Yrigoyen. En enero de 1949 le entregaron 50.000 dólares provenientes de los 'Fondos Bormann' y, con ese dinero, creó una empresa de exportación de maderas sudamericanas a Europa. Su empresa se llamaba 'Stemmier y Wagener', puesto que, en sus falsos documentos, figuraba como Fritz Wagener". Ahora bien: en el expediente abierto por la policía argentina, Roschmann, culpable de la masacre de 40.000 judíos en Letonia, y que vivía en la Argentina desde 1948, aparecía bajo el nombre de Wagener.

Ante la extremada flacura del expediente de Bormann, Gerald Posner, entrevistado por Alberto Oliva para la revista *Somos* del 10 de febrero de 1992, declara lo siguiente: "Si la carpeta tiene menos de 30 cm de espesor, es que el expediente ha sido expurgado". "¿Cuál era, para usted, el elemento más explosivo de esos archivos?", le pregunta el periodista. Respuesta: "La logística y el contenido de los cinco submarinos que anclaron en las costas argentinas. Los archivos nazis indican que esos barcos descargaron 550 onzas de oro, 3500 onzas de platino y 4638 onzas de diamantes, así como centenares de obras de arte y millones de marcos de oro, dólares y francos suizos".

Pero sepamos apreciar el regalo, por modesto que sea. Lo que subsiste de tales archivos permite dibujar en hueco los datos ausentes, y la tarea de un biógrafo, o de un historiador, es justamente atar cabos. Según ese expediente, en setiembre de 1950 el doctor Pino Frezza, italiano, reconoce a Bormann en un bar de la calle Lavalle, el ABC. Y un informe "estrictamente confidencial y secreto" de la Dirección de Coordinación Federal, fechado el 14 de octubre de 1952, alude a una casa comprada en la región de Ascochinga, en la provincia de Córdoba, por un ex oficial que había desembarcado en Mar del Plata del submarino U-235. El texto habla de reuniones de dirigentes nazis que tienen lugar en Ascochinga; entre otros, Heinrich Dörge y Richard von Leute. Este último, presidente del Banco Alemán Transatlántico de Buenos Aires, le ha enviado informes a Martin Borman (con una sola n), el que, en 1944, había organizado el traslado de oro y de distintos valores a la Argentina. El texto alude también a la estancia Lahusen, a la Patagonia y a Joseph Mengele.

En un primer momento, el Congreso sobre el nazismo organizado por la DAIA (Delegación de Asociaciones Israelitas Argentinas) y por la Universidad Torcuato Di Tella, en Buenos Aires, en setiembre de 1993, no iluminó particularmente el panorama. El objeto del encuentro era estudiar los archivos. Pero, con la excepción de Jorge Camarasa, autor de un buen resumen de todos los conocimientos de que se dispone hasta la fecha, los únicos participantes que se ocuparon concretamente de los nazis en la Argentina fueron el canadiense Ronald Newton y el alemán Holger Medin. Conclusiones del Congreso: sí, Martin Bormann vivió en la Argentina, pero no existen pruebas de la existencia del tesoro.

Volvamos a la actitud tan poco vengativa adoptada por algunos judíos con respecto a Perón. La iniciativa de desdiabolización del líder argentino le correspondió a Iaacov Tsur, primer embajador de Israel en la Argentina. El legendario diplomático, que conoció el país durante el peronismo, se encontró con que el diablo no era tan "fiero" como se lo habían pintado. Por lo menos, eso fue lo que dijo. Porque, seamos francos, ¿para qué acusar a un régimen que había reconocido al Estado de Israel desde su nacimiento en 1948 y que dejaba a los judíos perfectamente en paz?

Examinar a Perón más de cerca nos permite captar la verdadera razón de tamaña bondad. En febrero de 1992 la revista *Humor* transcribe estas frases del líder, de una asombrosa claridad: "Personalmente, lo que se hizo en Nuremberg me parece una infamia indigna de los vencedores. Uno se daba cuenta de que hubieran merecido perder la guerra. Nuremberg es una barbaridad que la Historia no perdonará jamás. Con respecto a los judíos, me acuerdo de que un alemán llegado a la Argentina después de la derrota conversó conmigo sobre el tema. Y yo le dije: '¿Cómo se imagina que yo me voy a meter en ese problema si Hitler, con sus cien millones de alemanes, no logró resolverlo? ¿Qué puedo hacer yo con quince o veinte millones de argentinos? Si los judíos viven aquí, no podemos ni matarlos ni echarlos. La única solución es hacerlos trabajar en la comunidad'".

Es evidente que la empresa de desdiabolización de Perón tiene distintas razones aparte de la negativa a escudriñarlo demasiado. Es así como Leonardo Senkman, profesor de la Universidad Hebrea de Jerusalén, abunda en ese mismo sentido, pero para descargar la responsabilidad sobre las espaldas del Vaticano... y de los norteamericanos.

Recordemos a Klaus Barbie, utilizado por el servicio de inteligencia norteamericano, que terminó por desembarazarse de él enviándolo a Bolivia vía la Argentina. Recordemos también ese proyecto de la NASA llamado Paperclip, en el que colaboraban alemanes y, por último, no olvidemos que los norteamericanos, los ingleses y los soviéticos rivalizaban en su ambición de apoderarse de los mejores científicos y técnicos nazis. La Argentina, según Senkman, sólo habría recibido las migajas del banquete. Este prestigioso investigador nos ha dado el ejemplo del general Walter Schreiber, criminal de guerra y científico nazi utilizado durante varios años por la Air Force School of Aviation Medicine en Randolph Field y ubicado en la Argentina, vía Washington, al igual que Klaus Barbie.

Agreguemos a esto que, según un documental difundido por el canal francoalemán Arte en mayo de 1994, el criminal de guerra Ante Pavelić, que fue ayudado por el arzobispo Draganovic, miembro del Vaticano, había gozado de la protección de los ingleses. En 1945 Pavelic, cuya reputación de ferocidad sobrepasaba la de Hitler, había logrado huir a la zona británica de Austria. Un año más tarde se encontraba en el colegio San Girolamo de Roma, convertido en el centro del gobierno croata en el exilio. Los norteamericanos sabían que Pavelic estaba allí pero imitaron a los ingleses y no lo detuvieron. ¿Por qué? Porque después de la guerra los tiempos se prestaban mucho más a la lucha anticomunista que a la venganza contra los nazis. Por el contrario, muchos nazis resultaron bienvenidos.

Permítasenos, de todos modos, formular la siguiente pregunta: ¿En qué medida acusar al Vaticano, a los Estados Unidos y a Inglaterra da como resultado blanquear a Perón?

Un hallazgo relativamente reciente -los archivos del dictador paraguayo Stroessner, encontrados por azar-, revela que Bormann vivía en la frontera argentino-paraguaya. Tenía un cáncer de estómago. Su médico, Joseph Mengele, no pudo salvarlo. Mengele vivió en la Argentina hasta los años sesenta, bajo su nombre verdadero, sin que nadie pareciese alarmarse. Según el diario *Clarín* del 16 de febrero de 1992, Francisco Vázquez, alcalde de la Coruña, declaró que Mengele había llegado a la Argentina en 1949 o 50, proveniente de Vigo y ayudado por una organización española pronazi bien llamada "La Araña".

Los documentos de Stroessner dicen que Bormann murió en 1959 y fue enterrado en una tumba sin cruz que algunos creen haber identificado.

Cedamos ahora a la tentación de transcribir íntegramente, sin olvidar las miradas de complicidad y los silencios pesados, una conversación personal con gentes próximas al Mossad (servicio de inteligencia israelí) que tuvo lugar en Buenos Aires en setiembre de 1993, poco después del citado Congreso de la DAIA.

Para empezar, les manifesté mi asombro antes las extrañas declaraciones de Shimon Samuels, representante del Centro Simon Wiesenthal, al diario argentino *Página 12*. En esas declaraciones Samuels decía que Israel frenaba las búsquedas de criminales nazis llevadas a cabo por dicho Centro. De algún modo, y sin aludir a ello, esto confirmaba las sospechas de Paul Manning.

Mis interlocutores adoptaron un aire abiertamente irónico antes de sugerir que, en materia de cacería de nazis, el Centro Simon Wiesenthal no estaba considerado como el non plus ultra. ¿Y entonces quién era el más calificado? El Mossad, por supuesto. El Mossad que, en los años sesenta, durante el gobierno de Frondizi, había capturado en Buenos Aires a Rudolf Eichman.

¿Y a Martin Bormann no habían conseguido ni siquiera localizarlo, a falta de haberlo atrapado?

Respuesta todavía más sorprendente: "Israel estaba demasiado aislada en la escena mundial como para permitirse dos procesos similares al mismo tiempo".

"En otros términos, ¿el Mossad habría estado a punto de capturar a Bormann y lo habría dejado ir por razones de Estado?"

Largo silencio apoyado con cabeceos afirmativos.

"¿Y el tesoro?"

Sonrisa. "En Madrid, a Perón le preguntaron lo mismo y él contestó: 'Pregúntenle a Jorge Antonio'."

Jorge Antonio, es decir, el millonario de origen sirio y de familia modesta que se enriqueció inmoderadamente tras el exilio de Perón en 1955. Jorge Antonio que sigue siendo, hasta hoy, un hombre de negocios muy cercano al gobierno y al presidente Carlos Menem, también él de origen sirio, tal como Gabriela Cerutti lo expone en su libro *El Jefe* con lujo de detalles.

"¿Así que Jorge Antonio se quedó con el tesoro?"

"Digamos que lo administró muy bien."

"Y lo sigue administrando..."

Silencio.

"¿Y el papel de Evita en todo esto?"

"Ella no tenía nada que ver con los nazis, aparte de servirles café cuando lo iban a visitar al marido."

"Y también de aceptar sus regalos..."

Nuevo silencio acompañado por un alzarse de hombros: a todas luces, el tema carecía de importancia.

"¿Pero existe una prueba, aunque sea una sola, de la existencia del tesoro?"

Como nadie ha nacido por generación espontánea, ni aun una "persona próxima al Mossad", uno de mis interlocutores evocó su niñez.

"Yo sólo voy a hablar de lo que he visto con mis propios ojos -dijo-. En 1955 la Revolución Libertadora exhibió los bienes personales de Perón y Evita. Entre esos objetos encontré un lujoso cofrecito adornado con marquetería que contenía cubiertos de plata. Sobre la tapa había una estrella de nácar: era la estrella de David. Yo era chico y llamé a mi padre para mostrársela. Mi padre era un judío alemán llegado a la Argentina después de la guerra y se puso pálido. 'A lo mejor es un regalo del Estado de Israel o de la OIA (la organización israelita argentina)', le dije para que no pensara lo que yo estaba pensando por chico que fuera. Pero él me contestó que ni Israel ni la OIA le hubieran regalado a un presidente de un Estado cristiano un objeto doméstico con la estrella de David. El donante no podía ser judío. Era evidente que ese cofre había pertenecido a una rica familia judía que ya no lo necesitaba por obvias razones. Su presencia entre esos centenares de joyas, vestidos, zapatos o sombreros demostraba la abyección del donante y la absoluta indiferencia del destinatario de la ofrenda."

Como hemos dicho, esta conversación data de setiembre de 1993. El 28 de diciembre del mismo año el diario *L'Humanité* publicó una pequeña nota en un rincón de una página:

"Mengele protegido por el Mossad. Zvi Aharoni, ex miembro del Mossad, afirma que sus jefes le dieron la orden de dejar escapar al criminal de guerra Joseph Mengele, apodado 'el ángel de la muerte' en el campo de exterminio de Auschwitz. En una entrevista publicada por el diario israelí *Maariv*, el antiguo espía israelí relata que había localizado a Mengele en una granja solitaria del Brasil, pero que Isser Harel, entonces jefe del Mossad, le había ordenado 'dejar las cosas como estaban'".

El 18 de julio de 1994 estalló una bomba en Buenos Aires, que dejó un saldo de cien muertos. El objetivo era la AMIA, la institución que administra la vida de la comunidad judía argentina. Un objetivo simbólico: tras el sangriento atentado de 1992 contra la Embajada de Israel de Buenos Aires -que coincidió con el momento en el que Carlos Menem abrió los archivos nazis-, el Hezbollah proiraní, considerado responsable de ambos atentados, apuntó al corazón de la comunidad. Los archivos de la inmigración judía y, con ellos, la memoria misma de los judíos argentinos, se redujeron a cenizas.

Pero eso no es todo. En el quinto piso de la AMIA, calle Pasteur 633, funcionaba el grupo Testimonio que estaba dando forma a las conclusiones del citado Congreso de la DAIA. Tres meses antes del atentado, los estudiosos de Testimonio habían encontrado nuevas pistas. Entre otras, sobre Bormann. Pistas que la internacional del neonazismo tenía interés en borrar.

Búfalos, mosqueteros y militares furiosos

De modo que en 1945 Evita poseía una noble morada en la calle Teodoro García. *La Pródiga* había sido objeto de una gran prodigalidad. Y Ludwig Freude, considerado por todas nuestras fuentes como el testaferro de los capitales nazis, se preparaba para financiar la campaña electoral de Perón, utilizando para ello sus cuatro empresas instaladas en la Argentina desde 1942.

La filmación de *La Pródiga* terminó en setiembre. Días más tarde, y antes de que el público pudiera verla, estalló la crisis. El 5 de octubre Evita, deseosa de acrecentar su poder en el mundo artístico, había hecho nombrar director de Correos y Telecomunicaciones a su viejo amigo Oscar Nicolini. Inocentemente: ¿cómo hubiera podido imaginar que con un simple nombramiento lo arriesgaba todo?

A estas alturas Perón ocupaba tres puestos: había conservado los de subsecretario de Trabajo y ministro de Guerra y, además, se había convertido en vicepresidente de la República. Una serie de medidas populares (demagógicas para sus adversarios) adoptadas por ese militar sui géneris le garantizaban la fidelidad de los pobres. Como los socialistas, comunistas y anarquistas nunca habían tomado el poder, no habían tenido la oportunidad de demostrar a los obreros la sinceridad de sus intenciones. En la práctica, el único que se ocupaba de los trabajadores era Perón. Ya la Revolución de junio de 1943 había bajado y congelado los alquileres. Después, Perón había concedido aumentos de salarios, creado tribunales de trabajo y mejorado los sistemas de ayuda social. El Partido Socialista había hecho votar esas leyes mucho antes que Perón, pero jamás se habían aplicado. En cambio, el Estatuto del Peón de 1944 había transformado al trabajador agrícola explotado por los estancieros en obrero de pleno derecho, con salario mínimo, vacaciones pagas, indemnización por despido y descanso dominical. Sin perjudicar demasiado al estanciero, esto arruinó a numerosos propietarios de granjas pequeñas. Pero para el Ejército, lo más grave era el reconocimiento del pueblo al coronel Perón. Una inquietante gratitud que lo volvía peligroso.

Y además estaba Evita. Y eso los militares no podían digerirlo. ¿El día del nombramiento de un ministro no se había atrevido a apoyar lánguidamente el brazo sobre el respaldo del sillón presidencial? Las esposas legítimas se rasgaban las vestiduras. Ese brazo demasiado blanco, desnudo y enjoyado se convertía en la serpiente que había que aplastar sin pérdida de tiempo. Eva y la serpiente. Poco faltó para que el sillón de Rivadavia, primer presidente de los argentinos, fuera identificado con el árbol del conocimiento del Bien y del Mal. ¿Y Adán?. ¿Quién otro que Perón le permitía al reptil enroscarse solapadamente en la madera sagrada?

La actitud de Perón era insoportable para el honor militar y viril. Fascinado por la criatura satánico-trepadora, encontraba muy cómica tamaña situación. Sus ojos de Patoruzú brillaban de malicia al presentar oficialmente a esa mujer impresentable. ¿De qué se reía? ¿Imponer a su Evita le daba el gusto anticipado de un poder absoluto? ¿Pensaba que podía permitírselo todo, vengándose de la gente "como corresponde" e imitando a su padre, que se había casado con una sirvienta mestiza? Cuando sus compañeros del Ejército, fruncida la ceja y tembloroso el bigote, le explicaban lo mal que lo hacía quedar su enredo con una actriz, Perón abría los bracitos de pingüino y contestaba: "¿Y qué quieren? ¿Que me enrede con un actor?"

(Curioso sentido del humor que a veces no provenía de su sabiduría criolla. Este humor era otro: un humor serpenteante que se filtraba por las grietas, una risa que súbitamente revelaba su secreto: el desprecio por los otros y hasta un oscuro deseo de autodestrucción. Llegará un día en que Perón ya no podrá controlar su risa ni su guiño nervioso. Entonces su sentido del humor se volverá contra sí mismo, del mismo modo que la ambición de controlarlo todo se volverá contra Evita.)

La oposición democrática compartía ese desprecio por la actriz, pero tenía otras razones para detestar a Perón: se trataba de un nazi, y su única diferencia con los otros militares consistía en ser más astuto. Para ellos, militar y fascista eran sinónimos. Los liberales anticlericales veían con malos ojos la instauración de la enseñanza religiosa en las escuelas decretada por la Revolución de 1943. Y los comunistas habían caído en la ilegalidad desde ese golpe de Estado militar. Todo el Comité Central del PC argentino, incluido el padre de la autora de este libro, Carlos Dujovne, estuvo preso de 1943 a 1945 en la lúgubre cárcel de Neuquén, en plena Patagonia. La policía quemó todos los libros de la editorial comunista Problemas dirigida por Dujovne. Describir los sentimientos de los comunistas frente a las "botas" resultaría redundante.

Fue entonces cuando llegó Spruille Braden, el nuevo embajador de los Estados Unidos. Y Braden era la encarnación misma de la buena conciencia. Parecía escapado a la vez de una novela de Sinclair Lewis y de una película del oeste: un cocktail de Mister Babitt y de John Wayne. Alto, colorado y eufórico, estaba convencido de tener razón y de situarse del buen lado. Sin embargo, sus buenas intenciones no eran masivamente ingenuas. Según el sociólogo e historiador Ignacio Klinch, Braden había captado la inquietud de los judíos norteamericanos, para quienes sus hermanos de la Argentina corrían peligro, y se había convertido en su portavoz. Era una inquietud provechosa de la que se podía sacar partido. Pero como hemos visto, el taimado Perón había tenido en cuenta el ejemplo alemán, y no tenía la menor intención de perturbar a los judíos argentinos. Por supuesto, el argumento según el cual no conviene tocar a los judíos porque "trae mala suerte" es típicamente antisemita. Pero desde un punto de vista práctico, lo cierto es que no se los molestó, con la excepción de algunos "excesos" cometidos por los muchachos de la Alianza Libertadora Nacionalista.

Una de dos: o Braden no había entendido nada de esto o no tenía interés en entenderlo. ¿Habrá advertido, por lo menos, el guiño de Rockefeller, y habrá sentido que Perón, pese a sus declaraciones antinorteamericanas, podía ser un gran aliado en la lucha contra el comunismo, enemigo número uno de los Estados Unidos después de la guerra? No hay nada en su actitud que nos permita suponerlo. Desembarcó en Buenos Aires fresco como una rosa y listo para intervenir sin medida. Toda la coalición democrática sin distinción -oligarcas, radicales, socialistas y comunistas- le dio la bienvenida. Frente al peligro del nazismo, este rubicundo Mister Clean representaba el papel del Mesías.

Lo cierto fue que lo representó, pero no en beneficio de los nombrados. Su condición de enviado del Señor acabó por serle útil nada menos que a Perón. Braden interfería abiertamente en los asuntos internos del país. ¿Qué mejor argumento? Los nacionalistas pura sangre, los que soñaban con un Cuarto Reich en la Argentina, consideraban a Perón como un traidor desde la ruptura de relaciones diplomáticas con Alemania. Pero ahora, frente al problema del cowboy, volvían a acercársele. Y Perón los utilizaba o los dejaba a un lado, según los casos. Aunque a veces los encontrara útiles, otras, las más, los definía como "piantavotos", término del lunfardo italoporteño que el lector no argentino deberá traducir por "ahuyentador de sufragios".

¿Cuántas veces no habrá sostenido Perón, a todo lo largo de su vida, que si a alguien le había debido la victoria electoral, ese alguien era Braden? Promediaba el mes de junio cuando, según el historiador Félix Luna, el norteamericano color de rosa fue a visitar a Perón. Este último lo escuchó con la cabeza ladeada y una dulce sonrisa, mientras Braden se extendía en consideraciones sobre "los bienes de origen alemán y hasta japonés" de los que el gobierno argentino se habría apoderado. Después, con un alzar y bajar de cejas inspirado en Groucho Marx, Braden agregó: "Pero usted sabe, coronel Perón, que si arreglamos estos asuntos entre nosotros los Estados Unidos no pondrán inconvenientes para su eventual candidatura a la presidencia". "¡Ay! -suspiró el argentino abriendo los brazos-. Es que tengo un problema." "¿Cuál?". "Aquí, en este país, el que se mete en ese tipo de arreglos con una potencia extranjera es un hijo de puta."

Braden se puso lívido y se fue sin saludar. Estaba tan furioso que se olvidó el sombrero. Perón, a las carcajadas, se lo entregó a "sus muchachos" para un partidito de fútbol. Años más tarde se seguía riendo: "Braden era un búfalo. Yo lo hacía rabiar, y cuando se ponía violento arremetía de cabeza contra la pared... A mí me venía bien: era exactamente lo que yo quería". ¡Perfecta adaptación del discurso! Pensando en los westerns, el viejo cazador cambiaba de animal, pero traduciendo en su cabeza búfalo por guanaco.

Efectivamente se estaban preparando las elecciones. El presidente Farrell, sensible a las críticas de la oposición democrática y de sectores del Ejército que temían el creciente poder de Perón, había anunciado al pueblo argentino que antes de fin de año se lo convocaría para elegir a sus gobernantes. El 4 de agosto de 1945 Farrell había levantado el estado de sitio. Los exiliados argentinos, refugiados en Montevideo según una vieja tradición que se remontaba al tiempo de Rosas, volvieron a Buenos Aires. Y el 19 de setiembre, desafiando a Perón que había pronunciado un discurso donde echaba pestes contra "esa combinación de elementos extranjeros, de espíritus reaccionarios, de políticos sin esperanzas y de plutócratas egoístas", los demócratas desfilaron por las calles de la ciudad.

La manifestación se llamó "Marcha de la Constitución y de la Libertad" y juntó a unas 200.000 personas. La encabezaba Spruille Braden, codo a codo con los dirigentes comunistas, conservadores, socialistas y radicales.

Linda "combinación", realmente. ¿Pero qué podía unir a esas personas tan distintas entre sí sino el odio al nazismo y a los militares y el amor por la cultura? En los años setenta los peronistas y la nueva izquierda se burlaron ferozmente de aquellos manifestantes refinados que desfilaban cantando la Marsellesa. Era una risa fácil, provocada por el montón de sombreros de hombre y mujer que la historia ha retenido de esa marcha elegante, imagen ciertamente más ridícula que la de una masa de proletarios de rostros verdaderos como los que inundarían la ciudad el 17 de Octubre, sobre todo si se miran dichas fotografías cuarenta años más tarde, cuando ya no hay sombrero que no parezca cómico. Al no vestirse a la moda, los pobres son los únicos que resisten al ridículo con el paso del tiempo.

Pero seamos justos: para los otros, vestirse a la moda y cantar la canción que simbolizaba el ideal democrático resultaba inevitable. Cada cual comete el error que le está destinado. Los obreros que pronto saldrían por las calles cometerían otro, el suyo. Y esa gente educada en el amor a la Revolución Francesa estaba convencida de tener razón al gritar junto a Braden: ¡"Libros sí, botas no!" Al oír la respuesta peronista ("¡Alpargatas sí, libros no!"), se comprende muy bien el miedo experimentado por la gente culta: miedo a la Argentina ignorante, la de los radioteatros y de Evita. Miedo a la barbarie. Además, el humor también está fechado, igual que los sombreros. En aquel tiempo eran ellos, la "gente bien", los que, pese a temerla, encontraban ridícula la Argentina de enfrente.

Otra observación visual inspirada por esa "Marcha de la Libertad": todos sus participantes eran blancos. Claro que la tez rubicunda de Braden contrastaba con la palidez romántica de Alfredo Palacios, el dirigente socialista con bigotazos de mosquetero. La raza blanca, en la Argentina, no es rosada sino blanca. Pero ningún "cabecita negra" estaba allí, cantando la Marsellesa. Aunque uno u otro de ambos bandos haya podido equivocarse alternativa o simultáneamente, en este punto preciso -el color de la piel-, no había error posible.

Y fue entonces cuando Evita hizo nombrar a Nicolini, el 5 de octubre. Y los militares, que durante la Marcha de la Libertad habían oído muy bien las expresiones antimilitaristas de damas y caballeros, dijeron basta. Basta de putas todopoderosas que desprestigian al Ejército. Esta vez, los oficiales de Campo de Mayo, en los alrededores de Buenos Aires, donde se encontraba la guarnición más importante del país, se enojaron en serio. El general Eduardo Ávalos fue designado para comunicar a Perón el desacuerdo de sus compañeros de armas. Parecía el más indicado: era el comandante de Campo de Mayo y era amigo de Perón. El 6 de octubre, a primera hora, Ávalos se presentó en el Ministerio de Guerra con aire bonachón y le pidió a Perón que retirase el desdichado nombramiento. En lugar de Nicolini, se le sugería que nombrase al candidato del Ejército, el teniente coronel Francisco Rocco.

No cabe duda de que Perón era un hombre astuto. Pero nadie puede mantenerse idéntico a sí mismo, sin desfallecimiento alguno y de sol a sol.

Después de todo, el nombramiento de ese pobre Nicolini no era más que un detalle. Hubiera podido conceder lo que le pedían, demostrando la misma flexibilidad de la que hacía gala en esos últimos tiempos. Acababa de proclamar a tambor batiente que se sentía el sucesor de Hipólito Yrigoyen, olvidando su propia participación en la Revolución de Uriburu que había derrocado al presidente radical. Y en ese mismo orden de ideas, el 2 de agosto había hecho nombrar ministro del Interior a un dirigente del partido de Yrigoyen.

Es verdad que Hortensio Jazmín Quijano (cuyo físico no evocaba ni una flor ni la otra), con su rostro rojizo devorado por los bigotes, las patillas y la pelambre dura, todo vestido de negro y con su cuello palomita, su acento guaraní, sus maneras de patrón de estancia de otras épocas (los paisanos de su provincia -Corrientes, no lejos del Paraguay-, sabían que bastaba tener un muerto en la conciencia para obtener su protección), más parecía un nacionalista amante de la tradición que un radical moderno. Sin embargo, su nombramiento en el seno de un gobierno militar marcado hasta tal punto por Perón había hecho reflexionar a más de un miembro de su partido.

¿Entonces por qué no mostrarse igualmente flexible frente a Ávalos? Quizá Perón sintió que las exigencias del Ejército se referían a Evita más que a Nicolini, y se paró en la retranca... En primer lugar Evita, para él, iba en camino de volverse intocable. En segundo término, a veces lo traicionaba la soberbia y se ponía caprichoso. De ese modo parecía equilibrar un comportamiento demasiado artero del que él mismo era el primero en cansarse, como el avaro que, harto de serlo, nos desconcierta con un impulso generoso casi excesivo. Y Perón se hartaba de no ser sino astuto. Hacer rabiar a Braden era tenderle una trampa, porque un Braden furioso le era más útil que un Braden sereno, ¿pero dónde estaba la ventaja de hacer rabiar al Ejército? Parece poco probable que haya querido precipitar las cosas tratando a sus compañeros como si fueran búfalos: entre un norteamericano rubicundo y unos militares argentinos con la piel mate, la diferencia, desde un punto de vista zoológico, salta a la vista. Al despedir sin muchas vueltas al general Ávalos, Perón no estaba obrando como un cazador de guanacos sino sencillamente como un hombre. Un hombre ambivalente, como todos los hombres: maleable y rígido, guiñando el ojo y dejándose enceguecer por el orgullo. Un hombre que, además, empezaba a flaquear.

Demasiadas luchas, demasiados enemigos, demasiados partidarios distintos. ¿Qué significaba exactamente, en 1945, estar con Perón? Su "partido" se componía de una tajada de marxistas, un puñado de nacionalistas, unos gramos de yrigoyenistas. El pueblo amaba a Perón y eso se sabía, pero era un pueblo que aún no había aparecido en carne y hueso y que permanecía lejano, abstracto, como una simple idea. Por otra parte, la Marcha de la Libertad había tenido tanto éxito que el general Rawson había aprovechado para encabezar un golpe de Estado apoyado por la oposición democrática, entre otros, el socialista Alfredo Palacios con su sombrero de alas anchas y sus bigotes de d'Artagnan. Único resultado de la operación: Rawson y sus compañeros fueron detenidos y se restableció el estado de sitio.

Pero el país vivía un clima de guerra. El 6 de octubre, mientras el general Ávalos parlamentaba con Perón, después con Farrell y, nuevamente, con Perón, el cortejo fúnebre del estudiante Aarón Salmún Feijoo, asesinado de un tiro por los muchachos de la Alianza Libertadora Nacionalista por haberse negado a gritar "¡Viva Perón!", desfilaba por las calles de Buenos Aires. La ceremonia fúnebre se convirtió en una violenta manifestación antiperonista. Toda la Universidad argentina estaba presente. Días atrás, Perón había pronunciado ante los estudiantes un discurso ampuloso que sonaba a hueco. Se había retirado en medio de la silbatina. Por una vez, el seductor que sabía ponerse en el lugar de los otros no había encontrado las palabras justas. Veinte años más tarde, los hijos de aquellos mismos estudiantes juzgarían que el lenguaje de Perón -mejorado, es cierto, con el paso del tiempo- era de una ejemplar sabiduría. Así fue como se equivocaron dos generaciones: una por odio y otra por amor.

En la calle Posadas, mientras Ávalos trataba de convencer a un Perón cada vez más irritado, Evita entraba y salía, más pálida que nunca. Desde tiempo atrás corrían rumores sobre una tentativa de asesinar a Perón. La fotógrafa Anne-Marie Heinrich nos ha asegurado que Evita cocinaba y probaba personalmente la comida para su hombre. Otros testigos, anónimos, afirman que las comidas de Perón venían de casa de los Machinandearena, donde también las probaban en persona. En cualquiera de los dos casos, el veneno estaba en el aire y el abatimiento de Evita se explicaba muy bien.

Entre los dos militares, la discusión sube de tono. Evita interviene para decirle que no ceda, que el jefe es él. Por último, exhausta y ya sin fuerzas: "Lo que deberías hacer es plantar a todo el mundo de una vez por todas e irte a descansar. ¡Que se arreglen solos!" Ávalos no soporta la presencia de esa mujer. Todo en ella le molesta, sus gestos, su voz, su histeria, su vulgaridad, sus cabellos mal teñidos (con la tensión de las últimas semanas no ha tenido tiempo de ocuparse de sí misma y las raíces oscuras reaparecen como las de una sirvienta...). Ávalos se despide con desánimo. Decididamente, Perón ya no es el mismo: pareciera embrujado.

Con todo, Ávalos había logrado convencerlo de que se reuniera con los jefes de las unidades militares. El hechizado había terminado por aceptar: "Está bien, pero no en Campo de Mayo sino en el Ministerio de Guerra, mañana, a las 11". Por la noche, su brazo derecho, el coronel Domingo Mercante, se apersonó en la calle Posadas. Nunca había visto a Perón en semejante estado. El líder pasaba de la cólera al desaliento sin transición. A la mañana siguiente, en el trayecto hacia el Ministerio, se arrancó la gorra y la tiró al suelo repitiendo como un niño: "¡Estoy harto, harto!"

Ese día, el 8 de octubre de 1945, festejaba su medio siglo de vida.

La reunión del Ministerio se desarrolló en medio de una gran confusión. Por una parte, los suboficiales del Ministerio habían preparado un lunch para festejar el cumpleaños del ministro. Por otra, Perón no estaba tan abatido como para haber olvidado sus estrategias y había invitado a cuarenta militares adictos. Las conversaciones se prolongaron durante todo el día. Por la noche, los de Campo de Mayo habían decidido marchar sobre Buenos Aires para derrocar a Perón, que estaba al tanto pero que se negó a utilizar la aviación para reprimir la revuelta. Al llegar la mañana, esperó el desenlace de los acontecimientos en el Ministerio de Guerra, rodeado por sus fieles. Había desistido de una visita a la Escuela de Guerra prevista para ese mismo día. Sabia decisión: los alumnos habían planeado asesinarlo.

¿Qué esperaba? Simplemente los resultados de la entrevista entre Farrell y los conjurados de Campo de Mayo, encuentro al que asistió un solo civil fácilmente reconocible por su pelambre dura, su cuello palomita y su atuendo sombrío: Hortensio Jazmín Quijano.

Durante la entrevista, Ávalos resumió sus propios sentimientos y los de sus compañeros: estaban cansados de los "procedimientos equívocos" de Juan Domingo Perón y pretendían deshacerse de él. Perón debía abandonar inmediatamente la vicepresidencia de la Nación, el Ministerio de Guerra y la Subsecretaría de Trabajo. "¿Todo?", se asombró Farrell. "Todo." Quijano trató de defender a Perón. Argumentó que el responsable del nombramiento de Nicolini no era otro que el propio presidente, que había puesto su firma. Pero su intervención no logró otro resultado que el de revelar la verdad: Nicolini estaba olvidado. Ahora se trataba de otra cosa: de alejar a Perón y de nombrar a Ávalos en su lugar. Con aire contrito, Farrell propuso presentar su renuncia. En el fondo, lo único que le había gustado en la vida era tocar la guitarra en esos burdeles de Mendoza que Perón frecuentaba poco. Pero los militares le pidieron que siguiera en su puesto. Así que Farrell llamó a Perón por teléfono y le dijo: "Desgraciadamente vas a tener que renunciar".

Una hora más tarde, Perón entregaba un documento escrito de su puño y letra ("para que todos vean que mi mano no ha temblado") y se volvía a su casa.

Una pareja en apuros

Evita lo esperaba.

¿Cómo no imaginar sus sentimientos? Se sentía culpable por haber desencadenado el drama, orgullosa de que su hombre la hubiera defendido contra viento y marea y angustiada ante el futuro. Los tres sentimientos libraban batalla sobre su rostro de cera. Ayudó a Perón a quitarse el uniforme blanco, bien ajustado al talle, y a ponerse una bata de color borra de vino que, al acentuar su palidez casi verdosa (el hígado, sin duda), lo envejeció de golpe. Además las líneas fluidas de la bata borroneaban la nitidez de sus formas, ya de por sí ligeramente redondeadas. La ropa de interior parecía dejarlo sin energía. Representaba sus cincuenta años, ni un día menos.

Apretados el uno contra el otro escucharon por radio el discurso de Quijano. ¡Correntinazo de ley! Sus palabras daban a entender que la renuncia de Perón era un acto voluntario: como el gobierno había decidido anticipar las elecciones, que tendrían lugar en abril, el vicepresidente de los argentinos había decidido retirarse para dejar a sus compatriotas en plena libertad. El acento guaraní, oloroso a trópico, daba la sensación de cortar las palabras sin dejar de arrastrarlas con pereza. Y la noticia, oída a través de un aparato alto y estrecho que culminaba en una bóveda grandiosa ("era el tiempo en que las catedrales eran radios", ha escrito la poeta María Elena Walsh), resonaba en las conciencias con un peso y una gravedad hoy desconocidos: así como la moda minimalista desacraliza el amor, las radios diminutas desacralizan los hechos.

Algunos amigos fueron a visitarlos por la noche. Hablaban a media voz, como a la cabecera de un enfermo. Pero el líder no había perdido el apetito y devoró rápidamente la cena fría que le sirvió su amiga. ¿Habrá probado ella el alimento con la sensación de protegerlo, de ser al mismo tiempo su madre y su escudo? Ahora, en todo caso, lo miraba comer su ensalada rusa sin desviar la vista. Se sentía más bien su hija y, a causa de doña Juana, odiaba la comida. Y a Perón, por su parte, lo horrorizaban las madres. Pero esa noche, Evita tenía que abrigarlo con la mirada y aprobar con la cabeza a cada bocado. En la vida de las parejas hay siempre un instante, a menudo imperceptible, en el que todo está jugado. Son instantes en los que basta con no percibir el deseo del otro para perder la partida, aunque nunca se comprenda por qué. Evita percibió ese deseo y ganó (al menos en lo inmediato). Por una vez, el hombre que había vivido solitario desde su infancia necesitaba que esa noche le dijeran: "Así me gusta, comé".

La noticia conmocionó a los argentinos. Ciertos dirigentes sindicales se precipitaron a visitar al líder en desgracia para reafirmarle su lealtad. Los adversarios democráticos exigieron que el gobierno fuera transferido a la Corte Suprema de Justicia. Farrell corría el riesgo de quedarse solo a la cabeza del país: perdía ministros uno tras otro como el árbol su follaje. Entonces Perón se quitó la bata de color borra de vino que le sentaba mal a su tono de piel y se apersonó en la Secretaría de Trabajo para despedirse de todos. Era el 10 de octubre. Quince mil obreros estaban reunidos frente a ese Ministerio donde tantas veces los había recibido el único hombre de poder que se ocupara de ellos hasta entonces.

Ya que estaban allí, ¿qué más natural que dirigirles la palabra y que hacer transmitir el discurso por radio? La Argentina pudo oír a un Perón cuyas palabras estaban lejos de evocar la idea del fracaso. Resumió la obra que había realizado y, sobre todo, anunció que antes de abandonar la Secretaría de Trabajo había firmado dos decretos: aumento de sueldos e implantación del salario mínimo, vital y móvil indexado sobre el costo de vida. Aconsejó a los trabajadores que permanecieran tranquilos, pero concluyó diciendo: "Les pido que respeten el orden público para que podamos proseguir nuestra marcha triunfal. Pero si un día es necesario, les pediré la guerra".

Evita estaba en la calle junto a los obreros. Era la primera vez que sentía en su cuerpo el calor de una multitud que admiraba a Perón. El Perón al que ella amaba era éste: un hombre vibrante de energía, como una colmena. Pero ahora que él emergía de su bata de casa para lanzarle un desafío al Ejército, la que tenía miedo era ella. Yankelevich ya la había llamado para decirle que anulaba todos sus programas por Radio Belgrano. La carrera de Evita llegaba a su fin. Mala suerte: era demasiado tarde para retroceder. ¿Perón no había sido el número premiado en esa lotería? No cabe duda de que antes ella se habría planteado la pregunta en esos términos. Ahora ya no: estaba viviendo una novela que transformaba su personaje. La acción se tornaba vertiginosa y su corriente la arrastraba a pesar suyo. ¿Cómo detenerse a hacer cálculos mezquinos? La vida de su amante peligraba. Con ese discurso, Perón había firmado su sentencia de muerte.

Era medianoche cuando abandonaron el departamento de la calle Posadas. Mercante estaba allí, muy preocupado ante la idea de que Perón abandonara la partida. Pero el líder lo tranquilizó y se sentó al volante de su automóvil como para demostrarle que el conductor seguía siendo él. A su lado, Evita. En el asiento de atrás, Juan Duarte y Rudi Freude, el hijo del millonario nazi que le había regalado a Evita su casa de la calle Teodoro García. Ambos jóvenes y bellos, cada uno en su estilo -el uno alabastrino y de cabellos de azabache, el otro de oro y de azul-, como dos pajes que escoltaran a la pareja real.

Pensaban hallar refugio en San Nicolás, una pequeña ciudad de la provincia de Buenos Aires, en lo de su amigo el doctor Ramón Subiza. Pero por el camino, Rudi les propuso refugiarse en el Delta, en la isla de su padre. La idea les pareció sensata. Aunque se tratara de un puerto sobre el río Paraná, San Nicolás estaba situada sobre la tierra descubierta. ¿Cómo esconderse? La pampa carece de rincones. El que huye por la pampa permanece visible largo tiempo antes de que el horizonte se lo trague. Y dado que las montañas y los bosques están muy lejos de Buenos Aires, los fugitivos de la justicia siempre han elegido la maleza impenetrable y la maraña de arroyos umbríos del Delta del Paraná. Durante los siglos anteriores esos fugitivos tenían la piel ennegrecida por naturaleza y también por el carbón que fabricaban con la madera de las islas. El Delta poseía asimismo una connotación erótica con sus recreos donde se podían esconder los amores de un día. Muchas de las prostitutas francesas que habían emprendido el "camino de Buenos Aires" supieron frecuentarlo. Pero ahora, después de la guerra, una nueva población de fugitivos blancos había reemplazado a los tiznados y a las "blancas". En los repliegues del Delta florecían encantadores chalets de estilo suizoalemán. Ése fue el sitio desconcertante donde llegó nuestra pareja: una casa de madera que parecía salida de la Selva Negra, rodeada por una vegetación tropical y por los espejismos del agua.

Para Evita, el Delta tuvo seguramente un efecto benéfico. Durante la adolescencia había logrado escapar a la angustia de la pampa. Ahora que todo parecía perdido, volver a encontrarse en la tierra sin fin habría sido para ella el símbolo de la derrota. Regresar al punto de partida, ¡qué pesadilla! En cambio el Delta era líquido, y aunque el agua concuerde con la melancolía, lo hace de otra manera. No es por azar que todos los enamorados buscan paisajes con agua. Evita y Perón pasarían en esa isla sólo parte de la noche y un momento del alba. Pero gracias al agua se comprendieron a sí mismos: en ese instante de sus vidas se parecían a la tierra huidiza, a los arroyos de barro. El Delta del Paraná los reflejaba, y nada tranquiliza tanto como un sitio capaz de proyectar lo que sentimos.

El Paraná, enorme río espeso, como de carne oscura, que arrastra los detritos de las selvas amazónicas, forma en ese Delta un laberinto de brazos también semisólidos. Aquí la tierra ha sido traída por las aguas y se volverá a ir como ha venido, llevada por el flujo que la va deshaciendo. Es un lugar donde las hojas brillan y se pudren sobre los senderos resbaladizos (cada paso suena como labios que se despegan). Un lugar constituido por una masa de consistencia ideal para la cerámica: los indios charrúas que vivieron allí y los niños que tuvieron la suerte de jugar con ese lodo lo supieron muy bien. Los primeros nunca volverán. Los segundos, si ya de adultos pretendieran guiarse por el recuerdo de los álamos que bordeaban la costa, buscando el sitio donde alguna vez han moldeado jarras o canastas de barro, no encontrarían ni álamos ni costa: todo se ha ido lejos, materia maleable que ahora llena otras islas y otras manos de niños.

La pareja se paseó al amanecer mirando la tierra que era agua y el agua que era tierra. En ese sitio convergían tres arroyos. De ahí su nombre, Tres Bocas. Tres desembocaduras, tres direcciones: el poder, el exilio o... la muerte. Se sentían turbados y el Delta les devolvía imágenes de confusión. Su destino era oscuro como las aguas. En el Delta, en ese amanecer de hierbas húmedas, se apretaban el uno contra el otro, con las suelas mojadas, tal como la tierra se apretaba contra el agua, confundidos, vueltos una sola materia, una sola carne, una sola feminidad redonda y maternal, como si ambas doñas Juanas los rodearan con sus gruesos brazos ablandados por el tiempo.

Fue así como los encontraron Mercante y Mittelbach, el jefe de policía.

Evita huérfana

Mientras Perón y Evita contemplaban el agua que hacía y deshacía destinos, en Buenos Aires se estaba desencadenado el pandemónium. El dirigente radical Sabattini acababa de llegar de Santa María, en la provincia de Córdoba. Perón había soñado con conquistarlo para su partido, pero había perdido las esperanzas. La noche de su precipitada partida había dicho con amargura: "Todo esto se lo debo a ese tanito de Villa María". Y no se equivocaba: ¡Ah, si Sabattini hubiera aceptado apoyar a Perón! Encanto ambiguo y reiterado del tiempo condicional. En realidad Sabattini, un hombre inteligente, respetado y con legítimas ambiciones presidenciales, había creído ver llegada su hora: una vez desaparecido Perón, podría negociar con los militares demócratas, o menos nazis que los otros, por ejemplo Ávalos. ¿Era un error? Sin duda: el suyo. Uno de esos errores que se vuelven necesarios a fuerza de inevitables. Visto desde otro ángulo, todo acontecimiento, una vez transcurrido, se vuelve perfecto.

Al día siguiente de la partida de Perón, una segunda oleada de sombreros de ambos sexos, idéntica a la de la Marcha de la Libertad, llenó la plaza San Martín. Entre esa multitud también había estudiantes de izquierda, comunistas que vivían en la clandestinidad y cuyos sombreros, suponiendo que los tuviesen, no eran memorables. Pero de esta nueva manifestación, la historia ha seleccionado una imagen simplista, quizá la que a los peronistas les convenía mostrar. Simplista porque entre los antiperonistas había tantas mezclas como entre los peronistas, pero que estaba lejos de ser falsa.

Damas y caballeros se reunían de nuevo para cantar *Allons enfants de la patrie*, con la diferencia de que esta vez, más previsores, se habían preparado un tentempié. ¿Qué fue lo que comieron? El tema es delicado. Los peronistas acusaron a los demócratas de haber dejado sobre el pasto restos de caviar. "¡Qué absurdo! -contestaron los acusados- ¿Un pic-nic con caviar? ¡Decididamente esta gente no se sale del radioteatro!" De modo que se alimentaron de manjares tan inodoros y de tan discreto encanto que sólo podemos proporcionar al respecto un único detalle o, más bien, el negativo de un detalle: los célebres restos de comida que quedaron sobre el pasto no tenían relación alguna con los papeles grasientos y el olor a milanesa típicos de los refrigerios proletarios.

En medio de tanta discreción, la nota discordante eran los palos borrachos. En primavera, estos árboles desaforados y panzones, surgidos de un Paraíso ingenuo con sus troncos inflados en la cintura y sus pieles anilladas de puro tensas, desparraman a su alrededor unas bolas abiertas de las que fluye un algodón cargado de semillas. Eso para no hablar de las flores, gruesas, carnales y saciadas como la versión vulgar de las orquídeas. ¡Ah!, surpiraban los demócratas. ¡Qué difícil que resultaba en Buenos Aires cantar la Marsellesa y masticar con decoro, si la naturaleza misma, tan falta de maneras, se ponía a escupir como en un pic-nic popular! Pero la primavera producía su efecto. Hacía un tiempo espléndido y era tan dulce, tan conmovedora la sensación de tener razón, de actuar por el progreso. La brisa húmeda y tibia venida del río lamía como un perro (bastardo) a aquellas gentes distinguidas que miraban hacia el horizonte fluvial, esforzándose por negar la piel morena de ese río barroso y por entrever a Europa allá en la lejanía, casi visible a los ojos del alma. Hasta haber elegido la plaza San Martín, cerca del puerto, como lugar de reunión, los traicionaba. Como siempre, los demócratas se quedaban en la orilla, lejos del corazón de la Argentina bárbara, mientras a sus espaldas, otras olas igualmente morenas se les venían encima, inexorables.

Entretanto, Mercante hablaba con los obreros.

Le preguntaron: "¿Dónde está Perón?"

Y él decidió partir en busca del fugitivo. Pero en la casa donde pensaba encontrarlo no halló sino a los pajes, Rudi Freude y Juan Duarte, que ya habían sido interrogados por la policía y que le dieron noticias. Entonces Mercante telefoneó a Mittelbach, el jefe de policía, para pedirle que lo acompañara a buscar a Perón. Curiosa decisión que nos parece relacionada con la inquietud demostrada la noche antes por Mercante: lo que temía era que el líder abandonara el movimiento. De modo que fue a buscarlo para forzarlo a ser Perón, por peligroso que ello fuera. Algunos autores antiperonistas le atribuyen a Evita ese mismo papel, cayendo en excesos caricaturescos como describirla haciendo avanzar a Perón a patadas para obligarlo a comparecer ante el pueblo, el 17 de octubre. Olvidan a Mercante, ese hijo de obrero que habrá de pagar caro su crimen de lealtad. Un fugitivo nunca olvida al que lo ha sacudido para forzarlo a ser valiente. En esos casos, el rencor marcha parejo con la gratitud y la va royendo de a poco. Como Eva, y por las mismas razones, el leal Mercante estaba condenado a caer en desgracia.

La lancha de motor se acerca a las Tres Bocas. Dos siluetas se perfilan a lo lejos, una grande y cuadrada, la otra frágil. Pronto sus formas se dibujan en la niebla, como surgiendo de la memoria, pese a que Mercante las ha visto pocas horas antes. En los momentos decisivos la tensión del sentimiento logra quebrar el tiempo. Perón y Evita están allí, del brazo. Ella lleva pantalones. Está hermosa. La humedad del aire le da a su piel sin maquillaje un brillo nacarado. Pero su larga cabellera, suelta sobre los hombros, conserva los pliegues del postizo y de los bucles ausentes, como con miedo de ser libre. (Miedo a los cabellos reales y a lo verdadero: la cabeza y el cuerpo femenino siguen presos. Es la época de las fajas, de los corpiños con ballenas, de las mujeres que se sientan con las piernas de lado, bien apretadas la una contra la otra.) Dos horquillas sostienen blandamente los restos de un peinado.

Mittelbach desembarca en primer lugar. Le dice a Perón que Farrell ha ordenado su arresto para salvarlo, porque planean matarlo. "¿Adónde me lleva?", le pregunta Perón. "A un barco de la Marina o a la isla Martín García." Perón exclama: "¡Soy un militar y el único que puede detenerme es el Ejército!" Mittelbach promete hablar con Farrell y Perón se embarca seguido de Evita.

Llegados a tierra firme, suben al auto de Mercante. Llueve. Lloverá siempre, en cada momento triste de sus vidas, así como habrá sol en cada instante feliz. El pueblo se dará cuenta y dirá: "El sol es peronista". Evita llora. Ella que ha llorado tan poco en su vida, ya no se se esfuerza por contenerse y se abandona al raudal de sus lágrimas. El llanto de Evita cobra una vida independiente, reemplaza los problemas "reales", se torna la única realidad. Perón, Mercante y todo hombre que en ese automóvil tenga razones para llorar la escuchan en silencio, pensativos. Eva solloza, se suena, suspira, murmura "Dios mío", da ayes de dolor y lava su corazón. Las mujeres tienen suerte.

Doce automóviles negros esperan a Perón en la calle Posadas. Son tan reconocibles como si llevaran uniforme. Más tarde, bajo el reinado de López Rega (el brujo de Isabel Perón) y durante la dictadura militar de 1976-1983, ese tipo de vehículo perteneciente a las fuerzas parapoliciales también va a resultar fácil de identificar, pese a que el "uniforme" ya no tendrá la elegancia solemne que sólo el negro confiere, sino que se habrá vuelto de un azul metalizado y de un brillo glacial, evocadores de una técnica de la violencia más evolucionada. Pero volvamos al tiempo de la violencia artesanal, y a Perón que, tras echar una ojeada a la docena de automóviles, cada uno ocupado por cuatro hombres de civil, pero que parecen uniformados a fuerza de estar rígidos, se alza de hombros y sube a su departamento para pegarse una afeitada.

Una hora más tarde, el presidente Farrell da a conocer su respuesta: rechaza la exigencia de Perón (ser detenido por el Ejército). Evita irrumpe en la habitación con los ojos rojos. Al enterarse de la noticia, grita y le suplica a Perón que no se deje llevar por esos autos negros. Cuando Perón se va, seguido por Mercante y por un policía, Evita le agarra el brazo. Con la mano crispada, detiene la puerta del ascensor hasta que el policía se la aparta. Su manita crispada en el vacío, como la garra de un pájaro.

Ya son las dos de la mañana.

Eva se queda sola en su departamento súbitamente tranquilo. El silencio que sucede a las voces ya no palpita. Es un silencio de muerte: Eva no soporta la soledad. Nunca la ha experimentado: ha vivido en familia, y después ha conocido la vida de bohemia donde se comparte todo, la pieza, el mate, los vestidos. Necesita vivir en compañía: cuando se convierta en la mujer del presidente les pedirá a sus fieles que la acompañen por la noche, hasta el amanecer, eligiéndolos como una reina a sus cortesanos, con un aire imperioso que no logrará esconder la desolación de su mirada. Para pensar, para actuar y hasta para sentir le hace falta la gente. El aislamiento le impide pensar en otra cosa que en su propio abandono. Los últimos acontecimientos le han hecho comprender que ama a Perón. Pero es incapaz de seguirlo mentalmente, de imaginar sus pasos.

De haber podido lo hubiera visto llegar al puerto, alzarse tiritando el cuello del saco y besar a Mercante mientras le decía: "Cuídela bien a Evita". También lo hubiera visto subir, con fingida despreocupación, a bordo de la cañonera Independencia que debería conducirlo a Martín García, y los lagrimones que surcaban las mejillas cobrizas del marinero de guardia no se le habrían escapado. Todo esto Mercante se lo contó más tarde, agregando que, a la vista de esas lágrimas, lo había invadido una gran certidumbre: el marinerito era la imagen del pueblo, y el pueblo lloraba a Perón.

No, Evita no ve nada ni experimenta un sentimiento digno de ese nom-

bre. La soledad la vuelve huérfana. Entonces se repliega en su propio vacío. Ese silencio pesado como un cadáver. La partida de Perón reproduce
la muerte de don Juan Duarte.

Una carta de amor

¿Qué hizo Evita mientras Perón estuvo preso? Todo, según algunos, y
nada, según otros. Para los primeros, ella fue la heroína de los acontecimientos de octubre que llevaron a Perón a tomar el poder. Para los segundos, intentó simplemente salvar a su hombre, temblando de miedo.

Las dos hipótesis no coinciden necesariamente con el peronismo o el
antiperonismo de sus defensores. Por el contrario: para los antiperonistas
imaginar a Evita como una mujerona capaz de obligar a un Perón cobarde y capón a apoderarse del poder era un argumento en contra, porque a
las señoras el coraje les sienta mal. Los peronistas, por su parte, sólo después de muerta transformaron a Evita en Pasionaria del 17 de octubre de
1945. Hasta entonces nadie, y ella misma menos que nadie, había adornado su retrato con esa aureola suplementaria. Pero a su muerte, Perón trató de redorar su propio prestigio en decadencia poniendo a Evita por las
nubes. Así fue como dos motivaciones diferentes (denigrar y exaltar a Evita) dieron como resultado la misma leyenda. El "mito negro" y el "mito
blanco" se alimentaban de elementos idénticos: denigración y exaltación,
que resultan complementarias porque ambas rechazan la realidad del otro.
En ese sentido, el tango que hunde a la mujer se asemeja a la poesía cor-
tesana que la sitúa demasiado arriba.

Sin embargo, esas leyendas que la presentan como dominadora o como
intrépida (según los gustos) no surgen de la nada. Evita podía tener la dimensión de una heroína, y no es imposible que haya pronunciado realmente esta frase histórica: "Cuando Perón se desinfla yo lo levanto de una
patada en las bolas". Era valiente, sí. Lo cual no le impidió ir a refugiarse
por la noche, durante la ausencia de Perón, en lo de Pierina Dealessi, su
mamma, para sollozar entre sus brazos. Es perfectamente posible temblar
toda la noche y levantarse al alba lleno de bríos para afrontar el martirio.
Los historiadores tienen tal necesidad de coherencia, cuando se trata de un
personaje famoso, que el testimonio de Pierina sobre esas lágrimas ha sido considerado como la prueba irrefutable de la debilidad de Evita. ¿Por
qué no decir que fue débil ante Pierina y firme ante los pocos obreros de
los sindicatos dispuestos a escucharla; que la debilidad expresada ante la
una volvía posible la firmeza demostrada ante los otros; y que el temor fue
tan real como el coraje?

Apenas llegado a Martín García, esa isla rioplatense desertificada por
los militares que la gobiernan, Perón escribió un par de cartas, una para
Mercante y la otra para Evita.

La primera estaba redactada en un estilo ampuloso y contenía una falta de ortografía que podía confundirse con una falta de afecto: recaía justamente sobre el adjetivo destinado a Mercante, al que llamaba "exelso" en lugar de "excelso". En esa carta Perón decía, hablando de sus enemigos: "Yo poseo lo que ellos no tienen: un amigo fiel y una mujer que me quiere y a la que adoro". Después agregaba: "Ocúpese de Evita. La pobre tiene los nervios rotos y su salud me preocupa. Apenas me salga el retiro me caso y me voy al diablo".

La carta a Evita, que le debemos a Félix Luna, merece que la reproduzcamos íntegramente.

"Mi tesoro adorado:

Sólo cuando nos alejamos de las personas queridas podemos medir el cariño. Desde el día que te dejé allí con el dolor más grande que puedas imaginar no he podido tranquilizar mi triste corazón. Hoy sé cuánto te quiero y que no puedo vivir sin vos. Esta inmensa soledad está llena de tu recuerdo.

Hoy he escrito a Farrell pidiéndole que me acelere el retiro. En cuanto salga nos casamos y nos iremos a cualquier parte a vivir tranquilos.

Por correo te escribo y te mando una carta para entregar a Mercante. Ésta te la mando con un muchacho porque es probable que me intercepten la correspondencia.

De casa me trasladaron a Martín García y aquí estoy no sé por qué y sin que me hayan dicho nada. ¿Qué me decís de Farrell y de Ávalos? Dos sinvergüenzas con el amigo. Así es la vida.

En cuanto llegué, lo primero que hice fue escribirte. No sé si habrás recibido mi carta que mandé certificada.

Te encargo que le digas a Mercante que hable con Farrell para ver si me dejan tranquilo y nos vamos al Chubut los dos.

Pensaba también que conviene si iniciaron algunos trámites legales. Le consultarás al Doctor Gache Pirán, Juez Federal, muy amigo mío, sobre la fórmula como puede hacerse todo. Decile a Mercante que sin pérdida de tiempo se entreviste con Gache Pirán y hagan las cosas con él. Creo que se podrá proceder por el juzgado federal del mismo Gache Pirán.

El amigo Brossens puede serte útil en estos momentos porque ellos son hombres de muchos recursos.

Debes estar tranquila y cuidar tu salud mientras yo esté lejos para cuando vuelva. Yo estaría tranquilo si supiera que vos no estás en ningún peligro y te encuentras bien.

Mientras escribía esta carta me avisan que hoy viene Mazza a verme, lo que me produce una gran alegría, pues con ello tendré un contacto indirecto contigo.

Estate muy tranquila. Mazza te contará cómo está todo. Trataré de ir a Buenos Aires por cualquier medio, de modo que puedes estar tranquila y cuidarte mucho la salud. Si sale el retiro, nos casamos al día siguiente, y si no sale, yo arreglaré las cosas de otro modo, pero liquidaremos esta situación de desamparo que tú tienes ahora.

Viejita de mi alma, tengo tus retratitos en mi pieza y los miro todo el día, con lágrimas en los ojos. Que no te vaya a pasar nada porque entonces habrá termi-

nado mi vida. Cuídate mucho y no te preocupes por mí; pero quiéreme mucho que hoy lo necesito más que nunca.

Tesoro mío, tené calma y aprendé a esperar. Esto terminará y la vida será nuestra. Con lo que yo he hecho estoy justificado ante la historia y sé que el tiempo me dará la razón.

Empezaré a escribir un libro sobre esto y lo publicaré cuanto antes; veremos quién tiene razón.

El mal de este tiempo y especialmente de este país son los brutos y tú sabes que es peor un bruto que un malo.

Bueno, mi alma, querría seguir escribiendo todo el día, pero hoy Mazza te contará más que yo. Falta media hora para que llegue el vapor.

Mis últimas palabras de esta carta quiero que sean para recomendarte calma y tranquilidad. Muchos, pero muchos besos y recuerdos para mi chinita querida. Perón".

No vamos a analizar la prosa de Perón basándonos en esta carta torpe y sincera. Es cierto que sus palabras parecen sacadas de boleros ("mi triste corazón", "quiéreme mucho"). Pero todas las cartas de amor son vagamente ridículas, a excepción de aquellas que nos están destinadas. ¿Y qué otras palabras hubiera podido encontrar este militar angustiado sino las que tenía en el oído a fuerza de escucharlas por radio y que, por otra parte, eran las apropiadas para conmover a Evita?

El análisis que hay que hacer es muy diferente. Perón se preocupa por el estado de nervios de su "tesoro". Promete ampararla, casarse con ella, ofrece el hombro y la mano. Es la carta de un hombre cansado que desea partir al país de su infancia, el Sur, con su amiga del alma.

En su biografía de Evita, el historiador peronista Fermín Chávez trata de explicar esta carta de modo que tranquilice a sus correligionarios: Perón la habría escrito pensando en los militares que no dejarían de interceptarla, aprovechando para hacerles creer que abandonaba la partida. Explicación necesaria para protegerse de esta idea intolerable, a saber, que el líder de la Revolución estuvo a punto de retirarse o, por lo menos, que acarició la idea.

Pero hay que rendirse a la evidencia por insufrible que resulte: Perón sintió esa tentación y su carta lo dice con todas las letras. Es una carta demasiado inhábil y tristona como para haber sido un mensaje indirecto dirigido a unos guanacos uniformados. La Argentina dejará de ser un país con tendencias autoritarias el día en que pueda tolerar que un jefe no siempre es un padre en plena posesión de sus fuerzas.

Algo más sobre la carta. ¿Por qué Perón la llama "mi chinita"? En la Argentina, los provincianos suelen ser de ojos oblicuos, es decir, ojos aindiados. Al apodarlos "chinos" por instinto, es como si se confirmara la hipótesis del origen asiático del hombre americano. Claro que la palabra, viniendo de Perón, es meramente cariñosa, pero se trata, como siempre, de un cariño en diminutivo que necesita querer lo pequeñito. Pobrecita. Abandonada. Sólo una mujer del pueblo puede estarlo hasta ese punto. El enamorado no se dejaba engañar por la cabellera de oro puro. En las raíces de sus cabellos y de su alma, Eva era una chinita y a él le gustaba que lo fuera. Sin embargo, en Madrid, mucho más tarde, dio muestras de una extraña irritación cuando un periodista le preguntó si era cierto que a su mujer la llamaba "mi negrita". "¿Cómo dice? ¡Usted sabe muy bien que ella era rubia!" ¿Olvido, simple distracción, o negación originada en una herida social nunca cerrada? En todo caso, a la hora de la confianza y de la intimidad, Evita para él tenía el pelo negro.

El que en la carta de Perón estaba llamado a representar el papel de mensajero era el doctor Angel Mazza, médico militar y amigo personal del coronel. La visita tuvo lugar el 14 de octubre y tranquilizó a Perón, por una parte porque se enteró de que algunos sindicatos y algunos militares lo seguían apoyando y, por otra, porque intercambió con el doctor un guiño de complicidad. Mazza le dio a entender que volvería a Buenos Aires con una inquietante noticia: el prisionero estaba enfermo. Y como lo dijo lo hizo. De modo que el vicealmirante Vernengo Lima, feroz antiperonista que formaba parte del nuevo gabinete ministerial, envió dos médicos a Martín García para ver qué había de cierto en la supuesta enfermedad.

Tiempo perdido: Perón no se sacó la camisa ni dijo "treinta y tres" mientras uno de los doctores le aplicaba en la espalda una oreja roja de despecho. Los dos facultativos se miraron vacilantes. ¿Y si Perón estuviera realmente enfermo? Mala cara tenía. Como ya lo hemos visto, acostumbraba sufrir de esas pequeñas molestias psicosomáticas que, al agotar su mal con cuentagotas, le alargaron la vida. No podían arriesgarse a convertirlo en mártir y Vernengo Lima se vio obligado a internarlo en el Hospital Militar de Buenos Aires. Era el 16 de octubre.

Desde el 12, día en que lo pusieron prisionero, los partidarios de Perón se habían movilizado, encabezados por Mercante y por otros funcionarios de la Secretaría de Trabajo, entre ellos Isabel Ernst, secretaria e íntima amiga de Mercante.

Poco tiempo después, esta descendiente de alemanes alta y rubia se convirtió en la asistente de Evita, hasta el día en que ella le hizo sentir claramente que una de las dos -la rubia auténtica- estaba de más. Pero el dorado natural de los cabellos de Isabel no fue el único motivo de los celos de Evita. Después de su casamiento, ésta se había vuelto mojigata y prefería ser amiga de la señora de Mercante, la esposa legítima, antes que de Isabel, relegada a uno de esos papeles de amante de los que Evita no quería acordarse. Pero sobre todo, Evita no ignoraba que la verdadera Pasionaria de la Revolución del 17 de octubre había sido Isabel. Y ello, por una razón de lo más simple: en 1945 Evita conocía a unos pocos sindicalistas, mientras que Isabel los frecuentaba desde siempre a raíz de su trabajo en la Secretaría. Ayudar a Mercante a coordinar la acción de los sindicatos entre el 12 y el 17 de octubre le resultó tan natural como el color de su pelo. Fue ella quien realizó efectivamente la tarea que la propaganda peronista terminaría por atribuirle a Evita.

Isabel Ernst: *tailleur* gris, cabellera de lino, maquillaje discreto. Una imagen que Evita, con el tiempo, llegaría a adoptar, aunque volviéndola más teatral y más exquisita. ¿Y no parece un chiste de la historia el que la rival de Evita, especie de preEvita, llevara el mismo nombre que el elegido por Estela, tercera esposa de Perón, cuando ésta intentó, con magros resultados, convertirse en una posEvita? Isabel, la primera, era sencilla, tranquila y segura de sí misma. Tenía una belleza serena y distinguida. A su lado la actriz, con sus cascadas de bucles, sus vestidos floreados, la crispación de sus manos y su voz, desentonaba sin remedio. Apurados por actuar, por salvar a Perón, los líderes sindicales como Cipriano Reyes, Libertario Ferrari, Gay, Montiel o José Argaña parlamentaban más a gusto con la rubia verdadera. Más tarde, muchos de ellos fueron expulsados, cuando no torturados como Cipriano Reyes.

Pero no era momento de restar, sino de sumar partidarios por desiguales que fuesen. En Berisso y Avellaneda, dos suburbios proletarios, esos dirigentes obreros venidos de horizontes diversos habían organizado manifestaciones relámpago para sostener a Perón. El caos reinante se prestaba. Ni siquiera se había informado al pueblo del encarcelamiento de su líder. Muy por el contrario, después de una carta abierta dirigida a Ávalos, que Perón hizo publicar en los diarios, el gobierno negó que estuviera preso. Siendo así, ¿quién podía tenerle confianza? La Argentina sentía que a su cabeza ya no quedaba nadie.

El 16, la CGT se reunió a deliberar. ¿Iban a decretar una huelga general para pedir la inmediata liberación del coronel? ¿Y, como lo propuso Libertario Ferrari, iban a apoyar a Ávalos, mejor dispuesto hacia Perón, para liquidar a Vernengo Lima, que lo odiaba abiertamente? Terminaron por decidir una huelga de 24 horas para el 18 de octubre, con el objeto de defender "las conquistas obtenidas y las por obtener y considerando que éstas se hallan en peligro ante la toma del poder por las fuerzas del capital y la oligarquía". Perón no aparecía mencionado en el papel donde por fin habían logrado rematar esta frase laboriosa. No era que su contenido faltase a la verdad ni que esos líderes sindicales estuvieran alejados de la "base", como hubieran dicho los comunistas en su jerga habitual. Era que la gente, la simple gente, había llegado a un punto de saturación y de ebullición en el que nada le importaba menos que las frases o la fecha de la huelga. El 17, sin que nadie diera la orden, en vez de hacer la huelga hicieron la revolución.

Venus contrae una deuda

El día se anunciaba pesado y gris, ese 17 de octubre, a las siete de la mañana, mientras los obreros se dirigían a sus fábricas. Caían algunas gotas que eran sudor del cielo más que lluvia. Un lugar común de Buenos Aires, que podemos considerar como una frase fundadora de nuestra identidad ("aquí lo que nos mata es la humedad") expresa a las mil maravillas lo que se siente bajo esas nubes de plomo a medio fundir. Pero esta vez la humedad no extinguió la chispa. ¿Quién, en los suburbios obreros de Berisso, Lanús, Quilmes o Mataderos, había sido el primero en lanzar la voz: "Perón está en el Hospital Militar y hay que ir a liberarlo?" En Avellaneda, un pueblo provinciano de piel morena que hasta entonces nunca se había aventurado a pisar el centro -territorio de los blancos-, emprendió el cruce del Riachuelo.

Ese arroyo de barro irisado por el petróleo era una verdadera frontera. Más allá del Riachuelo, sobre todo por la Isla Maciel, cerca de la Boca, se extendía una miseria de niños alimentados a pan y mate, de mujeres que se acostaban a parir sin ayuda, un balde de agua hervida al alcance de la mano, de bebés muertos al nacer, envueltos en papel de diario y arrojados a las aguas negruzcas por falta de dinero para el entierro, de olores nauseabundos sobre la superficie de aceites multicolores, mórbidos arcoiris que a veces aureolaban un cadáver inflado cuyo paso era anunciado por el sobresalto enloquecido de un caballo en la orilla. Una frontera que ese día dejó de serlo, si no en la realidad, al menos en los sueños: aunque siempre esté allí, haberla atravesado siquiera una vez, en 1945, demuestra que es posible volver a pasarla.

Así que atravesaron el Riachuelo para liberar a Perón. Y cuando alguien dio la orden de levantar el puente para impedirles el paso, reflotaron viejos botes que hacían agua y construyeron balsas con trozos de madera. Después el puente volvió a bajar, tan misteriosamente como se levantara. A estas alturas ya sabían por instinto que Filomeno Velasco, el nuevo jefe de policía, estaba con Perón. Ignoraban que este otro correntino rudo y peludo era el único ser de sexo masculino que tuvo acceso a la intimidad de Perón, el único al que tuteó y por el que se dejó tutear. Pero olfateaban en el aire esa amistad. Lejos de detenerlos, los policías les sonreían con aire cómplice, y a veces sobre sus labios se dibujaba un flamante " ¡Viva Perón!" aún sin estrenar.

Alrededor de las diez, los primeros contingentes estaban llegando a Plaza de Mayo. La llegada de la tropa mugrienta parecía provocar un rechinar de dientes que resonaba por doquier; pero era una ilusión auditiva debida a las cortinas metálicas que los medrosos comerciantes bajaban con apuro. Dos Argentinas frente a frente, la una en la calle y la otra (la de los descendientes de europeos) espiando por las ventanas. Así que el pueblo argentino era eso, se horrorizaban estos últimos detrás de los visillos. Eso: no el Pueblo inodoro, incoloro e insípido evocado en el preámbulo de la Constitución argentina, ni el Pueblo ideal soñado por el socialista Alfredo Palacios, sino *eso*: una masa de carnes sudadas y de pelambres hirsutas, oscura como lo desconocido y negra como el terror. Y *eso* olía a transpiración, a suciedad, a alcohol, gritaba groserías, se reía muy fuerte, meaba contra las paredes, se lavaba los pies y las axilas en las fuentes de la histórica Plaza.

Ocupación, penetración, violación: de pronto, Buenos Aires se acordaba del tiempo de los malones, cuando los indios se precipitaban aullando para robarse a las blancas. Recuerdo literario surgido del poema *La cautiva*, escrito un siglo antes por el romántico Esteban Echeverría. Un recuerdo actualizado por la visión de esa banda de atorrantes de rostros patibularios, obreros de los frigoríficos que tenían el olor a animal pegado a los cuerpos y parecían salidos de otra obra de Echeverría, *El matadero*. Un pasado bárbaro y salvaje renacía ante los ojos incrédulos de los porteños. El diputado radical Ernesto Sammartino no hizo sino expresar un disgusto compartido cuando llamó "aluvión zoológico" a ese pueblo que al fin, el 17 de octubre, mostró su rostro verdadero.

Ellos, los atorrantes, estaban felices. Violaban la ciudad profiriendo insultos más bien cómicos. Era una alegre violación. El blanco de sus injurias eran los estudiantes, los Estados Unidos, los judíos... Pero todo esto quedaba en segundo plano. Por el momento lo importante era la fiesta. Mordían por vez primera la manzana jugosa de la ciudad, y el deseo, el placer eran más fuertes que la venganza. Sólo querían a Perón: verlo, tenerlo, poseerlo. Sí, poseerlo. ¡Curioso erotismo que feminizaba la imagen del padre! Y sin embargo, para ellos, ese Perón al que deseaban tanto representaba el absoluto de la virilidad. El escritor Leopoldo Marechal ha dicho que en los cantos que recreaban con músicas conocidas el nombre del coronel sonaba "como un cañonazo". Es que gritar Peeeeeróóóón, aumentativo del masculino para oídos hispánicos, calmaba toda rabia y eliminaba toda duda. Alguien que se llamara así sólo podía ser un macho.

Evita no estaba tan ausente como se ha pretendido. Aunque el pueblo la ignorara como revolucionaria, la evocaba de otro modo: cantando "oligarcas a otra par-te/ viva el macho de Eva Duar-te". Para el ritual peronista, Evita ya era un elemento necesario puesto que su sola existencia demostraba la masculinidad de Perón. La suerte estaba echada: Evita ondularía como bandera erótica. Si no hubiera existido, la habrían inventado. Sin embargo, las necesidades de la rima revelaban una inversión de roles, por supuesto involuntaria: en los pueblos latinos se dice habitualmente que una mujer es la "hembra" de un hombre, pero es raro llamar a un hombre el "macho" de una mujer, a menos que esa mujer no brille con luz propia. Evita, abeja reina en el inconsciente del pueblo.

Pero la opulencia de esas imágenes consiste en su contradicción. Eva, la pobrecita, primero protegida y después utilizada por un Perón también contradictorio, era una imagen que completaba y enriquecía la de la abeja reina, en lugar de anularla. Una tercera imagen que se impuso con fuerza desde entonces fue la del "nacimiento". Según la metáfora que uno de sus poetas cortesanos llegaría a pronunciar sin el menor sonrojo, y a pesar de todo lo vivido antes del 17 de octubre, y de su potencia femenina consagrada por el pueblo en la rima de marras, Eva "nació" ese día "como Venus del mar". No por melosa la metáfora carece de sentido. Evidentemente su objetivo primero era eliminar el pasado de Evita, identificándola con la doncella botticelliana que se cubre pudorosa con un rizo dorado. Pero había algo más. Si Evita vio la luz el 17 de octubre, fue gracias a un pueblo que, salvando a su hombre, le mostró también a ella el camino de salvación. Reconocida es sinónimo de agradecida. Para la hija adulterina, el agradecimiento era un segundo nacimiento que la volvía legítima.

En *La razón de mi vida* Evita relata qué "pequeña y poca cosa" se sintió durante la semana previa al 17. En ausencia de Perón, la amante se volvía más molesta que útil, aun para sus amigos y partidarios. Evita sólo pretendía salvar la vida de Perón y sacarlo del país. Por el momento su causa era el amor y se sentía la heroína de un hombre más que de un pueblo. Ella, siempre tan rápida, por una vez permanecía ajena a su propia intuición, sin fuerzas para entender lo que la Historia, con H mayúscula, cocinaba en secreto. Fue así como le pidió a Atilio Bramuglia, futuro ministro del régimen peronista, que presentara un recurso de hábeas corpus para que Perón pudiera irse muy lejos de todo, por supuesto con ella. Nunca perdonó la respuesta de Bramuglia: "¡Usted lo único que quiere es salvar a su hombre! El resto no le importa".

A Bramuglia no le faltó razón: en el momento mismo en que una revolución se preparaba a estallar Evita, enceguecida por la emoción, pensaba únicamente en sus propios sentimientos. ¿Pero acaso el propio Perón no había flaqueado? En sus cartas le hablaba mucho más de casamiento y de viajes que de revuelta popular. Los peronistas intuían que su líder jugaba con la idea de hacer las valijas. Cuanto más insistía ella en su desdichado hábeas corpus, más desconfianza sentían hacia una mujer que les mostraba la imagen negada de un Perón vacilante. Evita no tardaría en comprender su error: no había contado con el poder del pueblo, se había dejado engañar por su "triste corazón" y había creído que la única solución era partir. ¿Entonces por qué nunca perdonó a Bramuglia? Porque Bramuglia, para su desgracia, había sido el testigo de la ceguera de Evita. El enemigo es el que nos ha visto claudicar.

Una vez más en su vida, Evita se sentía víctima y era incapaz de comprender por qué la maltrataban. Su viejo sentimiento de humillación afloraba a la superficie. Pero era peor que antes. Había gozado de cierto poder gracias a Perón y ahora se sentía desposeída. Antes de conocerlo, al menos, detentaba el relativo poder de toda mujer joven y hermosa. Ahora sólo la indiferencia la rodeaba. La amante del coronel ya no existía. No era nada ni nadie. Invisible. Por la noche lloraba en brazos de Pierina tratando de describirle ese sentimiento de pérdida. Y la italiana le decía con una sonrisa de indulgencia: "Es exactamente lo que se siente al envejecer".

Cipriano Reyes, Luis Gay o Luis Monzalvo, líderes sindicales que se cuentan entre los verdaderos autores del 17 de octubre, han negado violentamente toda participación de Evita en los preparativos del movimiento. Otros se muestran menos severos. El dirigente metalúrgico Ángel Perelman relata que en la mañana del 17 Evita recorrió en auto los barrios populares llamando a los obreros a la huelga. Por su parte, el dirigente textil Mariano Tedesco ha afirmado que Evita se había comunicado con los obreros de su sindicato a todo lo largo de la semana, citándolos "a horas y en lugares insólitos". El detalle de las "horas insólitas" se le parece. Pero, ¿dónde está la verdad? En la vida, como en los sueños, la verdad está en el sentimiento más que en los hechos. No desdeñemos entonces lo que la propia Evita nos relata en sus memorias, puramente sentimentales y despojadas de toda narración de acontecimientos concretos.

El texto alude a un episodio posteriormente aclarado por Félix Luna. Después del arresto de Perón, Evita tomó un taxi para ir a la casa de Ramón Subiza en San Nicolás. En otros términos, se estaba escapando. Al pasar ante el edificio inauténticamente medieval de la Facultad de Ingeniería, en la avenida Las Heras, el chofer del taxi la denunció a los estudiantes gritando: "¡Mi pasajera es Eva Duarte!" Y los futuros ingenieros le golpearon la cara, hasta el punto de que más tarde, cuando tomó otro taxi para salir de la ciudad, siempre con la intención de ir a lo de Subiza, los policías camineros no la reconocieron.

Hasta aquí, los hechos. Los sentimientos nos los describe ella misma con palabras claramente religiosas: "Por cada golpe me parecía morir y sin embargo a cada golpe me sentía nacer. Algo rudo pero al mismo tiempo inefable fue aquel bautismo de dolor que me purificó de toda duda y de toda cobardía".

Morir, nacer, purificación, ése es el sentido del bautismo: que el hombre nuevo nazca de las cenizas del viejo ¡Y qué oscuro placer cuando el bautismo no es de agua sino de golpes! ¡Qué impresión de pagar por todos los pecados, tanto los suyos como los heredados por vía materna! El martirio aceptado, recibido con delicia, la carne dichosa de sufrir por el amor de Perón. Y del pueblo.

El triángulo amoroso ya existía.

A mediodía resultaban incontables los millares de obreros que buscaban a Perón en los alrededores del puerto, en la cárcel de Villa Devoto, en la Casa Rosada y, los mejor informados, en el Hospital Militar. Fue allí donde una delegación de obreros de los ferrocarriles lograron encontrarse con él.

Estaba almorzando, tranquilamente y en pijama. Les dijo que le prohibían abandonar el hospital. Era mentira: a estas alturas, ni Ávalos ni Vernengo Lima estaban en condiciones de prohibirle nada. El presidente Farrell y los miembros del gabinete se encontraban en la Casa Rosada, contemplando la masa que llenaba la Plaza de Mayo, tan estupefactos que casi se olvidaban de su propia derrota. En la Argentina nunca se había visto semejante multitud.

Un mar humano o, más bien, un Río de la Plata "color de león" fluía de hora en hora. ¿Eran doscientos mil, quinientos mil? ¿Un millón, como dijeron los peronistas? En todo caso, el caudal obrero íntegro de la capital y del Gran Buenos Aires estaba allí presente. Algunos se habían venido con el bombo: tambores roncos que le daban a la escena una palpitación profunda y entrañable, el temblor de una memoria antigua. Trepados a los faroles y a los árboles se balanceaban racimos de hombres con los brazos en alto. Parecían imitar a las palmeras de la plaza, recuerdo de una época colonial, cuando Buenos Aires estaba más cerca de los trópicos, antes de que Sarmiento mandara a sembrar plátanos parisienses para mostrarle al mundo que los argentinos éramos muy civilizados.

Pero ese 17 de octubre, el tiempo "bárbaro" y pesado se encargaba de probar lo contrario. Bajo un cielo calentado al rojo blanco, los hombres sudorosos se habían quitado las camisas. De ahí que una palabra despectiva, "descamisados", utilizada por el diario *La Prensa*, se convirtiera en el término consagrado que, en lo sucesivo, designaría al pueblo peronista, así como *sans-culotte* había designado a otros revolucionarios de otros tiempos. Bombos, descamisados, racimos humanos: se diría que el pueblo tenía conciencia de estar inaugurando un ritual, una ceremonia teatral y religiosa en donde pudiera reconocerse, inventando de una vez por todas los signos de connivencia que año tras año, mientras duró el peronismo, le servirían para celebrar su Misa.

Perdida en ese mar de cobre, Eva nacía como Venus, pero no de lo azul sino del barro nutricio, del Delta premonitorio.

Mientras tanto, Perón esperaba, todavía en pijama. No se quitó su ropa de dormido o de enfermo hasta bien entrada la noche. Es cierto que en ese tiempo los hombres acostumbraban salir a la calle en pijama para hacer una compra por el barrio o conversar con un vecino. En Buenos Aires, en 1945, quedarse en pijama no tenía el mismo sentido que hoy, lo cual no impide que ese pijama simbolizara las dudas de Perón. Su significado era: "Por el momento me quedo acurrucado en mi nido, con los retratos de mi chinita. Más tarde, ya veremos". Más sorprendido que ansioso, preguntaba a cada instante: "¿Pero es verdad que hay tanta gente?", como un seductor asombrado y hasta celoso de haber inspirado un amor que él mismo es incapaz de sentir, o como un Don Juan súbitamente molesto cuando llega el momento de gozar de su conquista. Y cuanto más vacío, helado y paralizado se sentía, más permanecía al acecho de una creciente multitud capaz de llenarlo, calentarlo y empujarlo.

Para los autores antiperonistas como Mary Main o Benigno Acossano, la que obligó a Perón a salirse del pijama de hombre soñoliento y a aparecer en el balcón de la Casa Rosada no fue otra que Evita. Pero no existen pruebas de que así haya sido: de los tres componentes del triángulo, el único que no demostró la menor vacilación fue el pueblo. A él su instinto no lo engañó. No contento con hacer surgir a Evita de sus olas morenas, el pueblo arrastró a Perón y lo obligó, pero a fuerza de amor, a convertirse en él mismo. Podemos preguntarnos si al hacerlo no terminó por crear a un Perón ilusorio. ¿El pueblo inventó o descubrió al verdadero Perón, ese ser luminoso en el que él mismo no creía y en el que sólo Evita, aparte del pueblo, depositó su fe? Todo acto de amor despierta esta pregunta: ¿Estamos imaginando al amado, o percibimos su luz mal que le pese?

Por fin, a las nueve y media de la noche, después de numerosos llamados y de idas y venidas entre la Casa Rosada y el Hospital Militar, Perón habló por teléfono con Evita.

Ella había pasado el día vagando por las calles, del hospital a la Plaza de Mayo, contemplando la multitud. Esas mujeres y esos hombres venidos de los suburbios le habían recordado ciertamente a los Núñez, como si la familia de su abuela, apartada del eje de Los Toldos, se hubiera agrandado a la escala de Buenos Aires para llegar, ¡por fin!, al centro de la capital. Miles y miles de doñas Petronas, de Juanas Guaquil, de Coliqueos..., todos salidos del fondo de su memoria y de su sangre, todos presentes. Claro que había intentado ver a Perón en el Hospital Militar, pero sin insistir demasiado para no agregar una nota de irritación a una atmósfera ya cargada de por sí. Después, prudente y discretamente, se había vuelto a su casa.

¿Qué se dijeron por teléfono? Quizás Evita le haya dicho "sacate el pijama", como si le dijera "salí del círculo mágico", ella que conocía tan bien el poder tranquilizador de los pijamas de Perón, inmensos pijamas en los que gustaba envolverse para sentirse chiquita. La conversación fue decisiva. Perón colgó el tubo y se puso su traje de persona despierta. Entonces, aunque siguiera callado (en todo el día no había pronunciado ni dos palabras), dio la impresión de aceptar con mejor ánimo su fabuloso destino.

A las once de la noche apareció en el balcón de la Casa Rosada.

Lo recibió un aullido de pasión.

Él se estremeció, cerró los ojos, enceguecido y con vértigo. La noche de Buenos Aires centelleaba de antorchas. Cada brazo levantado hacia él era un pacto de fuego.

Sola en su casa, sentada ante su radio-catedral, Evita escucha. El locutor se desgañita anunciando el discurso de Perón, que tarda en venir. Se puede sentir en el "éter" la excitación de la multitud. Su pedido de amor se va volviendo cada vez más urgente. Es absolutamente necesario que hable Perón.

Tratemos de imaginar la ansiedad de esta mujer que no soporta estar sola, pero que esa noche ha decidido retirarse, perderse el espectáculo y no formar parte de él. ¿Ha sido una decisión o, más bien, le han comunicado la orden de quedarse en su casa y ella, por una vez, ha atendido razones? ¡Ah, encontrarse de este lado de la barrera, escuchando la radio justamente el día en que transmiten el radioteatro más apasionante de todos, el de la realidad! Sin embargo, su soledad de hoy es muy distinta de aquella, pesada como un cadáver, que se abatiera sobre Evita cuando Perón se fue a Martín García. La diferencia está en la radio, esa radio que es caliente y que vibra en el rectángulo de tela rugosa donde se puede aplicar la oreja para no perder ni una risa, ni un ruido, ni la más imperceptible crepitación ni el carraspeo de Perón que sigue sin pronunciar una palabra.

¿En qué puede pensar mientras espera la voz de su hombre? Ella misma nos lo ha dicho mil veces, en sus discursos y en sus memorias. Es algo simple, fuerte y definitivo: piensa que se lo debe todo a Perón y al pueblo que lo ha salvado. Reconoce su deuda y se promete a sí misma que pagará con creces.

¿Y él, Perón? Los que están a su alrededor, en el balcón, se han podido dar cuenta: tiene seca la garganta y no le sale ni un sonido. Para ganar tiempo le pide al pueblo que cante el Himno Nacional: "Oíd, mortales, el grito sagrado"... El himno ha terminado, ya todos han cantado la última estrofa, "sean eternos los laureles", y nada. Pero, ¿por qué no se decide?

Por fin, después de una eternidad, se lo oye decir:

"¡Trabajadores!"

La multitud aúlla.

Intenta continuar pero la multitud lo interrumpe:

"¿Dónde estuvo?"

Él no desea contestar, la multitud insiste: "¿Dónde estuvo? ¿Adónde lo llevaron?"

Vuelve a eludir el tema y habla del pueblo. La multitud exclama como un eco: "Sí, el pueblo está aquí, el pueblo somos nosotros".

No es que la multitud no quiera escucharlo. Todo lo ha hecho para llegar a este momento. Pero a lo largo de su historia, ella se ha quedado en silencio. Y ahora puede hablar, dialogar con Perón, su padre, su hijo, su enamorado, todo a la vez. Lo que importa es el diálogo, y es ésa la originalidad del ritual que están inaugurando. En la historia política no abundan los ejemplos de diálogo: ¿dónde se ha visto a un líder autoritario hablando públicamente con su pueblo? En la historia de las religiones, el ejemplo es el judaísmo. La Biblia es el único libro religioso donde el hombre, al discutir con Dios, Lo modela a su antojo.

Modelado por la multitud, Perón termina por decir la palabra maldita que ya no volverá a repetir: "madre". Cuando murió su propia doña Juana, años después, Perón no fue al velorio y se contentó con enviar a un edecán. Pero la madre de su discurso es otra. "Mezclado con esta masa sudorosa -dice-, quisiera estrecharla contra mi corazón como lo haría con mi madre." Y momentos más tarde: "Acabo de decirles que los abrazo como abrazaría a mi madre, porque pienso que estos días ustedes han tenido los mismos dolores y los mismos pensamientos que mi pobre vieja". La multitud aprueba: Perón ha respondido a un imperativo. Tenía que evocar a su madre, así como todo futbolista o cantante de tangos está obligado a decir el día de su triunfo: "Todo esto se lo debo a mi pobre madrecita querida que tanto ha sufrido".

Después del discurso, la multitud se dispersa con inmensa alegría. También con violencia: entre los periodistas del diario *Crítica* y los muchachos de la Alianza Nacionalista se desencadena un tiroteo.

Pero esto Perón lo va a saber más tarde. Si pone cara de velorio, no es por eso. "Me duele la cabeza", dice. Su actitud da a entender que está muy bien haber triunfado, que le agradece a todo el mundo pero que ahora, basta, al menos por el momento. Irritado, pide dos aspirinas y se vuelve a la calle Posadas.

No ha visto a Evita desde el 12.

Podemos deducir de los hechos que Perón, tras haberla besado, le ve los moretones de la cara. Son las huellas del "bautismo de dolor" que le han hecho sufrir los estudiantes. Eso es todo lo que ha hecho por el 17 de octubre, todo lo que ha logrado. Ha tenido miedo, se ha querido escapar, ha tratado de salvar a Perón para irse con él, ha intentado vanamente imitar a Isabel Ernst y ha cosechado algunos moretones. Para una mirada distraída no es gran cosa.

Pero sí para ella. En *La razón de mi vida* Evita destaca tanto el episodio del "bautismo" porque sólo el martirio, en su opinión, puede saldar la deuda.

ESPOSA

Evita sin nombre. El salón de los recién casados. El primer discurso es un fias-
co. En busca de una amiga. Perón presidente. El pájaro cardenal. Evita en pala-
cio. Damas de caridad. La "pequeña solución". Evita toma la palabra. Joyas mor-
didas. Evita en la villa miseria. "La mujer detrás del trono".

Cinco días más tarde, en Junín, doña Juana y sus hijas estaban planchando unos manteles bordados para el casamiento de Evita, cuando sonó el teléfono. Las cuatro mujeres se precipitaron a responder. Era ella, que llamaba desde una pequeña ciudad de la provincia de Buenos Aires, Luján. "Ya
está, chicas -anunció triunfalmente-. Lo pesqué. Nos acabamos de casar."

La que nos ha descrito esta escena de familia es Dora Dana, la viuda
del periodista Moisés Lebensohn. Aunque parezca sin importancia, este
testimonio, confirmado por el historiador local Roberto Carlos Dimarco,
recusa la versión oficial según la cual Perón y Evita se casaron en Junín en
presencia de las "chicas". Pero remontemos el curso del tiempo para observar otra historia de "planchado" que tuvo lugar a principios de 1945,
cuando Elisa Duarte trató de desarrugar la identidad de Evita, al menos en
su aspecto legal y con vistas al casamiento. A tal efecto se presentó en la
municipalidad de Los Toldos para pedir la partida de nacimiento de Eva
María Duarte.

Ya sea por azar, por curiosidad o por ambas cosas, el funcionario municipal acababa de hacer un hallazgo: al echar una ojeada a los archivos para buscar a los Duarte, que se estaban volviendo tema de conversación, y
al no encontrarlos por ningún lado, había buscado en la I. Y allí estaban:
la tribu de doña Juana figuraba con el apellido Ibarguren. De modo que

cuando la hermana mayor se apareció con su pedido, él ya tenía la respuesta lista: Eva María Duarte no existía.

Elisa ni por ésas confesó la verdad. La época no se prestaba. El prejuicio contra las madres solteras era tal que una manifestación de mujeres antiperonistas había desfilado al grito de: "La madre de Perón es soltera". Elisa no contaba con ningún derecho. Cuando esto sucede, la única salida son los métodos mafiosos. Además, su carácter era el más violento de la familia: las rabietas de Evita eran un juego de niños al lado de las suyas. "Consígame esa partida como sea -le dijo al funcionario-. Mi hermana se va a casar con el coronel Perón que va a ser nombrado Presidente." Impresionado por la autoridad que emanaba de su voz (sabor anticipado de la caudilla revanchista en la que pronto iría a convertirse), el funcionario pidió consejo a su hermano abogado y a su director general. Tanto el uno como el otro le aconsejaron no hacer nada y, sobre todo, ni soñar en falsificar el certificado como Elisa parecía sugerirle, si no ordenarle.

Poco después del 17 de octubre, unos vecinos de Los Toldos que padecían de insomnio fueron sorprendidos por la luz de una linterna que zigzagueaba en la noche rumbo a la municipalidad. Más tarde comprendieron que lo visto esa noche correspondía a la desaparición de la partida de nacimiento de Eva María Ibarguren. Tanto el estado en que quedó la página correspondiente tras el paso de los falsarios, como el falso documento fabricado para reemplazarla, reflejaban la prisa pero también el descuido. Años más tarde, la muerte de Juancito Duarte sería camuflada con la misma torpeza. Esta falta de habilidad sólo se explica por un escaso respeto a la opinión pública: engañarla cuidando los detalles hubiera significado tomarla en cuenta.

Según la partida de nacimiento que Evita presentó para casarse, había nacido en Junín el 7 de mayo de 1922. Una fecha y un sitio en los que alguien había nacido de verdad: Juan José Uzqueda, un bebé muerto al nacer que los falsarios habían eliminado del registro para inscribir a Evita. ¿Cómo habrá reaccionado ella al enterarse de que reemplazaba a un niño muerto? Ninguna confidencia sobre un tema tan secundario en apariencia ha llegado a nuestros oídos. A la luz del día parece una simple triquiñuela. Pero en el mundo de los sueños, la imagen es demasiado fuerte como para no haber obsesionado, tarde o temprano, a una mujer que no logró existir bajo su verdadero nombre, ni tener un hijo.

El falso documento no se limitaba a cambiar Ibarguren por Duarte. También invertía los términos: María Eva en vez de Eva María (la madre virginal antes que la primera pecadora). Había que adecentarla hasta en el nombre. Sólo una marginal como doña Juana se hubiera permitido la fantasía de llamar a su hija Eva María. Para las chicas como la gente, la norma era llamarse María Rosa, María Clara, María Elena. María Eva quedaba más cristiano que Eva María. Veinte años después, nada había cambiado en la materia: la tercera esposa de Perón, que había adoptado Isabelita como "nombre de guerra", figuraba como Estela en el Registro

Civil. Pero para asumir sus funciones de mujer del presidente se puso María Estela.

La historia de Evita cabe en la de sus nombres tanto como en la de sus peinados y se la podría contar así: se llamaba Eva María Ibarguren pero su madre la presentaba como Eva María Duarte. Su nombre de actriz fue Eva Duarte (o Durante). Después de casarse se convirtió en María Eva Duarte de Perón. A su regreso de Europa, era Eva Perón. Quería que el pueblo la llamara Evita. Murió antes de que se supiera su verdadero nombre.

Según la versión oficial, pues, el casamiento civil tuvo lugar en Junín el 22 de octubre. Una versión aceptada y hasta enriquecida por otros vecinos de esa ciudad, que aseguran haber visto a doña Juana planchando no manteles sino cortinas: para festejar el evento, la madre, como es lógico, se afanaba en la preparación de su casa de la calle Arias 171. El notario Hernán Ordiales los habría casado en su escribanía, situada justo enfrente. Después de la ceremonia la pareja, la familia y los invitados habrían atravesado la calle para tomar una copa en lo de doña Juana. Pero ninguno de estos testigos es ocular, ya que nadie fue invitado aparte de los íntimos. Y podríamos pensar que las "chicas" esperaban efectivamente celebrar en casa de la madre, pero que la pareja las sorprendió al elegir un sitio más secreto. Experto en falsas señales, Perón pudo dejarlas hasta último momento con la ilusión del festejo familiar, a fin de distraer la atención: cuanto más plancharan, más les harían creer a los posibles conjurados que el casamiento tendría lugar en Junín. Tras la caída del peronismo, hubo otras versiones: Hernán Ordiales habría infringido la ley al llevarse los libros de la municipalidad de Junín para casar a la pareja en Buenos Aires. Como a todo lo largo de esta historia, a veces las brumas que planean sobre los hechos se explican mediante la hipótesis del simulacro. Pero no siempre.

Por ejemplo, se puede comprender muy bien que Evita apareciera con veintitrés años en su falsa partida de nacimiento, cuando tenía veintiséis. Ya hemos visto que esa mentira no apuntaba a rejuvenecerla sino a ocultar su condición de hija adulterina. ¿Pero por qué Perón figuraba como soltero, si era viudo? Doña Juana, por razones igualmente evidentes, figuraba como la esposa legítima de Juan Duarte. Sin embargo, el certificado de casamiento, exigible en esos casos, brillaba por su ausencia. Ya que estaban, ¿por qué no molestarse en falsificarle uno? Una vez más, las cosas mal hechas significaban desprecio.

Muchos años después, el notario Ordiales dio detalles del casamiento a los redactores de *Historia del Peronismo* (revista *Primera Plana*, 22 de julio de 1965). La ceremonia se había desarrollado en Junín -dijo-, y Perón y Eva estaban tan emocionados que parecían casi tristes. El novio llevaba un traje "grisáceo". Ella, un traje de color marfil "que contrastaba con sus largos cabellos rubios". Pensándolo mejor, los cabellos de Evita deben haberse confundido con el marfil de la chaqueta en vez de destacarse sobre un tono tan próximo. Marfileña de pies a cabeza, su cabellera decolorada, su tez de cera y su pálido *tailleur* se verían "amarillentos" (para imitar al notario en su percepción de los matices, involuntariamente peyorativa), o "desteñidos" (parafraseando a Paco Jamandreu). Una silueta borrosa, adaptada a la discreción o al misterio de la ceremonia. ¿Se nos han escapado algunos detalles legales? ¿Junín no era Junín sino Luján? Consultado por teléfono, Ordiales se negó a dar más datos. "Estoy escribiendo un libro -dijo-, donde lo digo todo."

El casamiento religioso revistió la misma sobriedad. Estaba previsto para el 26 de noviembre, en La Plata, y sólo algunos íntimos lo sabían. Pero pese al secreto, la multitud le impidió al novio llegar hasta la iglesia. Se postergó la ceremonia para el 10 de diciembre, pero ese día, una vez más, la multitud rodeó la iglesia de San Francisco y los novios tuvieron que eclipsarse por la puerta de atrás.

Es todo lo que se sabe sobre este casamiento. Ninguna imagen de una Evita-Cenicienta con su larga cola de tul de ilusión ha llegado hasta nosotros. El único que habló del tema, aunque sin dar detalles, fue el padre Hernán Benítez, ex jesuita que llegaría a convertirse en el confesor de Evita. Pero disponemos de un dato: el casamiento de Evita tuvo lugar a las 20.25. El hecho carecería de importancia si esa hora no coincidiera con la de su muerte "oficial", la que, a su vez, según algunos, no coincide con la de su muerte real.

Benítez y Evita se habían conocido cuando ambos actuaban en Radio Belgrano; el primero, en un programa religioso, como predicador a la moda. Impresionada por su facundia, Evita le había pedido una entrevista, pero el cura había faltado a la cita. Años más tarde, Benítez se había hecho amigo de Perón y éste los presentó. "Yo a usted lo conozco -le dijo ella sonriendo-. Una vez, hace mucho, lo quise ver, pero me dejó plantada. ¡Claro, como yo no era una Anchorena sino una actriz de mala muerte!" Y a Benítez no le quedó más remedio que golpearse el pecho, admitiendo que en otro tiempo había sido el cura de la elite, y que sólo se le acercaban las aristócratas. La prueba era que de la pobre comedianta con anhelos espirituales no recordaba ni la cara. Benítez también prepara un libro sobre Eva, que será publicado después de su muerte. Volviendo al casamiento, podemos afirmar que, de algún modo, Evita se casó detrás de la puerta y sólo comenzó a aparecer públicamente durante la campaña electoral.

Por el momento, la flamante pareja se va a pasar algunos días a lo de Ramón Subiza, en San Nicolás, y después a la quinta de Perón en San Vicente: una austera casa de militar, de una simplicidad espartana, con las paredes llenas de armas y de arneses. Las fotografías nos los muestran sonrientes y sosegados frente al portal de piedra, él con bombachas y botas y ella en pantalones, la cabellera casi en libertad. ¿Felices? Era Perón, aficionado a los asados, la jardinería, las cabalgatas, los perritos caniches y las palomas, el que adoraba San Vicente. A Evita el descanso forzoso de los domingos campestres le hacía menos gracia. En particular las siestas de Perón la enloquecían. Durante esas horas interminables, ella vagaba por la casa, mientras el ronquido de aquel hombre exasperante a fuerza de tranquilidad atronaba la habitación conyugal. Con el paso del tiempo, dormir le resultaría tan angustiante como comer. Y cada vez escaparía más de las lentitudes y humedades del lecho compartido.

Pero aún no había llegado ese momento. Por ahora, la pareja permanecía unida por un sentimiento próximo al amor. Además, fue el propio Perón el que esta vez se vio obligado a abreviar la siesta: su presencia en Buenos Aires se volvía indispensable. A su regreso, se mudaron de la manera más oficial al departamento de Evita. Vivían allí desde hacía un año, pero hasta entonces Perón había guardado las apariencias fingiendo ocupar el departamento de enfrente. Una oportunidad que doña Juana había cazado al vuelo, aprovechando para sentar sus reales en la calle Posadas, so pretexto de disimular el concubinato gracias a una presencia si no irreprochable, al menos maternal. El casamiento les permitió utilizar como oficina el departamento de Perón y vivir en el otro a la vista de todos. Fue así como Perón se halló instalado en una habitación de estrellita de cine con colcha de plumetí rodeada de volados y cintas azul cielo, donde es seguro que sus botas harían estragos.

Para Evita, decorar su habitación -un sitio íntimo que fluctuaba entre lo erótico y lo infantil- no era fuente de conflictos. La había arreglado sin complejos y ni se había preguntado si convenía o no poner esa muñeca en medio de la cama. En cambio su salón, lugar social por excelencia, reflejaba sus dudas: una angustia desconocida por aquellos que nacen con el gusto incorporado, tan visible como un rasgo de la cara. "Parecía decorado por Laurel y Hardy -escribe Paco Jamandreu-. Había muebles caros, pero tan mal combinados que uno se sentía Madame Récamier sobre un diván de brocato y Milonguita delante del enorme piano que Evita sólo abría para hacerlo limpiar, ya que tocaba muy poco. Sobre el piano, una enorme carreta de madera(...) con una maceta de lata en el interior para poner plantas, chorreaba sobre las teclas." La carreta ("¡es un regalo!", decía ella, entre enojada y sonriente, para defenderse de las críticas del modisto) se codeaba con un loro y dos palomas que lucían anteojitos de alambre. "Y sí, son más regalos -se enojaba Evita, esta vez de verdad-. ¡Es ese imbécil de Perón que me pone cualquier cosa arriba del piano!"

El así llamado le había presentado a una tal señora de Artayeta, amiga del embajador de Uruguay, que le había aconsejado decorar las paredes con miniaturas colgadas de cintitas de terciopelo. Parece que se usaba. Pero Evita era incapaz de moderación, hasta el punto de que la frase de Perón, mil veces pronunciada en su vejez, "todo en su justa medida y armoniosamente", parecía estarle destinada como un mensaje más allá de la muerte. ¿Las miniaturas en las paredes estaban de moda? Entonces las pondría por todas partes, desde el techo hasta el suelo. "Las de abajo -dice Jamandreu- había que mirarlas acostado en el piso."

Lo más urgente, después del casamiento, era eliminar todo rastro de la antigua Evita. Las huellas de su pasado, ya fueran grabaciones radiofónicas, películas o fotos publicitarias, tenían que desaparecer completamente. Yankelevich y Machinandearena le regalaron las que estaban en su poder. *La Pródiga* fue exhibida en sesión privada, en lo de Ramón Subiza, y se destruyeron las demás copias. Y Evita adoró esa película con una nostalgia, una pesadumbre y una rabia secreta a las que supo transfigurar convirtiéndose ella misma en la Señora. ¡Pero qué amargura, esa primera sesión que fue también la última! Nadie vería nunca *La Pródiga*. En el fondo de su conciencia, sabía por qué mezquinas razones le habían confiado ese papel. Extraño destino el suyo: la mujer más triunfadora de la Argentina era una artista fracasada.

Pese a todo, como buena actriz, seguía observándose a sí misma con ojo crítico. Vistas en la pantalla, sus redondeces la inquietaron. "Me sacó muy gorda", se quejó al director, Mario Soffici. Y éste le contestó que en la época de la filmación estaba un poco rellenita. Piadosa mentira ya que en 1946 la recién casada se siguió redondeando. Las mejillas, sobre todo, iban cobrando volumen. Es cierto que no podía calibrarse el aumento porque no paraba de sonreír con timidez. Más tarde se permitió olvidar los melindres y entonces la hallaron masculina, como si sólo la sonrisa ingenua o las cándidas redondeces fueran dignas de su sexo. Pero en 1946 seguía siendo "femenina", como lo atestiguaban sus florecitas, sus rizos, sus mohínes y sus formas. Aclaremos que este modelo femenino era el de la estrellita pequeñoburguesa. Como las damas de la alta sociedad tenían otro, hablaban de Evita alargando las erres para pronunciar la palabra injuriosa: "Gorrrrrrrrrrda!"

En el tren

Mucho más que las redondeces de su mujer -que había criticado, sin embargo, delante de Jamandreu, sosteniendo que a Evita le vendría muy bien un poco de gimnasia-, lo que obviamente le preocupaba a Perón era la campaña presidencial. En 1946 tuvo que enfrentarse con un problema típico de su movimiento: los partidarios diferentes. Ese gran seductor solía mostrarse de acuerdo con todos cuantos se le acercaban, ya fueran de izquierda o de derecha. Y después, confiados en sus promesas, los seducidos venían anillo en dedo a exigirle que cumpliera. Entre ellos figuraban el Partido Laborista fundado por Cipriano Reyes y Luis Gay; la Junta Renovadora, rama derivada del Partido Radical; los nacionalistas, algunos conservadores y algunos comunistas como Rodolfo Puiggrós.

Los más molestos eran los laboristas. Estos sindicalistas puros e ingenuos no habían hallado nada mejor que elegir a Mercante como candidato a la vicepresidencia, para disgusto de Perón, que prefería a un astuto caudillo como Quijano. Mercante, demasiado honesto, podía hacerle sombra. Era leal, sin duda, pero había un problema: Perón no creía en la lealtad. Captaba la bajeza con más facilidad y mayor interés, ya que los seres innobles eran más manejables. ¿Pero y los seres leales? "Lo mejor que se puede hacer con un amigo fiel -solía decir- es ponerle al lado a alguien que lo vigile."

Para unificar a tanto enamorado desparejo, Perón disolvió el Partido Laboral y la Junta Renovadora. Las otras formaciones, demasiado pequeñas, estaban disueltas por naturaleza. En su lugar creó el Partido Único de la Revolución, que se llamó sin más tardanza Partido Peronista. Y a Mercante le prometió nombrarlo gobernador de la Provincia de Buenos Aires, gracias a lo cual su brazo derecho retiró su candidatura a la vicepresidencia.

Esta vez Perón no utilizó a su mujer para desembarazarse del amigo, como lo haría más tarde. En cambio la manipuló para apartar a Cipriano Reyes, quien lo narra en sus memorias. Cierto día, en la calle Posadas, Reyes está conversando con Perón cuando Evita irrumpe en la sala. "Quiero más radicales en las listas -le dice con expresión crispada-, porque yo soy muy radical." Autodidacto agresivo por sentimiento de inferioridad, Reyes es un Savonarola de la lucha obrera. Al oírla, se pone lívido. ¿Cómo? ¿Una actriz de costumbres dudosas se permite interrumpir su muy viril conversación, vestida, para colmo, con un deshabillé rojo fuego, para impartirle órdenes a él, Cipriano Reyes, el luchador austero y aguerrido? Se vuelve hacia Perón con la esperanza de verlo reaccionar como un hombre. Pero ¡ay!, el líder, con la cabeza gacha y demostrando un embarazo que está muy lejos de sentir, le contesta en un susurro: "Estoy de acuerdo con ella".

Atando cabos, varios de nuestros testigos han logrado captar la manera en que Perón se servía de Evita. En este caso no se trataba de tocar su fibra más grosera (método reservado exclusivamente a los hombres). Bastaba con un suspiro para atraer su atención. A la pregunta de Evita, que no tardaba en venir, él contestaba apenas como a pesar suyo. Pero ella no era sorda y se bebía sus palabras. Entonces Perón se quejaba de un partidario, o de un adversario, pero siempre con aire herido como si hubiesen traicionado su confianza. Había calibrado el fenómeno acústico que amplificaba sus palabras al pasar a través de ella. Acústico y térmico: calentada al rojo blanco, Evita se precipitaba sobre el objeto de esas quejas (Cipriano, en el caso que nos ocupa). Y Perón meneaba la cabeza, entre reprobador y enternecido, exclamando con tono paternal: "¡Ah, esta Evita! ¡Qué chica! No va a cambiar nunca".

En sus discursos de la época Perón declaraba que su doctrina provenía de las encíclicas papales. En sustancia se trataba de la doctrina social cristiana. El padre Benítez asegura haber estado detrás de esos discursos, lo cual no parece nada improbable. Era una doctrina simple, fácil de retener y concebida para seducir al pueblo sin aterrorizar al burgués: Perón les decía a los obreros que, bien mirado, también había buenos patrones. Con su discurso elemental como estandarte, comenzó su gira electoral. El 26 de diciembre tomó un tren al que bautizó El Descamisado. Iba hacia el norte del país. Por su parte, sus adversarios tomaron otro tren llamado de la

Victoria, alusión a ese símbolo de la lucha antinazi que consistía en poner el índice y el mayor en forma de horqueta. Ambos trenes fueron objeto de atentados. Esta violencia, inusitada en la Argentina para una campaña presidencial, expresaba a las claras la importancia de lo que estaba en juego.

Pero la gran novedad de esos viajes fue la presencia a bordo de una mujer. Hasta entonces, ninguna esposa había acompañado a su marido en una gira de esa especie. Y Evita estaba allí. Todavía callada, pero estaba. Pronto resultó claro que al pueblo le bastaba con verla, y también con tocarla.

No salió al mismo tiempo que Perón sino que fue a encontrarse con él en la ciudad de Santiago del Estero, el 31 de diciembre. Hacia la misma fecha, el diario peronista *La Época*, que pertenecía a Eduardo Colom, publicó por primera vez la noticia del casamiento. ¿Por qué no haberla divulgado enseguida y en los grandes diarios? Era evidente que a la pareja no le interesaba demasiado atraer la atención sobre un casamiento plagado de documentos falsos.

El itinerario de El Descamisado parecía el negativo de la gira artística de Evita por Rosario, Córdoba y Mendoza. Eran los escenarios de su vieja humillación, donde hoy se la aclamaba con delirio. ¿Se habrá acordado de José Franco ("Si no te acostás conmigo, estás despedida") o habrá decidido apartar como una mosca el recuerdo inoportuno? La idea de la revancha sobre todos los Sapos de este mundo ha debido rozarla, pero apenas: ¡el presente la colmaba hasta tal punto! Las fotografías de ese viaje dan testimonio de una felicidad sin pasado. Es que la vida, al hacernos justicia, actúa con tanta simplicidad que, una vez realizados, nuestros sueños más locos nos caen en la boca como un fruto maduro. Entonces reaccionamos como si nunca hubiésemos probado sabores más amargos. Es claro que Evita se tornará vengativa, pero más tarde, sólo cuando se sienta mucho menos feliz. Por el momento, en ese tren, se comporta como si lo que le está ocurriendo no tuviera nada de asombroso. Sólo la felicidad parece lógica. La desgracia da la impresión de transgredir una ley natural, un orden sabiamente establecido.

Su rostro en la ventanilla del tren. Su sonrisa. Su cabellera rubia, como venida de otro mundo. Las multitudes morenas se apretujan para ver a Perón y descubren a Evita: una presencia total, en cuerpo y alma. Lo contrario de su marido que, rápidamente fatigado de exponerse a los ardores del clima, se había hecho reemplazar por un doble. Una vez pronunciado su discurso, se eclipsaba a hurtadillas. Y otro Perón aparecía en la ventanilla, sonriendo con la sonrisa de Perón y saludando como Perón, con los mismos brazos abiertos y muy cortos de pingüino patagónico. Una solución práctica, sin duda, ¿pero cómo no pensar en esa sonrisa que el verdadero Perón dejaba encendida sobre su rostro, mientras se retiraba a un espacio interior desprovisto de sentimientos? A menudo él mismo sonreía como si fuera su doble.

Evita no se evadía. La pampa seca de la provincia de Córdoba, donde, en el calor del mes de enero, cada terrón quemaba como una brasa, le lanzaba a la cara un ardiente polvillo que crujía entre los dientes. ¡Y Santiago! ¡Santiago del Estero! El sol, blanco y erizado, picaba igual que los arbustos espinosos. Asomarse hacia afuera equivalía a meter la cabeza en un horno. Su piel amenazaba con agrietarse lo mismo que la tierra. Pero ella no había ido a cuidarse la piel. Frente a las gruesas mujeres que olían a sudor y que le tendían sus niños, un solo deseo le hormigueaba en los dedos: acariciar. Y en toda la superficie de su cuerpo: dejarse rozar, palpar, reconocer por esos seres oscuros y como ciegos que querían asegurarse de su existencia. Sus palmas rugosas. A Perón lo aterraba que lo tocaran. Su epidermis enrojecida y roída por la psoriasis manifestaba claramente su horror por la caricia, mientras que Evita-piel de nácar se vertía enteramente hacia los pobres con los brazos al aire. Brazos desnudos, blancos. Tocar era sellar un pacto. A medida que el tren avanzaba hacia regiones hostiles, calcinadas, con ranchitos minúsculos, de adobe, perdidos en la inmensidad de fuego, ella se iba afirmando en su idea de saldar la "deuda" a su manera.

Subiendo hacia el noroeste, las caras se volvían cada vez más indígenas, limitadas a su más simple expresión: dos ranuras para los ojos, abiertas como de a dos cuchilladas en el cuero rojizo. La misma cara parecía irse multiplicando, una estación tras otra. Para él, no para ella. Incapaz de fundir esas caras en una entidad abstracta llamada pueblo, Evita no podía renunciar a identificarlas una por una. Nunca renunció a hacerlo. Pagar era también recordar, fijar en su memoria cada rasgo. Una memoria asombrosa que le permitiría grabar miles de rostros. Más tarde, desde el balcón de la Casa Rosada, va a contemplar la inmensa multitud que ennegrece la plaza, tratando de reconocer a todos los que pueda, intentando contarlos y también vigilarlos. Y su rostro contraído se verá devorado por la proliferación fantástica de las células de su cuerpo, réplica de la multiplicación fantástica de los seres en su memoria. Mientras que él, a su lado, encenderá su sonrisa de seductor automático, saludando con los brazos en alto, como un campeón de box, a la masa informe e indistinta.

Las fotos del primer viaje y de los siguientes nos la muestran con blusa blanca y falda acampanada, la cabeza cubierta por un pañuelo atado a la portuguesa, con el nudo en la mollera, y fresca como una rosa bajo una temperatura de cincuenta grados a la sombra. Además de su frescor primaveral, lo que impresiona es su dulzura: cierta actitud de la cabeza, inclinada gentilmente a un costado. Un gesto de hada o de princesa que la actriz considera como lo más apropiado para el caso, pero que emana de una fuente más honda. De las dos imágenes contradictorias que han quedado de Evita -dulce o nerviosa, con mirada soñadora o penetrante-, la primera modalidad surge sin pausa durante el transcurso del viaje, como si la alegría de estar allí, y de ser amada, borrara su necesidad de controlarlo todo.

El segundo viaje fue una prueba menos dura para su piel de perla. La pareja recorrió el Paraná a bordo del París para visitar las provincias del Litoral: Entre Ríos y Corrientes. Aquí, lo mojado y lo brillante reemplazaba la aridez. El París avanzaba por el medio del río. Un río tan ancho que a duras penas si se veían las orillas, altas en los barrancos de barro que rodeaban la ciudad de Paraná, o rebosantes de clamorosas palmeras y de árboles de gestos efusivos que parecían aplaudirlos a su paso. A veces no eran ramas sino manos. En Rosario, la multitud los esperaba en la orilla, saludando de lejos con los pañuelos al viento. ¡Pensar que esa corriente despejada era el mismo río que en el Delta se transformaba en oscuro laberinto! Una vez más, el Paraná reflejaba sus vidas. Y sus almas. La de Evita, en línea recta. La de Perón, mil veces ramificada.

Hasta ese momento, sin duda muy a su pesar, Evita no había pronunciado ningún discurso. Por fin, el 4 de febrero, hizo sus primeras armas en el Luna Park, un sitio cargado de recuerdos que hubiera debido inspirarla. Sin embargo, el resultado no pudo ser más desastroso. Una asociación de mujeres peronistas había organizado un encuentro para sostener la fórmula Perón-Quijano. Y esas mujeres sólo esperaban a Perón. Pero el líder, un poco enfermo, tuvo la idea de enviar a Evita en su lugar, quizá para probarla. Debió decidirse a ello a último momento, ya que Evita llegó al Luna Park con dos horas de retraso: el tiempo necesario para que su antiguo guionista Muñoz Azpiri le escribiera un discurso, y para aprenderlo de memoria.

Las dos horas de espera habían recalentado la atmósfera de la sala. Las mujeres piafaban de impaciencia, golpeando pies y manos según el ritmo denominado "pan francés, chocolate inglés". No había vuelta de hoja: querían a Perón y nada más alejado de su espíritu que guardar un silencio cortés mientras la esposa del coronel les "dirigía un mensaje" en su mejor estilo de radioteatro. Evita trató de elevar su voz por sobre el griterío. En vano. Tiempo después su voz se tornaría más ruda, ronca y autoritaria. Por ahora, era un pajarito que se desgañitaba pidiendo silencio. Evita, la aguafiestas: para el público femenino, esta rubia insípida representaba el papel de la rival. Comenzaba la escalada del erotismo político. Sólo más tarde las mujeres peronistas aceptaron identificarse con Evita y hacer el amor con Perón por su intermedio. Pero ese día estaban desatadas. Al salir, se levantaron la falda para mostrar sus calzones, diciendo: "Queremos un hijo de Perón". Agredieron a los transeúntes, sobre todo a los hombres encorbatados (los "oligarcas"), y la policía tuvo que dispersarlas con gases lacrimógenos.

En su campaña, Perón recibió dos apoyos inesperados. Spruille Braden, el embajador norteamericano, el búfalo, había vuelto *at home*. Era el cerebro del *Libro Azul* publicado por el Departamento de Estado, que denunciaba el nazismo de Perón. Pero el líder argentino transformó esta provechosa acusación en eslogan electoral: "Braden o Perón". Este hombre laberíntico se tornaba maniqueo por conveniencia y le indicaba al pueblo que su voto debía resolver un dilema intolerable para el corazón de un patriota. Entre un norteamericano que se inmiscuía en los asuntos internos de la Argentina, y un muchacho bien argentino, ningún honrado ciudadano podía dudar. Más adelante, el peronismo llevó a extremos inquietantes su amor por la proposición disyuntiva. En esta nueva simplificación,

"Braden" se convirtió en "muerte". El grito "Perón o muerte" ha descorazonado durante largo tiempo a todos aquellos que, más dados a los matices, jamás hubieran elegido ni lo uno ni lo otro. Comicidad o tristeza de la historia: sólo Evita, la maniquea, creía seriamente en esa disyuntiva que a Perón le importaba tan poco.

El segundo apoyo fue el de la Iglesia. Era un apoyo hipócrita que había que leer entre líneas. La Iglesia proclamó su neutralidad y, al mismo tiempo, prohibió a sus fieles que votaran por un partido favorable al divorcio, caso en el que se encontraban todos los partidos, ya fuesen liberales o de izquierda, excepto el peronista. Otra ironía de la historia es que Perón, tras la muerte de Evita, hizo votar la ley de divorcio. Pero por el momento, decía sostener un programa católico. Y los católicos de buena familia se rasgaban las vestiduras tratando de resolver este nuevo dilema: ¿cómo obedecer a sus obispos sin traicionar a su clase social que les ordenaba odiar al líder populista? Al exhibir su fe (superstición más bien, ya que sólo consistía en guardar en un rincón la estampita de un santo), Perón se distinguía de los fascistas, paganos por naturaleza, divirtiéndose de paso en dividir a sus adversarios. Es cierto que ningún fascismo ha aclarado jamás su posición contradictoria entre el paganismo anticristiano y su conexión con la jerarquía eclesiástica.

Simplificación por un lado, confusión por el otro, y apoyo masivo de los sectores populares: esta ecuación dio como resultado la victoria peronista. El 24 de febrero de 1946, la fórmula Perón-Quijano obtuvo el 52 por ciento de los votos.

El hombro de la presidenta

Cuatro meses transcurrieron entre la victoria electoral y la ceremonia oficial de asunción del mando. Cuatro meses durante los cuales la existencia de Evita tomó un cariz intermedio entre su pasado de actriz y su futuro político. Por sus orígenes, el estado intermedio le sentaba de maravilla. Nadaba entre dos aguas con una alegría infantil. Esos pocos meses fueron la única temporada de su vida durante la cual pudo sentirse joven. A los quince años ya luchaba para ganarse el pan. A los veintiséis podía al fin mostrarse caprichosa, despreocupada, encantadora. En una época en la que el tuteo universal distaba de ser la norma, ella tuteaba a los señores importantes sin preocuparse mucho por su reacción. La vida le pertenecía puesto que ella misma todavía era un puro proyecto. Y sabiendo que eso no podía durar, se apuraba a gozarlo, fanfarroneando un poco para esconder su angustia.

Una muerte simbólica le arruinó la alegría. Anita Jordán, su gran amiga del tiempo de la miseria, murió de un cáncer. Evita y Anita habían compartido la pieza de pensión, el mate cocido y los trapos: cuando una de ellas salía con el único vestido presentable, la otra se quedaba en la cama.

Un cáncer, justamente: la enfermedad a la que sólo se aludía por medio de perífrasis. Desde 1945, Evita seguía de muy cerca todo lo referente a esta enfermedad. En ese año había acosado a preguntas a Anne-Marie Heinrich, cuya madre se moría de lo mismo, y le había confesado que doña Juana tenía síntomas idénticos. Y la célebre fotógrafa alemana, autora de numerosas fotografías de Evita, a la que había conocido recién llegada de Junín, se había sorprendido de sus conocimientos en materia de cáncer.

El fallecimiento de Anita representó para su amiga el papel de las calaveras que se ponían sobre la mesa, según dicen, en los banquetes antiguos, para que nadie olvidara que el placer es efímero. Pero Anita simbolizaba mucho más que un pasado de hambruna: era también un tipo de mujer al que Evita ya no podría frecuentar. Acostumbrada a cierta solidaridad femenina, producto de la soledad, ahora buscaba reemplazantes: mujeres de otro ambiente, capaces de guiarla en su nueva encarnación.

Encontró a dos: Isabel Ernst, a quien ya conocemos, y Lilian Lagomarsino de Guardo.

Para entender el por qué de la elección de Lilian por parte de Evita, hay que dar una vuelta por el lado de Perón, ocupado por el momento en elegir su equipo. Este Perón de la primera época no tenía tanto miedo de los eventuales rivales como lo tuvo más tarde. En consecuencia, se arriesgó a rodearse de personas idóneas y su primer gabinete fue mejor que los siguientes. Pero ya se veía venir su tendencia, muy apoyada por Evita, a designar a sus colaboradores según criterios de lealtad, decía ella, y de maleabilidad, pensaba él, más que de inteligencia. Entre los nombramientos reveladores de esta tendencia figuraban los de Rudi Freude y Juan Duarte. El segundo paje fue nombrado secretario privado del presidente, lo que no dejó de acrecentar el poder de su hermana.

Pero Evita estaba aislada. Carente de un medio social que resultara presentable, tenía que apelar a los conocidos de Perón para dar con sus futuras amigas. Y Rudi, por desgracia, no se caracterizaba por la abundancia de mujeres (la oposición maledicente insinuaba que ese alemancito demasiado buen mozo era el amante del presidente). Juancito sí que estaba rodeado de mujeres, entre otras sus dos amantes oficiales, las actrices Fanny Navarro y Elina Colomer, a las que Evita conocía muy bien. De las dos, prefería mil veces a Fanny, una verdadera amiga con la que se encerraba a charlar durante horas, cosa que a Perón lo ponía nervioso: ¿de qué hablarían tanto? Para Evita, Fanny era una excelente actriz y la mejor influencia para el "atorrante" de su hermano. Pero la pobre chica no era la más indicada para enseñarle maneras. Evita apreciaba mucho a la señora de Mercante, la esposa legítima del gobernador de la provincia. Por desgracia, como cicerone en el terreno sindical le habían impuesto a la amante, Isabel Ernst. Y aunque Isabel era una persona distinguida, no podía ni quería servir de consejera en materia de modas y de comportamiento en sociedad.

Otro colaborador de Perón cuya importancia iba en aumento era Alberto Dodero, uno de los hombres de negocios más ricos de América del

Sur. Se había hecho muy amigo de Evita y lo invitaban todos los fines de semana a San Vicente, donde ambos esperaban jugando al rummy que Perón se levantara de su sagrada siesta. Su mujer, Betty Sundmark, era una norteamericana de Chicago, ex bailarina de revistas. Razón de más, en apariencia, para que intimara con Evita. Pero se produjo lo contrario. Evita se había puesto difícil y se pasaba la vida repitiendo ásperamente: "En el gobierno, con una sola actriz basta y sobra".

Por último, entre los íntimos de Perón figuraba Ricardo Guardo, un dentista de buena familia que lo había apoyado desde el primer momento y que se convirtió en presidente de la Cámara de Diputados antes de caer en desgracia. Su mujer, Lilian, resultó la elegida.

Lilian era una madre de familia tradicional. Pertenecía a un buen medio social, era elegante, culta, tenía cuatro hijos y no se interesaba por nada más. Su designación le hizo el efecto de una bomba. Un fin de semana, su marido la llevó a San Vicente para presentarla al presidente y a su esposa. Lilian había llevado hasta entonces una existencia tan discreta que Perón se sorprendió al verla: no sabía que Guardo era casado. Podemos imaginar que ese día Lilian se habrá puesto un vestidito sencillo y campestre. Por su parte, Evita lucía su atuendo favorito: el pijama de Perón, anudado a la cintura, y dos lindas trencitas. A la hora de la cena, Perón le pidió que preparara algo de comer. "No tengo ganas -contestó ella-. Voy a abrir unas latas."

El propio dentista ha relatado la anécdota a Navarro y Fraser. Perón, Lilian y él se habían quedado en el salón, fingiendo considerar la salida como un capricho divertido, cuando la voz de Evita les llegó desde la cocina. Lo estaba llamando a Guardo a voz en cuello. Guardo corrió y la encontró atareada con sus latas de arvejas. Entonces, como si nada fuera, ella le habló del tema que la tenía preocupada: el vestido para la ceremonia del 4 de junio, donde Perón debía prestar juramento. "Estuve hablando con Betty Sundmark -dijo-. Ella me quiere prestar uno de sus vestidos. Pero no sé. ¡Es una norteamericana, una extranjera! ¿Sabrá aconsejarme sobre lo que conviene ponerse aquí, en la Argentina, para un caso como ése?" Y manipulaba el abrelatas como si fuera la llave del secreto. Por fin se lanzó. Había visto a Guardo muy pocas veces, y sin embargo le formuló este pasmoso pedido: "Decime, ¿vos no me podrías acompañar a un negocio de alta costura para ayudarme a elegir?"

Aparte del pedido, lo más pasmoso fue la respuesta. El dentista aceptó sin vacilar, y sin adivinar lo que saltaba a la vista, a saber, que Evita, viendo a la joven esposa aureolada hasta tal punto por una atmósfera de refinamiento y de calma doméstica, se moría de ganas de pedírselo a ella pero no se animaba. Los complejos de Evita ante una mujer "como se debe" explican su aparente desparpajo. Le resultaba más fácil recurrir a un hombre, por distinguido que fuera: a esos hombres los había conocido y sabía tratarlos, mientras que sus mujeres, para ella, seguían siendo un misterio.

Pero si por su parte todo estaba muy claro, no sucedía lo mismo con los Guardo. ¿Es posible que la idea de proponer a la esposa en lugar de al marido no les haya acudido a la mente? El asombro provocado por Evita los tornaba incapaces de reaccionar y, frente a un tipo de mujer que ellos no conocían, perdían toda sensatez.

De modo que fue él, y no ella, quien se apersonó en lo de Bernarda, una casa de modas frecuentada por la alta sociedad. La perspectiva de una visita de Eva estuvo lejos de entusiasmar a la patrona, quien dijo sin ambages: "No es el tipo de clienta que viene aquí". Pero la segunda reacción, mucho más razonable, fue: "Bueno, después de todo, es la mujer del presidente, ¿no?". Gran suspiro de alivio de Guardo, que se precipitó al teléfono para anunciar la buena nueva: la Primera Dama estaba a salvo. Una costurera le había perdonado la vida.

Llegado el día, Evita se probó toda la ropa de Bernarda. No se sentía cómoda ni tenía la menor idea de lo que estaba buscando. Por fin eligió un *tailleur* con botones dorados y charreteras de militar. Guardo se mordió los labios y, armándose de coraje, le dijo que la ceremonia del 4 de junio iba a estar llena de verdaderos militares con verdaderas charreteras alusivas a la graduación de cada cual. Ahora fue Evita quien se mordió los labios. Esquivando la mirada de la vendedora, eligió un vestido de noche de seda color plata que dejaba un hombro al descubierto, al estilo griego, y un *tailleur* negro con una sobrefalda de piel alrededor de las caderas.

La víspera del 4 de junio estrenó su vestido gris plata para el banquete oficial. Cabe preguntarse si el hombro al aire habría suscitado semejante escándalo de no tener la mala suerte de rozar a un cardenal. Evita, en su calidad de esposa del presidente, presidía la mesa. A su izquierda, el cardenal Santiago Copello. A su izquierda, es decir, justamente del lado del hombro desnudo.

El contraste entre los dos parecía buscado para producir un efecto cómico. Copello permanecía rígido, con las manos cruzadas y la boca fruncida. Era calvo, con anteojitos, la imagen misma de un ser mezquino y mojigato. Y ella exhibía una belleza demasiado ostensible. El problema estaba en el maquillaje más que en el vestido. Por supuesto que influía ese hombro de diosa, de una turbadora perfección. Pero también la boca, una gruesa boca que no era la suya y que ella había pintado sobrepasando los bordes. Nadie la había aconsejado en lo tocante al rouge. Más tarde, su consejero en la materia fue su confesor, el cura Benítez. No era que el sacerdote pretendiera conocer secretos de belleza. Benítez se limitó a prohibirle que se pintara los ojos y las mejillas. Y al hacerlo, le confirió eternidad, si no en lo espiritual, al menos en la imagen corporal que hemos conservado de ella. Tantos años más tarde, Evita sigue hermosa gracias a la ausencia de maquillaje perceptible en sus fotografías posteriores a 1947. Sin ningún signo indicador de una época en su piel o en sus párpados, apenas con un toque de rouge que dibuja los contornos de su boca, Evita nos sonríe como una mujer de hoy, contemporánea para siempre.

Poco tiempo después del banquete Sofía Bozán, una actriz de teatro de revistas adorada por el público, apareció en el escenario con un vestido gris de escote al bies. Llevaba un pájaro embalsamado pegado al hombro desnudo. No un pájaro cualquiera, sino ése con el copete rojo que en la Argentina se llama pájaro cardenal.

Para la ceremonia del Congreso, Evita estuvo perfecta con su *tailleur* negro, su sobrefalda de piel y su sombrero discreto. Una esposa de presidente de irreprochable corrección. Sin embargo, en la fotografía de rigor, su crispación es evidente. Con la mirada fija, se aferra al brazo de una robusta matrona, sólida y protectora como una montaña: la señora de Quijano, esposa del vicepresidente de los dos nombres floridos. Más que el aspecto de Evita, lo que aquí llama la atención es la apariencia de esta señora provinciana. Su masa está recubierta por un abrigo informe, y todo ello, dominado por un enorme sombrero más alto que ancho, envuelto en una faja de tela que cae sobre el hombro. A su lado, Evita parece un gorrión. Pero un gorrión decidido. Hasta en su modo de torcer la boca para morderse el interior de la mejilla se revela el carácter.

A Perón le habían quitado del uniforme tres soles de plata. En su lugar, le habían puesto un botón de oro: acababa de ser nombrado general.

Después de la ceremonia, el Presidente y su esposa se fueron a descansar al Palacio Unzué.

La naranja del poder

Imaginemos un palacio de fin de siglo, de estilo francés, con doscientas ochenta y tres habitaciones, es decir, doscientas ochenta y dos más que las de Evita durante gran parte de su vida. Se levantaba en medio de un parque ondulado, entre la calle Austria y la gran avenida que hoy se llama Libertador y que entonces era la avenida Alvear. La familia Unzué pertenecía a esa aristocracia ganadera de la que Sarmiento decía que olía a bosta. Le había vendido esa mansión al Estado en 1930. Desde entonces, era la residencia de todos los presidentes argentinos.

Si ese palacio de paredes recubiertas de oro y marfil hubiera tenido un alma y, con ella, el don de profecía, habría temblado hasta sus cimientos desde el momento mismo en que Perón y Evita apoyaron el pie sobre su suelo. La presencia de la pareja firmaba la sentencia de muerte del Palacio Unzué. ¿Cómo? ¿Acaso un palacio puede morir? ¿Estar condenado? Sí, si sus habitantes son odiados hasta el punto en que lo fueron aquellos dos. A la caída del régimen, en 1955, la Revolución Libertadora mandó demoler la noble morada hasta borrar los últimos vestigios, para que, en el futuro, ningún presidente argentino durmiera bajo el techo que había cobijado la vergüenza. En su lugar, los justicieros decidieron construir una Biblioteca Nacional para reemplazar a la de la calle México, que había sido dirigida por Paul Groussac y por Jorge Luis Borges. El sentido estaba claro: erigir, en el sitio mismo en que se había refugiado la ignorancia, el símbolo de la cultura. Pero se diría que esta nueva biblioteca ha recibido la maldición del viejo palacio. Los trabajos comenzaron en 1963 y sólo fueron terminados en 1994. Durante varias décadas la biblioteca permaneció desnuda, con los cementos y los hierros al aire. Sus materiales son agresivos, pesados y amenazadores, sus ángulos, tajantes, y sus formas conservan algo de la violencia que la ha engendrado. Una biblioteca no puede nacer de un acto irracional ni de una ciega destrucción. Como dice Cabrera Infante en *Mea Cuba* (olvidando las comillas, ya que se trata de una frase de Borges inspirada en Chesterton): "Hay edificios cuya arquitectura misma es maligna".

Ricardo y Lilian Guardo los habían acompañado a su nueva morada. La amistad progresaba a pasos agigantados (en la fotografía del Congreso, la cabeza de Lilian aparece en segunda fila, entre la de Evita y la tanto más impresionante de la señora de Quijano). Al subir al primer piso, Perón se detuvo a contemplar las escalinatas de mármol con su baranda de hierro forjado, que se abrían hacia abajo como los faldones de un vestido de princesa. Un amplio movimiento de tal solemnidad que, de pronto, le dieron ganas de burlarse. La oligarquía con perfume de bosta ponía literalmente a sus pies todo cuanto poseía de más bello. Pero ese gusto no era el suyo. Por otra parte, Perón no tenía ninguno. Se limitaba a elegir objetos austeros, y las miniaturas colgadas en las paredes o los volados de plumetí de su joven esposa, aparte de divertirlo, realzaban su propia imagen de sencillez viril.

Ahora bien: la diversión, en él, corría pareja con la venganza. Una venganza infantil. Ya iban a ver lo que haría con tanta nobleza. "Vamos -le dijo a Guardo, que ha narrado la anécdota-. Juguemos una carrera de baranda. Vos bajás por la izquierda y yo por la derecha." Ambos hombres subieron corriendo la escalera, se encabalgaron cada uno en su baranda y se deslizaron a todo lo largo hasta llegar abajo.

(En lo sucesivo, Evita también se plegó a los caprichos de Perón, aunque no compartiera ni su sentido del humor ni su gusto por las proezas acrobáticas. Ya hemos visto -y el padre Benítez nos lo ha confirmado- que el presidente y su esposa habían adoptado la costumbre de descender a la planta baja deslizándose por las barandas. Hasta el día en que sus dolores y sus hemorragias obligaron a Evita a rechazar el juego con una irritación tanto más fuerte cuanto que, en el fondo, siempre lo había hallado idiota.)

Visitaron las doscientas ochenta y tres piezas, una por una, y eligieron la habitación conyugal, que todavía compartían (aunque no por mucho tiempo). Evita fue al baño y reapareció con el pijama de Perón anudado en la cintura y sus lindas trencitas: su atuendo fetiche. Después, sentada con las piernas cruzadas sobre la colcha de satén, se puso a comer lentamente una naranja, los ojos perdidos en un sueño lejano.

Primeras armas

Desde el primer momento, el papel de Evita como esposa del presidente resultó una fuente de conflictos. ¿Iría a presidir la Sociedad de Beneficencia, cargo honorífico tradicionalmente ejercido por sus pares? Digámoslo enseguida, esa mezcla de agua y de aceite no podía producirse y no se produjo.

Las razones eran múltiples. Por una parte, la Sociedad de Beneficencia era un "bastión de la oligarquía", para emplear el lenguaje populista. Creada en 1823 por el presidente Rivadavia para proteger a los huérfanos y ocuparse de los "partos públicos y ocultos", había tenido un sentido que iba perdiendo de a poco. Todo lo más aristocrático y reaccionario de la Argentina se daba cita allí: un verdadero símbolo. Las damas bienhechoras, muy católicas y muy cubiertas de perlas, vestían a sus huerfanitos con uniformes de huerfanitos, negros o grises, y les rapaban el cráneo. Durante sus colectas los exhibían en la calle sosteniendo carteles que decían, por ejemplo, "niño débil", detallando la desgracia particular de cada exponente. En 1946, su presidenta era una señora de decencia ejemplar: Guillermina Bunge de Moreno. Era inconcebible que Evita presidiera la institución. Evita no usaba perlas. A ella le daba por el oro. Toda la diferencia estaba allí. Cuando ya se trató, en términos oficiales, de designarla para el cargo, las señoras alegaron que la encontraban demasiado joven. Al menos ésa es la respuesta que se les ha atribuido. Y Evita habría replicado: "¡En ese caso, nombren a mi madre!" Una genial idea: ¡Doña Juana presidenta de las damas patricias! Suponiendo que la salida no haya sido de la cosecha de Evita, lo mismo forma parte de esas leyendas reveladoras que aclaran la realidad.

Es probable que, tanto de un lado como del otro, hayan estado de acuerdo en el desacuerdo. Por ofendida que se sintiera frente al ultraje, para Evita era un alivio no tener que aguantarse en carne y hueso el desdén de las damas. Además, con su piel nacarada, ¿a santo de qué ponerse perlas? Y para los huerfanitos, ella tenía sus propios proyectos, el primero de los cuales era abolir los uniformes.

Pero suspirar de alivio no significa olvidar. Y la Sociedad de Beneficencia fue disuelta por el gobierno, el 6 de setiembre de 1946, por iniciativa del doctor Armando Méndez San Martín, que habría de tener tan nefasta influencia sobre el Perón de los años cincuenta. ¿Se trató de una venganza de Evita, como las damas lo proclamaron a tambor batiente? Para el senador nacionalista Diego Luis Molinari, que solicitó al Senado la suspensión de la Sociedad, el gobierno se proponía simplemente desarrollar una acción social que volvía caduca la de las damas. A partir de ahora, los numerosos hospitales dirigidos por ellas formarían parte del Ministerio de Salud Pública. La medida podía explicarse por el hecho de que, en gran parte, la Sociedad de Beneficencia estaba subvencionada por el Estado. *Sotto voce* se acusaba a la institución de malversar los fondos de la lotería de Beneficencia. Se rumoreaba que los huérfanos y las madres solteras daban jugosos dividendos.

Pero Evita, entretanto, ¿en qué ocuparía su tiempo?

Perón había planificado más o menos sus actividades futuras. "Más o menos": expresión argentina característica que va acompañada por un balanceo de la mano. Una de las críticas que se le hacían al peronismo era justamente haber exagerado el balanceo, es decir, haber improvisado. Perón se justificaba con una frase típica del campo argentino: "Andando se acomodan los melones". Pese a lo elíptico de la frase, se podía entender que los melones, al emprender la marcha, se acomodaban por sí solos gracias al traqueteo del carro.

Hay que admitir que los otros partidos políticos se habían puesto en marcha hacía rato y habían tenido tiempo de hacer planes. El peronista, en cambio, estaba en el punto de partida. Pero una vez en el poder, arrancó a gran velocidad. En noviembre de 1946 Perón presentó su Plan Quinquenal en el Teatro Colón, ante una multitud de obreros. Respetando el ritual de su partido, apareció en camisa. Una alusión a su condición de descamisado, que los antiperonistas comentaban con lógica pueril: "¡Pero entonces lo que tendrían que sacarse es la camisa!"

Era negarse a la evidencia: desde un punto de vista teatral, el símbolo resultaba de una potencia enorme, sobre todo en ese santuario de la cultura de elite que era el Teatro Colón. Conocido y apreciado por las más grandes orquestas, óperas y ballets del mundo entero, el teatro de estilo fin de siglo salpicado de griego tenía tal prestigio que por sí solo justificaba el viaje al extremo sur. Y los obreros confusamente lo sabían. Cuando Perón dio la orden de que los conjuntos folklóricos tocaran en ese templo de la música clásica, la gente le gritaba "¡al Colón, al Colón!" a todo cantante improvisado que se atreviese a animar una fiesta. Pero ese 26 de noviembre, nadie podía imaginar los bombos indios amplificados por la acústica de sala tan prestigiosa, y aún no había sido inventado el chiste justiciero que, de modo inconsciente, defendía la Cultura de Elite con todas sus mayúsculas. Aquel 26 de noviembre, el pueblo pudo contemplar por vez primera el interior del teatro. La cúpula azul, los terciopelos de color cereza, las molduras doradas y las arañas de cristal le inspiraban un respeto sin límites. Ver a su presidente en semejante decorado, con las mangas arremangadas, autoproclamándose "Primer Trabajador" y anunciando la nacionalización de los ferrocarriles y todo un rosario de medidas sociales, daba pasto para soñar.

Pero el peronismo era una puesta en escena y, por consiguiente, podía dejar un margen para la improvisación. Y Evita, a ojos de su marido, era otro melón de los que se acomodan andando, cosa que no demoró en ocurrir.

Casi al día siguiente de la asunción del mando, ya se había creado una situación embarazosa. Habituados a ver a Perón en carne y hueso, en la Secretaría de Trabajo, los obreros no cambiaban de costumbres. Perón era Perón gracias a ellos. Ellos lo habían salvado de la cárcel y lo habían votado. Lo sentían tan próximo y accesible que no dudaban en ir a tocarle el timbre para preguntar si estaba en casa. Es evidente que a Perón las exigencias de su nueva ocupación le impedían ofrecerle un cafecito a cada uno. Pero si los había conquistado, era precisamente por ser de fácil acceso. Confiarle a otro esa tarea equivalía a servirle el poder en bandeja de oro. Más valía confiársela a una sombra, es decir, a una mujer: la suya. La única que no pretendería competir ni aprovechar la ganga era ella. Por lo menos, él así lo creyó.

Un hombre agradecido, Nicolini, solucionó las cosas. Recordemos que su nombramiento como director de Correos y Telecomunicaciones había desencadenado la crisis militar y el consiguiente triunfo peronista del 17 de octubre. Nicolini tuvo la idea de prepararle a Evita una oficina próxima a la suya, en el Correo Central, viejo edificio de la calle Corrientes que no dejaba de evocar una estación de ferrocarril, lo cual quiere decir, en la Argentina, que era de estilo inglés. Instalada en su flamante oficina, Evita recibiría las delegaciones obreras, se empaparía de sus problemas y los transmitiría al presidente.

Ésta es la versión generalmente aceptada, que no pensamos contradecir. Pero el testimonio de Raúl Salinas, entonces secretario de Cultura de la Municipalidad de Buenos Aires, que conocía a Evita desde antes de su encuentro con Perón, agrega un matiz no desdeñable. Según Salinas, Evita había formado su propio equipo (un equipo de evitistas) desde el día mismo del nombramiento de su marido. Formaban parte de este equipo, además de Salinas, Nicolini, Guardo y Vicente Sierra (otro funcionario de la Municipalidad). El objetivo de Evita no era, o no lo era todavía, desarrollar una política independiente. Pero quería crear su grupo de poder. Un día, Perón le preguntó a Salinas, que pasaba a buscarlo todas las mañanas a las 6.40: "¿Qué pasa en el Correo? Vi varios autos oficiales estacionados delante de la puerta. ¿Nico festeja algo?" Esa mañana estaban presentes Juan Duarte, el coronel Castro y José Figuerola (un español de extrema derecha que había colaborado con Perón en la Secretaría). Y Salinas tuvo que confesarle que Evita estaba reuniendo su equipo. "A Perón le pareció muy bien -concluyó Salinas-. O si le pareció muy mal, se guardó de decirlo."

Los sindicalistas aguerridos como Cipriano Reyes no querían a Evita, pero los simples trabajadores estaban lejos de compartir tanta animosidad, sobre todo porque sus pedidos le llegaban efectivamente a Perón. Evita era una buena intermediaria y su eficacia fue recompensada. El 23 de setiembre no concurrió a su oficina del Correo. Su automóvil dio la vuelta a la Casa Rosada y se detuvo en una callecita detrás del Cabildo. Era la Secretaría de Trabajo, instalada en la antigua sede del Concejo Deliberante.

Y Evita penetró en el recinto sagrado, allí donde Perón había oficiado como Secretario de Trabajo. Fue uno de los momentos más solemnes de su vida: iba a ocupar la misma oficina que él. Ella no era la nueva Secretaria de Trabajo. No tenía ningún título. Sólo estaba en ese sitio para representar a Perón. Más tarde va a querer existir de un modo más oficial, obtener un auténtico nombramiento (convertirse, por ejemplo, en vicepresidenta de la Argentina). Pero se verá obligada a ocultar su ambición como se oculta un deshonor. Lo más extraordinario es que su poder crecerá en la medida misma en que no esté respaldado por el menor papel. Una vez más, a Evita le está negada toda identidad legal (aparte de la de esposa). Es eso lo que le da una entera libertad en su trabajo, pero terminará por pagarlo muy caro.

Hela aquí, pues, sentada ante el enorme y sombrío escritorio, en el inmenso salón con lúgubres *boiseries* de estilo inglés. Una vez más, su lugar de trabajo era solemne, viril y de una profunda seriedad. Pero a excepción de algún ramo de flores, Evita no hizo nada por alegrarlo. Muy por el contrario, la ex oficina de Perón le inspiraba un religioso respeto. Era la oficina del hombre al que ella admiraba ciegamente (y al que prefería frecuentar lo menos posible para preservar su ceguera). La luminosidad que invadió esa oficina no se debía a un cambio de decorado, sino a ella misma. Aunque sus trajecitos Príncipe de Gales con cuello de terciopelo se convertían cada vez más en su atuendo legendario, a veces se le antojaba ir a su oficina resplandeciente de joyas. Sus sombreros y su pelo introducían una nota regocijante en ese templo únicamente concebido para albergar a hombres de caras graves.

Detrás de ella, dos pasitos atrás, siempre discreta pero firme, estaba la sombra de Evita, la sombra de una sombra: Isabel Elfride Constancia Ernst. Isabel que, a media voz, le dictaba las respuestas, el comportamiento, la actitud. Isabel, la que impedía las meteduras de pata, la consejera necesaria o inevitable, de la que Evita terminó por liberarse, ¡al fin!, a su regreso de Europa. Isabel, ¿modelo o imitadora? Cabía preguntárselo al verlas a las dos, la una tras la otra, idénticas en todo: el mismo *tailleur*, el mismo color de cabellera, con la única diferencia de que, aparte del teñido, Evita era diez centímetros más baja que Isabel. ¿Pero por qué esa irritación y ese tono tan duro con los que a veces ponía a la alemana en su sitio? ¿Había olvidado acaso las salidas de a cuatro, con Perón y Mercante, en la época en que las dos mujeres se tuteaban? Cuando Isabel había tratado de tutear a la Evita presidenta, ésta le había hecho sentir que lo mejor era perder la costumbre.

Sin embargo, en la carta que le escribió a Perón desde el avión que la conducía a Europa, Evita le pedía para Isabel un aumento de sueldo. Quizá no hubiera entre las dos una verdadera antipatía. Pero el papel objetivo que la una estaba obligada a representar -un papel didáctico-, a la otra le resultaba insoportable. Por suerte, la sabelotodo tenía un punto débil: era la amante, la clandestina, mientras que Evita se había vuelto legítima. Pero eso en el trabajo mucho no se veía. Amante o no, Isabel era de una aplastante perfección. Incluso alguien menos susceptible que Evita hubiera sufrido una "herida narcisista", expresión muy común, veinte años más tarde, entre los argentinos, a quienes las secuelas del peronismo habían arrojado en brazos del psicoanálisis.

Un buen ejemplo del papel representado por Isabel nos lo da esta anécdota relatada por Borroni y Vacca: una delegación de la Junta Central de Grupos de Damas Peronistas va a visitar a Evita. Le llevan un regalo: un misal confeccionado por obreros argentinos y bendecido por monseñor Andrés Calcagno. La mujer del presidente ya ha recibido centenares de regalos y los seguirá recibiendo. Pero ese día decide rechazar el misal. "No puedo aceptar -dice-, porque el General Perón ha dado por finalizadas las actividades de todas las fracciones y ha instituido el Partido Único de la Revolución." Todo ello dicho con un aire tan desagradable que las damas se retiran indignadas. Isabel corre tras ellas, retoma de sus manos el desdichado regalo y les pide disculpas, según dice, de parte de Evita. ¿Pero se trata realmente de una salida de tono? Sí, si lo ubicamos en la época en que se produjo. No, si se considera que Evita fundó su Partido Peronista Femenino en 1949, disolviendo de paso todos los grupos de mujeres peronistas para fundirlos en el suyo. Su actitud revela que la idea ya le andaba rondando.

Durante ese período Evita dio pruebas de una inseguridad, pero también de una intuición fulgurante, que se reflejan en el testimonio de un dirigente sindical, José Presta, citado por varios autores. Presta la describe como a un persona tímida. Tímida en sus gestos pero también en su lenguaje, del que desconfiaba hasta el punto de repetir cada dos frases: "¿Se entiende lo que quiero decir?" La angustia de no dominar las palabras era tan desgarradora que le impedía no sólo hablar sino también entender. Un vacío en la mente. Pero ella no cejaba, y se hacía repetir varias veces lo mismo. Y de golpe, entendía. Entonces daba a los obreros una solución completamente inesperada. Una pequeña solución, concreta, eficaz, luminosa, y en la que nadie había pensado.

Para reflexionar sobre la "pequeña solución" de Evita, conviene volver al psicoanálisis. En su libro sobre Perón, el doctor León Rozichner estudia un texto del líder que aclara su pensamiento sobre el papel de la mujer: "Las grandes cosas siempre se componen de pequeñas cosas que no hay que desdeñar. Como líder, una de las fuerzas fundamentales de la mujer es emplear pequeños medios de una potencia enorme, cosa que nosotros no podemos hacer porque somos hombres". Según Rozichner, el "pequeño femenino" era una componente de gran importancia en la personalidad de Perón. La madre popular de maliciosa sabiduría, con su guiñada astuta, contrarrestaba el carácter dominador del padre, socialmente superior a la madre pero mucho más débil. Identificado con los dos, Perón ocultó su "pequeñez" para aparecer ante el pueblo como un padre dominador, aunque sin creer ni una palabra, consciente de su propia debilidad y de la de su padre. Necesitaba a Evita para disimular su identificación con su madre. Ella fue la encargada de representar la "cosita" femenina, así como de certificar la virilidad de Perón.

Le ahorraremos al lector las idas y venidas de Evita como ferviente visitadora de fábricas, escuelas, hospitales, sindicatos, clubes deportivos y culturales. Tenía una energía sobrehumana. Digamos solamente que podríamos llenar estas páginas con la sola descripción de dichas actividades. Autores como Marysa Navarro, Fermín Chávez y tantos otros se han tomado el trabajo de seguirla día por día. Hemos preferido dejar esa asombrosa cantidad de inauguraciones, presentaciones, manifestaciones y viajes como telón de fondo, para concentrarnos en la visión de una mujer que crece, se desarrolla, se afirma... y pronuncia discursos.

Había llegado el gran momento: Evita hablaba en público. Muñoz Azpiri estaba siempre a mano, dispuesto a prestarle su pluma. Pero desde su primer encuentro con los trabajadores, desde el primer ramo de flores ofrecido por una niña, una cosa quedó clara: Evita tendría que improvisar. Debutó el 31 de mayo, en el teatro Astral, durante un encuentro organizado por la Confederación de Empleados de Comercio. Perón había hablado, un ministro había hablado, y después los presentes le pidieron a Evita que tomara la palabra. La expresión lo dice todo sobre la dominación que ejerce el orador. Dominación del auditorio y del espacio sonoro, dominación viril. En la Argentina de la época, sólo pocas mujeres, socialistas o intelectuales, se apoderaban del lenguaje. Las otras renunciaban.

Y Evita se lanzó. Hablaba rápido, muy rápido, como perseguida por la jauría de los tomadores de palabra oficiales y titulares. Su voz sonaba aguda. Una niñita feliz de que la felicitaran al final del discurso y, sobre todo, de haber merecido el guiño de Perón. Sus palabras habían sido un mea culpa. No había dejado de justificarse un solo instante, repitiendo la frase que machacó hasta su último aliento: "Soy sólo una mujer". Pero poco importaba lo que había dicho. Al decirlo, había comprendido el funcionamiento de un "discurso". Se trataba simplemente de repetir las palabras de su guionista y de todos cuantos la rodeaban. No poseía otras. Y es con esas palabras, haciéndolas suyas, que logrará el milagro. Un bagaje verbal de una pobreza extrema y de una cursilería raras veces vista, con el que ella hechizará a la multitud. Su secreto era la reiteración. Repetir lo mismo para crear la espera de las palabras familiares, que no tardarán en venir y tranquilizan al pueblo. El discurso-letanía. En sus labios, ese apasionado martilleo se ha de volver fascinante y lancinante como un ritmo salvaje.

Más adelante trataremos de analizar las palabras que repetía con más ardor. Por más que fueran de otros, el haberlas elegido no era casual. Pero existía una palabra, un nombre mejor dicho, subrayado con la cadencia insistente de un tango, es decir, de una música africana, que volvía en sus discursos de manera obsesionante: Perón. Cuanto más se alejaba del cuerpo de su marido, más parecía saborear la esencia contenida en ese par de sílabas. No resistimos a la tentación de transcribir este mensaje de Navidad dirigido a las mujeres argentinas: "Vengo del pueblo, ese corazón rojo que sangra y llora y se cubre de rosas al cantar. Vengo del pueblo, y me siento feliz de entrar, en esta Navidad del buen pan dulce de Perón y de la buena sidra de Perón, en los hogares que él restableció en su dimensión cristiana".

Y los antiperonistas se reían hasta caer enfermos, sobre todo porque "pan dulce", en lunfardo argentino, significa trasero.

¡Pero qué difícil detenerse, una vez que se ha comenzado a reír! Llorar de risa no es la mejor manera de ver claro. Y permanecer de una inalterable seriedad, creyendo encarnar la conciencia de un país, tampoco aclara la vista. Cuando Evita, el 27 de enero de 1947, se dirigió una vez más a las mujeres argentinas para anunciarles el proyecto del voto femenino, las socialistas sintieron una santa indignación. Habían luchado durante varias décadas para conseguir ese voto. Pero hay voto femenino y voto femenino. Al ser concedido por un personaje tan vulgar, ya no era lo mismo. Alicia Moreau de Justo, modelo de las socialistas, había obtenido su título de médica en una época en que estudiar, para una mujer, representaba una hazaña. Era una mujer digna, lúcida, independiente, y que no había sido fabricada por su marido. El elitismo socialista también iba acompañado de cierta gazmoñería, igual que entre los comunistas y anarquistas: las prostitutas arrepentidas estaban muy bien en una novela de Andreiev o de Tolstoi, pero no en la realidad.

Por el lado de los aristócratas, Victoria Ocampo ya había previsto en 1945 que Evita lograría hacer votar la ley. Y había golpeado el piso con el pie: no y no. Ese voto no era el suyo. La amiga de André Gide, de Roger Caillois, de Drieu La Rochelle, de Valéry, de Stravinsky, de Rabindranath Tagore, no podía recibirlo de manos tan ordinarias. Sin embargo, terminó por comprender su error y tuvo el coraje de decirlo. Y las argentinas votaron sin seguir preguntándose si ese voto era menos valioso por el hecho de venir de una actriz ignorante.

Y mientras Evita improvisaba sus discursos, tomando la palabra a dos manos y apretándola cada vez más fuerte contra su pecho, Isabel Ernst, la consejera no deseada, permanecía a su lado. Otras veces, en cambio (pero por otras razones), estaba Lilian Guardo.

Joyas mordidas

Las causas de la fascinación que Lilian ejercía sobre Evita no son muy comprensibles. Es verdad que para luchar contra las malas lenguas necesitaba una amiga católica, esposa y madre irreprochable. También es cierto que Lilian la podía guiar en la elección de su ropa, ahora que Evita se atrevía por fin a pedírselo de frente. Pero tanto si amaba como si odiaba, Evita no conocía límites. Y Lilian padeció su amor como se padece una catástrofe natural.

Unos meses después del célebre resbalón por las barandas de la escalera, el teléfono sonó en lo de los Guardo. Era Evita para invitar a Lilian a verla en su oficina. Lilian simpatizaba con la mujer del presidente. La encontraba "encantadora, joven y linda". En la Secretaría de Trabajo, el ama de casa fue testigo de una sorprendente escena que les describió a Navarro y Fraser. Alrededor de Evita caracoleaba el ministro de Trabajo, José María Freyre, un dirigente sindical nombrado por Perón merced a su mediocridad, que lo volvía inofensivo. Al presidente le gustaba repetir este proverbio supuestamente chino: "Cuando una espiga sobresale de un campo de trigo, córtale la cabeza". También estaban presentes el administrador de la Residencia, Atilio Renzi, quien, junto con Evita, se convertiría en el pilar de la futura Fundación Eva Perón; la inevitable Isabel; y un enjambre de funcionarios melosos. Al examinar las fotografías de la época no podemos evitar detenernos, con cierta melancolía, en todos esos personajes obsequiosos, engominados, de breve bigotito, que huelen a perfume barato hasta en la foto, sonriendo con aire servil y rigurosamente anónimos. Vanidad de vanidades: ¿quiénes eran? ¿Adónde están ahora? ¿Y qué lograron obtener a cambio de sus zalemas?

Del otro lado del escritorio las caras tenían más nobleza. Eran obreros pero también mujeres, niños, ancianos. Su número aumentaba día tras día. Evita no había comenzado aún su verdadera tarea: la distribución directa de las riquezas. Pero la idea de una fundación germinaba en su mente. Los pobres ya acudían a pedirle un empleo, un techo, unos pesos, y a tocar su piel. Y ella encontraba ya, en un relámpago, la pequeña solución para cada uno.

De vez en cuando Evita interrumpía sus conversaciones con los pobres o los ministros para echar un párrafo con Lilian. Temas frívolos, charlas femeninas de las que parecía tener sed. Cuando se hizo tarde, Lilian intentó levantarse. Pero Evita le dijo con tono suplicante: "¡Por favor, quedate. Me da tanta paz verte ahí sentada!"

Lilian adujo que sus cuatro niños la estaban esperando. En vano. A partir de ese día, Evita se comportó como si le hubiera encontrado mejor ubicación que la de ama de casa: la de mujer sentada. Las invitaciones telefónicas comenzaron a llover sobre Lilian. Una verdadera persecución, amistosa sin duda, pero donde asomaba el espíritu manipulador de Evita, que hasta incluía una pizca de sadismo. Se hubiera dicho que, aun admirando el aura de tranquilidad doméstica que nimbaba a su amiga, hacía lo imposible por alejarla de los suyos. (Ya veremos con qué métodos elegía a las dirigentes de su Partido Peronista Femenino, impidiéndoles tener una vida privada y dando el ejemplo con un fanatismo de madre superiora.)

La presión sobre Lilian sólo aflojaba el viernes por la noche. Entonces, por fin, la desgraciada esposa y madre era acompañada a la estación y depositada en un tren que la conducía a la casa de campo donde su familia la esperaba para el fin de semana. El resto del tiempo estaba a disposición de Evita, que la quería sentada e inmóvil: el monumento a la mujer sin ambiciones y sin historia que Evita no había podido ni querido ser.

Además de quedarse sentada irradiando esa paz que tranquilizaba a Evita, Lilian era capaz de otras proezas, o que lo eran para su amiga. Sabía diferenciar una porcelana de otra, y el plástico del marfil. Ayudaba a Evita a evaluar los regalos ofrecidos por embajadores o sindicatos. Le decía si tal objeto era hermoso u horrible. Y la acompañaba a lo de Ricciardi, el célebre joyero que, al verlas llegar, escondía apresuradamente sus piezas de valor.

Esas visitas a la joyería de Ricciardi más parecían invasiones. A menudo, doña Juana era de la partida. Había logrado al fin su tajada de torta. Desde que Evita había conocido a Perón, y desde la instalación de la pareja en la calle Posadas, ella piafaba de impaciencia, en su lejano Junín, para ir a instalarse ella también. Jamandreu asistió a conversaciones telefónicas en las que Evita le gritaba a su madre: "¡Esperá! ¡Todavía no vengas! ¡Mi situación no es muy estable!" Pero doña Juana había terminado por convencerla de que su presencia era un aval. La relación de Evita con su familia nunca se había roto. El que hubiera mantenido a distancia a su madre y sus hermanas durante largo tiempo no impedía que siguieran siendo una tribu. Un sentido tribal que Evita no traicionó jamás, aunque le causara irritación, lo cual probaba justamente la fuerza del sentimiento. Los nombramientos de Juan Duarte como secretario del presidente; de Orlando Bertolini, marido de Erminda, como director de Aduanas (un puesto interesante para sus negocios de importación); del mayor Arrieta, marido de Elisa, como senador de la Nación; de Álvarez Rodríguez, marido de Blanca, como miembro de la Suprema Corte de Justicia; y de Blanca, como directora del organismo que agrupaba los jardines de infantes y las escuelas primarias, expresan a las claras su fidelidad a la familia, por no decir su nepotismo.

Entre tanto, doña Juana se había convertido en una gruesa matrona con redondeces sensuales, en nada parecidas al volumen uniforme de la señora de Quijano, que era un solo bloque íntegro y moral de la cabeza a los pies. Una matrona, pues, con rodete y anteojos. Pero no cualquier rodete, ni unos anteojos cualesquiera: tras los cristales amenizados con cadenitas relucientes brillaba una mirada astuta, chispeante de avidez. El éxito de su hija le había despertado deseos. Su labios estaban siempre húmedos como si no parara de lamérselos. Por supuesto que el poder la seducía, igual que a Elisa (Blanca y Erminda seguían discretas). Pero tenía sobre todo ganas concretas, ganas de cosas tangibles y centelleantes, ganas de joyas. Joyas que se llevaba a la boca como los niños que se chupan el dedo por falta de cariño, y como la propia Evita acostumbraba hacer.

Cuando Paco Jamandreu fue por primera vez a lo de Evita, se asombró ante sus tapados de piel y sus "joyas de maestra de escuela previsora y ahorrativa". Eso prueba que Evita pensaba en las realidades de la vida, pero también que en 1945 las joyas resplandecientes del tesoro de Martin Bormann no estaban en su poder. ¿Ese fabuloso o fantasmal tesoro seguiría bajo llave en su lejana estancia de San Clemente del Tuyú? ¿Por qué emprender sus raids a la joyería de Ricciardi si hubiera tenido con qué saciarse en casa?

Pero era insaciable. En 1946 sus joyas, sea cual fuere su procedencia, ya no eran las de una institutriz. Conociendo su punto débil, Dodero le había regalado magníficas alhajas, cosa que a Perón le parecía muy bien: "Para Dodero -decía- regalar una joya es como para otros un ramo de flores". Si agregamos a esto que doña Juana regateaba sin vergüenza con Ricciardi, pidiéndole rebaja, y que los pagos del Palacio Unzué no pecaban por su regularidad, comprenderemos por qué, al advertir la presencia de Evita, el joyero escondía sus alhajas más preciadas. "¡Pero señor Ricciardi! -se quejaba ella-. Esto no es una joyería, es una ferretería!"

A Lilian esas escenas la sorprendían tanto como la avidez de su poderosa amiga. Llegó a la conclusión de que las joyas eran para Evita una manera de tranquilizarse. Las alhajas le probaban que era amada. Se calmaba con ellas como otros con la comida. Al no poder comer por miedo a ser gorda, expresaba su bulimia por medio de esos bombones refulgentes: esmeraldas de menta, rubíes de fresa. Gracias, una vez más, al modisto Jamandreu, sabemos que Evita saboreaba sus joyas.

Ricardo Guardo le había sugerido que apareciera menos cargada de diamantes en su próxima visita al Congreso. Y Evita le había respondido con el mismo argumento que utilizaría con Franco meses más tarde. El dictador español se había asombrado ante los oros y las pedrerías con que se había engalanado su huésped para ir a encontrarse con los obreros españoles. "A los pobres les gusta verme linda -había dicho ella-. No quieren que los proteja una vieja mal vestida. Ellos sueñan conmigo y yo no puedo decepcionarlos." Franco había tomado la cosa tan a pecho que, según Carmen Llorca, había consultado por teléfono a Perón. Imaginemos la escena: dos tiranos maduros charlando de modas por sobre el océano. Para gran estupefacción del español, su colega argentino, militar espartano si los hay, había estado de acuerdo con su mujer. Evita tenía que brillar. Ambos habían dilucidado este delicado problema y ella le había explicado los misterios de la identificación, tema que conocía muy bien por haber querido en su infancia ser Norma Shearer.

A Guardo le dio la misma respuesta. Pero el consejo de limitar la cantidad de joyas le siguió dando vueltas. Pronto, Perón iba a ser condecorado por el gobierno español y se preparaba una gran fiesta en la Embajada de España. Evita llamó a Jamandreu y le ordenó que le encontrara un collar muy sencillo para ponérselo con el vestido verde y marrón que acababa de hacerle. "Todas las otras van a ir adornadas como arbolitos de Navidad -añadió para justificar su repentino deseo de un adorno modesto-. Quiero sorprenderlas haciendo justo lo contrario." Jamandreu salió a la calle desesperado. Y justo en la vereda de enfrente, en la vidriera de un negocio, vio un collar marrón y verde. Volvía triunfalmente a la Residencia cuando se cruzó con Perón, que le dijo: "¡Menos mal! Tengo la cabeza como un trompo con la historia del collar".

Evita se puso el vestido y el collar para la famosa ceremonia. Emocionada y nerviosa, no paraba de llevarse el collar a la boca. Por la noche llamó a Paco y le envió una andanada de insultos, entre los cuales "maricón" servía de coma. Se oían las carcajadas de Perón. El modisto terminó por entender: el collar estaba hecho de fideos pintados. Evita había escuchado los discursos, había aplaudido, había cantado el Himno Nacional sin darse cuenta de que tenía la lengua y los labios pintarrajeados de dos colores.

Izquierda: Eva Perón a los quince años.
Arriba: En uno de sus primeros papeles como actriz, ya en Buenos Aires (1937).

ANNEMARIE HEINRICH

1945: La estrella Eva Duarte es la amante de Perón e imágenes como ésta causan escándalo.

Su debut en el cine:
La cabalgata del circo.

En la tapa de
Radiolandia (1944).

En la Plaza de Oriente de Madrid, junto a Franco y frente a una multitud.
Es el comienzo de su controvertido viaje a Europa en 1947.

Una cena en su honor. A la izquierda de Eva, Franco y su esposa Carmen Polo.

«Evita Perón viene a conquistar Europa», tituló un diario francés a su llegada. El titular agrega: «Calificada de 'agente del fascismo' y 'Presidenta' de la Argentina».

Su visita al Vaticano, acompañada por autoridades de la Santa Sede.

En el teatro Colón,
hacia 1949.

Evita en París, 1947.

"*Llora una*
EMPERATRIZ"

LR3

Conmovedora biografía radionovelada de la Emperatriz Carlota de Méjico, original del escritor FRANCISCO MUÑOZ AZPIRI

La Compañía EVITA DUARTE con un seleccionado elenco, ofrece esta hermosa obra todes las noches a las 22.30, menos sábados.

QUISO COMPARTIR LAS GLORIAS DE UN TRONO EN AMERICA Y SOLO CONOCIO EL DOLOR, LA LOCURA Y LA MUERTE!

RADIO
BELGRANO
Y LA PRIMERA CADENA ARGENTINA DE BROADCASTINGS S. A.

Arriba: Una escena de *La pródiga*.

Abajo, izquierda: En traje de noche, diseñado por Paco Jamandreu.

Abajo, derecha: Un anuncio del radioteatro *Llora una emperatriz*, protagonizado por Eva.

Eva y
los niños:
una pasión
recíproca.

Arriba: Con obreros
del calzado.

Derecha: Junto a
delegados de la
UOCRA.

Abajo: Con
delegados
portuarios.

Inaugurando un barrio obrero (1948).

Izquierda: A su regreso de Europa (1947). *Derecha:* En un homenaje de la CGT a la Fundación Eva Perón (1949)

Arriba: Inaugurando uno de los Torneos de Fútbol Infantil.
Abajo: Eva da el puntapié inicial de un partido entre las selecciones de Argentina y Paraguay (1951).

Arriba: A punto de subir a un tren hacia Santiago del Estero (1948).

Abajo: Recaudando fondos para las víctimas del terremoto de San Juan (1944).

Una recepción
oficial
(a la izquierda
de Eva: Héctor
Cámpora).

Saludada por
la esposa del
embajador
de Italia.

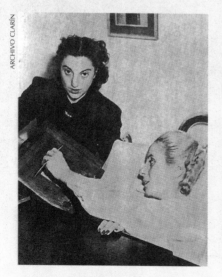

Izquierda: Eva emite su voto, 11 de noviembre de 1951. *Derecha:* En junio de 1952.

Traslado de los restos de Eva Perón hacia el Congreso.

Despedida de sus restos en la Cámara de Diputados.

Expresiones de dolor, al paso del féretro de Eva Perón por la Avenida de Mayo.

Homenaje
en la CGT.

1952 – 1958

N EVA

Su retrato oficial,
en el frente de la
Subsecretaría de
Informaciones.

Arriba y abajo, izquierda:
Manifestaciones con motivo de la
repatriación de sus restos (1974).

Abajo, derecha: Marcha en su
homenaje, el 26 de julio de 1990.

Una cabellera de moscas

Pero al lado de esta Evita había otra, y otra, y otra más. Una multitud de diversas Evitas. El marginal no suele aferrarse a la ilusión de un único yo, y es frágil, pero fuerte, porque se sabe mil fragmentos a la vez: Evita frívola, ávida, manipuladora, Evita que teme no saber comportarse, Evita insolente que fanfarronea para esconder su temor. Y Evita sensible, protagonista de una bellísima historia.

Un día va a visitar un barrio de emergencia en el bañado de Flores, llamado Villa Soldati. No es la primera villa miseria que visita, pero es la peor. Varias familias viven bajo los chasis de unos coches abandonados. Otras han juntado pedazos de madera o de cartón para armarse unas casuchas que ya se han derrumbado antes de estar terminadas. La desesperación le impide al indigente clavar sólidamente el material incierto que le sirve de techo, o barrer la basura delante de la puerta. Lo que pierde es el deseo. No sólo se olvida de luchar sino hasta de comer: cuanto menos se come, menos hambre se tiene. Existe un grado de pobreza emparentado con la profunda depresión. En la Argentina, como en muchos países de América Latina, se acusa a los pobres de ser perezosos. En realidad, están tristes.

Ella lo sabe, lo siente: el sentimiento de abandono que se lee en esos rostros le es familiar. Entonces va concibiendo de a poco la idea de curarlos a la manera de una psicóloga, reavivando en ellos el deseo perdido, como si les mostrara las vidrieras de Ricciardi para llenarles de agua la boca. No sobre otra base se apoyará su Fundación: dar el lujo a los pobres para que aprendan a desear. "Hay que querer -decía-. Ustedes tienen el deber de pedir." Ésa fue la verdadera razón del odio que le tuvieron. Echarles a los pobres cosas de pobres, como las Damas Benéficas, estaba bien. Despertarles las ganas, nunca.

Una de las casuchas de Villa Soldati, más destartalada que las otras, le llamó la atención. Sin saber por qué, apartó la bolsa de arpillera en harapos que tapaba la entrada. En un rincón había un montón de trapos. Pero el montón se movía. Eva se inclinó a mirar y vio a un niño pequeño cuyos cabellos tupidos le ocultaban la cara. Al acercarse, la cabellera se levantó por el aire con un zumbido. Eva salió corriendo, debatiéndose para apartar los cientos de moscas que la perseguían con furia, y que había tomado por unos cabellos renegridos.

Ya no puede dormir al recordar la ráfaga de horror que le ha golpeado la cara. Tres días más tarde, vuelve al barrio de emergencia con el intendente de Buenos Aires y el ministro de Salud Pública. Reúne a los habitantes y les anuncia que por fin tendrán casas decentes. Deben partir enseguida. Pero insiste sobre un punto: "No se lleven las cosas, sólo lo necesario para la noche o algún recuerdo, el resto déjenlo". Igual no tienen nada. Ni un mueble, apenas unas cajas donde puede leerse "manzanas de Río Negro", "uvas de Mendoza". Pronto no quedan sino unos trozos de cartón. Y una inmensa soledad.

Pero Evita no se va. Ha ordenado que se queme todo lo restante. El incendio acaba de comenzar y el intendente viene a decirle que se va a resfriar con la humedad de la noche (hace ocho horas que está allí). "No -le contesta-, quiero ver hasta el final. Necesito convencerme de que todo ha desaparecido. ¿Usted sabe que esa gente ha nacido en el barro? Esta noche, cuando estén entre sus sábanas limpias, van a extrañar el olor de la tierra. Yo los conozco: son capaces de volver. Y si encuentran un techo todavía en pie, le apuesto lo que quiera a que querrán quedarse."

Esta Evita sensible anuncia a la mujer de infinita paciencia que respondía, cuando acusaban a sus pobres de haber arrancado el parquet de sus flamantes departamentos para hacerse un asado: "Pónganles otro parquet. Y después un tercero. Toma tiempo convencerse de que uno tiene derecho a vivir como la gente". También prefigura a otra mujer, obsesionada por la idea de que debe vigilarlo todo personalmente, como esos pasajeros que, viajando por un camino de montaña, no pueden apartar la vista del conductor, convencidos de que si miraran hacia otro lado el auto rodaría hacia el abismo.

Burlas y buenos consejos

En el seno de la oposición, las actividades de la odiada Señora despertaban reacciones desproporcionadas, o que hoy nos lo parecen. Silvano Santander, diputado radical y autor de *Técnica de una traición* (el libro publicado en 1955, donde acusaba a Evita de haber estado en el espionaje alemán), presentó un proyecto de ley para que "no se permita a las esposas de los funcionarios públicos, civiles o militares que gocen de los mismos honores que sus maridos, ni que los representen en los actos públicos". Pero en la Cámara de Diputados, la mayoría peronista logró que el proyecto fuera rechazado. En cambio, entre los senadores, Evita no tenía el mismo éxito. El embajador de los Estados Unidos, George Messersmith, relata en una carta dirigida a Spruille Braden, siempre ávido de noticias llegadas de la Argentina, que Evita había irrumpido en la gran sala del Senado durante una sesión a puertas cerradas. (El verbo "irrumpir" figura muy a menudo en los testimonios sobre Evita, como si todo, en su manera de entrar a alguna parte -tanto su gesto imperioso como sus atuendos excesivos-, tuviera relación con la brusquedad.) El presidente del Senado le había ordenado que se retirara y Evita se había ido sollozando, lo que demuestra hasta qué punto se sentía ulcerada, ya que, a diferencia de Isabel Perón, que lagrimeaba de buena gana, Evita lloraba muy poco. Volveremos sobre esta característica que ha movido al padre Benítez a decir: "Eva era la mujer sin lágrimas".

Ese día, Perón había montado en cólera. ¿Cómo se habían atrevido a poner a su mujer de patitas en la calle, por privada que fuera la desgraciada sesión? Medio siglo más tarde, su rabia sigue dejándonos perplejos. El

pragmático astuto, el que gustaba repetir guiñando el ojo: "Hay que desplumar a la gallina sin que grite". Lejos de desplumar tranquilamente a la
Cámara de Senadores, Perón parecía haberse esfumado, se abandonaba a
su soberbia, a menos que demostrara su poder fingiendo un ataque. En todo caso, el mensaje estaba claro: Evita y él eran como las dos caras de la
moneda. El que ofendía a Evita lo ofendía a él, porque ella era él. (Sin embargo, en el libro arriba mencionado, Cabrera Infante lo define de otro
modo: "Perón, el hombre que fue Evita".) Perón había llamado al presidente del Senado gritando como un loco y, en la siguiente sesión, Evita estaba allí, de pie, altanera, asistiendo a las deliberaciones con una mano
apoyada sobre la cátedra del presidente.

Si los comentarios sobre Evita se habían convertido en el pasatiempo
favorito de los antiperonistas argentinos, los norteamericanos no les iban
en zaga. En mayo de 1946 la revista *Newsweek* publicó un artículo en el que
Evita era llamada "la mujer detrás del trono". Poco más tarde, la misma
revista la apodó "la Presidenta". También Braden parecía tan obsesionado
por Evita como sus amigos argentinos. En sus memorias cuenta varios de
esos chistes que nadie como ella tenía el talento de inspirar. (Toda una generación de argentinos creció acunada por esas bromas que ocupaban un
enorme espacio en las charlas familiares. Cada fiesta, Navidad, cumpleaños o casamiento era un pretexto para contar esas historias que reempla-
zaban la tradición perdida, creando sin querer una memoria argentina.)
Este es el chiste de Braden: Eva toma el ascensor en compañía de un general retirado. El ascensorista la mira de reojo y murmura: "¡Puta!" Al salir del ascensor, Eva se queja al general, que le dice: "No le haga caso. Yo
hace diez años que me retiré y todavía me dicen general".

Es obvio que los diarios argentinos no se animaban a llamarla "la mujer detrás del trono", la Presidenta ni la puta. Y sin embargo, en 1946, la
prensa todavía gozaba de cierta independencia. El régimen no había puesto en marcha su máquina represiva. El diario *La Nación* se las ingeniaba para decirlo todo con medias palabras. *La Prensa* se arriesgaba más y terminó por pagarlo. Pero con excepción de *La Época* de Eduardo Colom, los
peronistas no tenían un diario propio, y el gobierno decidió comprar *Democracia*, un pasquín con escasos lectores. Evita se convirtió en su propietaria. Detalle curioso, no tenía suficiente dinero en su cuenta para poder
comprarlo. Pero acababan de nacionalizar el Banco Central, que le prestó
la suma.

Aunque nunca haya sido la directora de *Democracia*, su presencia se
sentía y, sobre todo, se veía: los días en que ella aparecía fotografiada con
vestido de noche, la edición se agotaba en un abrir y cerrar de ojos. El director de *Democracia*, Valentín Thiébault, tuvo que rendirse a la evidencia:
Evita aumentaba las ventas. Cuanto más linda salía en las fotos, más acudían los lectores y, sobre todo, las lectoras, ansiosas por recortar su imagen
radiante y por pegarla con cuatro chinches sobre la puerta del ropero, por
la parte de adentro, al lado del santito Ceferino Namuncurá.

La presencia de Evita en las páginas de *Democracia* era inversamente proporcional a la de Atilio Bramuglia, ministro de Relaciones Exteriores, ése que en octubre de 1945 le había soltado esta frase: "¡A usted lo único que le importa es salvar a su hombre!" Bramuglia, en *Democracia*, era invisible y anónimo. Evita se vengaba borrando del diario su efigie y su nombre. Para designarlo se lo llamaba "el Ministro" y nunca se publicaba su foto. Si aparecía fotografiado en medio de un grupo, recortaban o borraban su silueta. Si había que fotografiarlo junto a otros, el fotógrafo se entregaba a las más extrañas contorsiones para que su cabeza se saliera del cuadro. Hubo quienes compraron *Democracia* sólo para verlo decapitado. Nueva ironía de la historia: tras la caída del régimen, la imagen de Evita fue aniquilada, y se prohibió a los periodistas que escribieran su nombre. Tanto la imagen como el nombre fueron borrados, recortados, raspados, quebrados, descosidos o quemados, según el material que les había servido de soporte (mármol o bronce en la mayoría de los casos).

Pero ella misma ¿cómo se veía en aquel mes de mayo de 1947 en que se preparaba para viajar a Europa, invitada por los gobiernos español, italiano, francés, suizo y, aunque en menor medida, británico?

El encargado de la respuesta es Valentín Thiébault, ex periodista de *Democracia*. (Aquí cabe un paréntesis. La autora de este libro le había sido presentada a Thiébault como la sobrina del escritor nacionalista Raúl Scalabrini Ortiz, lo cual nada tenía de falso. Pero al ignorar el muy judío apellido paterno de su interlocutora, y creyéndose en terreno familiar, el ex periodista se extendió en largas, apasionadas y elogiosas consideraciones sobre el nazismo.)

Thiébault nos enseñó la gigantesca fotografía que Evita le había regalado en 1947 a la redacción del diario. Ya era la mujer del presidente. Trabajaba en la Secretaría todos los lunes, miércoles y viernes. Había anunciado por radio su proyecto de voto femenino. Y, sin embargo, aún no había pensado en sacarse fotografías oficiales. La foto de marras era la misma que había sido utilizada en 1945 para la publicidad de sus programas de radio. Plantada sobre la cabeza llevaba una rosa grande como un repollo. Bajo la rosa, y aproximadamente de las mismas dimensiones, una carita redonda e infantil, un poco dormida (efecto del maquillaje sobre los párpados, aún no prohibido por el padre Benítez) y de desarmante ingenuidad.

"Mire la firma", dijo Thiébault.

Sobre la foto, abajo, a la derecha, Evita había escrito con letra cuidadosa: María Eva Duarte de Perón. *María Eva Duarte de*, en caracteres minúsculos, sin apoyar la pluma y respetando la horizontal. PERÓN, trazado con un impulso ascendente, en caracteres enormes y marcados con fuerza.

"En esa época -dijo Thiébault-, los hombres del peronismo no creíamos mucho en Evita. Francamente, la idea de que ella nos representara en Europa nos hacía sonreír. En el diario la llamábamos "la Dama de la Esperanza" o "la Primera Samaritana Argentina", un título que le había otorgado la Asociación de Hospitales y Clínicas. Pero aquí, entre nosotros...

Hasta el día en que un grupo de mujeres se presentó a la redacción. Habían leído la noticia del viaje de Evita y la querían ver. Les dijeron que Evita no venía al diario. Entonces pidieron verme a mí."

Y Thiébault las había recibido. Eran mujeres humildes, de piel morena, pobremente vestidas. Habían hecho un largo viaje para venir a decir lo que sigue:

"Le explico por qué vinimos, señor. Evita va a representar a las mujeres argentinas en Europa y nosotras queremos que esté muy, pero muy linda. Así que el consejo que le queremos dar es que se peine con rodete. Es lo que le queda mejor: el rodete. ¿Usted se lo podría decir de parte nuestra?"

Ese día, el periodista comprendió: Evita vivía en aquellas mujeres. Ellas la acompañaban con el pensamiento, como la madre y las tías acompañan a la jovencita que dice el verso para la fiesta del colegio. Hubieran dado cualquier cosa por retocarle el rodete, ponerle colorete en las mejillas o coserle el doblaillo, hincadas ante ella y con la boca repleta de alfileres.

No sabemos si el mensaje llegó hasta Evita. Lo cierto es que se fue de Buenos Aires con un peinado de varios pisos y regresó con el rodete. Es que los mensajes no van en línea recta. Pero siempre terminamos por oírlos, creyendo descubrirlos en ese mismo instante, mientras que, en realidad, desde tiempo inmemorial hubo voces oscuras que nos soplaban en la oreja el camino a seguir.

CAPÍTULO 6

MENSAJERA

La partida. Una capelina blanca para visitar el Escorial. Evita odia el protocolo. Trigo para Franco. Los murmullos de Pío XII. Un misterioso tesoro. La reina de Inglaterra se hallará ausente. Christian Dior. Una estación de metro llamada Argentina. Suiza y los banqueros. Río, Montevideo, Buenos Aires: el "arcoiris de belleza" toca a su fin.

Tomó el avión el 6 de junio de 1947, un año y dos días después de aquel memorable 4 de junio en que durmiera por vez primera en el Palacio Unzué.

Franco había invitado a Perón a visitar España, sin pensar ni remotamente en que se haría representar por su esposa. Aislada en la escena mundial, España deseaba agradecer de ese modo al único país que la había defendido en las Naciones Unidas. La Argentina de Perón no se había limitado a mantener excelentes relaciones diplomáticas con uno de los últimos regímenes fascistas todavía en pie, sino que, además, le había concedido un crédito para la compra de carne y cereales. Y los españoles soñaban con ese Eldorado argentino donde casi todos ellos tenían a un pariente inmigrante. Una especie de Plan Marshall argentino estaba en el aire.

Tales sueños podrán parecer sorprendentes si nos atenemos a la imagen de una Argentina en crisis. Pero en 1947 la situación ya no era crítica (aunque volvería a serlo). La Argentina se había enriquecido gracias a la guerra. Ahora figuraba entre los países más prósperos del mundo. Europa necesitaba sus materias primas. Al escasear los productos manufacturados, florecía la industria nacional y la Argentina volvía a convertirse en tierra de inmigración. Pero los europeos recién llegados ya no eran campesinos analfabetos como el primo o el tío originarios de las rías gallegas. Tanto las víctimas del nazismo como sus verdugos eran profesionales calificados. Para un gobernante, la Argentina heredada por Perón era un espléndido regalo.

Entonces ¿qué interés había en quedar tan amigos con el gobierno español? La Argentina acababa de restablecer sus relaciones diplomáticas y comerciales con la URSS. Formaba parte de las Naciones Unidas. Los Estados Unidos daban muestras de considerar que su régimen era más frecuentable de lo que habían creído. ¡Y justo en ese momento Perón le daba a Franco todo su respaldo! Ciertos peronistas de izquierda como el líder sindical español Isaías Santín, muy próximo a Evita, se sentían perplejos. Y, sin embargo, era muy claro: esta contradicción típica de Perón provenía de un mal cálculo, originado, por una vez, en un sentimiento. El fascismo enroscado en su corazón lo empujaba a apostar a una tercera guerra. Era un Maquiavelo desorientado que basaba la economía argentina sobre un fundamento ilusorio. Pagó caro su error durante su segunda presidencia, cuando la Argentina se volvió cada vez menos opulenta, y la guerra europea, cada vez más improbable.

Por lo tanto, Perón no podía aceptar en persona la invitación a España. Resultaba inconcebible condenar al fracaso tantos esfuerzos por quedar bien. Evita, en cambio, podía reemplazarlo. Se ignora quién sugirió la idea pero se sabe que ella la atrapó al vuelo. Soñaba con Europa. Lo había dicho a menudo, en sus declaraciones a *Antena* o *Sintonía*, en sus tiempos de actriz. Volver a la fuente. Realizar una peregrinación interior y, a la vez, exhibir la prueba visible del éxito: tanto desde el punto de vista psicológico como desde el social, un argentino sólo se desarrolla al tocar la otra orilla. La invitada de Franco se entregó a una súbita nostalgia de España, basada en sus orígenes vascos. Y dado que la hispánica nostalgia suele ir acompañada de una retórica particular, una vez más Evita se preparaba a encarnar una estética gemela del radioteatro nacionalista.

Aceptada la idea de la sustitución, el siguiente paso era admitir que viajar exclusivamente a España podría ser mal visto. Para disfrazar el objetivo del viaje, era necesario que la invitaran otros países. El padre Benítez viajó a Roma para solicitar al Vaticano que recibiera a la "Magdalena argentina", como la apodaban entre bambalinas. A su debido tiempo, el gobierno argentino estuvo en condiciones de anunciar que, además de España, doña María Eva Duarte de Perón visitaría Italia, en visita extraoficial, y Francia, de la manera más oficial. De la pérfida Albión no se obtuvo otra cosa que esta fórmula ambigua: Evita sería "bien recibida" en Inglaterra.

La ambigüedad y la perfidia reinaban. Por el lado argentino, se recurrió a una imagen poética: Evita iría a Europa para "tender un arcoiris de belleza" entre los dos continentes. No por cursi la metáfora dejaba de confirmar su constante papel de intermediaria. Un papel que, más tarde, ella misma definió con una imagen más fuerte: "Soy un puente tendido entre Perón y el pueblo. ¡Pasen sobre mí!" Arcoiris o puente: dos modos de tenderse entre mundos diferentes que sólo un ser de identidad escindida es capaz de reunir. Por el lado argentino, pues, la ambigüedad hallaba su explicación en esa oscilación psicológica que confería al peronismo sus múltiples y nacarados matices (y quizá también en un objetivo inconfesable del que hablaremos luego). Por el lado europeo, era una ambigüedad de neto corte pragmático. Europa tenía hambre. La Argentina rebosaba de trigo y de ganado. Evita y sus oropeles multicolores despertaban una idea contradictoria: fascismo y carne vacuna. Cada uno de los gobiernos implicados trató lo primero con no menos irisados matices que iban desde la simpatía, hasta el rechazo cortés, con tal de no privarse de lo segundo.

En Buenos Aires los preparativos del viaje se volvían frenéticos. La señora de Perón tenía que lucir resplandeciente de belleza, pero también de riqueza. ¿Acaso la leyenda no dice que hay un balde lleno de oro en cada pie del arcoiris? Tal vez la ostentación servía para esconder un tesoro mil veces más fabuloso que el mostrado. Sea como fuere, adornarse con tan bellas plumas para visitar regiones desplumadas por la guerra era una torpeza de nueva rica. Y, sin embargo, el tiempo demostró que Evita tuvo razón: en Europa, nadie se acordaría de ella si hubiera viajado con sencillez para no ofender a los desnudos y a los muertos. Esa elegancia hubiera sido comprendida por muy pocos. La de Evita era tan rutilante, que todo el mundo se la bebió con los ojos y hasta hoy se la comenta.

Lilian fue la primera víctima elegida. Entre todas las mujeres disponibles, era la acompañante más indicada para la mensajera. El cortejo constó de las siguientes personas: Juan Duarte, más dispuesto a divertirse que a visitar museos famosos; Muñoz Azpiri que, llegado al aeropuerto para despedir a su actriz favorita, fue embarcado sin equipaje, aunque no sin protestas, a bordo del avión; Julio Alcaraz, Fígaro silencioso y hombre de confianza, a cargo de una valija de cuero de chancho, aportada por Perón para guardar las joyas; el doctor Alsina, médico; dos costureritas: Asunta, de la casa Henriette, y Juanita, de Naletoff; Alberto Dodero, que financiaba el viaje según la propia Evita; un periodista de *Democracia*; el marqués de Chinchilla y el conde Foxá, de la Embajada de España; dos edecanes de la Presidencia y algunas camareras. Lilian formaba parte del séquito en su calidad de intérprete de francés, licenciada en buenas maneras y sufrelotodo.

Cuando Evita le propuso que la acompañara, Lilian se negó a abandonar a su marido y a sus hijos. Un tanteo por el lado de Guardo había dado el mismo resultado. Para acabar con el problema, Perón decidió intervenir. Invitó a comer a la pareja y, a los postres, llamó a Lilian aparte para decirle con un trémolo en la voz: "¡Acepte, Lilian!¡ Es importante para el país! Ella es capaz de anular el viaje si usted no la acompaña!" Frente al chantaje sentimental, los Guardo, resignados y suspirando al unísono, habían dado el sí. Feliz como una criatura, Evita obtuvo para Lilian una bonita suma del Ministerio de Relaciones Exteriores, que Ricardo Guardo tuvo el pésimo gusto de rechazar. Y Evita suspiró a su vez, mirando al cielo: ¡era tan aburrida la gente complicada! ¿Costaba tanto, después de todo, plegarse a sus caprichos?

Las alhajas de la maleta fueron cuidadosamente seleccionadas. Ahora estaban muy lejos de ser las de una maestra de escuela ahorrativa. Cualquiera que fuese su procedencia (regalos de Dodero, adquisiciones de Evita en la joyería Ricciardi o tesoro fantasma), el resultado era extraordinario. Según Jamandreu, entre esas joyas figuraba un aderezo de perlas negras único en el mundo. Además, para no describir sino ésos, un grueso brazalete de perlas y diamantes, aretes con perlas en forma de gota y un collar de varias vueltas de perlas con broche de diamantes. ¿Evita habría terminado por aceptar las perlas en un último intento de acercarse a las Damas?

Siempre según Jamandreu, había pensado encontrárselas durante una velada del Teatro Colón en la que toda la aristocracia de la bosta debía estar presente. Pero al cabo de un momento, fue imposible esconder la horrible verdad: los asientos de terciopelo de color cereza estaban exclusivamente ocupados por las sirvientas de esas nobles familias. Dentro de ese ambiente, la única que aceptó conocer a Evita, alrededor de 1950, fue doña Adelina Harilaos de Olmos. La anciana y muy católica señora, que había presidido la Sociedad de Beneficencia en los años treinta, quería pedirle un favor al presidente (una sombría historia de sepulcros). Con ese motivo, invitó a Evita a tomar el té y no escatimó elogios a su belleza. Pero Evita sabía desde antes de su viaje que doña Adelina era Marquesa Pontificia. Tal vez haya sido ése el origen de su obsesión por conseguir idéntico título (un honor del que hasta encences ni había oído hablar). En todo caso, la desdichada idea se incrustó en su cerebro, sin otro resultado que una decepción suplementaria.

En lo tocante al guardarropa previsto para el viaje, la española Ana de Pombo relata en sus memorias una historia elocuente que revela el desprecio con que la alta sociedad consideraba a Evita. Ana de Pombo acababa de abrir en Buenos Aires una casa de modas frecuentada por los grandes apellidos de la Argentina: Martínez de Hoz, Pueyrredón, Zuberbüller. Un día, dos policías golpearon a su puerta. "La señora de Perón la espera mañana temprano, a las siete. Traiga sus modelos y sus maniquíes."

Ana de Pombo se apersonó en el Palacio Unzué a la hora señalada, seguida de dos costureras y de un hombre cargado de cajas. El Arzobispo de Buenos Aires y el Ministro de Guerra ya estaban esperando, pero la modista fue recibida antes que ellos. Evita estaba vestida y no en bata de casa como acostumbraba presentarse para acoger a sus visitantes matinales. Acababa de volver de la calle y entró diciendo: "Discúlpenme, tuve que salir para el desayuno de los pobres". Examinó el contenido de las cajas y pidió quedarse a solas con Ana de Pombo. Entonces le dijo: "Usted es una mujer extraña. Nunca creí que viniera a verme tan temprano y tan elegante con sus modelos y sus maniquíes. Toda la alta sociedad de Buenos Aires está contra mí. Lo que usted ha hecho la va a perjudicar. Le agradezco su coraje".

¿Qué deseaba pedirle? Un vestido "más hermoso que los de las reinas", con una capa monumental, para subir las escaleras del Palacio Real de Madrid.

Ana de Pombo comprendió y creó para Evita un vestido de encaje azul bordado de strass: el mismo del Hada Azul en el *Pinocho* de Walt Disney (o el mismo, aunque más claro, del Hada de la Noche, que la madre y las hermanas le habían confeccionado para un lejano carnaval). La capa era de plumas de avestruz igualmente azules, con una larga cola de dos metros, igual que el vestido. Seguida por esa ola azul, resplandeciente, Evita daría la ilusión de subir las interminables escaleras durante largo, largo tiempo. Era el papel de sus sueños: Eva que sube eternamente. Al regresar del viaje, le encargó al pintor español Sotomayor su retrato de cuerpo entero. Para el rostro le proporcionó varias fotos, y para el cuerpo, el vestido azul puesto en un maniquí. Sotomayor debía perpetuar la imagen celestial.

Tres días antes de su partida, Evita inauguró el primero de sus Hogares de Tránsito, que se llamaba, previsiblemente, "María Eva Duarte de Perón. (Los siguientes habrían de llamarse "Eva Perón", "Evita" u otras variantes por el estilo.) Situado en el barrio sur, había sido concebido para albergar a cuarenta y seis mujeres venidas de las provincias en busca de trabajo. Para Evita era un símbolo: ella también, un día, había llegado a Buenos Aires sin saber dónde alojarse. Ahora, otras chicas como ella, "inmigrantes del interior", dispondrían de todo cuanto a ella le había faltado: techo, comida, compañía. Y esto sobrevenía en el momento mismo en que Evita se preparaba para partir de nuevo.

Se había ocupado personalmente de la decoración del Hogar. ¿Quién sino ella hubiera elegido esas cretonas de estilo provenzal con grandes flores chillonas? Pero reconozcamos que nadie había podido competir con Evita hasta el momento, ni demostrado mejor gusto, porque nadie se había preocupado por el bienestar de las jóvenes provincianas hasta el extremo de irles a elegir los cortinados. Los adversarios de Evita bromeaban diciendo que ella había hecho muy bien el mal y muy mal el bien. Volveremos sobre esa frase que, al menos, implicaba admitir la actividad de Evita. Por otra parte, las cortinas de cretona floreada tenían un sentido: Evita no quería un sitio triste para recibir a sus invitadas. Deseaba rodearlas de lujo. Sólo si se ha soñado con un vestido de hada azul se acaba por tenerlo. Pero para atreverse a imaginar hay que haber visto, como Evita había visto los teléfonos blancos y las sábanas de satén. Y Evita estaba allí para decirles que las hadas existían, puesto que ella lo era.

Los adioses

Ese mismo día, por la noche, el embajador de España, José María de Areilza, conde de Motrico, le ofreció una recepción en la embajada de su país. La fotografía que da testimonio del evento hubiera merecido que se la incinerara de inmediato (tal como a menudo sucede con tantas fotografías de hombres políticos, exhibidas en las paredes y a las que habría que esconder lo más pronto posible, antes de que los transeúntes descubran al verdadero ser oculto detrás de semejantes rostros). Un trío compuesto por Areilza, Perón y Evita nos mira desde esa foto con aire encantado. El vaso en la mano explica la exaltación de los rasgos y el brillo de la piel.

El embajador tiene la nariz fina y la ceja arqueada de un señorito vanidoso, ambicioso y con espíritu cáustico. Acababa de presentar sus credenciales a Perón, durante una ceremonia de una magnificencia inusual. Era el diplomático franquista elegido entre todos para hacer firmar el Protocolo Franco-Perón, que comprometía a la Argentina a concederle a España un crédito en pesetas para comprar trigo. Presentado por el grueso conde de Foxá pero, sobre todo, por el marqués de Chinchilla, padre de una niñita a la que Eva quería con locura, Areilza no había tardado mucho en intimar con la pareja presidencial.

Más tarde, esta hermosa amistad se iría degradando: a su regreso del viaje, la Señora recibió la visita de los camareros que servían la mesa en la embajada española. Así se enteró de que, durante esas comidas, se burlaban de ella. Un día Areilza estaba en el Palacio Unzué, esperando que Evita lo recibiese, cuando la oyó vociferar: "¡Ese gallego de mierda que se espere!" Areilza tomó su sombrero y vociferó a su vez: "Díganle a su patrona que el gallego se va pero la mierda queda".

En la fotografía de marras, Areilza ha adoptado un aire amable, un poco irónico y revelador de la alta opinión que tiene de sí mismo y de su noble linaje. En el medio, un poco atrás, Perón desnuda una sonrisa que no es la de Perón. Esta vez no la ha encendido para saludar a las masas con los brazos abiertos. Se queda un poco a la sombra de su "sombra". Conociendo el resto de la historia, decir que tiene cara de vicioso resulta fácil: es como leer una novela de la que conocemos el final. Pero ni entonces ni ahora la astucia que pliega sus ojos achinados y la sensualidad sin alegría de sus húmedos labios hubieran engañado a nadie que lo contemplase imparcialmente. Apoya apenas la mano con el vaso sobre la estola de armiño de su esposa, como para afirmar -¡pero con qué blandura!- la posesión de ambas, estola y mujer. Quizás en ese instante tararease en su mente el tango que dice: "aquel tapado de armiño/ todo forrado en lamé", felicitándose de haber sido más astuto que el personaje tanguero, abandonado por su mujer pero endeudado por el abrigo que aún paga en cómodas cuotas. En todo caso, uno de los dos hombres -Areilza- pareciera decir: "Mirad qué noble soy. Frecuento a estos nuevos ricos de las antípodas porque tienen cereales, pero en el fondo los desprecio". Y el otro: "Míren qué vivo soy. Me dedico al juego que más me divierte: imponerles a mi mujer. Las verdaderas razones del viaje me las guardo. Y lo del trigo para los gallegos, eso ya lo veremos". Y ambos expresan sus sentimientos por vías indirectas, torciendo la ceja el uno y la boca el otro. Sólo Evita, disfrazada como nunca en su vida con su sombrero blanco puesto como un plato detrás de la cabeza, sus bucles inflados con postizos en zigzag sobre la frente, y todas sus esmeraldas, no parece jugar a nada. Bonita, vulgar y candorosa, irradia una felicidad simple y directa. La actriz es aquí la única inocente que se limita a ser lo que es.

Los adioses de la Argentina no le fueron en zaga a los de Areilza. Durante una velada en honor de Evita, José María Freyre, ministro de Trabajo, declaró con lirismo que Evita era "la representación más cabal" y "el arquetipo mismo de la mujer argentina, que muestra su personalidad no con la vanidad de un pavo real sino como la encarnación de una exquisita feminidad". Al final del discurso, con ese tono rudo que ella reservaba exclusivamente a los señores importantes, Evita le espetó: "¡Parala, che! ¿Qué querés, que te traiga un regalo?" Y, sin embargo, comenzaba a habituarse a las lisonjas más serviles. Acababan de crear una canción titulada "La Dama de la Esperanza". Pero Evita conservaba una frescura de "flor de fango y de arrabal", como dice otro tango. Entre la satisfacción de sentirse adulada y la de humillar a alguien de cierto rango, prefería la segunda.

No fue la única que reaccionó frente al discurso del Ministro. La Conferencia de Mujeres Socialistas publicó el siguiente comunicado:

"1) Las mujeres socialistas no se sienten representadas por esa señora. 2) Deploran y rechazan el título de doctor 'honoris causa' que le ha otorgado la Universidad de La Plata. 3) Lamentan que el gobierno francés, compuesto en gran parte por camaradas socialistas, la haya invitado oficialmente a Francia." (Otros países podían invitar a "esa señora" impunemente. Francia, no. Viniendo de Francia, patria de la inteligencia, invitarla era lo mismo que una traición.)

Los adioses más significativos desde el punto de vista político tuvieron lugar el 5 de junio en la Sociedad Rural Argentina. Otro bastión de la aristocracia del ganado, donde cada año los propietarios exhibían, y siguen exhibiendo, sus vacas y sus toros. En los periódicos tradicionales, las fotografías de esos Shorton y esos Aberdeen Angus de expresión testaruda siempre han figurado en primera página, junto a los militares de entrecejo no menos tozudo. En la época del viaje de Evita, ese templo de la oligarquía ya había sido mancillado por la muchedumbre de los domingos, los cabecitas negras que iban a tomar aire justo enfrente, sobre el pasto de la Plaza Italia, antes de ir al Zoológico de al lado a contemplar el elefante en su palacio hindú. Antes del peronismo, nunca se había visto cosa igual. Morochos, endomingados, engominados, esos obreros y esas sirvientas nacidos en el trópico o en las regiones áridas parecían haberse puesto de acuerdo en usar anteojos de sol. Fingir tener la vista delicada, como si provinieran de países brumosos, era el signo supremo de la ascensión social. Al menos eso murmuraban por lo bajo los expositores de vacas gordas, lanzando miradas de desprecio hacia la hierba de la plaza, cada día más rala.

Allí fue donde los obreros de los sindicatos fueron a despedirse del hada buena y a punto de volar. Cien mil trabajadores habían ido a ovacionarla. Junto a ella, Domingo Mercante rebosaba de dicha. Evita tomó la palabra para repetir la que jamás abandonaba sus labios: corazón. "Me voy dejándoles mi corazón."

El 6 de junio llega al fin. Son las cuatro de la tarde. La multitud ha invadido el aeropuerto de Morón, al oeste de la ciudad. Eva conoce muy bien la multitud, su calidez y sus peligros: durante su último viaje a Tucumán, el alud humano provocó siete muertos, varios heridos y dos partos prematuros. Ella fue al hospital para visitar a los heridos y hasta insistió en ver a los muertos. Al salir de la morgue, se desmayó en brazos de Lilian, inquieta al comprobar su estado de salud y de nervios. Nada de eso ocurre hoy, por suerte. Nadie se empuja, todos respetan sus sentimientos: ¡parece tan emocionada! Evita se abraza con Perón. Tiene miedo del avión, ¡es un viaje tan largo! Como una reina que subiera al cadalso (adivinen qué reina), ella sube al DC4 de Iberia.

Los miembros del cortejo viajan con Evita, y el equipaje, en un avión argentino de la FAMA. No bien despega el DC4, ella se aclara la garganta, levanta el dedo y dice: "Escúchenme bien, muchachos. A partir de ahora, cuidadito, ¿eh? Todo el mundo nos mira, así que nada de pavadas. Y pobres de ustedes si les dan el menor calce para que nos tomen el pelo". Es evidente que no piensa ni en los dos nobles españoles ni en Lilian, que la escuchan boquiabiertos, sino en el atorrante de Juancito. Su intuición no la engaña: una vez en la península ibérica, éste logrará esquivar las ceremonias oficiales con la complicidad de Dodero para correr a Granada a ver a las gitanas del Sacromonte. Y en Roma, el padre Benítez se las verá negras para justificar el comportamiento del hermano malcriado.

Pero Eva no piensa sólo en él al pronunciar esas palabras. También sus propias torpezas le dan miedo, un miedo acrecentado por el temor a un accidente. El avión se va a caer, eso es seguro. Y además, su pasado la persigue. No logra desembarazarse de él. A medianoche, toma la pluma para escribirle esta carta a Perón:

"Querido Juan:

Salgo de viaje con una gran pena, pues lejos de tí no puedo vivir, es tanto lo que te quiero que es idolatría. Yo tal vez no sepa demostrarte todo lo que siento, pero te aseguro que luché mucho en mi vida por la ambición de ser alguien. Sufrí mucho, pero llegaste tú y me hiciste tan feliz que parece que fuera un sueño, y como no tenía más que ofrecerte que mi corazón y mi alma, te lo entregué por completo, pero eso sí en nuestros tres años de felicidad cada día mayor no dejé una hora de adorarte y bendecir al cielo por lo bueno que fue Dios al darme el premio de tu cariño, que traté en todo instante de merecerlo haciendo todo lo posible por hacerte feliz. No sé si lo logré, pero puedo asegurarte que en el mundo nadie te ha respetado ni querido más. Te soy tan fiel que si Dios no quisiera en esta felicidad de quererte y me llevara aún después de muerta, te sería fiel y adorando desde las alturas. Juancito, querido, perdóname estas confesiones pero es necesario que sepas en el momento que parto y estoy en manos de Dios, y no sé si no me pasa ningún accidente que tu mujer con todos sus defectos tú llegaste a purificarme, porque vivo por tí, siento por tí y pienso por tí. Cuídate. Gobernar es ingrato, tienes razón. Si Dios quiere y si terminamos esto bien, nos retiramos a vivir nuestra vida, que yo trataré de hacerte lo más feliz que pueda, pues tus alegrías son las mías. Juan, si yo muriera a mamá cuídala, por favor, está sola y sufrió mucho. Dale 100.000 pesos; a Isabelita, que te fue y es fiel, 20.000 pesos y un mejor sueldo. Y yo desde las alturas velaré por tí. Mis alhajas quiero que las guardes tú. Lo mismo San Vicente y Teodoro García para que te acuerdes de tu Chinita, que tanto te quiso. A Doña Juana está de más que te pida, porque sé que la quieres como yo. Lo que pasó es que como vivimos nuestra eterna luna de miel no demostramos nuestro cariño para con la familia, aunque la queremos. Juan, tené siempre amigo a Mercante, porque te adora y que siempre sea colaborador por lo fiel que es. De Rudi, cuidado, le gustan los negocios. Castro me lo dijo y puede perjudicarte mucho. Yo lo que quiero es tu nombre limpio como tú eres; además es doloroso, pero debes saberlo lo que mandó hacer en Junín Castro lo sabe. Te juro es una infamia (mi pasado me pertenece, pero eso en la hora de mi muerte debes saberlo, es todo mentira), es doloroso querer a los amigos y que le paguen así. Yo salí de Junín cuando tenía trece años. Qué canallada pensar de una chica esa bajeza, es totalmente falso. Yo a ti no te puedo dejar engañado; no te lo dije al partir porque ya tenía bastante pena al separarme de tí para aumentar aún ésta, pero puedes estar orgulloso de tu mujer, pues cuidé tu nombre y te adoré. Muchos besos, pero muchos besos, besos... Evita".

¿Quién es Castro? El coronel Juan Francisco Castro, futuro secretario de Transportes. ¿Y Rudi? Rodolfo Freude, secretario de Perón. ¿Y cuál habrá sido esa investigación que el hijo del millonario alemán habría ordenado en Junín? Es imposible no evocar a los dos aristócratas que abandonaron a Evita y a su amiga al borde de una ruta. ¿Pero por qué Rudi trataba de desprestigiarla ante los ojos de su marido? He aquí un punto oscuro, lo mismo que este otro: ¿por qué razón, en ese "testamento" dictado por el miedo a un accidente aéreo, Evita deja en herencia a Perón la casa de San Vicente, si éste ya la tenía desde antes de casarse?

Lo que no queda oscuro es el estilo. Su escritura la revela como nunca lo hubiera hecho de estar cubierta por la máscara de la sintaxis, porque el error gramatical posiblemente coincida con la carencia afectiva. Con todo, más allá de su retórica de radioteatro y de escuelita primaria que la lleva a usar el tú, es una carta sincera y muy conmovedora. Pero hay una frase que pareciera cortada en dos: "Yo tal vez no sepa demostrarte todo lo que siento, pero te aseguro que luché mucho en mi vida por la ambición de ser alguien". Entre "todo lo que siento" y "pero te aseguro" falta la confesión de un amor más humano y concreto que no sea ni gratitud, ni idolatría, ni protestas de fidelidad. El corte es brusco: de la incapacidad de demostrar esa sencilla ternura se pasa directamente a la ambición.

La sonrisa de Carmen Franco

El 8 de junio, a las veinte y treinta y cinco, en una tibia noche de verano todavía muy clara, el avión aterrizó en el aeropuerto de Barajas escoltado por cuarenta y un aviones de caza. Eva descendió la escalerilla y vio llegar por la explanada al generalísimo Franco flanqueado por dos damas de negro: su esposa, doña Carmen Polo de Franco, y su hija, Carmen Franco Polo. Los tres avanzaban a la cabeza de una impresionante cantidad de uniformes y sotanas. Algo más lejos, un abigarrado grupo de jovencitas de la Falange ataviadas con trajes folklóricos agitaban sus pañuelos. Kilómetros de tapices por el suelo, flores y banderas amarillo y gualda o azul y blanca por doquier. Y alrededor del aeropuerto, trescientos mil madrileños que gritaban su nombre con delirio.

Al bajar el último escalón, justo antes de rozar la tierra española, Evita esbozó una contorsión apenas perceptible. La fotografía, publicada por los diarios españoles de la época, nos la muestra sonriente pero tensa, con el hombro derecho levantado y el pie izquierdo torcido. (En un tiempo lejano, su hermana Elisa se quejaba de que Evita caminaba al bies. No contenta con ponerse sus zapatos sin permiso, le gastaba los tacos por el lado de adentro.) Es una foto sorprendente: el brazo derecho, rígido y como enyesado, está lejos del cuerpo, mientras el izquierdo sostiene la cartera bien apretada contra la cintura, como si en esa España reprimida por la dictadura y rodeada por la policía y el ejército, Evita desconfiara de los ladrones.

Tampoco su vestimenta indica soltura. Sus consejeras han debido decirle que se vistiera con seriedad, y el resultado no por tieso deja de hacernos gracia. Evita está peinada con una "banana" que le rodea la nuca y la hace parecer corta de cuello. Su sombrero, cuadrado, colocado por detrás y adornado con un gran moño de *gros-grain*, tiene un aire de circo. (Siempre ese inconsciente burlón que la traiciona en la elección de la ropa: ¿no había pretendido vestirse de militar para la ceremonia del 4 de junio?) Y por fin, su traje sastre de chaqueta larga, apenas entallada, con enormes hombreras y falda recta con una tabla adelante, es de una tela gruesa que le da a su silueta una apariencia maciza. El conjunto es duro y achaparrado, pese a su estatura que sobrepasa la de Franco en varios centímetros.

En el brevísimo instante en que su cuerpo se le puso de lado como el de un gaucho, ella sonreía con timidez. Esa sonrisa duró poco. En lo sucesivo, quizás atenta a controlar su pie, respondió a las zalemas de Franco con una amable mueca de labios cerrados. El dictador gallego (éste lo era de verdad, tanto lo uno como lo otro) se inclinó ante ella para besarle la mano. Entonces también Eva se inclinó levemente, con un gesto lleno de nobleza que habrá de repetir, cada vez más logrado, ante otras personalidades europeas. En la Argentina no es costumbre el besamanos. ¿De qué memoria antigua o teatral surgió la curva de ese brazo, de pronto tan perfecta?

En la siguiente secuencia fotográfica, la señora y la señorita Franco exhiben dos sonrisas idénticas, con abundantes dientes y comisuras levantadas: el arquetipo mismo de la sonrisa. Es cierto que sus ropas son demasiado negras, pero se siente que no han reflexionado durante horas sobre lo que irían a ponerse para la magna ocasión. Llevan hombreras redondeadas, sin agresividad, y sus flexibles capelinas, mucho más sentadoras que ese sombrero de Evita fluctuante entre la crispación y lo circense, rodean sus rostros con un halo romántico.

Junto al dictador, Evita pasa revista a las tropas. Ahí su seriedad y rigidez están justificadas. Seriedad y rigidez que se transforman en actitud altanera y en palabras hirientes cuando el desdichado embajador argentino, el doctor Pedro Radío, llega corriendo con la chaqueta medio salida y la corbata a un lado. Está bañado en transpiración y se disculpa: la multitud le ha impedido llegar a tiempo. Pero lejos de perdonarlo, o de reírse, Evita lo humilla. La mujer que ha debido controlar su pie para que no se le tuerza desahoga su furia sobre el funcionario culpable.

Ya más calmada, se sube a un automóvil junto a Franco, su mujer y su hija. Una larga caravana avanza hacia la ciudad. La suavidad del clima comienza a distenderla. Evita viene del invierno, y su cuerpo conserva la sensación del frío de Buenos Aires en el mes de junio. Pero también el calor de la multitud obra milagros. Los madrileños saben obedecer a su caudillo, que les ha sugerido decorar sus balcones a todo lo largo de la calle de Alcalá por donde debe pasar el cortejo. Es domingo y la gente ha podido ir al aeropuerto. Por eso están en las calles, en las terrazas, asomados a las ventanas. También mañana podrán saludar a Evita en la Plaza de Oriente porque será feriado. Director artístico, Franco. Todos los fascismos son una puesta en escena.

La procesión recorrió la calle de Alcalá y desembocó en la Plaza de la Cibeles. El espectáculo era enceguecedor. ¡La puerta de Alcalá, la estatua del Espartero y la Gran Vía, inundadas de luz! Hacía tiempo que los madrileños se habían acostumbrado a una ciudad en tinieblas. Semejante iluminación les hacía concebir mil locas ilusiones. Si el Generalísimo se entregaba al despilfarro, era que confiaba en el resultado de la visita y en la rubia visitante, cuyos cabellos color de trigo parecían confirmar sus esperanzas.

El recorrido terminó en el Pardo, el palacio donde vivían Franco y su familia, y donde Evita y su cortejo se alojarían durante su permanencia en la ciudad. A partir de entonces la señora de Franco dejó de recibir huéspedes en su palacio por notables que fuesen: la visita de Eva había sido suficiente.

Extendieron suntuosos regalos ante su vista: un chal antiguo, un abanico de oro y marfil, una valija de cuero ornada con los escudos de los dos países y, sobre todo, un maravilloso tapiz que reproducía un cuadro del Greco. Después le desearon las buenas noches y cada cual se fue a su habitación. Todos, salvo Evita, que llamó a Lilian y le suplicó que se quedase con ella. Tenía miedo. ¿Cómo, miedo? ¿Con todos esos camareros y policías que montaban guardia? Así era: temía que alguien fuese a entrar en su cuarto. ¿Pero quién? ¿Un asesino? ¿Un enamorado? ¿Un emisario encargado de atentar contra su honor? ¿Su viaje escondía un secreto que la hacía temblar? ¿O quizá se trataba de su viejo terror a la soledad? Sólo sabemos que, de ahí en adelante, Evita compartió su cuarto con Lilian. Esa noche, las dos mujeres empujaron el ropero contra la puerta, como si hubieran ido a parar a una posada sospechosa. Y cada noche, durante los tres meses del viaje, la señora de Guardo tuvo que soportar las inquietudes, los sueños y los proyectos de Evita, que dormía poco y mal. Más tarde, Lilian habló de esas conversaciones prolongadas hasta el alba, donde se repetían dos temas invariables.

El primero era Perón. Evita se llenaba la boca con ese nombre formidable y viril. Pero lo que le impedía cerrar un ojo era la idea de que sus enemigos aprovecharían su ausencia para engañarlo. Imposible descansar: ella se sentía la responsable de Perón. Esta idea se volvió obsesiva durante su enfermedad, hacia el final de su vida, y el tiempo demostró que no estaba equivocada: la neurosis consistente en creerse indispensable no excluye el don de profecía.

El segundo tema de conversación nocturna era la Historia. Ya la primera noche, Evita le formuló a Lilian una pregunta muy grave que reiteró durante las noches siguientes, y a la cual la acompañante respondía con una voz cada vez más mortecina: "Decime, Lilian, ¿a vos qué te gustaría hacer en la vida?". "Yo me contentaría con ser una buena madre para mis hijos", dijo y redijo la señora de Guardo. Y Evita, suspirando con ardor: "Yo no. Yo lo que quiero es pasar a la Historia".

Al hablar por primera vez, en Buenos Aires, de la invitación a España, Evita le había manifestado al embajador Areilza que anhelaba recibir la Cruz de Isabel la Católica "en esa Plaza de Occidente que ustedes tienen en Madrid". "De Oriente", había corregido el señor conde levantando la ceja. Pero Evita, haciendo caso omiso de la objeción, había contestado: "Lo mismo da". Y ahora se avecinaba el gran momento. Al día siguiente de su llegada, alrededor de las doce, salió del Pardo con Franco rumbo al Palacio Real, situado, en efecto, en la Plaza de Oriente.

Hacía mucho calor. Una vez más, doña Carmen Polo de Franco llevaba vestido negro y capelina de mosquetero. Sólo los detalles habían cambiado: el escote, de triangular que había sido la víspera, se había vuelto cuadrado, y en lugar de una pluma erguida y sola, el sombrero ostentaba una cascada de plumas blandas. En el cuello, perlas.

Evita, en cambio, había cambiado mucho desde el día anterior. Pedro Alcaraz se había limitado a retocar la banana que le rodeaba la nuca. Pero ahora, esta banana sólo resultaba visible para los que se hallaban a su izquierda. Vista desde la derecha, la banana desaparecía bajo un enorme tocado de plumas, tan blandas como las de doña Carmen pero carentes de sombrero, plumas solitarias que acariciaban suavemente la mejilla de Evita y parecían la causa de su sonrisa soñadora. Tampoco esta mañana sonreía con franqueza. Llevaba un vestido estampado flexible y brillante, como de terciopelo de seda. Pero apenas si se pudo entrever el modelo, ya que, pese al calor, Evita soportó la ceremonia entera sin quitarse la capa de marta cibelina. A falta del pijama fetiche, parecía necesitar la protección de una prenda envolvente.

Envuelta en su capa como otros se envuelven en su dignidad, recibió la condecoración de Isabel la Católica, la misma que le habían otorgado a Perón ese día en que Evita había lucido su collar de fideos, con la diferencia de que la Cruz ofrecida a esta última era de oro y piedras preciosas. Siempre bien abrigada, escuchó el discurso de Franco, que no escatimó elogios a Perón, y terminó por tomar la palabra sin deshacerse de su capa.

Su discurso, redactado por Muñoz Azpiri, era un resumen de todos los lugares comunes sobre la Madre Patria, y un himno a Isabel la Católica, "la que estuvo más cerca de Dios, en los tiempos sagrados de España, cuando estar cerca de Dios significaba combatir y rezar". (No agregó: "y matar judíos e indígenas".) En una palabra, el guionista había utilizado todos los elementos de esa retórica que, cada 12 de octubre, Día de la Raza, las escuelas argentinas suministran a los pequeños descendientes de siriolibaneses o de alemanes del Volga. Sin embargo, al lado del periodismo franquista, la prosa de Muñoz Azpiri era de una desoladora sobriedad. Al anunciar la llegada de Evita, el célebre escritor español Eugenio d'Ors llegó a escribir: "Cuando se entra en sí mismo para buscar la idea de la Argentina, lo que se encuentra no es otra cosa que la España antigua, el trote de Rocinante, el ardiente deseo de caballería. ¿Qué más quijotesco que un gaucho?" Rosario de palabras grandilocuentes donde sólo faltaban Sancho Panza y el Viejo Vizcacha, ya que la vena picaresca, marrana o mestiza, hubiera desentonado en tan solemne ocasión.

Finalizados los discursos, salieron al balcón. La plaza estaba negra de un gentío que gritaba los nombres de los dos militares, el Generalísimo y el General. Evita, por fin libre de su capa, tomó el micrófono para decir: "Franco siente en estos momentos lo mismo que Perón cuando lo aclaman sus descamisados". Se ignora si Franco apreció el hecho de que Evita le atribuyera los sentimientos de Perón con el único objetivo de pronunciar una vez más el estruendoso nombre que tan hermoso le parecía. Pero también a ella le atribuirían sentimientos quizás ajenos cuando, terminada su improvisación, saludó a la multitud, según su costumbre, alzando el brazo derecho y moviéndolo apenas, casi sin doblarlo. Un gesto fácil de confundir con el saludo fascista. Al día siguiente, la prensa española no se privó de sugerirlo.

¿Cuántos madrileños acudieron a la cita? "Centenares de miles", dicen los diarios de la época. "Cuarenta mil", especifica Marysa Navarro. En todo caso, la plaza estaba llena, un fenómeno que se repetiría en cuanta ciudad española recorriese la invitada. Parafraseando el título de una película famosa, donde Mastroianni y Sofía Loren son los dos únicos ciudadanos que no van a saludar a Hitler durante su visita a Roma, era "un día muy particular". La explosión de simpatía del pueblo madrileño no deja de recordar, en efecto, la del pueblo romano en aquel célebre día. Recién salidos de la Guerra Civil, los españoles tenían hambre. También tenían una sed de espectáculos todavía no saciada por la televisión. Evita no podía caer más a punto con su pan y su circo. Era bonita y gentil. Además, la Argentina era la hija querida de España, y Evita proclamaba su origen español (olvidando o ignorando que Duarte era un apellido vasco francés). Todos los elementos estaban reunidos para que el goce visual y la euforia sentimental corrieran parejos.

Sin embargo, Evita demostró ser una actriz desconcertante en esa puesta en escena organizada por Franco. El mismo día, después de almorzar, se empeñó en visitar los barrios pobres. Con semejante calor, doña Carmen hubiera preferido dormir la siesta, sobre todo porque a la noche los esperaba una recepción en el Pardo. Pero su huésped tenía energía de sobra: no contenta con recorrer esos barrios en automóvil, entraba en cada casa destartalada, le preguntaba a cada hombre de mejillas chupadas si tenía trabajo, se preocupaba por la enfermedad de un niño, dejaba tras de sí un torrente de pesetas y no paraba de repetir que no era caridad, sino ayuda social. Justicia. Los pobres tenían el deber de pedir. Y vuelta a hablar de Perón, del Plan Quinquenal de Perón, de la Revolución Peronista. Doña Carmen conservaba la misma sonrisa, que parecía pintada, pero las comisuras de su boca descendieron un poco cuando Evita le pidió a Franco que indultara a una Doña del otro bando: Juana Doña, la comunista condenada a muerte. ¿Quién hubiera podido negarle algo a tan encantadora invitada? Franco le perdonó la vida a Juana Doña, y doña Carmen volvió a pintar sus labios hacia arriba.

La autora de este libro se ve obligada a confesar su ignorancia con respecto al vestido lucido por Evita para la fiesta del Pardo. Lo único seguro es que para la ceremonia del mediodía no había podido ataviarse de Hada Azul. ¿Se habrá consolado por la noche, mostrando sus encajes color de cielo en el salón del palacio? ¿Y habrá sido la emoción del divino vestido lo que la hizo olvidar la Cruz de Isabel? Evita llega al salón, resplandeciente pero... sin la Cruz. Franco le da la bienvenida con aire interrogativo. Ella comprende de inmediato y, lejos de amilanarse, murmura zalamera: "Ay, me olvidé de ponérmela. No importa, tiene arreglo". Hace restallar los dedos, alguien corre a su cuarto para buscarle la Cruz, se la cuelga al cuello y asunto terminado.

Tal como ella misma lo había predicho en su discurso del avión, el viaje fue pródigo en metidas de pata. A menudo, Evita salió del paso con una sinceridad conmovedora como, por ejemplo, el día de su visita a la Catedral de Sevilla. La anécdota ha sido relatada por Joaquín Romero Murube, por aquel entonces alcalde de la ciudad, al pintor Eduardo Jonquières. El Obispo la esperaba, le habían preparado un reclinatorio dorado y caía de su peso que la visitante se mostraría generosa. Pero Evita acababa de salir de una iglesia donde había dado una limosna exorbitante. Una vez en la Catedral se dio cuenta de su error. Entonces exclamó golpeándose la frente: "¡Dios mío, me quedé sin un centavo! ¡Yo creí que la otra iglesia era la Catedral y le di todo lo que tenía en la cartera! ¡Vayan rápido al Pardo para buscar más plata!" O la vez en que, en otra iglesia (a menos que haya sido la misma), le había dicho al funcionario español designado para acompañarla: "Por favor, explíqueme cuándo hay que levantarse o que sentarse porque yo de estas cosas mucho no entiendo". En los tres casos (la Cruz de Isabel y las dos iglesias), Evita había tomado el mejor partido posible: admitir con toda humildad, y con toda dignidad, que no sabía comportarse. Pero en otros casos, sus reacciones de soberbia revelaban su sentimiento de inferioridad como no lo habían hecho sus honestas confesiones. En el Museo del Prado el embajador Radío -el mismo que había llegado tarde al aeropuerto- quedó pagando de nuevo. El director del museo les estaba explicando un cuadro del Greco cuando el embajador, deseoso de caer en gracia, arriesgó una opinión sobre la obra del pintor. "Usted mejor se calla porque no sabe nada -le dijo Evita-. Cierre la boca y deje hablar al señor."

En el Escorial estuvo perfecta. La imagen misma de la claridad estival: vestido estampado sobre fondo blanco, accesorios blancos, ningún collar (sólo un prendedor en el ángulo del escote cuadrado) y, ¡oh, sorpresa!, una preciosa capelina blanca y flexible sobre su frente descubierta. No les había faltado razón a aquellas pobres mujeres que habían ido al diario a aconsejarle el rodete. Una Eva exquisita, de una elegancia refinada, recorrió el palacio de Felipe II ostentando la indiferencia más olímpica por esa austera joya arquitectónica. El Escorial sólo le inspiró este comentario: "¡Cuántas piezas! ¡Qué hogar para huérfanos podría hacerse aquí!"

Como no podía ser de otro modo, el programa folklórico completo incluía los toros. Para Evita, era un espectáculo novedoso: en su afán de eliminar toda influencia española, la Asamblea argentina de 1813 había prohibido las corridas. Sin embargo, el matador que toreaba ese día en homenaje a Evita había nacido en la Argentina. Se llamaba José Rovira y no fue su día de suerte. Por empezar, la homenajeada llegó muy a deshora (en lo sucesivo iría exagerando cada vez más ese extraño comportamiento). Pero cuando al fin apareció con mantilla de blonda sobre su rubia cabellera, el público sólo tuvo ojos para ella. Por más que Rovira se contoneara para lucir su talle de avispa y sus pequeñas nalgas, ceñidas por el calzón brillante, todo fue inútil. "No vinieron por mí -comentó amargamente-, sino por ella." El torero vanidoso le ofreció a su "Presidenta" su primera víctima pero, colmo de males, la estocada final resultó desabrida: el toro era de ésos que se resignan de antemano. Lo que resplandecía con mil fuegos era el palco principal, todo inundado de claveles.

Le ahorraremos al lector la descripción del programa, fácil de imaginar en el marco de un compendio de lugares comunes. El 15 de junio Evita salió de gira por las diversas regiones, acompañada por su cortejo pero no por los Franco. En esa oportunidad dirigió un mensaje radial a las mujeres españolas, escrito a todas luces por Muñoz Azpiri, donde definía nuestra época como "siglo del feminismo victorioso". Palabras audaces, rápidamente contrarrestadas por estas otras, ya no tan insolentes y muy similares a las que uno de sus plumíferos escribirá por ella, en *La razón de mi vida*: "La mujer sólo es libre en la esclavitud del amor, y sólo es esclava en la libertad del amor". Esas plumas viriles abundarán en cursilerías no inocentes cuyo objetivo será la exaltación de Perón y la sumisión de Evita, la cual, como ella misma lo dirá sin cesar, "sólo era una mujer". Sangriento contraste entre esas palabras dictadas por los hombres y su propio deseo de "ser alguien". Agreguemos que en ese discurso, como toda vez que Evita tomó la palabra en España, pronunció la ll a la española. Una delicadeza que pretendía ahorrar a los españoles la extrañeza provocada por la pronunciación argentina, pero también, una docilidad de niñita que lee su composición escolar pronunciando como lo ordena la maestra. Por el momento, Evita decía palabras ajenas con acento extranjero.

En Granada, ante las estatuas yacentes de los Reyes Católicos, alguien le hizo notar: "Fíjese usted que la cabeza de Isabel se hunde mucho en la almohada. Según decían, el cerebro de la reina pesaba más que el de Fernando". ¿Era una maliciosa alusión a su propia inteligencia, en relación con la de su marido? Lo cierto fue que Evita (¡ella, siempre tan fiel!) traicionó a su cónyuge lejano respondiendo con una sonrisita: "Siempre pasa lo mismo".

Cuanto más descendía hacia el sur, más aumentaba la idolatría popular. En Sevilla recorrió en carroza la distancia entre el aeropuerto y el hotel Alfonso XIII, donde la esperaba una suite tapizada de brocado rojo y con muebles de museo, mientras jóvenes sevillanas con vestido flamenco le arrojaban pétalos de rosa. Una de ellas había hecho la promesa de ofrecerle la pluma del sombrero de Evita a la Virgen de la Macarena. No se sabe si logró desposeer a la una para engalanar a la otra. Pero si algo resultaba evidente era que, para esta andaluza, tanto la una como la otra eran sagradas. En una provincia argentina, otra joven había hecho una promesa similar, aunque menos fetichista: la de ver a Evita. Tras haber logrado introducir la cabeza en el automóvil de su ídolo, había gritado: "¡La vi!", y se había desmayado. Volviendo a las vírgenes, fue la del Pilar la que salió ganando. En Zaragoza, Evita rezó ante su altar. Había visto una copia de esta estatua en la iglesia de Los Toldos. En un impulso quizá estudiado, pero cercano al espíritu de las otras dos jóvenes, se había quitado los pendientes de oro y diamantes y, alzando los ojos al cielo, se los había dado a la Virgen de su infancia.

Visitó Huelva, Toledo, Ávila, Vigo, Santiago de Compostela (es una enumeración desordenada). Había llegado el momento de reunirse con doña Carmen. Las dos mujeres se encontraron en el aeropuerto de Barcelona y entraron a la ciudad en coche descubierto, seguidas por doscientos automóviles. El alcalde les dio la bienvenida y el Obispo les ofreció un Te Deum en la Catedral. La argentina y la española se miraban de reojo. Disimular su antipatía recíproca se volvía cada vez más difícil. La Evita de esta etapa del viaje era una mujer al borde de un ataque de nervios. Había hecho lo posible por comportarse debidamente, aplicada y sacando la puntita de la lengua como un niño que hace bien los deberes. Pero tenía la anarquía en las entrañas. Se ha analizado mucho su tendencia a desmitificar lo solemne, definiéndola alternativamente como "revolucionaria", "anarquista de derecha" o "jacobina plebeya". Digamos por el momento que en el fondo de sí misma, un diablito travieso la obligaba a boicotear la máquina del franquismo.

Después de un breve reposo en el Palacio Pedralbes, tenían que asistir a una representación teatral: *Sueño de una noche de verano*. Esta vez, Evita llegó al anfiteatro del Palacio Nacional del Montjuich con dos horas de retraso. Doña Carmen, que la había esperado, le hizo una observación en su estilo (tal vez bajando un milímetro las puntas de su sonrisa). Pero Evita replicó: "Que esperen. No por nada somos presidentas. A mí nadie me fija mis horarios, ni mi marido".

Por suerte para doña Carmen, Franco llegaba al día siguiente. No había vuelto a tomar un avión desde el accidente aéreo que le había costado la vida a su amigo, el general Emilio Mola, en 1937. Pero a mediodía, hora de la llegada del Caudillo al aeropuerto catalán, Evita no apareció. Estaba almorzando en un barco de Dodero. Y allí, en familia, con su hermano que relataba sus aventuras en tierra de "gallegos" (o más bien de "gallegas"), se rió como no lo hacía desde mucho tiempo atrás.

Aún no había terminado con los banquetes, las vírgenes, las revistas de tropas y los discursos. El 24 de junio, en el Palacio Pedralbes, se confesó ante el padre Benítez. Ahí acabó por explotar. Ya no soportaba el protocolo. "¿Y yo qué hice para merecer tantos homenajes -sollozaba-, yo, una hija natural que todo el mundo llamó siempre la China?"

Por fin, el 26 de junio tomó el avión a Roma, exclamando con la mano en el corazón: "¡Adiós, España mía!"

Su equipaje había aumentado. Llevaba espléndidos trajes regionales puestos a sus pies por bailarinas de cada provincia española durante una fiesta en la Plaza Mayor de Madrid, la noche en la que Evita apareció envuelta en un tapado de armiño que la cubría hasta los pies. (Esos trajes folklóricos fueron expuestos en Buenos Aires, a su regreso. El producto de las entradas debía enriquecer las arcas de la Fundación Eva Perón, pero resultó insignificante. Entonces el embajador Areilza, aún no convertido en el "gallego de mierda" que sabemos, puso dinero de su bolsillo, lo cual le fue reprochado por algunos de sus compatriotas: "¿Cómo? ¿Evita ayudó a los pobres de España y Areilza, a los de la Argentina?") Además, la viajera llevaba en su equipaje una chimenea, una reproducción en miniatura de la nave de Don Juan Díaz de Solís (el explorador del Río de la Plata comido por los indios charrúas), un metro cúbico de perfume y, sobre todo, un auténtico gobelino del Museo del Prado, que representaba la muerte de Darío.

Este último regalo era el producto de una apuesta. Creyéndola sentimental, el dictador gallego le había dicho: "Si usted logra contener sus lágrimas a la vista del Escorial, le regalo este tapiz". Era conocerla muy mal. Ella, ¿vertir lágrimas arquitectónicas? Perón sí que era capaz de emocionarse ante la bandera argentina. De haber sido español, el Escorial habría logrado el milagro. Quizá los dos dictadores compartían el mismo sentimentalismo abstracto, referido a los símbolos más que a lo humano; una propensión revelada por Dostoyevski cuando describe en estos términos al viejo Karamazov: "Era sentimental. Sentimental y malo". Evita, por su parte, definió perfectamente sus emociones en el transcurso de su viaje. Alguien le preguntó: "¿No la emocionan estas obras de arte?" Y su respuesta fue: "No. Me maravillan pero no me emocionan. A mí lo único que me emociona es el pueblo".

Más tarde se supo lo que podía hacerla llorar. En su libro, su hermana Erminda hace la lista de las rarísimas oportunidades en que tal cosa se produjo. Evita no virtió una lágrima al saber que iba a morir. En cambio, a su regreso del viaje, lloró cuando anunció su decisión de dedicarse más aún a los pobres. Lloró al atribuir las pensiones a la vejez. Lloró ante la miseria de los habitantes de Las Cuevas, un pueblito de los Andes, y ordenó que en ese mismo sitio se construyera una preciosa ciudad del mismo nombre. A veces eran lágrimas premonitorias: un día en que se había levantado de su lecho de enferma para visitar por última vez sus hogares para niños, lloró al hallarlos descuidados y al comprender que sus obras no lograrían sobrevivirle. En una palabra, sólo lloraba por lo hecho o lo deshecho. Lo único que la conmovía era su tarea y su misión. Pero el Escorial, francamente... No le costó ningún esfuerzo ganarse el tapiz.

Su bagaje de experiencias también se había enriquecido. Había "tomado la palabra" en una escuela madrileña de orientación profesional, en una fábrica de Granada y en la Casa del Pescador de Vigo. En todas partes, al hablar de Perón, de sus realizaciones sociales, había sabido interesar a sus oyentes. Desde el punto de vista de su marido, esta etapa del viaje era todo un éxito. Evita estaba a punto de abandonar España cuando Perón envió un mensaje a los españoles, ofreciéndoles la Argentina como tierra de promisión: "Aquí tenéis una Patria que es la prolongación de vuestro viejo terruño hispánico y que os recibirá con los brazos abiertos si así lo deseáis". Necesitaba brazos, y por eso abría los suyos.

Franco no los abría sino que se frotaba las manos esperando su trigo. Pero la revista *Time* publicó una historia que le enfrió la dicha. Antes de su partida, Evita le había regalado un barco cargado de cereales. No era gran cosa al lado de la fortuna que acababa de gastarse para halagarla. El dictador no podía satisfacerse con tan poco: lo que quería era su crédito, el del Protocolo Franco-Perón. Así que habría respondido fríamente: "Muchas gracias, señora, pero no necesitamos nada. Aquí en España tenemos tanto trigo que no sabemos qué hacer con él". Y Evita habría replicado: "¿Entonces por qué no lo usan para hacer pan?"

"Mentiras -nos ha dicho Thiébault-. Ese chiste corría por los cafés madrileños desde antes de la llegada de Evita. Y además, en ese tiempo, ella era demasiado tímida como para atreverse a una respuesta semejante."

Pero como sucede a menudo, la supuesta broma sirvió para mostrar la realidad. Después de su disputa con Areilza, Evita se opuso al envío de trigo para los "gallegos". Y Franco se quejó en estos términos: "No entiendo por qué esa señora nos ha tomado tirria, con todas las atenciones que ha recibido de nosotros".

El Vicario

En el aeropuerto de Roma la esperaban el conde Carlo Sforza, ministro de Relaciones Exteriores del gabinete de Alcide de Gasperi, acompañado por su esposa; el embajador de la Argentina, Rafael Ocampo Jiménez, y representantes del Vaticano. El cortejo se encaminó hacia la sede de la embajada, en la Piazza dell'Esquilino.

Redecorada para la ocasión, la embajada parecía digna de recibir a una huésped insigne. La entrada estaba cubierta de mármol y habían quitado de la vereda uno de esos urinarios típicos de la ciudad, que ocultaban las partes fundamentales del usuario pero dejaban a la vista el rostro concentrado y los pies separados. Así pues, la visita de Evita había privado a los romanos de uno de sus monumentos. Pero no fue ésa la razón de las reacciones en su contra. Por embellecida que pareciera, la embajada estaba mal ubicada: justo enfrente había una célula del Partido Comunista.

Unas cinco mil personas se habían reunido en esa plaza para esperar a Evita. No todas gritaban las mismas consignas. Quizás haya sido por eso por lo que el embajador Ocampo se equivocó hasta ese punto: su oído no habrá captado sino algunas. "Salga al balcón, señora -le dijo a la recién llegada-. El pueblo la aclama." Evita lo hubiera hecho sin dudar un instante, si una tal señora de Álzaga, que comprendía mejor el italiano o que, por no tener un oído selectivo, captaba las consignas desagradables tanto como las otras, no hubiera intervenido para impedírselo. ¿Qué decía la gente? Algunos gritaban que tenían hambre, al menos si le creemos a Román Lombille, uno de los autores antiperonistas cuyo odio por Evita linda con el amor. Otros coreaban "Duuu-ce, Duuu-ce", con el mismo ritmo con que se dice "Peee-rón, Peeerón". Y otros, por fin, más de acuerdo con la línea del Partido: "Perón fascista" o "ni Mussolini, ni Perón".

A la mañana siguiente, a las nueve y media, Evita tenía cita con el Papa. ¿Habrá sido el disgusto provocado por los comunistas de enfrente lo que le impidió levantarse a tiempo, o un segundo sinsabor que el padre Benítez le había disimulado hasta ahora, pero que obligadamente acabó por infligirle, a saber, que Dodero no sería recibido en audiencia papal como represalia por una visita anterior en la que se había presentado ante el Papa con una jovencita que no era su esposa? Una atmósfera de inmoralidad la rodeaba siempre, fatalmente, ya fuera por su propia culpa o por la de sus íntimos. ¿Había pasado la noche sin dormir por esa mala noticia? En todo caso, cuando el diplomático argentino encargado de llevarla al Vaticano pasó a buscarla a las nueve, Evita dormía, y nadie se había atrevido a despertarla.

Tuvo que vestirse a las apuradas mientras Pedro Alcaraz le construía un peinado con dos postizos desiguales (el derecho más alto que el izquierdo), levantados a ambos lados de la cara. Prendida por detrás de los montículos, una mantilla negra, regalo de doña Carmen. Sobre el pecho, la Cruz de Isabel la Católica. Y un largo vestido de seda negra, casi un hábito de religiosa, tal como se lo había aconsejado su confesor. Todo, en este atuendo majestuoso, parecía dictado por el más estricto protocolo. Todo, salvo el peinado, guiñada secreta entre un peluquero y una actriz que compartían la nostalgia de una película. Al observar la foto de Evita en el Vaticano, nos asalta un recuerdo: la mujer de rostro grave, enlutada de pies a cabeza y con los cabellos divididos en dos colinas desparejas no es otra que la Pródiga.

Por desgracia, su secreto distaba de serlo. Pío XII estaba al tanto de su pasado artístico. El padre Benítez se las había visto en apuros para contrarrestar la influencia de un grueso expediente repleto de fotografías escandalosas de Evita, enviado por los católicos antiperonistas. ¿Acaso la oligarquía argentina podía aceptar que el Papa, no contento con recibirla, la nombrara marquesa? Se murmuraba que el propio monseñor Copello, presente en todas las ceremonias peronistas, pero seguramente resentido por su transformación en cardenal de paja, le había solicitado al ex monseñor Pacelli que no la cubriera de atenciones. Puros rumores. Pero Román Lombille llega a confiarnos el nombre del curita encargado de depositar el expediente en manos de monseñor Tardini, secretario de Estado Pontificio. Según él, el curita se llamaba Cucetti y había sido recibido por Pacelli por intermedio de Tardini. Cucetti le habría entregado al Papa un memorándum firmado por monseñor X y monseñor Y (así los llama Lombille), que contenía fotos donde la actriz, ¡vade retro!, aparecía en shorts. El Vicario de Cristo habría exclamado entonces: *¡Ma questo non è possibile!*, agregando después estas extrañas palabras: "En ese caso, el único que va a firmar soy yo". Y así diciendo habría roto la hoja con las firmas "por sobre la cabeza humillada y triste de Cucetti". He aquí por qué, siempre según Lombille, Évita no llegó a ser marquesa. Pero el texto de Lombille deja planear una duda: ¿por qué Pío XII, por espantado que estuviera ante las piernas de Evita, habría destruido el documento de los misteriosos prelados? ¿Y por qué el Cucetti del cuento habría bajado tristemente la cabeza, si acababa de realizar su misión con todo éxito?

El tardío despertar de Evita tuvo como consecuencia que llegara a la cita con veinte minutos de retraso. Un religioso minúsculo de capa violeta y anteojitos -monseñor Bieniamino Nardoni- y un alto caballero con gorguera blanca, todo vestido de negro y con un parche en el ojo -el príncipe Alessandro Ruspoli- la esperaban en el patio de San Damaso sin demostrar impaciencia. Evita le susurró a un miembro de su cortejo: "¿Y ese parche? ¿Forma parte del uniforme?" "No -contestó éste con escaso sentido del humor-, es que le falta un ojo." "Debe ser por esas lanzas -concluyó ella señalando con el mentón la Guardia Suiza-. ¿Para qué andar mostrándolas si no las saben usar?"

Tras un largo recorrido por los salones y las antecámaras donde otros monseñores le rindieron homenaje, Evita se encontró en la biblioteca papal, frente a Pío XII.

Esa misma noche, por teléfono, le dijo a Perón que la voz del Vicario sonaba "como en un sueño, apagada y lejana". En efecto, los retratos de ese Papa de rostro descarnado no permiten presagiar una cálida voz. Pero no olvidemos el equilibrio que Pío XII debía mantener entre el clamor indignado de los católicos argentinos y sus propias relaciones con los criminales nazis que recorrían la "ruta de los monasterios" rumbo a Buenos Aires. Nadie, en su lugar, hubiera dado gritos de alegría. Esta visita lo ponía en situación embarazosa. El Vicario contemporizaba. Real o imaginario, el personaje de Cucetti que inclina la cabeza en el instante mismo en que consigue su objetivo resulta la imagen fiel de semejante ambivalencia.

Pío XII pronunció unas palabras en español para bendecir a la visitante y a su séquito. Murmuró que observaba atentamente lo realizado por Perón, "su hijo predilecto", al que sin duda consideraba en esa época como la mejor defensa contra el comunismo. Después le regaló a Evita un rosario de oro y la entrevista llegó a su fin. Había durado veinte minutos, o sea que la no marquesa gozó del lapso concedido a las reinas. Benítez insistió sobre ese punto para demostrar que la visita no había sido ni una frustración ni un fracaso, como lo pretendieron sus detractores. Pero Hugo Gambini, en *Historia del peronismo*, afirma que Evita y Dodero habían llegado a un acuerdo. Si después de la entrevista Evita le decía que todo había andado bien, era que no le daban el título de Marquesa. Si decía "muy bien", había que entregar una donación de ciento cincuenta mil pesos. La respuesta fue "bien" y la limosma, en proporción.

Mucho más turbadora que estos problemas de vanidad herida nos parece la versión de Jorge Camarasa, basada en un artículo de *Izbor*, la revista de la comunidad croata en la Argentina. En ese artículo, publicado en mayo de 1954, dos años después de la muerte de Evita, los croatas escribían: "Anduvimos por Europa de país en país, hasta el día en que nuestro dolor golpeó a las puertas del corazón más noble que palpitaba entonces en el mundo, el de Eva Perón, que se encontraba de visita en Roma. (...) Y el ilustre Presidente de la Nación Argentina, don Juan Domingo Perón, no tardó en abrirnos las puertas de esta tierra bendita". En efecto, Ante Pavelic, el Quisling croata, obtuvo una visa para emigrar a la Argentina el 5 de julio de 1947, en Roma, diez díaz después del encuentro entre el Vicario y Evita. Munido de un pasaporte de la Cruz Roja Internacional, Pavelic llegó a Buenos Aires en setiembre, con sotana de cura y bajo el nombre de Aranjos Pal. Entre 1941 y 1945, había sido responsable de la muerte de ochocientas mil personas en los campos de concentración de Lobor, Jablanac, Mlaka, Brescica, Ustica, Stara Gradiska, Jastrebarsko, Gornja Rijeka, Koprivnika, Pag y Senj.

Camarasa se apoya también en un cable de France Presse reproducido por el diario *La Razón* de Buenos Aires el 8 de mayo de 1986, donde podía leerse que los servicios de Inteligencia del Ejército norteamericano habían aconsejado no arrestar a Pavelic, ex jefe del gobierno croata reconocido por los alemanes, a causa de sus contactos con el Vaticano (sobre todo con Giovanni Battista Montini, futuro Paulo VI y, como ya se ha visto, con el arzobispo Draganovic, corazón de la red croata en Roma). Pavelic había llegado a la Argentina gracias a esos contactos. Y sin embargo, encabezaba la lista de los criminales de guerra que los Aliados habían prometido entregar al gobierno yugoslavo.

¿Por qué ese plural utilizado por la revista *Izbor*? Porque Pavelic no viajaba solo. Los que habían "golpeado a las puertas del corazón de Evita" se llamaban, entre otros, Vjekoslav Vrancic -condecorado por Hitler por su participación en planes de deportación masiva-, Petar Pejacevic, Ivan Herencic o Branko Benzón, todos ex dignatarios del régimen. Benzón fue médico de Perón y consejero de la Dirección de Migraciones, dirigida por el antisemita Santiago Peralta, que puso mil obstáculos a la inmigración judía en la Argentina. Ese "grupo de los ustachis" colaboró con la Alianza Libertadora Nacionalista y con la policía peronista, aportándoles una experiencia en materia de torturas que esta última no hizo sino perfeccionar.

Camarasa sugiere que Evita habría evocado el tema de los croatas durante su conversación con el Papa. Pero es difícil creerlo: había llegado a Roma a la caída del sol y su cita en el Vaticano había tenido lugar a la mañana siguiente, demasiado temprano para su gusto. Con todo, es muy posible que en un momento u otro de su estadía en Roma los haya recibido. Las afirmaciones de los croatas coinciden con la fecha de las visas y del viaje. En descargo de Evita sólo podemos argumentar su crasa ignorancia. Suponiendo que Perón haya previsto el encuentro con los ustachis, él sabía muy bien de quiénes se trataba. Ella, entregada a su papel de hada bienhechora, sólo ha debido retener de esta escena el gesto de su mano, tendida con indolencia hacia unos hombres de ojos celestes que se la besan con respeto, sin aplicar los labios.

Al día siguiente de su conversación con Pio XII, Evita recibió la Gran Cruz de San Gregorio el Grande, en nombre de Perón. El padre Benítez nos asegura que también recibió, en su propio nombre, el hábito de terciaria franciscana.

Por otra parte, durante una conferencia de prensa, gustó a los unos y disgustó a los otros pronunciándose contra el divorcio. Era uno de sus temas favoritos (y también el de Perón, antes de su enojo con la Iglesia). Pero durante una recepción ofrecida por una asociación femenina, gustó a los mismos que hasta entonces la encontraban desagradable al reiterar su apoyo al voto femenino. "Mi nombre -dijo- se ha convertido en el grito de batalla de las mujeres del mundo entero. Es hora de que tengamos iguales derechos que los hombres." Todos los días, la prensa argentina publicaba las noticias del viaje de Evita. Al leer esas palabras reproducidas por todos los diarios, las mujeres socialistas sentían que la viajera caricaturizaba medio siglo de lucha política.

Sus huéspedes se equivocaron en grande si creyeron halagarla ofreciéndole una representación al aire libre de la ópera *Aída*, en las termas de Caracalla. Evita llegó tan a deshora como al teatro de Barcelona. A medida que el viaje avanzaba, resultaba evidente que la belleza artística no era su pasión. Aparte de la moda, ningún espectáculo, exposición o diversión le interesaban. Recorría un mundo aun más desconocido en la medida en que no despertaba en ella ningún recuerdo libresco, sin concederle una mirada ni olvidar un solo instante su única obsesión: la acción social. Los orfanatos eran lo único que la fascinaba. Pedía que le enseñaran esas instituciones laicas o religiosas y las analizaba en detalle. A su regreso, le dijo a Perón: "Europa está vieja. Los palacios son hermosos... para convertirlos en hospitales. Y en materia de ayuda social, vi lo suficiente como para guardarme muy bien de hacer lo mismo".

En Roma hacía calor y ella daba señales de cansancio. El 28, después de los orfanatos y el griterío de *Aída*, sufrió un malestar. Su médico, el doctor Alsina, le aconsejó que no prosiguiera la gira, por lo menos a ese ritmo. Pero bastó con que se lo dijera para que Evita decidiera lo contrario. En compañía del conde Sforza y, por supuesto, de su séquito, partió rumbo al norte porque deseaba ver el stand argentino en la Feria de Milán. Por la noche, cuando llegó a la Scala, el segundo acto de *Orfeo* tocaba a su fin. Para colmo de placer, la instalaron en el palco real, y el espectáculo le pareció aun más maravilloso por lo breve.

De regreso a Roma visitó -¿qué remedio cabía?- el Foro, las catacumbas y el Museo de Villa Borghese, sin sentir ni la gracia ni el espanto ni la nobleza de esos lugares por donde pasaba como ausente, hablando constantemente de Perón. Sucede así con los viajeros incultos que fingen indiferencia por complejo. Y algo de eso había en ella. Pero había, sobre todo, la ceguera indispensable para el nacimiento de una obra. No podía dispersarse en éxtasis de diletante, como lo hubiera hecho cualquier otro de una ambición y una cultura medianas. Evita concentraba sus energías. De manera inesperada este viaje, por absurdo que fuese, resultaba iniciático. Lejos de abrirse al mundo, se cerraba aun más sobre sus propias ideas. Tal empobrecimiento era un signo de estrechez de espíritu pero, paradójicamente, también de grandeza: desde un punto de vista cultural y hasta espiritual, enriquecerse no siempre es deseable. Goethe lo había entendido al decir: "En la limitación consciente está el genio". Esa mujer ignara, altanera, repleta de resentimientos, cubierta de alhajas de sospechosa procedencia y abucheada con razón por los antifascistas, estaba afinando su talento, si no su genio: el de amar a los pobres, poniéndose en su lugar como nadie lo ha hecho.

El programa incluía visitas a Venecia, Florencia y Nápoles. Pero el 3 de julio Evita mantuvo con De Gasperi una conversación muy seria. El Partido Comunista se oponía vigorosamente a su presencia en Italia. Y el Presidente democratacristiano le confesó no estar en condiciones de garantizar su seguridad.

El 4, Evita recibió un telegrama de su marido, pidiéndole que visitara a James Dunn, embajador de los Estados Unidos. Lo mismo que el Vicario, Perón contemporizaba.

Su última aparición pública tuvo lugar el 5, cuando asistió a la canonización de una religiosa portuguesa. El palco de honor le correspondía a la princesa de Braganza. Pero el diplomático argentino que se ocupaba del asunto les dijo a sus colegas italianos, con mucha menos elegancia que eficacia: "Si quieren trigo, arréglense para que la Signora esté en el palco de honor". A Evita la pusieron en el palco de arriba, a la Princesa en el de abajo, e Italia obtuvo su trigo. ¿Evita habrá acariciado sueños de santidad, sentada en ese palco e imaginando la ceremonia de su propia canonización? ¿Y su memoria del futuro le habrá indicado que, después de su muerte, algunos pensarían en pedirle al Vaticano que la nombrase santa Eva, antes de renunciar a la idea por temor a un rechazo?

El cansancio fue el pretexto invocado para anular el resto de su gira italiana. El 6, Evita partió a Rapallo, donde Dodero poseía una casa. Visitó Portofino, San Remo y Génova. La Riviera violeta, azul y esmeralda centelleaba a sus pies. Nunca tomaba sol, por su piel delicada, pero salía, se paseaba y aparecía como una simple turista que se divierte haciendo compras y perdiendo el tiempo.

Cortina de humo

Los adversarios del peronismo siempre han considerado que el viaje no había sido un arcoiris sino una cortina de humo. Su verdadero objetivo habría sido depositar en bancos suizos la fabulosa fortuna heredada de los nazis: el tesoro de Martin Bormann. Pero hubo que esperar al 14 de julio de 1972 para que una revista argentina, *Última clave*, publicara un informe sobre el tema. Sus conclusiones nunca han sido confirmadas. Sólo las exponemos aquí para abrir un abanico de posibilidades y, también, porque el artículo se basa en una perplejidad que podemos compartir: ¿Por qué razón el itinerario de Evita se vuelve tan delirante a partir de Rapallo?

El 17 de julio volvió a Roma para tomar el avión a Lisboa. Después viajó a París, a la Costa Azul, a Suiza, y volvió a Lisboa para viajar a Dakar, donde tomó un barco rumbo a la Argentina. Es un zigzag incomprensible, que la citada revista trata de explicar del siguiente modo: el 10 de junio, en Rapallo, Evita se habría encontrado con el *commendatore* Giovanni Maggio. Días antes, un barco argentino había anclado en el puerto de Génova. Transportaba noventa toneladas de trigo, regalo de la Argentina a la famélica Europa. El cargamento fue controlado por miembros de la Embajada Argentina. Pero el artículo nos dice que, disimulado entre el trigo, había un cargamento de oro que Maggio ayudaría a depositar en una cuenta suiza. El objetivo del viaje a Lisboa, tan intempestivo como ilógico, habría sido un encuentro con el ex rey Umberto de Italia, siempre en relación con el tesoro escondido.

En efecto, este encuentro tuvo lugar el 20 de julio, en la hostería La Barraca, situada en la playa portuguesa de Guincho, a unos quince kilómetros de Cascais. Además del ex monarca estaban presentes en el almuerzo la esposa de éste, María José, y dos generales italianos, Graziani y Cassiani. El artículo no aclara si parte de las joyas habría sido depositada en Lisboa, gracias a Umberto, o si el soberano depuesto habría sido el intermediario indicado para depositar en Suiza la totalidad del tesoro. Y por fin, Evita habría concluido un acuerdo con banqueros suizos, el 7 de agosto de 1947, en Bar-au-Lac. Y es verdad que ese día asistió a una recepción en su honor ofrecida por doscientos banqueros.

Umberto no fue el único rey con el que nuestra desconcertante viajera se encontró en Lisboa. También la visitó Don Juan de Borbón. Un diplomático argentino le había insinuado que recibir a un pretendiente al trono distinto del elegido por Franco podía ser mal visto. Pero Evita había replicado alzándose de hombros: "Si el gordito se enoja, peor para él".

Permaneció tres días en la capital portuguesa sin despertar ni amor ni odio. La ciudad dormitaba, sumergida en la atmósfera taciturna impuesta por Antonio Oliveira Salazar. Evita visitó los Comedores de la Alegría del Trabajo (versión portuguesa del *doppolavoro* mussoliniano) y después voló rumbo a París.

Retrocedamos por un instante a Rapallo. Allí, entre bambalinas, se había desarrollado un complicado juego diplomático. Tema de las negociaciones: el viaje de Evita a Gran Bretaña, donde el anuncio de su llegada había suscitado un escándalo. Los laboristas estaban en contra. Pero el ala derecha, moderada, consideraba a la Argentina como un interlocutor estimable desde el punto de vista económico, mientras que los intransigentes de izquierda juzgaban intolerable la presencia de una "fascista" en su país. Lord Strabolgi, un socialista que había visitado la Argentina, había tomado la defensa de Evita, llegando a definirla como "la Eleanor Roosevelt sudamericana". Un importante paralelo, puesto que la señora Roosevelt había sido invitada oficialmente a Inglaterra en 1942, y Evita codiciaba esos mismos honores. Por su parte, los banqueros conservadores estaban encantados de recibirla.

Para desempatar, el Foreign Office había imaginado la fórmula que ya sabemos: Evita iba a ser "bien recibida" en Inglaterra. Y la prensa londinense había publicado un programa de homenajes tan vasto como contradictorio: un día se afirmaba que la reina la había invitado oficialmente y al día siguiente llegaba el desmentido. El embajador argentino en Londres, Ricardo de Labougle, había viajado a Rapallo, en apariencia para convencer a Evita de que no sufriría un desaire: la reina la invitaba a tomar el té. Según esta versión, Evita le habría contestado: "Si la reina no es capaz de invitarme oficialmente, no voy". Y ante la insistencia del embajador habría concluido alzando el tono: "¡Si le digo que no voy es que no voy, y basta!" Otros sostienen que Evita había prolongado demasiado sus vacaciones en Rapallo, que a ese ritmo no podría llegar a Londres hasta bien entrado el mes de agosto y que, para ese momento, la reina se iba de veraneo como cualquier mortal.

Sea como fuere, Evita decidió viajar a Lisboa el 17 de julio. ¿Por qué no ver en esa decisión un simple capricho nobiliario o, mejor aún, monárquico? Después de todo, tratándose de Evita, un recorrido en zigzag no era de extrañar. Conociéndola podríamos pensar que Evita realizó ese periplo demente sólo para refregar dos reyes en la cara de la reina. Aunque destronados, un Umberto de Italia y un Don Juan de Borbón equivalían a una Isabel de Inglaterra.

Pero la versión de *Última clave* es muy diferente. Según el mismo artículo, Ricardo de Labougle habría sido el diplomático encargado de ocultar el verdadero sentido del viaje. Esas idas y venidas, esas explosiones de vanidad herida no habrían tenido otro objetivo que desconcertar a los banqueros ingleses, que aguardaban a Evita con tantas esperanzas como los suizos, y por las mismas razones.

Una vez más, todas las explicaciones nos parecen válidas: la versión de un complot tendiente a depositar el tesoro en Suiza no excluye la hipótesis psicológica. Reducir el papel de Evita al de un simple instrumento en manos de Perón es una de las dos actitudes típicas suscitadas por ella. Los que la han conocido o los que han meditado sobre su caso se dividen en dos grupos: para unos, Evita fue utilizada por Perón, y para los otros, sucedió lo contrario. Lo más probable es que cada uno se haya servido del otro a su manera, pero que Evita haya superado los límites de esta relación de utilidad recíproca. ¿Cómo? Escapando a las trampas y a los cálculos por sorprendentes caminos. Suponiendo que el plan concebido por Perón haya existido realmente, Evita fue su cómplice. Perón pudo, inclusive, manipularla a distancia y hasta suscitar a propósito algunas de sus reacciones. Y sin embargo, gracias a sus insolencias, a sus malos humores, ella había escapado a las pesadeces de la maquinaria franquista. Del mismo modo, escapó a las maquinaciones de Perón prestándose a ellas, pero evolucionando hacia una dimensión mística de sí misma que él no había previsto. ¿Se le escapó también en lo tocante al tesoro? Volveremos sobre el tema.

Los aborígenes de París

A los misterios del viaje se suma una consecuencia inesperada: cada país visitado reaccionó de tan diferentes maneras que la presencia de Evita se convirtió en un catalizador y en un test. En Francia, la noticia de su llegada provocó reacciones a la francesa, es decir, a medio camino entre la galantería y la ironía, con una pizca de indignación para satisfacer la buena conciencia.

France Soir había publicado la foto en la que Evita parecía desnuda bajo una tela resbaladiza que ella apretaba contra su cuerpo. Como ya lo hemos visto, los Bemberg le habían proporcionado al diario esa imagen de

Evita que ellos debían hallar abrumadora. Era ignorar que Francia no tenía el corazón tan duro como para censurar a una hermosa mujer ligera de ropas. En cambio la visita de la fascista provocó las protestas del Partido Comunista Francés, de la C.G.T. y de varias asociaciones de resistentes. Pero en definitiva, todo tuvo lugar dentro del marco de una perfecta frivolidad. Ese pueblo al que otra bella argentina, Victoria Ocampo, llamaba "los aborígenes de París", se tomó muy poco en serio la visita.

Y la familia Bemberg pagó su broma con creces. Millonarios de origen alemán, habían hecho fortuna en la Argentina como fabricantes de cerveza. El padre había muerto en Suiza en los años treinta y sus descendientes argumentaban que, como el fallecimiento se había producido fuera del país, no estaban obligados a pagar sus impuestos en la Argentina. El proceso se prolongó durante largo tiempo pero, en 1948, el Tribunal Supremo terminó por dar su veredicto en favor del Estado, cosa que a nadie sorprendió. Cada vez más obsequioso con la Señora, el Congreso decidió que los noventa y siete millones de pesos pagados por los Bemberg no irían a las arcas de los impuestos sino de la Fundación Eva Perón. Era de esperar: en la fotografía de marras, la joven con una mano en el pecho y otra en el vientre para evitar que se le cayera la tela que la envolvía no parece una tonta. Quizá los Bemberg no se la hubieran entregado a la prensa en caso de observarla con más detenimiento.

El capítulo que Suzanne Bidault, esposa del ministro de Relaciones Exteriores, Georges Bidault, le consagró a Evita en su libro *Je n'ai pas oublié*, expresa de maravilla la atmósfera entre ultrajada y juguetona con que los aborígenes de París rodearon a nuestra viajera. Veamos una primera muestra de ese texto impagable:

"En 1947 Francia tenía necesidad de la Argentina o, más precisamente, de su trigo. Por eso se la invitó a Evita, pese a la antipatía que inspiraba el régimen peronista. Hasta se había decidido concederle la Legión de Honor.

"Unos días antes de su llegada, el embajador de la Argentina fue a ver al ministro de Relaciones Exteriores para explicarle que le convenía gratificar de entrada a la ilustre visitante, otorgándole la roseta. Su índice dibujó un redondelito en el aire para terminar posándose en la chaqueta del ministro: '¡Y paf! -dijo-. Así tendrán mucho más trigo'.

"Con toda la cortesía del caso, el ministro le contestó que la señora de Perón debería contentarse con la cinta, y gracias".

El comienzo del texto de Madame Bidault resulta aun más delicioso en la medida en que da muestras de unos celos muy femeninos y de una notable falta de información. "¿Era linda la señora de Perón? Me inclino por la afirmativa. Mi marido no comparte esta opinión y yo lo hallo demasiado exigente. Es cierto que algo la afeaba, algo que no aparece en las fotos: tenía una cara completamente descolorida (¿sería ya por la leucemia?) bajo unos cabellos decolorados, y no hacía nada por mejorarlo, ya que -según ella misma me dijo- su confesor le permitía el rouge en los labios pero no en las mejillas."

Estas palabras mueven a sonreír cuando se sabe que el 21 de julio, al ver a Evita en Orly bajando del avión, Georges Bidault, que la esperaba al pie de la escalerilla, no pudo contenerse y exclamó: "¡Qué joven y linda es!" La sospecha de leucemia retoma el rumor que rodeó durante mucho tiempo la enfermedad de Evita, y que su palidez parecía justificar.

Siempre preocupada por la puesta en escena, Evita había esperado unos minutos antes de hacer su aparición. Iba toda de blanco. Apenas habían transcurrido unos cuarenta días desde su llegada a Europa y ya mediaba un abismo entre esta mujer estilizada y la otra, contraída, del aeropuerto de Barajas. Es cierto que la misma distancia abismal mediaba entre el "gordito" español y el francés mundano de mirada chispeante. ¿Se había transformado realmente en alguien tan desenvuelto como lo hacen pensar las fotos de París? No es tan seguro. Estar mejor vestida le daba soltura, pero Francia la confinó en uno de aquellos papeles mudos que acostumbraba representar en su época teatral. En España había podido comportarse como una niña mimada. En Italia, menos, pero, al igual que todos los argentinos, creía hablar italiano, y aunque a menudo el resultado fuera bastante cómico, los diálogos basados en ese malentendido no eran imposibles. En Francia Evita dependía, para hacerse entender, de la desdichada Lilian o de la muy antiperonista embajadora argentina, intérpretes de las que desconfiaba, y no sin razón.

El embajador de la Argentina, Julio Victorino Roca, la esperaba también en el aeropuerto junto a otros embajadores latinoamericanos. Cuarenta automóviles la escoltaron hasta el hotel Ritz. Una niñita le ofreció un ramo de flores. Eva le tendió la mano a Bidault para que éste rozara apenas con sus labios la misma superficie de piel donde Ante Pavelic habría posado los suyos. Agradeció el gesto del gobierno socialista de Vincent Auriol, que ponía a su disposición el ex automóvil de De Gaulle, utilizado por Churchill durante sus visitas a París, y subió a descansar.

Al día siguiente le ofrecieron una cena en el Quai d'Orsay para festejar la firma de un tratado comercial francoargentino. La Argentina le concedía a Francia un crédito casi tan importante como el del Protocolo Franco-Perón, para la compra de carne y trigo. La ceremonia parecía calcada sobre la moneda del país que daba el crédito, con su espiga de un lado y su vaca del otro. Como la prensa europea había gastado mucha tinta comentando los retrasos de Evita en Barcelona y en Roma, la esposa del embajador le había advertido que a los franceses no podría hacerlos esperar. Así que Evita llegó "maravillosamente a tiempo" (las comillas corresponden a las confidencias de Madame Bidault). Sentado junto a ella, el ministro intentaba mantener una conversación que la embajadora "no hacía nada por animar". Muy por el contrario, al cabo de varios esfuerzos, Bidault oyó a esta dama argentina susurrarle con aire de cansancio: "No se moleste más, así ya está bien".

Pero Evita quería hablar. Si el diálogo languidecía no era por culpa suya, contrariamente a lo que sugiere Madame Bidault, no sin cierta maldad:

"Aunque según parece, con los descamisados era muy elocuente, no tenía conversación. Es algo que le puede pasar a los grandes oradores". En realidad, lo que ocurría era que Evita, tanto en versión original como en la traducción, ignoraba ese ejercicio parisiense al que llaman *passer du coq à l'âne* y que consiste en saltar de un tema al otro, o bien, para conservar la metáfora zoológica, en hablar de bueyes perdidos. Como la embajadora la dejaba abandonada a su suerte, se volvió hacia Lilian para pedirle que le explicara al ministro las realizaciones de Mercante en la Provincia de Buenos Aires. Lilian se tomó su tiempo: tenía el suficiente olfato como para no infligir a sus huéspedes un discurso de propaganda en plena comida. Y Evita paraba la oreja, insistiendo, roja de rabia y alzando el tono: "¡Pero Lilian, yo no te oigo hablar de Mercante!"

Después de ese despliegue de incomunicaciones, se rogó a los invitados que pasaran al gabinete del ministro. Era allí donde tendría lugar la entrega de la Legión de Honor ("y gracias"), "bajo la plácida mirada de María de Medicis" pintada por Rubens, única que parece haber observado la escena con ánimo benévolo. Al llegar a este punto, el texto de Madame Bidault abunda en alusiones oculares de carácter punzante: "Madame Perón llevaba un vestido de satén de color malva, sin hombreras. En el momento fatídico, los presentes clavaron en el ministro una mirada cargada de maligna curiosidad: ¿cómo se las iría a arreglar? Se las arregló lo más bien: el *corsage* drapeado tenía pliegues que se podían tomar con destreza y él supo prender la cruz sin faltar a las conveniencias".

El 22 Evita fue invitada por el presidente Vincent Auriol y su esposa a un almuerzo en el castillo de Rambouillet. Era una tórrida jornada, pero ella lucía fresca y bonita con su vestido claro de escote cuadrado. Empero, no contenta con su preciosa capelina blanca, se había puesto una rosa en el pelo. Ya en Barcelona y en Italia había incurrido en esa inútil rosa que neutralizaba el efecto romántico del sombrero de alas anchas y la hacía parecer una cantante de zarzuela.

Hacía calor, pues. Pero el programa es el programa, y no pudo salvarse del paseo por el bosque. Después del café, la encerraron en un auto con dos mujeres que no sentían por ella particular ternura: las señoras de Bidault y de Victorino Roca. Instantes más tarde, las tres se enjugaban sin disimulo las caras transpiradas. Decenas de coches abandonaban el parque en ese mismo instante, levantando una polvareda rojiza e insidiosa que se filtraba por las portezuelas: eran los invitados que huían del calor sin esperar el regreso de la ilustre visitante. Las tres gracias volvieron al castillo con la ropa empapada y las mejillas a rayas.

Los únicos que las habían esperado eran el presidente y su esposa. Madame Auriol se parecía a Helena Rubinstein con su rodete negro, severo y reluciente. Tanto ella como su nuera se esforzaban por encontrar un tema de conversación y creyeron hallarlo: la moda. Siempre según Madame Bidault, ambas Madame Auriol "aconsejaron vivamente a Madame Perón que se vistiera *chez* Maggy Rouff". Un consejo que Evita se apresuró a echar en saco roto, ya que, modestamente, eligió a Christian Dior. Y Suzanne Bidault, experta en celos como tenía por costumbre, agrega lo siguiente: "El presidente, que sabía un poco de español, flirteaba con la temible fascista, lo cual a su mujer no parecía gustarle nada. Al irse la invitada, Madame Auriol dijo contemplando con expresión desencantada la pulsera que llevaba en el brazo derecho: '¡Claro que no se puede comparar!'"

El calor fue un excelente pretexto para no visitar ni siquiera el Louvre. En cambio, como siempre, quiso ir a los barrios pobres para entregar regalos. El padre Benítez había organizado una visita a una escuela. Las cajas ya preparadas, llenas de azúcar, tocino y jamón sólo esperaban la llegada de Evita. Los niños esperaban también, agitando banderitas argentinas. Pero todo era en vano: ni rastros de Evita. El confesor llamaba por teléfono al hotel y nadie le respondía. Desesperado, tomó un taxi. Al llegar al Ritz advirtió el desastre en toda su amplitud: ¡ese desgraciado de Dodero acababa de jugarle otra mala pasada! Sucedía que Evita quería ver las creaciones de los grandes modistos, pero la embajadora le había aconsejado que los hiciera ir al Ritz. Y Dodero, atento a toda ocasión de satisfacer los menores deseos de Evita, le había organizado un desfile de modas. Las modelos de las casas de modas más célebres ya se estaban vistiendo en uno de los salones y Evita, loca de contento, se había olvidado por completo de la escuelita pobre y de las cajas de jamón. Gran rabieta de Benítez, que acusó a Dodero de incitarla a la frivolidad, y a Evita, de dejarse incitar. Avergonzada, esta última anuló el desfile para gran desesperación de los modistos. Pero no abandonó la ciudad sin dejar sus medidas *chez* Dior y *chez* Marcel Rochas. El primero habría de convertirse en el creador de sus más hermosos vestidos y Evita, en adelante, no habría de usar otro perfume que Femme de Rochas.

Con Suzanne Bidault visitó otra escuela que se encontraba en Sèvres, suburbio comunista por aquel entonces. Y "Evita se sintió molesta, eso se le veía muy bien. Sin duda por espíritu de contradicción, creyó poder pronunciar una frase elogiosa sobre el régimen de Hitler. Yo entiendo el español pero no lo hablo, y sufrí cruelmente por no poder ponerla en su lugar como se merecía".

De todos modos intentaron "ponerla en su lugar", llevándola a la Federación Nacional de Deportados de la Resistencia donde, según Fermín Chávez, donó la suma de cien mil francos. Este organismo ayudaba a las víctimas de Auschwitz y Dachau. De pronto, Evita se encontró frente a una realidad de la que no sabía nada. Había oído hablar de la cuestión judía, pero en forma abstracta y, a menudo, desde el punto de vista de los nazis que se atribuían la condición de perseguidos. En ningún momento había captado hasta entonces la insostenible verdad. En la Argentina de 1947, sólo la comunidad judía, los círculos de izquierda o algunos intelectuales estaban realmente al tanto. Para los otros, Europa quedaba lejos. Y Perón no perdía el tiempo en compadecerse de los judíos. De modo que fue allí, en París, al ver las fotos, donde Evita lo supo. Nunca había visto a niños como aquéllos, nunca, ni siquiera en la villa miseria del bañado de Flores. ¿Esas imágenes la habrán golpeado como una advertencia? Cinco años después de esta visita, Evita habrá de parecerse terriblemente a aquellos esqueletos febriles que, no sin intención, alguien expuso ante su vista.

El 24 la Embajada Argentina ofreció a su vez una recepción en el Ritz. Por razones visuales no resistimos a la tentación de citar una vez más a Madame Bidault: "Sentado junto a ella sobre un diván, el gordo Edouard Herriot le hacía la corte: él hablaba italiano, ella español, y parecían entenderse muy bien". Lo extraordinario es que la fotografía del diván y de la amable plática es perfectamente identificable. La prosa de esta señora es demasiado precisa como para que se pueda albergar la menor duda. La foto nos permite rever la escena: el escritor y hombre político, en efecto bastante grueso y ya no joven, está mirando a Evita con una sensualidad que impregna su único ojo visible, su labio inferior algo colgante y sus manos peludas. A su derecha, Evita parece recién salida de la casa Dior. Está de blanco, sin sombrero, los cabellos recogidos, perfecta. Habla animadamente (quizá de Mercante), mientras juguetea con su anillo en un gesto muy suyo. Herriot es una masa pesada, oscura, un tanto animal y con los instintos despiertos; ella, una belleza radiante.

Pero su brillo no proviene de la carne. Al verla, nos viene a la mente una descripción del embajador Areilza que le debemos a Carmen Llorca: "Eva era una persona desconcertante, fotogénica pero no hermosa, con un aire de arrogancia bastante espectacular, pero endeble y sin ningún sex appeal. Creo que los pecados capitales se excluyen unos a otros. El exceso de avaricia excluye el exceso de gula, y el exceso de cólera el de lujuria. Ella estaba devorada por la pasión del poder, y eso no dejaba lugar para otra cosa". Herriot, efectivamente, tiene una expresión desconcertada. Sobre ese diván que tal vez le recuerde al de Madame Récamier, tema de uno de sus libros, parece formularse turbadoras preguntas que no tienen respuesta, tal como sucede con el enigma aún sin resolver de la célebre Juliette, acusada en su tiempo de no amar el amor.

El momento culminante de la visita fue la fiesta ofrecida en su honor en la Casa de América Latina. Nunca se hablará bastante de los vestidos de Evita, que nos aclaran tantas cosas sobre ella, sobre sus audacias y sus miedos. Esa noche, su vestido de lamé dorado era estruendoso. Román Lombille nos asegura que parecía inspirado en las grandes producciones de Samuel Goldwin, quizá por el oro, y a continuación desgrana otras reminiscencias cinematográficas: "¿Representa a una emperatriz romana? ¿A la mujer de Salomón? ¿A Salomé? No, es Cleopatra, la mujer de los Tolomeos y de César". La silueta de Eva, reina egipcia, aparecía esculpida por los pliegues en diagonal de una falda ceñida que se prolongaba en una cola abierta en abanico. El *corsage*, sin mangas ni tirantes, muy ajustado al talle y sostenido con ballenitas, llevaba como adorno un corpiño bordado que realzaba los senos tal como no habían logrado hacerlo las medias arrolladas de la época artística. El dibujo del collar, los tres pesados brazaletes, los aretes largos y las sandalias doradas con piedras brillantes en los tacones evocaban, en efecto, Roma o el Nilo.

Era imposible dudar del impacto de semejantes atavíos. Y si Evita, como sucede con todo espíritu barroco, no sabía detenerse a tiempo, alguien de su séquito hubiera debido convencerla de no plantarse un velo dorado sobre sus cabellos tirantes, coronados por un rodete de bucles. Ese velo dorado parecía su obsesión, lo mismo que la rosa bajo la capelina. Ya Paco Jamandreu había logrado disuadirla de ponérselo para una función de gala del Teatro Colón. Jamandreu, que no le temía, le había hecho una maligna observación sobre su velo, y ella se lo había arrancado con rabia, deshaciendo de paso el andamiaje pacientemente construido por su fiel Alcaraz. Pero "el maricón" pertenecía al mundo de Evita. Podía permitirse una franqueza que ella no hubiera tolerado ni de la embajadora ni de Lilian. Así que no hubo nadie, esa noche, capaz de aconsejarle que se quitara el velo. Tanto daba colocarse una corona de estrellas o unas alas de hada. Sólo el gesto importaba, y ese gesto quería decir: "La moda soy yo".

Román Lombille observó su actitud durante la velada: "Eva, por lo común charlatana, nerviosa, inquieta, siempre en movimiento, permanece hierática a lo largo de las dos horas que dura la recepción". Recordemos los "pecados" de Areilza. Si Evita estaba como fijada en un sueño, era porque gozaba de su único placer: el de la dominación. Vestirse de modo tan absurdo equivalía a ejercer su poder. Una sensación acrecentada por las exigencias del protocolo: las esposas de los embajadores latinoamericanos que iban a saludarla debían hacerle una reverencia y alejarse tres pasos hacia atrás, sin volverle la espalda. No faltaba más que la negrita abanicando a la señora con unas plumas de pavo real.

Sin embargo, los periodistas tuvieron la libertad de someterla a su habitual bombardeo. Sus preguntas la despertaron, arrancándola de su sueño. Era la primera vez que Evita contestaba a la ironía con más ironía y que confesaba su ignorancia con toda frescura. ¿Su autor favorito? Plutarco. ¿Lo había leído? Por supuesto que no, ni pensaba hacerlo. ¿Su música preferida? La más corta.

Después de la recepción, Dodero invitó al grupo al Pré-Catelan, en el Bois de Boulogne. Allí los oros de Evita volvieron a causar sensación. Hubo clientes que se subieron a las mesas para no perderse ni un detalle. Ella sonreía, "hierática". Esa misma noche (a menos que se haya tratado de otra), Dodero tuvo la idea de llevarla a un cabaret.

Demás está decir que las versiones divergen, tanto en lo referente a ese episodio como al del desfile de modas. (Para el desfile, hemos elegido el relato de Roberto Galán, que parece abarcar todos los otros.) He aquí tres versiones de la noche en el cabaret:

1) Evita habría preferido ir al circo para cuidar su reputación. En el circo, un payaso le habría ofrecido un ramo de flores. En el momento en que ella tendía la mano, él le habría retirado el ramo y Evita habría abandonado el circo, muy encolerizada.

2) Evita habría ido al restaurante Les Ambassadeurs, donde dos payasos disfrazados de camello le habrían ofrecido un ramo de flores que habrían introducido primero en el ano del supuesto animal. Y ella habría abandonado el restaurante muy encolerizada.

3) Evita habría aceptado ir a un cabaret, donde dos payasos disfrazados de camello le habrían ofrecido un ramo de flores que habrían tomado de un jarrón, haciéndolo pasar después por detrás del animal, es decir, entre las piernas del payaso posterior. Y ella habría abandonado el cabaret, etcétera.

Tal vez en toda refracción de la verdad haya un juego escondido. Por eso los que piensan poseerla se divierten tan poco. ¿Y si la importancia de la historia consistiera en captar, tras los deslizamientos del sentido, esa malicia oculta?

Detrás de tantos oropeles, había alguien cuya influencia sobre Evita iba en aumento. Ese alguien era el anticabaret, el antidesfile de modas, el anti-Dodero: Benítez. El ex jesuita apasionado, convertido a un ardoroso populismo, se estaba transformando en la conciencia de Evita. Hemos podido hacernos una idea de su poder a propósito del desfile y de su prohibición de todo maquillaje a excepción de los labios. Su fanatismo corría parejo con el de la bella pecadora y sin duda lo atizaba. Resulta curioso comprobar que Isabelita, la tercera mujer de Perón, también tuvo su gurú: el brujo López Rega. Perón, por su parte, apreciaba a Benítez, que le daba ideas para ablandar a la Iglesia. Sin embargo, después de la muerte de Evita, el cura no lo volvió a frecuentar. ¿Por qué? Dar esta respuesta de entrada puede ayudarnos a comprender mejor la pasión de Evita (en el sentido religioso del término). Benítez nunca le perdonó a Perón su degradación moral de los años cincuenta ni la frialdad demostrada frente a su mujer agonizante. En cambio, hasta el final de su vida Perón mantuvo relaciones cordiales y de dependencia esotérica con ese aspirante a mago que fue López Rega.

En ese sentido, el punto culminante de la estadía en París no fue el vestido de Cleopatra sino la visita a Notre-Dame, cuidadosamente preparada por el padre Benítez y que tuvo lugar por la noche, el día del almuerzo en Rambouillet.

Evita llegó a Notre-Dame escoltada por coraceros de casco emplumado. Toda de blanco, se adelantó a su séquito y avanzó por la nave central. Tras escuchar las palabras de bienvenida de monseñor Vaussart, fue a arrodillarse sin vacilación alguna ante el altar de la Virgen. Los argentinos que presenciaban la escena -tan poco versados como ella en la materia- estaban estupefactos. ¿Cómo había logrado identificar el altar sin consultar a nadie con la mirada? Un epílogo inesperado la emocionó de modo visible. Habían desempolvado el órgano de Notre-Dame, abandonado desde hacía tiempo a causa de la guerra. De pronto, en la vieja catedral resonaron los acordes del Himno Nacional Argentino. Evita inclinó la cabeza, digna y graciosa, como para ocultar las lágrimas. Un grueso prelado se extasiaba en italiano: *¡E tornata l'Imperatrice Eugenia di Montijo!*. Era monseñor Angelo Roncalli, Nuncio Apostólico de la ciudad de París y futuro Juan XXIII.

El padre Benítez ha sido el único que dio testimonio del encuentro, según él decisivo, entre Evita y Roncalli. Como prueba de ello ha mostrado una carta del Nuncio, firmada el 23 de julio y dactilografiada con algunos errores de máquina, pidiéndole a Evita que recibiera a un tal Monsieur Reynes, arquitecto de la Basílica de la Paz en Lisieux y portador de una carta de la hermana de Santa Teresita del Niño Jesús dirigida a "Madame la Présidente".

Benítez insiste en que la conversación fue extensa y fecunda. Esas dos personas, tan distintas en apariencia, estaban hechas para entenderse. Roncalli, igual que Evita, era de humilde origen, hijo de campesinos. Nadie en el Vaticano se sentía encandilado por el resplandor de su genio. Por el contrario, su rudeza y su candor se prestaban a burla.

Y por eso mismo -nos ha dicho Benítez- Roncalli se hallaba en París. Bidault le había presentado al Vaticano una larga lista de religiosos colaboracionistas, solicitando su expulsión. Como podrá imaginarse, el Papa no había apreciado el pedido. Y su venganza tenía un nombre: Roncalli. Llegado el momento de reemplazar al Nuncio de París, Pío XII había designado a ese oscuro arzobispo que desempeñaba sus funciones en Alejandría y estaba considerado como el último de los arzobispos. Sorprendido, en un principio, por tan importante nombramiento, el rústico prelado no había tardado en comprender que si nombraban Nuncio de una ciudad tan refinada como París a un ser tan agreste como él era en señal de desprecio. Pero como sabemos, la historia continuó su propio camino. Habían descubierto sin proponérselo a un hombre de inteligencia saludable. Y el último de los arzobispos habría de convertirse en el más simpático de los Papas.

Evita y Roncalli hablaron de las obras de caridad. Ella se empeñaba en llamarlas ayuda social o simplemente justicia, y le expuso sus ideas en detalle. Reflexionaba sin cesar sobre la Fundación que se proponía desarrollar a su regreso. Roncalli le dio dos consejos fundamentales que Evita seguiría al pie de la letra. El primero era desembarazarse del papelerío oficial para conservar la flexibilidad de una organización antiburocrática. El segundo era consagrarse sin límites a su tarea. Quizá no tuviera plena conciencia de lo que decía. Pero si aceptáramos la idea de que ese Papá Noel mediterráneo era un auténtico sabio, admitiríamos también que había comprendido a Evita desde el fondo del alma. Lo que le estaba aconsejando era nada menos que llegar hasta el extremo de sí misma.

El último día, Evita visitó Versailles, cerrado desde el comienzo de la guerra y reabierto en su honor. También quiso ver la tumba de Napoleón, al que admiraba mucho porque Perón lo consideraba un modelo. El peronismo ha sido definido, entre otras cosas, como un bonapartismo. (Eva también admiraba a María Antonieta, y se lo dijo a Madame Bidault, aunque guardándose muy bien de explicar sus razones y, sobre todo, de evocar sus recuerdos de infancia.)

Y por fin, su visita tuvo una consecuencia inesperada: el cambio de nombre de una estación del metro de París, Obligado, que se convirtió en Argentine. Dejemos que el historiador francés Pierre Miquel nos lo explique en su historia del metro parisiense: "ARGENTINE. Esta estación es la única que lleva el nombre de un país amigo. No hay estación Brasil, Estados Unidos o Gran Bretaña. ¿Por qué Argentina? La calle Argentine, que da su nombre a la estación, se llamó en un principio calle de la Pelouse de l'Etoile para evocar el aspecto campestre de esa extensión situada al oeste del Arco de Triunfo. En 1868 se la rebautizó Obligado. Allí, en Obligado, el 20 de noviembre de 1845, un regimiento de soldados de infantería de marina desembarcó de una escuadrilla francobritánica para vigilar la entrada al Río de la Plata. Era la época de la dictadura de Rosas, cuyas columnas ensangrentaban la pampa y que, según decían en Londres, enrolaba a sus partidarios a rebencazos hasta en las calles de Buenos Aires. El tirano pretendía cerrar su país frente a los intereses europeos y la victoria de Obligado satisfizo plenamente a los financistas de la City. En adelante, las compañías inglesas y francesas tendrían libre acceso al comercio argentino. Por fin se podrían exportar a la Argentina kilómetros de ese nuevo alambre de púa que permitiría aumentar el rendimiento de los ganaderos, sin dejar de proteger a los cerealeros. En 1945 Francia tenía hambre y, para responder a los deseos del gobierno francés, la Argentina envió de inmediato varios cargueros llenos de trigo y carne. Agradecida, París decidió darle una calle a la Argentina, sin detenerse a considerar que un nuevo dictador se estaba instalando en aquel país: Juan Domingo Perón. Más tarde, el gobierno argentino se encargaría de la decoración de la estación Argentina, por privilegio especial".

En este texto se ha omitido hábilmente el final de la historia. El 16 de junio de 1848 Francia levantó el bloqueo del puerto de Buenos Aires. La Segunda República no deseaba prolongar su conflicto con la Federación Argentina. Y el 31 de agosto de 1850, el contralmirante Le Prédour firmó un tratado de paz similar al que Inglaterra acababa de concertar por su parte, donde aceptaba las exigencias de Rosas. Las dos potencias europeas retiraban sus tropas del Río de la Plata, reconocían la soberanía argentina sobre los ríos interiores y devolvían la isla Martín García, que entretanto habían invadido.

El texto de Miquel evita igualmente mencionar a Evita. Sin embargo, fue ella quien asimiló la doctrina nacionalista y le recordó a Auriol que en 1848, en Vuelta de Obligado, Francia no había ganado la guerra sino una batalla. Por otra parte, en este punto, los nacionalistas no se equivocaban: una guerra llevada a cabo por dos potencias colonialistas para ubicar sus alambres de púa inspira poca simpatía. Empero, esto no impedía que los opositores también tuvieran razón, puesto que Rosas era un tirano. Quizá la actitud de Francia, tironeada en 1947 entre una hambruna por lo demás bastante relativa y la tentación de doblar la cerviz ante un dictador argentino tras haberlo hecho, un siglo antes, ante otro, refleja a la perfección el hecho de que reuniendo dos razones opuestas se obtiene la verdad.

Evita se hallaba en Monte Carlo, invitada por el frívolo Dodero, cuando explotó un barco anclado frente al puerto de Brest, destruyendo parte de la ciudad. Rápidamente le envió un telegrama a Bidault junto con un cheque de quinientos mil francos para los damnificados. Y antes de abandonar el territorio francés, agregó doscientos mil "para los pobres de París".

Otra historia de cheques, pero de un nivel moral muy inferior, se relaciona con estas vacaciones. Aristóteles Onassis se había hecho ciudadano argentino y conocía a Dodero, que también era armador. Así pues, no resulta imposible que lo haya visitado en el Hotel de París (algunos dicen en el Beach Hotel) donde Dodero se alojaba con Evita y sus apóstoles. Después de la muerte de Evita, ese coleccionista de mujeres célebres declaró que se había acostado con ella y que, al despedirse, le había dejado un cheque para sus obras de caridad. Esas palabras lo clasifican para siempre dentro de la raza de los Sapos. Evita seguía durmiendo con Lilian en su habitación para cuidar su honra. Hasta sus detractores más apasionados (y, por consiguiente, más ambiguos), tales como Lombille, lo afirman de la manera más indudable.

Lombille agrega Biarritz al periplo de Evita. Biarritz y un pequeño castillo en lo alto de un acantilado, que pertenece, por supuesto, a Dodero. A Juancito Duarte le encanta Biarritz. Ese muchacho sencillo y cordial que hasta el final de su vida seguirá yendo al café de Junín para tomar una copa con sus amigos de juventud, ahora se enloquece por las estrellas. En el Casino abre la boca frente a Rita Hayworth, y a Jean Marais, y a Sacha Guitry... ¡Ah, el gran mundo! Pero Evita tuerce el gesto. Las demás estrellas no le interesan. ¿Y los buenos vinos, el champagne? Apenas si se moja los labios. Su indiferencia a los placeres adquiere de a poco una coloración extraña. Juancito está asombrado. ¿Su hermana no se le estará volviendo un poco mística?

Tras haber recibido la Medalla de Oro del Principado de Mónaco, Evita toma el tren para Ginebra. Es el 3 de agosto. El embajador de la argentina, Benito Llambí, ha conseguido que el gobierno suizo la invite oficialmente.

Tomates y misterios

Evita se pasea por Suiza durante cinco días que se cuentan entre los más misteriosos de su vida. Además de Ginebra, su gira incluye Neufchatel, Berna, Zürich y Saint-Moritz. En Berna, un joven suizo que ha vivido en la Argentina le arroja piedras al automóvil. El parabrisas estalla y el chofer queda herido. Ella permanece impasible. Algo más lejos, en la misma ciudad, se produce un nuevo y burlesco atentado: le tiran tomates. Pero de nuevo sale del paso sin una mancha. En cambio, el ministro de Relaciones Exteriores, Max Petitpierre, un hombre habitualmente solemne, está chorreado de rojo. Los miembros del cortejo acuden consternados. ¿La Señora se encuentra bien? ¿No ha tenido miedo? Evita conserva su máscara de Cleopatra, de emperatriz Eugenia: "Cuando se representa a un Estado no se puede tener miedo".

Una anciana y digna señora que asiste al último atentado exclama entusiasmada: "¡Es el día más hermoso de mi vida!" Es la viuda de Alfonso XIII, el ex rey de España, exiliado en 1931. Y sin embargo, esa misma señora se ha empeñado en ver pasar el cortejo y hasta se murmura que habría insinuado su deseo de conocer a Evita. Pero ésta habría respondido en la cima de su soberbia: "¡Si quiere verme no tiene más que esperar en la calle el paso de mi auto, igual que todo el mundo!" La curiosidad de la anciana reina había podido más que su orgullo, y tuvo la suerte extraordinaria de llegar en buen momento, justo para contemplar a la reina de pacotilla bajo una lluvia de tomates. Esta anécdota acentúa la sensación de ambigüedad que dejan las aventuras de Evita en Europa. Si la viuda de Alfonso XIII la despreciaba hasta tal punto, ¿por qué quería verla? La respuesta está en el espectáculo. Grandes o pequeños, todo el mundo se aburre. Entonces agregan un último pecado a la enumeración de Areilza, un pecado al que un santo cristiano ha llamado la "concupiscencia de los ojos".

Ésta es la crónica exotérica: todos los diarios del mundo han hablado de esos tomates, de esas piedras y de ese Max Petitpierre. ¿Acaso hay algo más? Sí, conjeturas. Nada más que conjeturas.

El primer atado de presunciones se relaciona con las cuentas bancarias de Evita. Pero los relatos referidos al tema nos parecen demasiado bien estructurados. ¿Cómo es posible construir armazones tan perfectas sobre la base de datos jamás confirmados? Es cierto que al investigador le resulta difícil conformarse con un discurso múltiple y fragmentario, ya que la pasión del descubrimiento y la necesidad de explicarlo todo le ganan la partida a la prudencia y hasta al discernimiento. Sin embargo, no hay por qué rechazar en bloque dichas armazones. Los hechos que enumeran son lo bastante importantes y numerosos como para justificar nuestra decisión de exponerlos aquí.

Glenn B. Infield, un historiador norteamericano ya citado en estas páginas, especialista del período nazi, es de los que prefieren la afirmación a la duda. Verdad es que su tesis se basa en documentos hasta ahora inéditos hallados en los archivos de Washington DC, de la CIA, del FBI, de los National Archives, del Centro de Documentación de Berlín, de la Defense Intelligence Agency, del Departamento de Estado y de la Oficina de Informaciones y Seguridad del Ejército norteamericano, lo que, en principio, nos impide considerarla caprichosa. En su libro sobre Otto Skorzeny -el jefe de los comandos de Hitler, célebre por haber liberado a Mussolini en 1943, y al que Infield entrevistó personalmente-, este último dice lo siguiente: "Evita oyó hablar por primera vez del dinero del Tercer Reich trasladado a la Argentina, gracias a Rudolf Ludwig Freude. (...) Freude se ocupaba de esos fondos a su llegada a la Argentina, y vigilaba su transferencia al Banco Alemán, con la colaboración de Heinrich Dörge. (...) Con la complicidad de su marido, ella logró sencillamente convencer a Freude y a Dörge de que sería más seguro para todos poner el tesoro a su nombre, mientras se aguardaba la llegada de Bormann."

Así se hizo. Pero pasaba el tiempo, y Bormann seguía sin ir a Buenos Aires. "De modo que Perón se nombró a sí mismo administrador-depositario de los bienes extranjeros, aunque con segundas intenciones: llegado el momento se proponía confiscarlos. Por su parte, Evita insistió ante Dörge y Freude, que se consideraban los verdaderos depositarios de la confianza de Bormann, para que se olvidaran del asunto."

Fue entonces cuando Skorzeny hizo su aparición. Llegó en 1948, escapado de la cárcel con la bendición de los norteamericanos. Desde el fondo de su prisión se había enterado de la existencia del tesoro, y el tema lo preocupaba: "Su viaje a Europa (el de Evita) me parecía inquietante. ¿Estaría en relación con una parte de nuestro dinero, que ella tenía en su poder?", le confió a Infield, quien, no sin cierta razón, estimó que esta inquietud confirmaba la realidad del tan mentado tesoro.

Una vez en Buenos Aires, Skorzeny no tardó en ganarse la confianza de Perón, admirativo ante el libertador de Mussolini. El resto de su relato es tan fantasioso como los sueños de Onassis: Skorzeny asegura haber sido el amante de Evita. Pero dejando de lado tales ensoñaciones, por otra parte comprensibles, no cabe duda de que Skorzeny representó un importante papel dentro del régimen peronista como instructor de la policía argentina, lo mismo que el croata Ante Pavelic. Y en julio de 1949, desbarató un aparente complot contra la vida de Evita.

"Sea como fuere -continúa Infield-, a comienzos de 1950 (...) Evita y Juan Perón le habían devuelto a Skorzeny alrededor de un cuarto de los fondos enviados por Bormann." (Observemos de paso que el autor de este libro no es de los que piensan que Bormann haya estado en Buenos Aires. Otros, como Ladislas Farago, dicen que Perón le restituyó esta suma 'al viceführer Martin Bormann'". Pero tanto el uno como el otro aluden al padre Egido Esparza, un cura católico profascista que habría intervenido en la operación.)

A la muerte de Evita en 1952, Juan Duarte se convierte en el único depositario del secreto de las cuentas suizas. Perseguido por Perón (y, según Infield, también por Skorzeny), debilitado por la desaparición de su protectora y, para colmo, enfermo, el desdichado Juancito viajó dócilmente a Suiza, "donde firmó documentos que permitían a Perón acceder al dinero y a las joyas de Evita, guardados en unos cofres de un banco de Zürich, así como a las demás cuentas que Evita había abierto en Suiza y a su nombre. Era firmar su propia sentencia de muerte". Volveremos sobre esta muerte, acaecida el 9 de abril de 1953. Para esa fecha, varios otros personajes ligados al asunto habían abandonado este mundo: Heinrich Dörge, cuyo cuerpo apareció en una calle de Buenos Aires en 1949; Richard von Leute, asesinado en 1950; Richard Staudt, ídem; y, por fin, Ludwig Freude, al que hallaron en 1952, en su casa, ante una taza de café envenenado.

¿Pero para qué anticiparnos a los acontecimientos, si por ahora estamos en Suiza y en 1947? Por una razón muy simple: los cinco días misteriosos de Evita en el país de los relojes podrían esclarecerse a la luz de estos hechos. Aunque decidiéramos descartar las supuestas revelaciones de *Última clave* sobre el barco anclado en el puerto de Génova, el commendatore Giovanni Maggio y el rey Umberto de Italia, no resulta menos cierto que el útimo viaje a Suiza de Juancito Duarte y el suicidio o asesinato ulterior dan el toque de alarma. Una señal perfectamente captada por el pueblo argentino, que siempre relacionó los dos acontecimientos, con una fineza intuitiva que a veces los historiadores no se atreven a permitirse.

El segundo atado de conjeturas se refiere a la salud de Evita en 1947. En este caso no se trata de afirmaciones claras, ni siquiera nebulosas, sino más bien de un sentimiento, de un aroma: ya por aquel entonces, algunos presentían su enfermedad. Raúl Salinas sostiene que Evita experimentó los primeros síntomas en el transcurso del viaje. Habría habido un diagnóstico todavía impreciso y su médico personal, el doctor Alsina, "no la perdía de vista un solo instante, a causa de las inyecciones que ella necesitaba". "Morfina", especifica Lombille por su parte. Es cierto que en ese tiempo se recetaba mucho la morfina. Ana Macri, uno de los pilares del Partido Peronista Femenino, nos ha expresado la misma certidumbre: "Antes de su viaje, Evita tenía ganas de trabajar. Pero al volver ya no eran ganas, era fiebre. Para mí, ya sabía que le quedaba poco por vivir".

Y ésa es toda la información de la que disponemos. Primero, porque a Evita los médicos le inspiraban un "miedo animal" (la expresión es de Salinas) y no tenía mayor interés en reconocer o en divulgar sus malestares. Y segundo, por la hipocresía que rodeaba toda enfermedad en general y el cáncer en particular. Ya veremos la manera en que Perón y Evita siguieron jugando a las escondidas para disimularse mutuamente que lo sabían. De modo que, en lo tocante al período del viaje, sólo podemos hablar de una intuición. Pero es una intuición no desdeñable, ya que sirve para comprender lo vertiginoso del cambio que ella sufrió en Europa. Una vez más resulta conveniente escuchar la vox populi. El pueblo argentino siempre se hizo preguntas sobre las causas de tal transformación. Frecuentar a los grandes de este mundo (que, por lo demás, a excepción de Roncalli, sólo le habían inspirado aburrimiento y burla) y tenerlo a Dior como modisto transforma a una mujer. Pero no hasta ese punto. Algo más había. Una luz, un aura diferentes. Y si el padre Benítez estaba muy relacionado con ese cambio, ése podría ser el indicio buscado: ¿acaso el cura habría adquirido tanta influencia sobre una mujer joven, saludable y convencida de tener tiempo?

Alfombra roja

El 10 de agosto completó su periplo en zigzag regresando a Lisboa. En Dakar se embarcó a bordo del Buenos Aires, de la compañía Dodero, donde viajaban seiscientos inmigrantes que iban a la Argentina. Pero no los acompañó hasta la tierra prometida porque hizo escala en Pernambuco para tomar el avión a Río de Janeiro. En la capital brasileña se estaba desarrollando la Conferencia Interamericana para la Paz y la Seguridad del Continente. La delegación argentina estaba presidida por Atilio Bramuglia, al que ella detestaba hasta el punto de prohibir su imagen en el diario *Democracia*. Pero en este caso, adoptó el comportamiento de una mujer de mundo y supo disimular. Ambos compartieron en paz y compañía los homenajes y banquetes y asistieron juntos a la reunión plenaria de la Conferencia. George Marshall pronunció un discurso y el canciller brasileño Raul Fernandes brindó por Evita, que sonreía bajo su velo con motitas de terciopelo: en Europa, sobre todo en España, la alternativa argentina al Plan Marshall había sido ella. Y los brasileños lo sabían. Las paredes de Río estaban cubiertas de carteles donde podía leerse, bajo una gigantesca fotografía de Evita: "A la mujer brasileña, que lucha como la argentina junto a su pueblo, por un futuro de justicia, de trabajo y de paz". Carteles donde no tardaron en aparecer cruces gamadas y una inscripción, "nacista", que le cruzaba la sonrisa.

Esos símbolos infamantes no fueron la única salida de tono. Entre bambalinas, Lilian se hizo cargo de otra *gaffe*. Ricardo Guardo estaba entre las autoridades argentinas que habían ido a Río a recibir a Evita. Debemos esta anécdota a Raúl Salinas, gran amigo del dentista. Al ver a su marido, Lilian terminó por explotar. Enardecida y llorosa, acusó a Evita de haberla atormentado durante ese viaje espantoso. Llevó la acusación hasta decir que Evita había flirteado con su marido. ¿Aludía al episodio del vestido para la ceremonia del Congreso? Lo cierto es que la Conferencia por la Paz de Río marcó el comienzo de la guerra entre Evita y Guardo, quien, por supuesto, defendió ardientemente a su mujer. Más tarde, a su llegada a Buenos Aires, Evita vio entre la multitud a Raúl Salinas, lo hizo subir a su automóvil y lo sentó entre ella y Perón. Durante el viaje había hablado diariamente por teléfono con su marido, pero en este momento se encontraba con él en carne y hueso, después de tres meses de ausencia. Sin embargo, el encuentro no fue un dúo de amor, sino un monólogo de furia. "Usted tiene un amigo traidor", le dijo a Salinas. "¿Quién?" "Guardo."

Pero retrocedamos al 21 de agosto, cuando la viajera llega a Montevideo, donde la reciben las autoridades uruguayas. Montevideo, la ciudad adonde había ido con la compañía del Sapo y donde había lucido sus primeras galas dignas de ese nombre. Esta vez, los carteles callejeros no anunciaban *Las inocentes* sino "A la mujer uruguaya". Seguía un texto idéntico al que ya había dedicado a la mujer brasileña. Evita almorzó con el Presidente, Luis Batlle Berres, así como en Brasil se había entrevistado con otro Presidente, Eurico Gaspar Dutra, y después se embarcó en el Ciudad de Montevideo para atravesar el Río de la Plata.

El sábado 23, a las 16 horas, el barco ancló en el puerto de Buenos Aires. Una alfombra roja se extendía desde el muelle hasta la Aduana. Perón, doña Juana, las tres hermanas y todos los miembros del gobierno la esperaban sobre una tribuna improvisada. La multitud seguía siendo inmensa. Día tras día, toda esa gente había leído las noticias del éxito de Evita. Se sentían como los padres cuya hija ha aprobado el examen con las mejores notas. La alegría y el orgullo les llenaban el pecho. Evita saludaba sobre la cubierta del barco y se precipitó a bajar antes de que hubieran terminado de instalar la pasarela. Su impaciencia era tal que se equivocó de dirección y tuvo que volver sobre sus pasos para besar a Perón.

Después tomó la palabra. Todo en ella era distinto, salvo el estilo. Volvió a decir, como siempre, "amor", "corazón", "mensaje de paz". Siempre la reiteración y su poder de encantamiento: todos la escuchaban reverentes. Pero se la veía tan bella, tan aureolada por el prestigio casi religioso de haber triunfado en Europa -el sueño argentino-, que apenas si se prestó atención a las únicas palabras esenciales de su discurso, pronunciadas con una voz velada por las lágrimas: "El lunes voy a estar de nuevo con ustedes, al pie del cañón". En ese momento no lo entendieron: lo que estaba prometiendo era muy grave. A partir de entonces, sólo contaría su misión.

Durante el viaje se había vuelto exquisita. Ninguna de las Damas podría pretender nunca más igualarla. Su elegancia perfecta no se limitaba al esplendor de la indumentaria sino que la impregnaba enteramente. Una amiga de sus hermanas observó que Evita ya no torcía los tacones de sus zapatos, como si al cumplir con el ritual de la oligarquía hubiera hallado su equilibrio. Salvo algunos tomates, Europa la había recibido como a nadie (ni Victoria Ocampo se le podía comparar). Claro que se había sentido halagada, aunque sin dejar de burlarse de la hipocresía y el boato. Su vanidad estaba colmada. Su resentimiento ya no tenía razón de ser. Era hora de arremangarse y de pasar a las cosas serias.

Su verdadera historia comienza el 25 de agosto de 1947, cuando retoma su trabajo en la Secretaría. Hasta ahora sólo ha ensayado su papel. A partir de este momento se levanta el telón.

FUNDADORA

El rodete de Evita. El voto femenino. Censura y propaganda. Evita hace muy bien el bien. El tiempo apremia. Tienda "Las Delicias". La Fundación Eva Perón. Los pobres tienen derecho al lujo. Dentaduras postizas y máquinas de coser. Besar al leproso. Caramelos malditos. Evita y sus obreros. Evita y sus poetas.

De una vez por todas, a fines de 1947, Evita ha tomado su decisión: su único peinado, en adelante, será el rodete. Algunos han querido ver en esta elección definitiva la influencia de Christian Dior, pero otros lo niegan. Según estos últimos, Evita se habría inspirado en una dama argentina, Hortensia Ruiz González de Fernández Anchorena, a la que había conocido en París. Y por fin, Pedro Alcaraz ha asegurado que el inventor exclusivo del rodete no fue otro que él mismo. Evita salía por la mañana temprano rumbo a su oficina, y así, "gracias a unos postizos y unas cuantas horquillas", quedaba impecable hasta la noche. Sea como fuere, el rodete entretejido como dos manos fuertemente entrelazadas sobrepasó la moda o el argumento práctico para convertirse en el símbolo de la nueva Evita. Y del nuevo régimen.

A partir de entonces, los caracteres de la una y del otro resaltan de manera muy clara, mientras se acentúa el paralelismo entre la mujer y el sistema político. La primera encarna el segundo: para observar el peronismo, bastará con mirar a Evita. El período que comienza en 1948 y termina poco antes de su muerte, en 1952, va a abolir los viejos bucles en "libertad condicional". El autoritarismo y el peinado severo correrán parejos. Para Evita, habrá llegado el momento de empuñar el país, y por eso llevará en la nuca el simulacro de un puño.

Pero la nuca, como Atlas no lo ignoraba, es un punto doloroso que evoca el peso excesivo, la humillación, el fracaso, la decapitación. Y la realidad se desliza entre los dedos por mucho que se los apriete. Todo lo que Evita va a realizar por voluntad de poder habrá de desaparecer sin dejar rastros. Tampoco quedarán huellas visibles de lo que hará por amor pero, en cambio, subsistirá una energía liberada flotando en torno a su memoria como la contraparte del rodete. No por azar la juventud peronista de izquierda, al retomar su antorcha en los años setenta, reivindicaba la única foto donde su Pasionaria aparecía con el pelo suelto. Esta juventud elegía una imagen de Evita llena de libertad, desplegada y flameante, porque su visión romántica del peronismo le impedía mirar de frente la cabellera capturada. Era la imagen que los jóvenes deseaban ver, y Evita, una vez más, encarnaba un ideal.

En este capítulo trataremos de resumir lo esencial de su obra: expondremos sus realizaciones durante los últimos cinco años de su vida. Realizaciones pero también dominio, absolutismo, verticalidad. Un resumen que podrá parecer demasiado brusco, ya que, de modo fulminante, encontraremos a Evita fijada en dos únicos papeles: el que podríamos identificar con el rigor del rodete, y el que, a falta de otra definición, llamaremos "de los cabellos sueltos" o bien, del amor.

El riesgo de este procedimiento consiste en imitar a Perón cuando, quemando etapas, describía a Evita como si siempre la hubiera conocido rubia. En una palabra, al considerar esos años en bloque dejaremos de seguirla en su evolución como lo hemos hecho hasta aquí. Pero esta elección está justificada por una evidencia: a su regreso de Europa, Evita ya no cambia ni en su forma de vestirse ni en su comportamiento ni, menos aún, en su trabajo. Su vida se divide en dos: antes de Europa y después. La enfermedad es lo único que logrará modificar el personaje al que representa desde entonces con absoluta firmeza, como si el núcleo congelado que está incrustado en su memoria (y al que la enfermedad no es ajena) invadiera el conjunto de su vida. Y esta contracción del alma, de los músculos, esta extremada concentración, se inscribe en el tiempo. La sensación es tan fuerte que Evita pareciera haber inaugurado de golpe los años cincuenta desde el día mismo de su regreso. De pronto desaparecen las hombreras y los escotes cuadrados, surgen los hombros suavemente redondeados, las chaquetas entalladas con su volado alrededor de las caderas y las faldas "sirena". También de pronto, aparece una Evita segura de sí misma, de voz enronquecida, expresión voluntariosa y rostro marcado. La crispación del tiempo anuncia el espasmo. Repite sin cesar, como lo hacía su madre: "No tengo tiempo que perder" o "Le estoy corriendo una carrera al tiempo". El tiempo apremia y ella lo somete a medidas de opresión. Y sin embargo, contradictoriamente, es un tiempo de rebelión, un tiempo en el que Evita no para de decir: "Ahora. Enseguida. Estamos viviendo una revolución".

Había pasado un mes desde su regreso cuando pronunció un discurso memorable desde el balcón de la Casa Rosada. Con su voz todavía nerviosa y aguda, como de ciervita perseguida por la jauría, Eva leyó estas palabras: "Recibo en este instante de manos del gobierno de la Nación la ley que consagra nuestros derechos cívicos. Y la recibo ante vosotras con la certeza de hacerlo en nombre de todas las mujeres argentinas, sintiendo mis manos temblar de alegría al contacto con el laurel que proclama la victoria. Aquí está, hermanas mías, reunida en la escritura apretada de unos cuantos artículos, una larga historia de lucha, de contratiempos y de esperanzas". Era el 23 de setiembre de 1947 y Evita estaba presentando, ante una multitud entusiasta convocada por la CGT, la ley 13.010 que concedía a la mujer el derecho al voto.

La certeza de representar a todas las mujeres argentinas que decía sentir no merece gran credibilidad. Eva siempre se dirigió exclusivamente a las mujeres del pueblo y no podía ignorar las reacciones indignadas de las otras mujeres, en especial de las socialistas. Por otra parte, no es seguro que haya conocido en detalle la "larga historia de lucha" a la que estaba aludiendo. Una historia que se remontaba a cuarenta y siete años atrás, cuando Cecilia Grierson, la primera médica de la Argentina, fundó el Consejo de Mujeres en setiembre de 1900, tras haber descubierto que la ley le prohibía ejercer su profesión.

El mismo año se había creado el Centro Feminista presidido por Elvira Rawson de Dellepiane. ¿Le dirían algo a Evita nombres como el de Julieta Lanteri, Carmela Horne de Burmeister, Alicia Moreau de Justo, Luisa Berrondo o las hermanas Tcherkoff, que en distintas épocas habían luchado por el voto femenino? ¿Estaría al tanto de que el último proyecto presentado con ese objeto en 1938 llevaba la firma de Susana Larguía y de Victoria Ocampo? Es posible que no. Por otra parte, ni en el seno del peronismo Evita estaba en el origen de esta ley. Ya en 1945 la había anunciado el gobierno de Farrell, bajo la vicepresidencia de Perón. El periodista Eduardo Colom le aseguró a Navarro y Fraser haber sido el inspirador del proyecto. Y su primer beneficiario fue el propio Perón que, en las siguientes elecciones, obtuvo el sesenta por ciento de los sufragios gracias al voto femenino.

La pregunta que se impone es si Perón utilizó esta ley como una trampa más para servirse de las mujeres (la suya y las demás) o si, por el contrario, fue él quien cayó en la trampa de su mujer, aun más peligrosa puesto que sólo consistía en una total sinceridad. Aunque sus palabras lo contradijeran, el feminismo de Evita era mucho más visceral de lo que aparentaba, y de algún modo su muerte lo probó. Pero pronto veremos que la carrera por el poder los igualaba, borrando las diferencias entre los ardides del uno y la rectitud de la otra.

La CGT que había organizado el acto había cambiado mucho desde el glorioso 17 de octubre. En febrero de 1947 Luis Gay, secretario de la organización sindical y dirigente del gremio de los empleados telefónicos, había sido reemplazado por Aurelio Hernández. Gay se había atrevido a invitar a la Argentina a un grupo de sindicalistas norteamericanos, mexicanos e italianos de los que Perón no quería ni oír hablar. (Este hombre próximo al anarquismo había conocido a Tito Broz en la época en que el yugoslavo vivía en una pensión de Buenos Aires, y más tarde lo había ido a visitar a Belgrado.) En abierto desafío a la prohibición de Perón, Gay había vuelto a ver a los dirigentes sindicales, sin sospechar que, por orden del presidente, el salón del hotel donde tenía lugar el encuentro estaba lleno de micrófonos. Al día siguiente, Perón lo convocó y con gran poder de síntesis le dijo: "Renunciá o te rompo la cara".

Hernández no conservó su puesto más que un año. En 1948, José Espejo se convirtió en secretario de la CGT hasta la muerte de Evita en 1952. El itinerario sindical de Espejo no tenía nada de extraordinario y justamente por eso lo eligieron: tanto en el terreno sindical como en todos los otros, Perón buscaba seres en donde reflejarse. Evita compartía este punto de vista especular. Hasta entonces sus relaciones con la CGT habían sido distantes. Pero Espejo habría de reflejarla aun más que a Perón, permitiéndole disponer de una CGT halagadora que a diario le decía: "La más bella eres tú".

Torturas

El 20 de setiembre de 1948 el puño se cerró en torno al sindicalista Cipriano Reyes. El gobierno denunció un complot para asesinar a Perón y a Evita. Entre los veintiún acusados estaban el propio Cipriano y John Griffiths, ex agregado cultural de la embajada de los Estados Unidos, trasladado a Montevideo por haber declarado que Martin Bormann vivía en Buenos Aires con la bendición del presidente. Con excepción de Griffiths, que no se hallaba al alcance de la mano, todo el grupo cayó preso. Pero el proceso nunca tuvo lugar y Reyes permaneció en la cárcel hasta la caída del peronismo en 1955.

Este episodio ha sido relatado por Walter Beveraggi Allende, exiliado en Montevideo y torturado al igual que los otros. El 13 de setiembre Reyes recibió la visita de dos personajes que se presentaron como oficiales de la Aviación. El primero, Walter Pereyra, lo era realmente aunque dio un nombre falso. El segundo no era otro que el comisario Salomón Wasserman, un caso doblemente curioso: aunque judío, no sólo había entrado a la policía sino que, además, era torturador. Durante una segunda reunión en lo del notario García Velloso, miembro del ex Partido Laborista, Wasserman y Pereyra expusieron un "plan revolucionario" para derrocar a Perón. Antes de dar su aprobación, los dirigentes laboristas pidieron ver a los jefes del movimiento y el brigadier Francisco J. Vélez los citó en la Dirección de Aeronáutica Civil.

Era una trampa. El grupo de Cipriano fue conducido a la Sección Especial de la Policía Federal, donde el jefe, un tocayo -el célebre verdugo Cipriano Lombilla- les aplicó la picana eléctrica. Quince días después Reyes sufría todavía de una monstruosa inflamación en los órganos genitales. Según un persistente rumor, las secuelas habrían sido bastante graves. Pero Reyes nunca lo confirmó (ni tampoco lo desmintió) y los peronistas aprovecharon para negarlo todo en bloque.

Un curioso testimonio permitiría concebir dudas sobre la credibilidad de Reyes. Mucho antes de caer preso, el dirigente sindical se había quejado de una banda de peronistas que lo habían atacado y golpeado en la cabeza. Aparecía en las reuniones del Congreso con el cráneo vendado como una momia. Pero para Tito Di Ciano, ex peluquero del Congreso, "eran puras mentiras". (Aparte de la historia de Cipriano, Tito nos ha contado varias otras anécdotas capilares, en especial sobre Quijano, "muy difícil de afeitar porque uno salía del bigote para caer en las patillas". En esa época -dijo-, los hombres, al menos los peronistas, no se afeitaban más que dos veces por semana. Y Perón, Dios lo bendiga, había inaugurado la costumbre e impartido la orden de afeitarse a diario.) "Puras mentiras, lo de Cipriano -repitió-. Cuando venía a afeitarse, yo le sacaba las vendas y abajo no tenía ni un rasguño. Después volvía a fajarse la cabeza y se iba a hacer la víctima."

Pero el testimonio de Beveraggi es menos gracioso y lo bastante claro como para que podamos atribuir el silencio de Reyes a un pudor masculino muy comprensible, sobre todo porque sus carceleros se habían divertido a costa suya divulgando fotografías donde el preso aparecía junto a una escupidera. ¿Qué pretendían averiguar los torturadores? Una y otra vez volvían a preguntar por John Griffiths, empeñados en implicar a los presos en el mismo libreto, aunque éstos negaran haberlo conocido. Pero ni los torturadores, ni el propio Perón cuando anunció por radio el "complot", se preocuparon por los detalles. Alternativamente acusaban a los supuestos conjurados de querer impedir la reforma de la Constitución (un tema crucial que veremos luego) o de todo lo contrario. Lo importante no era la coherencia sino el castigo. Desembarazarse de Cipriano, vengándose a la vez del diplomático norteamericano más irritante, era un golpe maestro.

Durante el período colonial, la Argentina no había conocido sino de lejos la Inquisición y sus torturas. Para las hogueras de alto copete estaba Lima. Buenos Aires era una ciudad sin interés por su falta de oro y plata y no había merecido otra cosa que el suplicio del potro. Después de la independencia la Asamblea de 1813, que había prohido las corridas de toros, también prohibió la tortura. En 1930, bajo el régimen de Uriburu, el comisario Lugones, hijo del poeta Leopoldo Lugones al que Borges tanto admiraba, retomó la costumbre, seguido por la policía de Perón en 1945. Aparte de los nombrados, otros torturadores como Cardoso, Amoresano, Solveyra Casares, Simón.Etchart o Nievas Malaver (con la colaboración de su perro Tom), ejercieron exitosamente su profesión durante el peronismo.

Y sin embargo, no eran más que artesanos. Apenas si sabían simular una ejecución, clavar una larga aguja, envolver un miembro con una toalla mojada para ir estrangulándolo de a poco, colocar una cuña bajo la uña y, por supuesto, aplicar la picana, invento argentino de creerle a un viejo manual publicado en Francia para uso de la policía. En relación con los métodos de la Triple A, Alianza Anticomunista Argentina creada por López Rega alrededor de 1974, y con los de la dictadura ulterior, esas modestas tentativas sólo inspiran piedad. Y en efecto, hay quienes se alzan de hombros al evocar las torturas del primer peronismo. Es cierto que en 1977 los torturadores de la Escuela de Mecánica de la Armada comenzaban su verdadera tarea allí donde sus precursores la daban por finalizada, es decir, en la picana eléctrica. ¿Pero es ésta una razón para enternecerse frente a aquellos pioneros como frente al primer automóvil o el último tranvía?

Existe una segunda alzada de hombros que nos deja perplejos: el argumento de los policías cuyo celo sobrepasa las órdenes recibidas. Los defensores de esta tesis sostienen que en todos los regímenes se producen resbalones. ¿Pero era posible sobrepasarlas en un sistema de poder como el peronista, que vigilaba con lupa a cada individuo? ¿Y uno de los papeles de Evita no consistía justamente en "estar al tanto de todo" para transmitírselo a Perón?

Es claro que controlar un país entero, teniendo a semejante genio del simulacro por marido, no era tarea fácil. La siguiente anécdota, relatada por Raúl Salinas, arroja una nueva luz sobre el problema. Perón acababa de "descubrir" el complot de Cipriano Reyes y había convocado a una reunión en la Casa Rosada para decidir qué medidas tomar. Parecía vacilante. El "león herbívoro", como él mismo habría de llamarse más tarde, no demostraba su clara intención de castigar a los conjurados y Evita no soportaba tanta debilidad. Insistía con ardor para que los asesinos recibieran un castigo ejemplar. Dentro de su óptica en blanco y negro, su reacción era muy comprensible. Pero al ver que Perón todavía dudaba, o fingía hacerlo, se puso furiosa, lo llamó cobarde, le arrancó de la cabeza su gorra de general y se la tiró por la ventana.

Impasible, el presidente de los argentinos le pidió a su edecán que bajara al patio a buscar la gorra. Y ya sabemos cuál fue el castigo que terminó por infligir al grupo de Reyes. ¿Pero Evita, al proceder como lo hizo, no da la impresión de haber creído de buena fe que se había tramado un complot contra su vida? Nadie tira una gorra por la ventana de no sentir verdadera furia. Todo nos lleva a suponer que Perón, una vez más, había organizado una puesta en escena para excitar la indignación de Evita, y para que ésta, recalentada al rojo vivo, exigiera a los gritos lo que él estaba mucho más dispuesto a hacer de lo que aparentaba.

Esto equivale a admitir que Evita, una vez recalentada, era capaz de crueldad. El fanatismo, el sectarismo que ella reconocía y hasta reivindicaba, nos permiten creerlo así. Y en efecto, un rumor inverificable pero muy persistente la acusaba de haber dado personalmente la orden de torturar a unas empleadas de la Unión Telefónica. El sociólogo Juan José Sebreli lo da por seguro, aunque todos los testigos consultados hayan coincidido en declararnos su ignorancia al respecto, agregando que los casos de tortura se produjeron, por lo general, tras la muerte de Evita.

El caso de las telefónicas es diferente: ellas fueron encarceladas y torturadas en vida de la Señora. Pero en su libro *Los torturadores* -un convincente resumen de testimonios sobre la tortura, publicado en 1956-, Raúl Lamas no alude a Evita para nada. En cambio, muestra con el índice a sus dos colaboradores más estrechos: Espejo y Nicolini.

La Unión Telefónica se había nacionalizado en 1949. Cuarenta y tres empleadas se negaron a afiliarse al Partido Peronista. Nicolini las declaró fuera de la ley y Cipriano Lombilla ordenó una operación policíaca en su lugar de reunión para colocar documentos comprometedores. A Irene Rodríguez, Nieves Boschi de Blanco, Dora Fernández, Paulina Manasaro, Segunda Gil, Luci Vial y Raquel Soto, entre otras, se les aplicó electricidad en la vagina. Una de ellas estaba embarazada y perdió al niño.

Asfixia

El puño también se iba cerrando alrededor de la prensa.

Tras la revolución de 1943, el nuevo gobierno militar había revelado sus intenciones al cerrar el diario socialista *La Vanguardia*, el comunista *La Hora*, varios diarios de provincia y el popular periódico de la familia Botana, *Crítica*, cuyo director, Raúl Damonte Taborda, tuvo que exiliarse en Montevideo. Pero los grandes diarios seguían siendo independientes. Algo más tarde, el periodista Eduardo Colom le propuso a Perón sostener su candidatura en su diario *La Época*. Para ello le pidió un importante subsidio. Perón no necesitaba que se le recordase el papel representado por la prensa y aceptó. Ya en 1944 había hecho nombrar a Muñoz Azpiri director de propaganda de la Subsecretaría de Informaciones. Trabajaban con él Oscar Lomuto y Roberto Pettinato, también expertos en la materia. Como la Argentina sólo contaba con los servicios de United Press y de Associated Press, por la misma época se había decidido crear una agencia de informaciones argentina para darle el monopolio de la información radiofónica. Esta agencia no duró mucho pero, en el transcurso de su existencia, sostuvo varios diarios nacionalistas (*Bandera argentina, El Pampero, Crisol*), franquistas (*Diario Español*) y nazis (*Deutsche La Plata Zeitung*), proporcionándoles gratuitamente la información.

Según el historiador norteamericano Robert Potash el Correo, dirigido por Nicolini, impidió la distribución de diarios antiperonistas durante la campaña electoral. Perón trató de corromper a Yankelevich para que Radio Belgrano se convirtiera en la cadena oficial de su movimiento, pero éste no se dejó convencer. Durante esa campaña, *La Prensa* y *La Vanguardia* se permitieron llamar a Perón "demiurgo de candombe" (el baile de los negros partidarios de Rosas) o "autocandidato aprendiz de hombre de Estado". Pero después de su triunfo electoral, Perón presionó a Farrell, todavía Presidente por cuatro meses más, haciéndole firmar un decreto por el cual la Subsecretaría de Informaciones controlaría los excedentes de papel. La escasez de papel era un problema auténtico, pero él lo utilizó para asfixiar los diarios de sus adversarios.

No se limitó a la prensa escrita. En mayo de 1946 dio la orden de que las distintas radios retomaran las informaciones de Radio del Estado para el boletín de las 20.35. Los programas radiales -estaba escrito negro sobre blanco- "debían abstenerse de toda crítica". Los periodistas que no se abstenían se exponían a un proceso por delito de injurias. Otros intelectuales fueron castigados con más sentido del humor. En 1953 Victoria Ocampo, que había participado en una manifestación antiperonista, fue a parar a la cárcel con un grupo de prostitutas. Mucho antes, a Borges, empleado de una biblioteca municipal, se lo nombró inspector de aves en los mercados de Buenos Aires. Al renunciar a ese honor, se quedó sin trabajo hasta la caída del peronismo. Según la escritora Gloria Alcorta, el autor de la broma fue Raúl Salinas, entonces subsecretario de Cultura de la Municipalidad, al que ella conocía por ser un hombre frecuentable pese a su peronismo. Después del nombramiento, Gloria Alcorta se encontró con Borges en casa de unos amigos. Se habló de Salinas y la escritora comentó riendo: "Sin embargo, es simpático". Respuesta de Borges, con su voz sofocada: "Claro que es simpático. Si el diablo no fuera simpático no sería el diablo".

Entretanto proseguía la puja a cara descubierta entre *La Prensa* y el gobierno: Perón aconsejaba a los obreros no comprar ese diario de oligarcas. Pero otra puja más imprevista tenía lugar entre bambalinas y en el propio seno del peronismo. Los contrincantes eran Eduardo Colom y la compañera Evita. (Seguimos aquí a Pablo Sirvén en *Perón y los medios de comunicación.*)

Colom quería agrandar su empresa periodística comprando *La Razón*, un diario de la tarde que, dicho sea de paso, no estaba en venta. Para ello había tomado contacto con Miguel Miranda, director del Consejo Económico Nacional e industrial español que desencadenó una especie de milagro económico antes de caer en desgracia. Evita decía siempre que cuando ella necesitaba plata para su Fundación, Miranda daba una patada en el suelo y el dinero aparecía. Pero el hombre de la patada mágica no se interesó por *La Razón*: junto a Alberto Dodero y a Orlando Maroglio, acababa de comprar *Democracia* para Evita. Y ella, entusiasmada por el éxito de su diario, había pensado en comprar... *La Época*. Cosa que Colom rechazó.

Entonces Evita se había inclinado por otro negocio, el de la editorial Haynes, un poderoso grupo que editaba unos diez diarios y revistas, entre otras *El Hogar*, la misma en que Perón había hecho publicar la primera foto de Evita con vestido de noche para burlarse de las señoras bien. El gobierno compró el cincuenta y uno por ciento de las acciones del grupo y el director nombrado por la Señora fue el mayor Carlos Vicente Aloe, al que la oposición apodaba "el caballo".

Los chistes sobre Aloe no le iban en zaga a los que la misma Evita era capaz de inspirar. Aún hoy los argentinos de cierta edad se reconocen entre sí gracias a aquellos guiños lingüísticos originados en Aloe. Por ejemplo, en un banquete, alguien propone un brindis diciendo: "Choquen los vasos", y "el caballo" hace chocar sus pies bajo la mesa. Pero el chiste más célebre de la Argentina es este otro: cuando la Revolución Libertadora, Perón se prepara a huir a bordo de una cañonera paraguaya, en compañía de Aloe, no sin antes cargar pesados sacos de oro para llevarse al exilio. Tan pesados que, en un momento de duda, Perón le dice a Aloe: "Tengo miedo de que zozobre". Y Aloe, que no conoce la palabra, responde tartamudeando: "Mejor que so-sobre y no que fa-falte".

Aloe era un viejo amigo de Perón, que habrá de nombrarlo gobernador de la Provincia de Buenos Aires en 1952. Este hombre dócil y rudo (el ideal peronista) se halló de pronto a la cabeza de un gigantesco imperio periodístico llamado Alea S.A. Hubiera podido pensarse que se trataba de una variante de Aloe. Craso error: de lo que se trataba era de uno de esos latinismos tan caros a Perón, que impuso la enseñanza de esa lengua clásica en las escuelas secundarias. *Alea jacta est*: en efecto, las cartas estaban echadas. Además del grupo Haynes, Evita había terminado por comprarse *La Razón*, *Noticias Gráficas*, el legendario *Crítica* donde habían colaborado las mejores plumas de la Argentina, y muchos otros más. Se construyó una torre impresionante para albergar el centenar de periódicos, semanarios, revistas, folletos de propaganda, etc., etc., publicados por Alea. Y por último, el gobierno cerró *La Vanguardia*, *Argentina libre* y varios otros con pretextos tan fútiles como eficaces: por ejemplo, el mal funcionamiento de los baños. La revista *Qué sucedió en siete días* fue clausurada por haber publicado en la tapa una fotografía de Libertad Lamarque. El periodista Ambrosio Vecino nos ha dicho que el vicepresidente Quijano había dado permiso para reabrirla, pero que el golpe de gracia había venido por orden de Evita.

Paralelamente se creó una Comisión encargada de investigar las "actividades antiargentinas". Esta vez no se trataba de una pesquisa sobre el nazismo en la Argentina, tal como la realizada antes por la comisión del mismo nombre presidida por Raúl Damonte Taborda y Enrique Dickman. Casi se trataba de lo contrario, es decir, no de investigar sino de imponer. La Comisión estaba presidida por el ex conservador José Emilio Visca y por el abogado Rodolfo Decker, próximo a Mercante. Ambos hombres desarrollaron una campaña de intimidación. Irrumpían en las redacciones y en las editoriales con aire amenazador. Visca llegó a prohibir dos libros hallados en la editorial comunista Lautaro. Hay que reconocer que sus títulos, *Existencialismo* de Henri Lefevre y, sobre todo, *Tratado de la docta ignorancia* de Nicolás de Cusa, justificaban plenamente su desconfianza. En 1950 desaparecieron sesenta diarios de provincia por haber olvidado inscribir, debajo del título, "Año del Libertador General San Martín". El director de *El Intransigente*, también cerrado, estaba en la cárcel igual que los dirigentes socialistas Alfredo Palacios, Carlos Sánchez Viamonte y Nicolás Repetto. Otro dirigente socialista, Américo Ghioldi, había tenido que abandonar el país. ¿Pero qué tenía de asombroso, si el propio Eduardo Colom había recibido en 1949 la visita de Aloe y del entonces diputado "evitista" Héctor Cámpora, que venían a comprarle *La Época*, la cual no estaba más en venta de lo que *La Razón* lo estuviera cuando Evita la compró? Esta vez Colom entendió muy bien el mensaje, vendió su diario por unas monedas y se fue a su casa.

La historia termina con la clausura inevitable de *La Prensa*. Las páginas del diario de Alberto Gainza Paz, fundado en 1869 por uno de sus antepasados, se habían visto reducidas a la mitad por "falta de papel". Pero el pretexto final no consistió en los artículos valientes contra el régimen ni tampoco en los informes de la Comisión Visca. El que acabó con *La Prensa* fue Napoleón Sollazo, dirigente del gremio de los canillitas, quien declaró en 1951 que los muchachos de su sindicato no podían vender "las páginas de la traición". Gainza Paz tomó el camino del exilio y el gobierno le expropió el diario. Al enterarse de la noticia, los periodistas europeos y norteamericanos se pusieron brazales negros en señal de duelo.

La versión peronista de *La Prensa* salió el 19 de noviembre de 1951. Su director era el secretario de la CGT, José Espejo. Por consiguiente, ese primer número reflejó abundantemente las imágenes de Perón y Evita. La mujer del presidente escribía: "Deseo que la infamia de la antipatria que ha predicado durante largo tiempo la injusticia y la explotación del Pueblo sea reemplazada por la prédica de los trabajadores, inspirados en la Doctrina Peronista".

Pero esto no fue todo. El día en que Evita se disponía a viajar a Europa, Radio Belgrano estaba difundiendo un discurso de Perón cuando se oyó una voz que decía: "No le crean una palabra, son todas mentiras". Alguien había logrado interceptar las ondas y la castigada fue la radio. Se la cerró por tiempo indeterminado, Evita la compró y, al menos, tuvo la gentileza de nombrar director a Yankelevich. Por fin se realizaba la vieja idea de Perón. Al regreso de Evita, en setiembre de 1947, Miguel Miranda recibió un comunicado del Correo, vale decir, de Nicolini, en el que se mencionaba la posibilidad de adquirir todas las radios privadas. Y así se hizo. Algunas integraron el grupo Alea y otras formaron parte de la red de Yankelevich. Éste, que en 1951 acababa de volver de los Estados Unidos, no paraba de extasiarse ante las maravillas de la televisión. Evita, ya muy enferma, lo paró en seco: "Está bien, ya entendí -le dijo-. Filmame para la televisión la manifestación del próximo 17 de octubre". Así fue como la Argentina se convirtió en el segundo país con televisión del continente americano.

Un émulo de Goebbels

En enero de 1947 un viejo conocido de Perón y Evita, el periodista Raúl Apold, fue nombrado director de Difusión de la Subsecretaría de Informaciones. La estrella de Muñoz Azpiri se había apagado. "Cometí un error -les confesó a los redactores de *Historia del peronismo*-, al rechazar una idea que alguien me vino a proponer. Se trataba de hacer escuditos con la cara del General para ponerse en la solapa. Dije que no, teniendo en cuenta factores psicológicos: no creía que la gente los aceptara, dada la idiosincrasia argentina. Al día siguiente me llama Eva: 'Pero vos estás loco? ¿Cómo rajás a un tipo que te viene a ofrecer una propaganda así? ¡Perón está furioso con vos!'"

Mil personas trabajaban junto a Apold. Una de sus tareas fundamentales era exaltar la obra de Evita en la Fundación Eva Perón. Por otra parte, según Raúl Salinas, el inventor de ese nombre, Eva Perón, no fue otro que Apold. Cuando Evita se fue a Europa todavía se llamaba *doña María Eva Duarte de* PERÓN. A partir de su regreso, aceptó la idea de Apold y en adelante utilizó ese nombre breve y sonoro que reemplazó su nombre de esposa tradicional, demasiado lento, así como el rodete había reemplazado los bucles. Pero en la Argentina, como en los otros países hispánicos, no se acostumbra eliminar el apellido de soltera para reemplazarlo por el del marido. Es claro que la partícula "de" agregada entre ambos tampoco constituye un ideal feminista, puesto que implica pertenencia. Pero al menos la mujer no pierde su apellido paterno. Se ignora cuál fue la verdadera reacción de Evita al encontrarse sin su apellido Duarte del que tanto le había costado apoderarse, pero se sabe que Eva Perón no le inspiraba demasiado cariño. En *La razón de mi vida* establece una clara distinción entre Eva Perón y Evita, tratando a la primera con cierto desdén: Eva Perón es sólo un papel social, de esposa del Presidente, fácil de interpretar y con el que ella no se identifica profundamente. ¿Quién es ella, entonces? Evita. Evita, como la llama el pueblo y como nadie más que el pueblo tiene derecho a llamarla. Evita disminuida por el diminutivo pero exaltada por la ternura. Evita a secas, sin apellido de padre, de madre ni de esposo.

La oposición acusó siempre a Apold de haber montado un aparato de propaganda similar al de Goebbels. Lo cierto fue que, a la caída del peronismo, se halló en su caja fuerte un detallado estudio de la estructura del Ministerio de Información Pública y Propaganda del Tercer Reich. Apold modelaba la imagen de Evita, presentándola como a un hada luminosa. En las películas de propaganda, el actor Pedro Maratea representaba el papel de un pobre obrero encandilado por la revelación de esa luz: ¡Evita existía! Otras veces era la actriz Fanny Navarro, la amiga de Juan Duarte, quien caía en éxtasis ante una esplendorosa Dama de la Esperanza. Los que se asombran del fetichismo de los fanáticos del rock, que compran objetos con la imagen de sus ídolos, se asombrarían aun más al saber que Apold, en la Argentina de la época, había hecho fabricar miles de ceniceros, pañuelos, prendedores, agendas o cajas de cerillas con los perfiles superpuestos de la pareja "real". El inventor del eslogan "Perón cumple, Evita dignifica", escrito en letras gigantescas, también era él. No eran ideas lo que le faltaba. Había concebido un juego para niños donde los ganadores aplastaban a los antiperonistas. Idea de precursor, puesto que los juegos neonazis que se venden actualmente en Alemania están basados en las mismas reglas: los ganadores aplastan a los judíos.

Además, la Subsecretaría de Informaciones poseía una División de Asuntos Especiales que reunía toda la información sobre las actividades de los opositores, pero también de los peronistas. Los escritores y los profesores figuraban en los ficheros de dicha División.

Otra astucia no desdeñable: Apold centralizaba los permisos de importación de automóviles eximidos de impuesto de aduana destinados a los artistas, periodistas, jueces, escritores o militares que le demostraran al régimen sus buenas intenciones. Se murmuraba que el actor cómico Luis Sandrini había recibido cinco Mercedes Benz, y que el general Von der Becke recibía la misma cantidad, pero por mes. El tráfico se realizaba por intermedio del Ministerio de Industria y Comercio y en relación con el negociante Jorge Antonio, muy amigo de Juan Duarte y cuyo nombre ya hemos evocado a propósito del supuesto tesoro nazi. En *Jorge Antonio, el testigo*, de Osvaldo Granados, el propio interesado relata que Evita, al tanto de sus importaciones de Mercedes Benz, lo había llamado para pedirle que se asociara a ese tipo de negocios.

Como ya lo veremos, el papel de Apold se habrá de tornar aun más importante tras la muerte de Eva. Pero para dar los últimos toques al retrato de este hombre al que no hay viejo peronista que no considere nefasto, corresponde narrar la siguiente anécdota: muere Evita y Apold llama por teléfono a la fotógrafa Anne-Marie Heinrich. Ella lo conoce desde que Apold era un mandadero del Teatro Colón y, pese a su intervención en la tentativa de acercar a Perón y a Zully Moreno, no ve mayores motivos para desconfiar de él. "Necesitamos todas las fotos de Evita que le tomaste desde el principio de su carrera -le dice-, para publicarlas en un libro." Anne-Marie Heinrich se las entrega todas, salvo una. Una que nunca mostrará, "por respeto y por conciencia profesional": la primera fotografía de Evita a los dieciséis años, delgadita, paliducha y en traje de baño. Días más tarde va la policía y la amenaza con destruir sus archivos si no entrega los negativos de las fotos de Evita. Obligada a obedecer, la fotógrafa pierde todo rastro de un trabajo llevado a cabo durante varios años. Apold nunca publica su libro pero, en cambio, las fotos de Evita realizadas por la señora Heinrich aparecen en *Life* y en *Paris Match*, vendidas por Apold a precio de oro para incremento de su propia fortuna.

El mate de la vergüenza

El puño también se cerraba alrededor de los artistas de radio, teatro y cine, de los cantantes, músicos y bailarines. Por una parte estaba el temor a figurar en el fichero y, por otra, el atractivo de la ganancia. Para dar trabajo a los artistas, el peronismo había instaurado el "número vivo", un sketch o un breve momento musical que se desarrollaban en los cines antes de la película. Además, en todo concierto o programa radial, el cincuenta por ciento de la música debía ser argentina. Amenaza y tentación: muchos artistas sucumbieron tanto por conveniencia como por miedo al "no corre", esas palabras de Evita que al aludido lo dejaban inmediatamente sin trabajo y que no siempre tenían una explicación lógica. Por ejemplo, se comprende que Evita se haya vengado de Libertad, pero no que, delante de un testigo -Raúl Salinas- haya maltratado sin razón a Thilda Thamar, apodada "la bomba atómica argentina" cuando, a raíz del maltrato, tuvo que exiliarse en París, donde filmó *La gitane blonde* y donde vivió feliz por muchos años, como si "no correr", en ciertas ocasiones, fuese todo lo contrario de una maldición: ¡Exilio, tu nombre es argentino!

En la radio había que hablar de Perón cinco minutos por reloj, imperativa y, por supuesto, elogiosamente. La cantante de tango Tita Merello no tenía reparos en hacerlo. En cambio, los remisos recibían amenazas telefónicas y terminaban perdiendo el empleo. Actores y actrices estaban obligados a llevar el escudito con la imagen de Eva en la solapa, fabricado por Apold. Y pobres de ellos si los espías que pululaban por doquier los pillaban en falta. Por suerte, estos espías estaban debidamente identificados: en el ambiente artístico, todo el mundo conocía a los delatores. Las dos amantes oficiales de Juancito Duarte (la rubia Elina Colomer y la morocha Fanny Navarro) no tenían esa fama. Muchos otros, como el cantante Hugo del Carril, el poeta del tango Enrique Santos Discépolo y la propia Tita Merello sostenían sinceramente el régimen y creían en él. Pero la mayor parte lo soportaba resignada o aprovechaba la ocasión. El propio Perón le había confiado a Eduardo Colom, con un cansancio que no excluía un sentimiento de victoria al ver así confirmada su visión de la humanidad: "Siempre que me vienen a ver es por soplones o para proponerme un negocio".

En Junín, a escala reducida, la madre de Eva también sabía maniobrar con el miedo y la codicia. Una vecina de Junín nos ha contado lo que sigue: ante la casa de doña Juana, la cola de pedigüeños se alargaba día tras día. Olvidando que en otros tiempos la había despreciado, la esposa de un médico la fue a ver para pedirle un favor. Doña Juana la escuchó y le dijo: "Cebame unos mates". Y la mujer del doctor se puso de pie sin pestañar, tomó la pava, virtió el agua sobre la yerba y le tendió el mate, una, dos, diez veces hasta que la matrona dijo basta. Agreguemos para los no conocedores que tomar mate de a dos o de a varios es cordial y amistoso, pero que cebarlo sin sentarse ni probar una chupada -doña Juana lo sabía por experiencia- equivale a rebajarse.

El voto femenino había sido aprobado por el Congreso. Sin embargo, fue la CGT la que reunió a los suyos ante la Casa Rosada para festejar la noticia. Era un signo que todos entendieron: las deliberaciones de diputados y senadores se habían convertido en una mascarada. El poder ya no estaba debajo de la cúpula verde moho sino un poco más lejos, subiendo por la Avenida de Mayo. Más tarde, otros dictadores argentinos disolvieron el Congreso. Perón ni se molestó: ¿Acaso su régimen no ha sido definido como una "dictadura de los votos"? Teniendo la mayoría en ambas cámaras bien podía permitir que los legisladores de la oposición siguieran desgañitándose. Cuando lo molestaban demasiado, como ocurrió en 1948 con el diputado radical Ernesto Sammartino, se contentaba con quitarles la inmunidad parlamentaria. Expulsado del Congreso, Sammartino se vengó pronunciando un célebre discurso: "No estamos aquí para inclinarnos reverentes ante el látigo ni para bailar gigas que diviertan a una Madame Pompadour".

Héctor J. Cámpora había reemplazado a Guardo en la presidencia de la Cámara de Diputados. Era dentista, igual que su predecesor (quizá fuera la condición *sine qua non* para ocupar ese cargo), y se convirtió en el arquetipo del servilismo peronista, sobre todo evitista. Sus propios compañeros decían que cuando Evita le preguntaba "¿qué hora es?", él contestaba: "La que Usted diga, Señora". En 1973 asumió la Presidencia de la Nación durante un mes, antes de que Perón llegara a desplazarlo, y sorprendió a todo el mundo por su simpatía y su izquierdismo, cualidades que le valieron el apodo de "Tío", el amor de la juventud peronista y la furia de Perón. Pero en 1948 y durante los años siguientes, Cámpora fue el personaje más obsequioso del régimen, lo que no es poco decir.

Su mujer, Georgina Acevedo de Cámpora, había reemplazado a Lilian Lagomarsino de Guardo de manera simétrica, así como un dentista había reemplazado al otro. En adelante, Evita aparecería en los actos oficiales en compañía de Georgina, llamada Nené. Isabel Ernst también había hecho mutis por el foro y había sido no menos simétricamente reemplazada por Elena Caporeale de Mercante. Para el nuevo código moral de Evita era un paso adelante, puesto que cambiaba a la amante por la esposa legítima. Pero Elena no se limitaba a su papel de esposa. La mujer del gobernador de la Provincia de Buenos Aires se disponía a actuar en su provincia como Evita lo hacía en el país entero.

Con respecto a los Tribunales, basta con relatar esta historia que nos ha contado Mike Gallaher -ex oficial de la aviación y de los servicios de inteligencia-, para captar el grado de "independencia" de que gozaba la institución. La historia se remonta a 1948 o 1949. La Corte Suprema está presidida por el doctor Casares. Eva llega al Palacio de Justicia para asistir a la inauguración del año judicial. Ya se dispone a instalarse junto a los ministros cuando Casares interviene dulcemente y la manda a sentarse junto a su esposa. Roja de rabia, Evita llama a Gache Pirán, ministro de Justicia, y le dice: "Che Gachecito, a ese presidentito de la Corte me lo hacés saltar enseguida, ¿eh? No lo quiero ver nunca más por aquí". El Ministro, muy molesto, trata de sonreír y balbucea: "¡Señora, qué sentido del humor!" Un año más tarde, Casares ya no estaba en su puesto.

Román Subiza, secretario de Asuntos Políticos y gran amigo de Juan Duarte, había recibido un memorándum firmado por Perón y con estas

palabras de su puño y letra: "Al enemigo, ni justicia". Según Juan José Sebreli, un juez peronista había declarado ante un tribunal de la Revolución
Libertadora: "Yo no era un juez, era una marioneta que obedecía las órdenes de Subiza". Y cuando Perón había desempolvado viejas leyes en 1946
para destituir a cuatro jueces, entre los cuatro nuevos miembros de la Corte Suprema figuraba Justo Álvarez Rodríguez, cuñado de Evita.

Pero afirmar que ya no había justicia tampoco es posible. ¿Quién sino
el peronismo borró las diferencias entre los hijos legítimos y los ilegítimos? Hasta entonces la mención "ilegítimo" figuraba en la partida de nacimiento. Según el periodista Enrique Oliva, cuando Evita se enteró de
que el Cardenal Caggiano veía con malos ojos la reforma, exclamó golpeando la mesa: "Una de dos. O hacemos como yo digo o ponemos en los
documentos del padre: 'padre ilegítimo'".

El amor innumerable

Ya hemos citado esa frase de la oposición según la cual Evita había hecho muy bien el mal y muy mal el bien. Ha llegado el momento de expresar nuestro desacuerdo: como acabamos de ver, Evita hizo muy bien el
mal. Ahora trataremos de demostrar que también hizo muy bien el bien.

Esta idea nos conduce nuevamente al tema del tiempo. Para Evita, a
su regreso de Europa, el tiempo urgía. Quizá por eso comprendía muy
bien la urgencia de los otros. El hambriento no puede esperar: he aquí
una noción muy simple pero ignorada por los que elaboran planes econó-
micos para un futuro radiante con la barriga llena. Evita se acordaba de
ese apuro. Más aún, seguía viviendo al día como en la época de su bohemia y existía en un puro presente, igual que los gitanos. Además, lo que
Perón llamaba la "pequeña solución", típicamente femenina, era también
una solución inmediata. Algún día se terminará por entender que la mayor diferencia entre los hombres y las mujeres consiste en el tiempo. En
el amor y en lo demás, sus ritmos son distintos.

Desde el día de su llegada al Palacio Unzué, Evita había comenzado a
recibir cartas. Un chico del norte quería una pelota de fútbol, una anciana
pedía un colchón. En general solicitaban comida o ropa. Lo sorprendente
era lo modesto de sus deseos y su aspecto concreto. Los sueños de los pobres no son evanescentes. ¿Cómo podrían serlo? El deseo se vuelve nebu-
loso cuando hay varias opciones, no cuando hay una sola y es la vital. Y eso
también Evita podía reconocerlo. Por perdida que estuviera entre sus centenares de vestidos, sombreros y zapatos, ella sabía lo que quería. Y en este momento de su vida deseaba ser de nuevo *La Pródiga*. Ser pródiga con
gente que pedía tan poco.

Para ello había acumulado un poder que sólo Perón podía cuestionar.
Pero por el momento se cuidaba muy bien: al obrar en su nombre y al proclamar cada vez con más fuerza que Perón era todo y ella nada, Evita le re-

sultaba útil. Y debemos admitir que, sin semejante poder, Evita no habría actuado con tanta libertad.

Fue así como empezó a juntar montones de cosas en un garage desocupado de la residencia presidencial: zapatos, azúcar, ollas, pantalones, harina... Aunque necesariamente incompleta, esta lista nos lleva a lo que Borges llamaba "cometer una enumeración". Y en efecto, a partir de este instante, la biografía de Evita se vuelve enumerativa. Asistimos a un crecimiento de objetos y de actividades cuyo carácter ilimitado provoca la misma inquietud que dos personajes borgianos: Funes el memorioso, condenado a recordar cada cosa que ha visto en su vida, y el poeta "enumerativo" que está en posesión de un Aleph "innumerable" donde giran a la vez todos los seres y los objetos del universo. La Fundación de Evita tenía un poco de ambos y describirla suscita, además de admiración, una angustia que refleja ciertamente la de su fundadora.

Objetos, pues. Objetos que cada noche, cuando su esposo de hábitos regulares se metía en la cama, Evita clasificaba y embalaba para después distribuirlos en persona (10.000 paquetes por aquí, 9000 por allá, 5.000.000 de juguetes para la Navidad de 1947) durante sus visitas a las provincias o a los barrios de la capital. Renzi, el administrador de la residencia, venía a ayudarla junto con otros empleados. Evita los convocaba en ese sitio secreto al que llamaba bromeando "almacén Las Delicias". Un nombre con sabores de *Mil y una Noches*, que evocaba los almacenes siriolibaneses de los pueblos argentinos. Es que vivía sus aventuras nocturnas con tal maravilla que sus manos temblaban al embalar los paquetes como las de los cuarenta ladrones al hundirse en el oro. Renzi le ha narrado a Borroni y Vacca que Evita, en su entusiasmo, derramaba el azúcar al pretender empaquetarla: "Más era lo que quedaba por el piso que adentro del paquete".

Lo que precede tenía lugar antes del viaje, cuando los desamparados todavía acudían a golpear a la puerta de la Residencia. *Democracia* divulgó las actividades de Evita y pronto los obreros de los sindicatos comenzaron a donarle los artículos que ellos mismos producían y que llenaron hasta el techo el "almacén". Esas actividades respondían al nombre de Cruzada (u Obra) de Ayuda Social María Eva Duarte de Perón. Por un decreto de setiembre de 1946 que propuso el ministro de Economía Ramón Cereijo, se abrió una cuenta especial en el Banco de la Nación, cuenta a la que debían contribuir los diversos ministerios, "para adquirir ropas, calzado, alimentos, medicinas", etc., etc., destinados a los pobres.

Pero la Fundación Eva Perón, tal como existió y funcionó hasta la caída del peronismo en 1955, fue inaugurada oficialmente el 8 de julio de 1949. Con anterioridad, y paralelamente a las actividades de Evita en su oficina de la Secretaría y en su caverna de Alí Babá, Méndez San Martín, el mismo que había clausurado la Sociedad de Beneficencia, había reorganizado los orfanatos y los hospitales que de ella dependían. Y en junio de 1948, la enfermera Teresa Adelina Fiora había fundado la Escuela de Enfermeras, bautizada, para no ser menos, "María Eva Duarte de Perón". Esta escuela formó un equipo de 858 enfermeras capaces de reemplazar a los médicos o de manejar un jeep, solas, en el medio del campo, pero también de desfilar los 17 de octubre justo detrás de los soldados, de uniforme azul bordado con las iniciales y el perfil de la que ya sabemos, pantalón de montar, chaqueta entallada y la orgullosa y radiante expresión correspondiente a ese tipo de desfiles, ya sean fascistas o soviéticos. La escuela cambió de nombre en 1950, cuando pasó a formar parte de la Fundación. En adelante se llamó "7 de Mayo". Quizá resulte inútil recordar quién nació en esa fecha.

Pero la Fundación Eva Perón conservó su nombre mascota y su función primordial (acumular cosas). Así se convirtió en un gigantesco "Almacén Las Delicias". Vamos a enumerar esos objetos y esas obras, aunque ahorrándole al lector las cifras tediosas y citando únicamente las que resultan fundamentales para captar la importancia de esa organización en la que trabajaban catorce mil personas y que tenía doscientos millones de dólares en su haber.

En las provincias se construyeron mil escuelas y dieciocho hogares-escuela. Los alumnos, alrededor de tres mil, habían vivido siempre en ranchos de adobe y dormido en el suelo. Evita se ocupaba personalmente de cada caso y decidía por sí misma si el niño debía pasar las noches en el hogar-escuela o volver a su casa. En Córdoba y Mendoza también hizo construir ciudades de estudiantes. Pero sus dos grandes pasiones eran la Ciudad Estudiantil de Buenos Aires, que ocupaba cinco manzanas, y la Ciudad Infantil Amanda Allen inaugurada el 14 de julio de 1949. Amanda era una enfermera de la Fundación, muerta en un accidente de avión al volver a la Argentina tras haber aportado la ayuda de su institución a las víctimas del terremoto que había sacudido el Ecuador. Los ecuatorianos acababan de nombrar a Evita "Ciudadana de América". Según su hermana Erminda, al enterarse del accidente, Evita tuvo el ataque de llanto más terrible de su vida.

La Ciudad Infantil, una pequeña ciudad adaptada al tamaño de sus habitantes -niños de dos a siete años-, parecía surgir del recuerdo de aquellas casitas construidas en el fondo de un jardín, en el pueblo de Los Toldos. Regalarles a otros niños casas de enanitos. Nadie lo había hecho antes que ella, y ni siquiera para los ricos: una "ciudad" donde los niños pudieran por fin sentirse en un mundo a su medida. Tejas rojas, paredes blancas, un poco de piedra o de ladrillo para acentuar lo rústico, a medio camino entre el estilo español y el ballet *Giselle* con sus corazoncitos recortados en los postigos verdes. Era la arquitectura que a ella le gustaba: Perón hacía construir monoblocks, y Evita, chalets encantadores. La Ciudad constaba de un "banco" en miniatura, "farmacias" y "panaderías" reducidas a su mínima expresión, una capilla minúscula, una piscina en proporción pero también una escuela, un circo y un comedor más grandes para que los adultos que se ocuparan de los niños no tuvieran que inclinarse. Como en todos los hogares inaugurados por Evita, los detalles revelaban un perfeccionismo obsesivo. (El hijo de Mercante nos ha descrito la siguiente escena: Evita sale del baño de la CGT, roja de cólera, y les grita a los sindicalistas: "¿Cómo no ponen esas toallitas de hilo bordadas que siempre tienen que estar?") Así pues, en la Ciudad Infantil nada faltaba: cortinitas coquetamente recogidas con cierta asimetría, camitas con sus colchas de plumetí, manteles de blancura inmaculada sobre cada mesita, alegres pinturas con castillos encantados, payasos y elefantes.

¡Y los chicos! ¡Esos chicos con los cabellos engominados y la raya como trazada con regla! ¡Esas nenas de vestidito vaporoso y pelo negro, corto, con la raya al medio y el flequillo brillante y bien cortado, estilo Príncipe Valiente, como si un batallón de Pedros Alcaraces acabara de acariciar con sus cepillos entalcados las frágiles nuquitas rapadas a máquina! Un batallón de Alcaraces para un batallón de Evas morochitas: ¿acaso esas niñitas con sus corte de pelo y sus vestidos impecables, como lavados por doña Juana, no eran imágenes multiplicadas de la nena de Los Toldos, así como las casas de los Siete Enanitos reproducían las cabañas del jardín?

"Esos chicos hacen figuración -decían los antiperonistas-. La Ciudad Infantil es un decorado vacío para mostrar a las visitas." Y es verdad que en las fotografías de propaganda encargadas por Apold, los niños parecen "figurar". ¿Pero podemos deducir que no vivían allí? Además del objetivo propagandístico, ese exceso de corrección y de limpieza expresan un gusto popular. Cuanto más humilde es el origen más se suele aspirar al traje oscuro y la corbata o al vestidito blanco. En las villas de emergencia latinoamericanas las madres endomingan a sus hijas con volados de organdí. Evita adivinaba la decepción de sus pequeñas si las hubiera vestido con ropas prácticas. El cuento de hadas no es posible sin una falda fruncida, un cinturón atado por detrás con un moño bien grande, un cuellito redondo y unas mangas abullonadas.

El testimonio de Lunazzi, militante anarquista y, por ese entonces, consejero pedagógico en una fábrica de juguetes, revela hasta qué punto Evita se interesaba por cada detalle, y con qué independencia. Al enterarse de que la Señora iba a ir a elegir juguetes, Lunazzi inventó un juego pedagógico sobre el Libertador San Martín (era el año consagrado a ese héroe nacional, impuesto por Perón con tal insistencia, que aun quienes en principio no tenían nada contra él terminaban por hartarse). Evita examinó los juguetes uno por uno y eligió los más hermosos, pero con un criterio tradicional: muñecas, pelotas, triciclos. Al juego de inspiración patriótica ni lo miró.

Esos niños, y muchos otros, conocieron el mar y la montaña gracias a Evita. Además de las colonias de vacaciones inauguradas en Ezeiza, cerca de Buenos Aires, Evita hizo construir "unidades turísticas" en Chapadmalal (no lejos de Mar del Plata), Uspallata (Mendoza) y Embalse Río Tercero (Córdoba). Cada una de esas tres unidades incluía conjuntos hoteleros capaces de alojar a cuatro mil personas (obreros, jubilados, estudiantes o colonias de vacaciones).

Para algunos de esos niños, ponerse zapatos de verdad era un sueño tan descabellado como veranear a orillas del mar. Los campeonatos de fútbol "Evita" les permitieron quitarse las alpargatas o, sencillamente, la costra de barro bajo la planta del pie, para calzar zapatos de ciudad o zapatillas deportivas. Miles de niños se inscribieron para participar en esos campeonatos: 100.000 en 1949 y más del doble en 1953. Venían de todas las provincias. Para viajar a Buenos Aires los vestían, les regalaban el equipo de deporte y los médicos y asistentes sociales aprovechaban para controlar su estado de salud y sus condiciones de vida. Los partidos tenían lugar en los grandes estadios de fútbol porteños, con un enorme despliegue publicitario, y los pequeños campeones recibían mucho más que una beca de estudios, una motoneta o una temporada en el mar: aparte de esas cosas, se llevaban el recuerdo de la sonrisa de Evita, que había dado el puntapié inicial del campeonato, y una medalla de oro (¿podía ser de otro metal?) donde la imborrable sonrisa estaba grabada para siempre. El peronismo era una puesta en escena y también, un derroche de medallas, signo de la Alianza divina. Al menor atisbo de duda, bastaba con llevarse la mano al pecho para encontrar la prueba palpable de que todo no había sido un sueño. Y si la duda subsistía, entonces bastaba con contemplar el perfil y el nombre de Evita bordados en la camiseta con los colores del equipo.

Es obvio que no se esperaba el momento del campeonato para ocuparse de los problemas de salud. En ese terreno, el gran colaborador de Evita era el doctor Ricardo Finochietto. La Fundación construyó cuatro policlínicos en Buenos Aires y otros similares en nueve provincias. En Termas de Reyes (Jujuy) y en Ramos Mejía (una localidad del Gran Buenos Aires) se levantaron clínicas pediátricas. En Catamarca estaban por terminar un gran policlínico para niños cuando estalló la Revolución Libertadora que, pese a sus hábitos destructores, decidió continuar los trabajos. No sucedió lo mismo con el hospital de niños de Buenos Aires ni con otro hospital de Corrientes, que fueron abandonados a la caída del peronismo. Todos esos hospitales (doce en total) eran muy diferentes del viejo modelo de hospital a la francesa que hasta entonces se había imitado. Basta de enormes salas siniestras con las paredes marrones o verde caqui: para Evita, más de tres enfermos por sala era una imagen del infierno. Modernos, luminosos, con excelentes equipos importados de los Estados Unidos y médicos bien remunerados, esos hospitales revestidos de mármol eran absolutamente gratuitos, incluidos los remedios para los pacientes que no estaban internados.

En 1951, un tren sanitario fletado por el policlínico Presidente Perón recorrió la Argentina a lo largo y a lo ancho, ofreciendo gratuitamente su servicio de análisis y de radiología. Por otra parte, la ayuda al Ecuador no había sido una excepción: Evita envió ropa, remedios y alimentos a Perú, Colombia, Israel, Turquía o todo otro lugar de la tierra donde otros descamisados sufrieran necesidades causadas por catástrofes naturales o provocadas.

La Declaración de los Derechos de la Ancianidad fue proclamada solemnemente por el Ministerio de Trabajo en agosto de 1948. Y en julio de 1950, en el Teatro Colón, Evita se echó a llorar al conceder las primeras pensiones a mil ancianos también bañados en llanto. Típica ceremonia peronista donde los ojos húmedos eran de rigor. Es cierto que Evita acababa de ser operada por una apendicitis y que su cáncer había sido detectado. Pero aunque quizá pensara en esa vejez que nunca alcanzaría, sus lágrimas no eran de autocompasión. Evita casi siempre lloraba por los otros, más allá de sí misma.

Para la Declaración de estos derechos y para la entrega de las pensiones, pronunció discursos donde invocaba a Perón utilizando el vocativo, como se hace con Dios, y donde exaltaba el inmenso amor de Perón por los abuelos y abuelas. Esto hizo decir a un periodista norteamericano, llamado Hamburger de la manera más pertinente y citado por Navarro y Fraser: "En la Argentina todo es amor, amor, amor. (...) Constantemente, locamente, apasionadamente, nacionalmente Perón y Evita están en estado de amor". En efecto, suscitar la emoción era el objetivo del régimen. El ritual sentimental nimbaba la pensión a la vejez o el premio a un pequeño campeón con una aureola aun más radiante. Sin embargo, al recibir esos pesos inesperados, los viejos gauchos que venían del medio de la pampa, donde ya estaban resignados a morir en el más absoluto abandono, y donde ahora podrían pasar una vejez tranquila, no tenían por qué preguntarse si sería verdad que al presidente se le rompía el corazón de sólo pensar en ellos.

Además, tanto si Perón los amaba de veras como en caso contrario, esos ancianos podrían terminar sus días en cuatro flamantes Hogares. El de Burzaco, cerca de Buenos Aires, abarcaba treinta y dos hectáreas y tenía capacidad para doscientas personas. Su atmósfera era tan cálida que Evita, en *La razón de mi vida* (escrita cuando ya se conocía su enfermedad), sueña con el momento en que ella misma termine por instalarse allí. Por otra parte, al expropiar la estancia de los Pereyra Iraola para convertirla en Parque de los Derechos de la Ancianidad, Evita le había asestado a la oligarquía un golpe doloroso. Los estancieros habían conservado grandes superficies ya que Perón nunca cumplió su promesa de reforma agraria. Pero esa estancia era un símbolo, con sus árboles centenarios que ocultaban a las miradas indiscretas una existencia privilegiada. ¡Y Evita la transformaba en un parque abierto para todos!

Otros hogares de tránsito vieron la luz después de aquel primero, inaugurado justo antes de su viaje a Europa. En ellos se albergaba a mujeres sin trabajo ni alojamiento mientras se les buscaba lo uno y lo otro. Según el padre Benítez, la atmósfera de lujo que reinaba en todos esos hogares sorprendió a la duquesa Edmée de La Rochefoucauld cuando los fue a visitar con Evita. Ésta le repitió lo que siempre decía: "El rico, cuando piensa en los pobres, piensa en pobre". Y agregó que no pensaba actuar de esa manera sino que, muy por el contrario, iba a darles a todos una porción de sueño.

La duquesa aún dudaba entre la admiración por lo que veía y la moral puritana del rico que atribuye a los pobres paupérrimos deseos, cuando el testimonio de una de esas mujeres terminó por convencerla. Era una mucama expulsada de la casa donde había trabajado toda la vida. El día de su llegada a un hogar de la Fundación, había intentado acostarse en el suelo y hasta enrollar la alfombra para no dañarla. Ella no podía instalar su cuerpo de sirvienta bajo esa colcha de satén (o de plumetí) y entre esas sábanas con bordes de encaje. Pero había tenido que aceptar casi a la fuerza la idea fundamental que Evita machacaba con violencia para introducirla en las cabezas de humillados y ofendidos: ella se merecía esa cama. "¿Usted comprende? -le explicaba a la duquesa, cada vez más conmovida-. Ésta es la cama de una patrona. Así eran las camas que yo siempre tendí para los otros. ¡Y de repente soy yo la que duerme aquí! ¡Yo! ¿Se da cuenta de lo que quiere decir eso?" Madame de La Rochefoucauld besó a Evita y le dijo: "Por fin la he comprendido".

Ahora las mucamas tenían sindicato. Esas provincianas tímidas y silenciosas, de ojos oblicuos, que siempre habían odiado a sus patronas de costado, ahora se permitían pararse frente a ellas, en jarras, a reclamar sus aguinaldos, sus vacaciones, y a salirles con leyes, artículos, incisos. Las amas de casa preferían no emplear a esas "atorrantas del sindicato" llenas de ardor vengativo. Un ardor atizado por Evita, que en un discurso les había aconsejado aproximadamente lo que sigue: "Ustedes tienen el deber de ir el 1º de Mayo a la Plaza de Mayo. Pídanle permiso a sus patrones. Les van a decir que hay ropa que lavar. Lávenla. Vuelvan a pedirles permiso. Se van a acordar de que hay que planchar una camisa. Plánchenla. Pidan permiso por tercera vez. Si les salen con otra cosa, abran la heladera, saquen una botella de cerveza y dénsela por la cabeza".

(Rosa Calviño, gran amiga de Evita, nos ha contado que decía: "Hay oligarcas que me dan ganas de morderlos como si fueran zanahorias o rabanitos".)

Pero el preferido de Evita era el Hogar de la Empleada, en la Avenida de Mayo. Podía albergar a quinientas mujeres que habían ido a trabajar a la capital. Cada piso estaba decorado de acuerdo con indicaciones muy precisas de Evita: el primero, de estilo provenzal, entonces muy de moda; el segundo, de estilo inglés; el tercero, Luis XV, y así sucesivamente. Un visitante citado por Mary Main lo describe así: "El salón hubiera podido pasar por una sala de recepciones de la Casa Rosada. Lo iluminaban varias arañas con lágrimas de cristal. Sobre el piano de cola de estilo eduardiano, una mantilla bordada de una manera exquisita, pieza de museo que le habían regalado a Evita durante su viaje a España. Las sillas Luis XV estaban tapizadas con un brocado muy pálido. Sobre las repisas y las mesas, estatuitas de Dresde y, en los rincones, grandes jarrones de Sèvres. En cada extremo, dos pinturas al óleo que ocupaban toda la pared: los retratos de Eva y de Perón".

El ex diputado peronista Ángel Miel Asquía nos ha contado que cuando Evita fue a examinar los trabajos del Hogar, recién terminados, observó que la cortina de una habitación estaba torcida. Antes de que nadie pudiera impedírselo, se subió sobre una silla y la enderezó ella misma. "Listo -exclamó con aire de triunfo-. Ahora ya no está chingada". Para decir "torcida", Evita había empleado esa palabra argentina, "chingada", que en México es una tremenda obcenidad y significa "violada". Octavio Paz ha explicado muy bien la relación constante de los mexicanos, que emplean la palabra a cada instante, con la antepasada indígena violada por el conquistador español. Quizá en la Argentina el término signifique lo mismo pero de modo simbólico: "chingada" es la cortina o la falda defectuosas que esconden entre sus pliegues un recuerdo lejano, apenas un atisbo de humillación femenina. De manera inconsciente, Evita no podía tolerar eso en su hogar favorito.

Pero *eso* ¿qué era? ¿El sexo? ¿La inmoralidad? La esposa de Raúl Salinas parece creerlo. Evita, según ella, habría reaccionado con furia cuando Gisele Shaw, una señora de la aristocracia que había fundado un hogar para madres solteras, le había solicitado ayuda. Como Evita no podía permitirse desafiar a las malas lenguas al ocuparse de semejantes sinvergüenzas, para colmo fértiles, le había dicho a la señora, tan caritativa como estupefacta, mostrándole la puerta: "¡Salga de aquí!"

Tranquilicémonos: los hogares de Evita albergaban también a madres solteras con sus hijos. Precisamente, la condición de hijo ilegítimo era su preocupación fundamental cuando visitaba las villas miseria. Aparte de que sus tendencias moralizadoras iban en aumento, quizá lo que Evita rechazaba en la idea de la señora era la especialización del "hogar para madres solteras". Vivir en un hogar llamado así equivalía a colgarse el cartel de "niño débil" en las colectas callejeras organizadas en otro tiempo por la Sociedad de Beneficencia. También en esto se revela la intuición con la que Evita respetaba los sentimientos de los humillados en sus más sutiles matices. En ellos concentraba toda la delicadeza de que era capaz. No se perdonaba a sí misma ni un gesto ni una palabra que pudieran herirlos. Licenciada en humillaciones, sentía la diferencia entre un regalo bien hecho y otro mal regalado. Si algo aprendió en la vida fue a dar sin ofender.

El padre Benítez nos ha descrito las visitas a sus diversos hogares y a horas inesperadas: en medio de la noche, Evita se aparecía para ver si los chicos dormían tranquilos. O bien, iba a examinar los menús durante las comidas y a contar las provisiones: ¿quedaba suficiente aceite? ¿Había azúcar y polvo de lavar? ¿Y ese gordito mofletudo que siempre se sentaba ahí, en aquel lugar? ¿Estaba resfriado? Subía a su habitación para mimarlo un poco.

Y sus listas de provisiones se alargaban hasta el infinito, como las de un ama de casa universal. La Fundación había abierto una cadena de almacenes baratos en todas las ciudades del país. Pero al margen de esas listas y esas medidas sociales, había quienes permanecían aislados en algún sitio al lado de la vida. Y cuando no se podía ni pasar vacaciones en Chapadmalal, ni vivir en un hogar de tránsito, ni curarse en un policlínico todo de mármol, ni pagar los precios tan baratos de los almacenes de la Fundación, sencillamente porque no se había alcanzado el nivel de un obrero, ni de un campesino, sino que se vivía en un total desamparo, entonces se le mandaba una carta a Evita para pedirle una entrevista.

El amor profundo

Recibía unas doce mil cartas diarias. Un equipo de asistentes sociales las leía y clasificaba una por una. Estas asistentes habían sido seleccionadas por Evita a causa de su experiencia en el sufrimiento: para comprender esas cartas y no reírse de sus torpezas, era indispensable conocer el dolor. Las asistentes hubieran podido encargarse de responder al pedido de cada uno y de enviar los paquetes o los camiones cargados de cosas. Pero no se trataba solamente de las cosas. Se trataba de Eva. Era su mano la que debía entregar la plata, su oído el que debía escuchar, su rostro el que debía demostrar que la belleza todavía existía. El día mismo en que un encuentro con la Dama de la Esperanza (¿o de la Ilusión?) ya parecía imposible, llegaba la carta con la fecha y hora de la cita. A menos que una nena no hubiera tenido la idea de agregar su propio pedido a la carta de su mamá, que solicitaba una máquina de coser. Porque entonces, todo podía suceder. Que por ejemplo llamaran a la puerta, que la madre y la hija fueran a abrir, y que allí, parada en el umbral, sonriendo tras una enorme caja transparente que dejaba entrever los rulos rubios de la muñeca soñada, estuviera Evita. Una aparición. "Buenos días, señorita -le decía a la niña-. ¿Es usted la que pidió esto?"

Sus jornadas comenzaban a las siete de la mañana. Perón ya había salido (lloviera o tronara, él se levantaba a las cinco y media) y era hora de recibir a sus primeros visitantes. "Todos ministros o funcionarios -aclara el padre Benítez-. Eva les daba cita temprano para obligarlos a levantarse."

Saltaba de la cama y se envolvía en una bata de casa común y silvestre, generalmente de color cielo. Tampoco sus pijamas o sus pantuflas eran lujosos. Evita sólo se vestía para el público y con un objetivo teatral. En casa, aun rodeada de gente, perdía interés en sí misma, como si su cuerpo no fuera suyo sino una pura imagen. El poeta Héctor Villanueva recuerda que un 17 de octubre Evita estaba en la Casa Rosada, en medio de sus ministros, vestida y peinada para asomarse al balcón ante un millón de personas, pero en pantuflas con borde de felpa. Invisible para la multitud, su parte de abajo correspondía a la de un ama de casa con los pies hinchados que recibe a sus íntimos sin andar con remilgos. Lo de arriba, lo visible, era Evita.

Así pues, los visitantes matinales se encontraban con una Evita al natural, recién salida de la cama y sin lavarse la cara. Aquellos que, como el doctor Decker -el de la Comisión Visca, uno de los diputados más jóvenes del país con sus apenas veinticuatro años-, se habían despedido de ella *dos horas antes*, apenas si podían abrir los ojos. Razón de más para asombrarse de hallarla tan hermosa, tan fresca, con la piel tan perfecta, y más despierta que una ardilla. ¿Pero ellos mismos, qué hacían allí, en vez de entregarse a un sueño reparador? ¿No bastaba con haberle hecho compañía hasta las cinco de la mañana? Por lo visto, no. A las seis y media, Evita los había llamado por teléfono con su voz cantarina: "¡No me digás que estás durmiendo! Pegate una ducha y vení enseguida".

Mientras ella conversaba con su tropa soñolienta de hombres importantes, que iban para que Evita los tuteara, los sacudiera y hasta los maltratara, pero que, al fin de cuentas, tenían derecho a asistir al despertar de la reina, Pedro Alcaraz le deshacía las trencitas nocturnas (por corta que fuera su noche, se las hacía igual) y le inventaba cada día un rodete distinto, trenzado o con los cabellos sutilmente entrelazados como los hilos de un tapiz. Irma Gatti, la manicura, le limaba las uñas y se las pintaba de rojo vivo. Irma Cabrera, la mucama, le daba a elegir entre varios *tailleurs*, sombreros y zapatos. Evita se concedía a sí misma un solo instante de placer: sumergirse en la bañera. El desayuno consistía en dos traguitos de mate. Una vez vestida, sacaba de la cartera un minúsculo espejito y, de pie, delante de todos, se pintaba los labios también de rojo. Nada de polvo en la nariz, nada en los ojos que le brillaban por sí solos, de candor, de malicia, de alegría o de rabia. Una gota de Femme detrás de la oreja y ya estaba lista para salir o para continuar con sus entrevistas en la Residencia, donde una delegación de obreros a los que había hecho levantar más tarde que los ministros coincidía con la llegada de un vestido de París. Entonces se producían escenas extraordinarias. Los obreros habían ido a pedirle un aumento de sueldo, pero terminaban por reírse a carcajadas de los vestidos finos y por opinar sobre la moda, con una sensatez popular parecida a la del propio Perón cuando la vio probándose una capa de Dior toda de plumas y le dijo: "Parecés una gallina".

De todos modos, los obreros no dudaban de Evita: nunca se habían dirigido a ella sin que les concediera más de lo pedido. En ese régimen había que pedir. "Es un deber", decía Evita, agregando, casi a regañadientes, una palabra que le gustaba menos: derecho. Era un derecho, pues. Pero un derecho que, según la oposición, excluía todos los otros. En el Senado, durante un debate sobre un proyecto de impuestos destinados a la Fundación, el diputado radical Dávila había dicho estas palabras: "Ojalá que se eliminen el providencialismo y el personalismo. Ojalá que la dádiva no se convierta en el símbolo vergonzoso de la justicia social en este país. Ojalá que el pueblo argentino no le deba su bienestar a una persona perecedera y pasajera, sino que ese bienestar esté basado en un régimen democrático (...) de comprensión, de desinterés, sin lujo ni ostentación, para que los que detentan el poder puedan sembrar el bien entre sus semejantes sin recoger los frutos del prestigio político ni causar el dolor de sus adversarios".

Un rosario de buenos deseos que apuntaba a una Argentina mejor que la real. La Argentina del derecho y no del favor. La Argentina de la razón y no del mito. Una militante socialista, Lilia Reta, nos ha expresado su amor por esos "ojalá" ideales al decirnos: "Me repugnan los mitos populares de la Argentina. El de la difunta Correa, con su mezcla de muerte y maternidad, me resulta particularmente detestable". La difunta Correa, madre legendaria, adorada en el noroeste del país, que muere bajo un sol de plomo, en una tierra sedienta. Pero el hijo se ampara bajo la sombra de su cuerpo y bebe de los senos del cadáver la leche milagrosa.

Eva la perecedera, la pasajera, aún sigue en vida esa mañana de 1948, 49 o 50 en que nos disponemos a seguirla a su Secretaría de Trabajo donde se apiña la multitud de la Argentina real. Sin embargo, las ancianas llegadas de las provincias donde se adora a la madre de leche prodigiosa, y que la esperan desde el alba, tienen ojos para ver. La Argentina ideal, cegada por el odio, aún no ha visto nada. En cambio ellas la ven palidecer y enflaquecer y se preguntan qué le pasa, por qué de vez en cuando se levanta de la silla, apoya una rodilla sobre el asiento y se dobla en dos como si algo le doliera. "Se mata trabajando", dicen las viejas. Y agregan por lo bajo, prisioneras de un sueño, de un oscuro deseo que el diputado no puede comprender: "Ojalá nos pueda alimentar por mucho tiempo... y hasta después de muerta".

Cuando Evita llegaba a la Secretaría, el olor ya era fuerte. Había familias enteras que venían de lejos y que olían a viaje. Un olor supuerpuesto al de la miseria, que no siempre es desaseo y al que Evita conocía de memoria: olor a tela desteñida a fuerza de lavados con jabón amarillo, casi quemada por el sol e impregnada de un agrio sudor que persiste en los hilos. Y olores diferentes según la provincia de origen: a vaca o a cordero, a cabra, a caballo, a mate, a hojas de coca, a chicha, a vino tinto. Los chicos se habían hecho encima. También olía a leche. En una sala contigua, Evita había instalado calentadores para los cientos de biberones que ocupaban varias estanterías hasta el techo.

Delgada, con su traje ceñido y severo, atravesaba la atmósfera pesada como si no sintiera otro perfume que Femme de Rochas. Caminaba con paso rápido y nervioso. La iluminaban los flashes de los fotógrafos o de las cámaras del noticiero cinematográfico, pero además resplandecía con luz propia, una luz irradiada por sus cabellos, su piel, sus joyas y la certeza absoluta de estar en su lugar. En ningún otro lado se sentía ella misma tanto como aquí. En este sitio ya no cabían dudas ni errores: cada gesto manaba de la fuente.

Al pasar saludaba a los muchachos de los sindicatos como una vieja amiga: "Hola, muchachos". Una vez instalada detrás de su escritorio, daba vuelta el reloj que le habían regalado, incrustado en una agenda: por camuflado que estuviera, un reloj era un objeto molesto. Si algún atolondrado le preguntaba por qué, Evita respondía: "El tiempo es mi peor enemigo". Consultaba sus notas, escritas con tinta verde, mientras a sus espaldas se agitaba una nube de secretarias y asistentes sociales. Y empezaba el desfile.

El embajador Areilza, que asistió a esas escenas antes de convertirse en un "gallego de mierda", las ha descrito así: "Había grupos de obreros, líderes sindicales, mujeres campesinas con sus niños, periodistas extranjeros; una familia gaucha con sus ponchos, el hombre con sus enormes y sedosos mostachos negros; había refugiados procedentes del telón de acero, gente originaria de la Europa de la posguerra, intelectuales y universitarios de los Estados Bálticos, sacerdotes y monjas, gruesas, animadas y sudorosas mujeres de mediana edad, jóvenes funcionarios y futbolistas, actores y gente de circo... (y) en medio de este aparente caos, de esta ruidosa y confusa fiesta, Evita prestaba atención a todo lo que se le pedía, desde una simple demanda de aumento en el salario hasta el emplazamiento de toda una industria y, de paso, la petición de una vivienda para una familia, de mobiliario, de un lugar de trabajo en una escuela o de comida, permiso para hacer una película, ayuda financiera de todo tipo, quejas contra el abuso de poder, entrevistas, homenajes, reuniones, inauguraciones, reuniones políticas femeninas, la entrega de donativos y donaciones".

Frente a esta masa de problemas, la actitud de Evita era variable. Identificaba al "acartonado" de un solo golpe de vista y lo obligaba a esperar. A los "humildes", en cambio, los trataba con gentileza y sencillez, como una mujer del pueblo que, por mera casualidad, hubiera tenido suerte y quisiera que los demás aprovecharan. Sólo deseaba restituir, reparar y agradecer. ¿Cómo lograrlo estando llena de sí misma? Aunque sólo fuera por prurito de eficacia, la vanidad, la codicia, el engaño, la sed de venganza debían quedar de lado. Milton Bracker, del *New York Times Magazine*, transcribe una frase de Evita que refleja perfectamente su sentimiento auténtico: "Mi trabajo es esa gente. Yo no soy nada, mi trabajo es todo".

"No soy nada" ya se lo había dicho a Perón la noche del encuentro en el Luna Park. Pero ahora la "nada" ya no era negativa, ni tampoco una aspiración a ser colmada por el "todo" del hombre. Era una "nada" creativa: Evita había instaurado un sistema, en apariencia desorganizado, que le permitía transformarse en un corredor por donde la riqueza de los unos, aunque sólo fuera en una mínima parte, pasase a manos de los otros. Esta riqueza no era suya: ella no distribuía su propio dinero. Pero la encaminaba. Para hacerlo -y para seguir haciéndolo dieciocho horas por día hasta morir-, era necesario vaciarse de su yo (o de los múltiples yoes de los que se deshizo).

Los pobres siempre le pedían menos de lo que necesitaban. Ella les daba más. ¿Para hacerse querer? Sin duda. Pero también por lucidez, porque captaba al vuelo toda una situación, toda una historia, y trataba de resolverlas en conjunto. Una mujer abandonada por el marido pide un colchón. "¿Tiene cama?", le pregunta Evita. "Y, no." "Anote una cama para la señora." "¿Cuántos chicos tiene?" "Cinco." "¿Duermen en camas?" "Y, no." "Anote cinco... No, pero espere. ¿Hay lugar en su casa para tantas camas?" "No, Evita, vivimos todos en una sola pieza." Breve conversación con las asistentes: "La van a llamar para el nuevo barrio de Saavedra". La mujer ya se va, soñando con uno de esos coquetos chalets de gusto femenino, no los viriles monoblocks sino las lindas casitas con un antejardín para charlar con la vecina, dispuestos en media luna alrededor de un campo de deportes y cuya iglesia tiene por cura nada menos que al padre Benítez, cuando Evita la llama para una última pregunta: "¿Tiene plata para el boleto?"

Al decir esto, Evita revela su memoria de pobre: sólo el que alguna vez se ha encontrado sin plata para el ómnibus de vuelta es capaz de preguntar semejante cosa. En ese instante, su traje y su sombrero parecen prestados. De un momento a otro puede perderlo todo y verse obligada a pedir la plata para el boleto. La mujer a la que Evita le está dando una casa para poner alrededor del colchón se siente en confianza. Por poco no le guiña el ojo antes de irse, como diciendo con malicia: "Hoy por ti, mañana por mí".

La mirada de Evita evalúa una situación en su conjunto pero también se detiene en detalles. Una familia solicita muebles, cacerolas y las chapas para el techo. La nena es bizca. Evita concede lo que se le ha pedido, no sin agregar: "Y un oculista para la nena". Una chica pide plata para ir a visitar a su novio que vive en otra ciudad. "¿Quieren casarse?" (Un punto fundamental: Evita se ha vuelto terriblemente casamentera.) "Sí, pero él trabaja allá y yo no puedo irme dejando a mi mamá." "Que le encuentren al novio un empleo en Buenos Aires. Y la casa. Y los muebles." Una mujer desdentada viene a pedir ropita para sus niños. "Anoten ropa, y también una máquina de coser para que aprenda a hacerla ella misma. Y un dentista para que le ponga los dientes. Hay que estar siempre arregladita para gustarle al marido", añade dirigiéndose a la pobre mujer, que a todas luces no piensa en eso desde hace tiempo y a la que tan inesperadas palabras la hacen tocarse el pelo, llevarse para atrás una mecha caída.

Las máquinas de coser y las dentaduras postizas son su obsesión. Distribuye las primeras como una panacea: ¿acaso doña Juana no se había desenvuelto en la vida gracias a la Singer? Y mil anécdotas nos la muestran regalando dentaduras que ella misma ofrecía, o alegrándose de que se las pidieran. En *Quién mató a Rosendo*, el escritor Rodolfo Walsh (desaparecido durante la dictadura militar de 1976-1983), cuenta que Evita le respondió a una mujer temerosa de abusar con su pedido: "'No, si eso no lo pide nadie; al contrario, necesitamos gente que pida eso para que los médicos puedan estudiar', y le hizo un chiste como agradeciéndole que se atreviera a pedir los dientes postizos para ella y el viejo. A los dos o tres días el camión con las chapas, las camas, los colchones, la bolsa de azúcar, las tazas, los platos, la ropa, las hormas de queso, las dentaduras postizas".

Inevitablemente su influencia y la sabiduría que le atribuyen la convierten en psicóloga. Entre esos desdichados, a veces hay algunos más vacilantes, menos seguros de lo que quieren: ni colchón, ni máquina de coser, ni dentadura. Entonces, ¿qué? Consejos. Son sus "audiencias secretas". Le murmuran al oído historias terribles que la hacen enrojecer de indignación. Historias de injusticias. Evita se hace cargo, escucha, capta en un relámpago, respeta el secreto haciendo un gesto con la mano para alejar a los indiscretos o se aísla en la habitación contigua con el ser destruido y bañado en lágrimas que ha venido para decirle todo. E inventa una solución. Allí mismo. Exactamente como cuando resuelve un problema sindical.

Una solución práctica y psicológica a la vez. Tiene el poder absoluto, aun el de curar las heridas del alma.

Y puede hacer las veces de destino. ¿Cuántas veces no habrá intervenido para corregir el curso de una existencia, llevándose a la Residencia presidencial a unos niños hallados por la calle, o en la Secretaría, que se rascaban desesperadamente? "¿Es tiña?", le preguntaba al doctor Lobo siempre a su lado. Y cuando el médico contestaba que sí, Evita le decía a la madre: "¿Señora, no me presta a sus chicos por unos días?" En el Palacio Unzué los va a poder lavar, cuidar y mimar: ¿para qué servirían, si no, sus cincuenta bañeras, ya utilizadas por los pobres que, desde 1946, acudían a golpearle la puerta? Los chicos tiñosos y las ancianas malolientes se volvían a ir sanos y perfumados. Mejor aún, transfigurados. Durante una inmersión en la bañera o durante varias noches, habían vivido en lo del presidente, en un palacio de ensueño. Perón y el pueblo habían "purificado" a Evita. Ahora, ella purificaba a su vez, recreando con sus "humildes" (y proyectándose en ellos) el espacio mágico de la tribu acurrucada en torno a doña Juana la limpia. Los baños y las cosas claras e impecables le servían para luchar a brazo partido contra el desbordamiento de ropas informes y de cabelleras hirsutas que es la miseria, tan cerca del pecado. No por nada a bañarse se le llama "bautizo". También los objetos bellos y flamantes simbolizaban la perfección, la redención, independientemente de su uso. Estos encuentros de la Secretaría se desarrollaban frente a las cámaras y, sin embargo, sucedían muy lejos, en un lugar edénico, tibio, feliz, como flotando en aguas prenatales. Evita y los pobres, fusionados, en ósmosis, como aún no nacidos, aislados del mundo que no podía comprender ni nunca comprendió aquel misterio.

¿Pero esa gente vivía un sueño, o lo que Evita les revelaba era la verdadera vida? Para ella, esta "intervención" era plenamente consciente: les mostraba las delicias de una existencia principesca para forzarlos a reaccionar. La rebelión nace de la comparación. Ella se había escapado de Junín gracias a los teléfonos blancos que había visto en las películas de Hollywood. También a sus pobres había que sacudirlos con la visión de una abundancia que lejos de apaciguar su rabia la aumentara. En este sentido, Evita fue revolucionaria y hasta precursora: experiencias teatrales realizadas en Francia, en suburbios desfavorecidos o con adolescentes delincuentes, demuestran que el deseo de riqueza y de belleza nunca es insensato. El lujo parece tan razonable como la felicidad. En cambio, la escasez es una "herida absurda" (como dice el tango hablando de la vida). Los purificados por Evita volvían a sus ranchos con la sensación de haber conocido algo más normal que su miseria, súbitamente insoportable por ilógica.

Por desgracia, las fotografías que muestran a Evita tendiendo el brazo para dar cheques o dinero sólo nos dejan ver su perfil, su nariz cada vez más aguda, su ojo más hundido, la sombra de su ojera. En la Secretaría trabajaba de veras, sin darse vuelta hacia el fotógrafo. Pero la expresión entre atenta y maravillada de las niñas que la miran sirve de espejo. Las madres se deshacen en sonrisas de gratitud, en reverencias melosas. Las chicas tienen tiempo de estudiarla, y lo hacen con seriedad, para grabarla en su memoria.

Ven a una hermosa mujer que todavía no ha almorzado a las tres de la tarde, y que hasta se olvida de beber el vaso de leche que le han puesto sobre el escritorio. No se ha levantado ni una vez para ir al baño. Cruza las piernas y las aprieta para aguantar las ganas. La enfermedad acecha, el tiempo es su peor enemigo: Evita no irá al baño más que a partir de 1950, para cambiarse el algodón que frena la hemorragia.

Ven también a una hermosa mujer que no se preocupa por el contagio. Al advertir a otra mujer con el labio partido por la sífilis, Evita la besa en la boca. El poeta José María Castiñeira de Dios cuenta que trató de impedírselo, pero que Evita le dijo: "¿Usted se da cuenta de lo que significa para ella que yo la bese?"

"La he visto besar a los leprosos -confirma el padre Benítez-, a los tuberculosos, a los cancerosos. La he visto abrazar a pobres vestidos con harapos y llenarse de piojos." (Por la mañana, Pedro Alcaraz no se limitaba a decolorar su cabellera. También le ponía vinagre y le pasaba el peine fino para matar al invasor.) Cierta vez, Irma Cabrera había tratado de limpiar con alcohol la mejilla de Evita, que acababa de besar a un hombre cubierto de pústulas. Pero "la santa", como la llamaban cada vez con más convicción, le había arrancado la botella de las manos y la había estrellado contra el piso.

¿Y qué otra cosa ven las jóvenes inquisidoras? Lo que ven las azora y bajan la vista: esa virgen de ojos penetrantes las está escudriñando a su vez. Evita deja pasar el tiempo para saber con quién tiene que vérselas. "Sabía que la gente muestra una cara diferente según que se dirija al interlocutor o que se olvide de que lo miran -nos ha dicho Ángel Miel Asquía-. En la Secretaría los podía estudiar tranquilamente cuando no se sentían observados. Así lograba detectar al mentiroso, al ladrón, a la persona honesta o a la posible partidaria." Porque no olvidemos que Evita estaba siempre a la caza. Mientras hablaba con la madre, vigilaba a la hija para descubrir la chispa del fervor. Su Partido Peronista Femenino surgió de esos encuentros de miradas: la única virtud que le importaba era el fanatismo absoluto.

Y sin embargo, los deshonestos no le inspiraban desprecio sino más bien piedad. Por sectaria que fuera, se volvía tolerante con los abusadores. ¿Cuántas veces no habrán vuelto para pedirle lo mismo, pensando que ella no se acordaría? Pero tenía una memoria sorprendente. "A usted ya lo vi -decía-. No importa, le voy a dar de nuevo pero prométame que no va a seguir volviendo." A una mujer le había dado para pagar al dentista. Al cabo de un tiempo, volvió, más desdentada que nunca. "Para los dientes ya le di. ¿Qué hizo con la plata?" "Me la sacó mi marido." "¡Claro! ¡Y la manda de nuevo para volvérsela a sacar! Entonces, para usted ni un peso. Pídame una cita en lo del dentista para esta señora, y dígale que le pagamos nosotros."

Renzi controla el dinero (si de control puede hablarse). Una mujer ha vuelto varias veces, y siempre a pedir plata. Más severo que Evita, Renzi se niega a darle. Eva se quita los aretes de diamantes y se los tiende sin una palabra.

Va sacando la plata de un sobre repleto. No es posible saber cuánto hay en el sobre, ni a cuántas personas les va entregando pequeños fajos de cincuenta pesos, pidan lo que pidieren y además del colchón o las tejas. Cuando el sobre se vacía, Evita hace un aparte teatral dirigido a su público: "Miren, ya no tengo ni un peso, pero les voy a sacar a esos señores de corbata, porque ellos seguro que tienen". Y estimulada por la risa de sus hermanos y hermanas, los pobres, únicos seres a los que ama y que ahora se amontonan más aún para no perderse la escena, llama a un ministro, a un señor importante, y le dice: "Abrí tu billetera".

Pronto se corre la voz y los señores de corbata la van a ver con dos billeteras, una de ellas vacía. Ésa es la que abrirán cuando llegue el momento, diciendo compungidos: "Lo siento mucho pero no tengo nada". Sin embargo, no es fácil engañar a Evita. Extendiendo la mano con la palma hacia arriba, les dice simplemente: "Dame la otra billetera". Y si llega a advertir una pizca de rebelión en la expresión del ministro, del funcionario importante, le dice sin piedad: "Dale, mirá que ahora ganás bastante. ¿Y qué eras antes de meterte con nosotros? ¡Un muerto de hambre!"

La guerra de los caramelos

Cabría preguntarse de dónde salía el dinero del sobre y quién llenaba el depósito de la calle Uriburu, trasladado más tarde a un edificio de inspiración grecofascista, en el bajo de Buenos Aires.

La novelista María Granata nos ha dado una visión dantesca de esos inmensos hangares divididos en secciones perfectamente organizadas. En 1953 Apold le había encargado la redacción de un texto sobre la Fundación. Y ella se había paseado con la nariz para arriba entre esas estanterías repletas hasta el techo de pantalones para niños, cacerolas, gorras, queso o aspirina. De vez en cuando resonaba una voz que ordenaba por el micrófono: "Zapatos de varón de ocho años, negros, un par. Pelota de fútbol para niño, una. Juego de seis platos playos y seis hondos. Un par de sábanas para cama de dos plazas". Evita ya había muerto en esa época, pero la Fundación seguía funcionando. Las asistentes que trabajaban en la Secretaría llamaban al depósito para encargar los objetos que los camiones celestes de la Fundación transportarían al domicilio de los solicitantes. Una dama católica, doña Adela Caprile, que formó parte de la comisión liquidadora de la Fundación instaurada tras la caída del peronismo, nos ha confesado haber sentido una impresión similar: "Nunca hubiera creído que se pudiera reunir semejante cantidad de raquetas de tenis. Era un despilfarro y un delirio, pero no era un robo. No se ha podido acusar a Evita de haberse quedado con un peso. Me gustaría poder decir lo mismo de los que colaboraron conmigo en la liquidación del organismo".

¿Entonces quién contribuía a amontonar todo eso en un desorden viviente pero no fraudulento? En primer lugar, los mismos obreros. A partir de 1948, sus contribuciones ya no fueron espontáneas. Tenían que darle a la Fundación un porcentaje de los aumentos de sueldo obtenidos gracias a Evita. Favor por favor. Pero sólo comenzaron a quejarse más tarde, cuando bajó su nivel de vida. En 1950 la CGT decidió ofrecer a la Fundación el importe del salario de cada obrero correspondiente al 1º de Mayo y al 17 de octubre. Entonces se elevaron protestas lo suficientemente fuertes y numerosas como para que Evita, fingiendo dar marcha atrás, anunciara su decisión de devolver las deducciones ya realizadas sin previa consulta. Era una retirada estratégica. Espejo lanzó una serie de declaraciones encaminadas a avergonzar a los obreros, y éstos terminaron por suplicarle a Evita que por favor les aceptara la plata. En un discurso pronunciado el 27 de diciembre de ese año, Evita contestó muy suelta de cuerpo: "Les confieso francamente que no esperaba otra cosa de ustedes".

A sus obreros sabía cómo tratarlos. En enero de 1951 abandonó un banquete de la Residencia para ir a encontrarse a altas horas de la noche con los huelguistas del ferrocarril. Era un lugar desolado, con una vía en desuso que Evita recorrió manejando ella misma la vagoneta de tracción manual utilizada por los ferroviarios. Irrumpió en la reunión y los regañó meneando la cabeza con más pena que furia, como se hace con los niños un poco rebeldes pero queridos, pese a todo. Y viéndola tan frágil, pero tan decidida, los obreros sintieron tanta vergüenza como al rogarle, un año antes, que aceptara sus sueldos.

La izquierda, claro está, hallaba insoportable este "maternalismo" y pensaba que Perón y Evita habían comprado al movimiento obrero para frenar su impulso. Y pensaba bien. El peronismo era una revolución de malpensantes.

Agreguemos unos detalles más al cuadro de esta huelga. La había organizado la Fraternidad, gremio ferroviario antiperonista, aprovechando un período de retroceso económico en el que las dificultades del régimen aumentaban a diario. Evita, empeñada en trabajar pese a los dolores que le taladraban el vientre, había retado a los obreros con un temor al futuro exacerbado por la sensación interna de estar llegando al final de su viaje. "Déjense de pavadas que sólo sirven para hacerle el juego al enemigo", había dicho con voz ronca.

¿Hasta dónde podía llegar en su empeño por tener el destino en un puño? Juan José Sebreli afirma que las fuerzas de choque de la Fundación, ya expertas en la materia por haber reprimido otras huelgas, atacaron la Fraternidad. Perón pronunció un violento discurso contra los huelguistas, ordenó despedir a dos mil y encarcelar a trescientos. Estos obreros, comunistas o socialistas, no le pedían al gobierno que fuese madre ni padre. Reclamaban sencillamente sus derechos. Los otros, como Evita, no habían conocido otra cosa que autoridad o favores, ¿y cómo reclamar lo que no se conoce?

Aparte de las donaciones "voluntarias" de los obreros, la Fundación solicitaba a los industriales que tuvieran a bien colaborar, y más valía decir que sí. En realidad, de no haberse formulado los pedidos en forma cínica y autoritaria, nada los hubiera diferenciado de lo que en otros países como Francia se denomina "impuesto a la gran fortuna". Además de la contribución exigida a la familia Bemberg, que fue a parar a la Fundación, los dos casos más notorios fueron el del laboratorio farmacéutico de Arnaldo Massone y el de los caramelos Mu-Mu. El primero había tenido la desgracia de presidir la muy antiperonista Cámara Argentina de Comercio. Hacia 1950, la Fundación le pidió vacunas, por supuesto gratuitas, y él se negó. De la noche a la mañana su laboratorio se hundió en las tinieblas por falta de electricidad. Fue entonces cuando una comisión de investigaciones se presentó para analizar los medicamentos, en malas condiciones dado que las heladeras no funcionaban. Don Arnaldo apenas tuvo tiempo de subirse a un barco que lo condujo a su exilio uruguayo, mientras su laboratorio permanecía cerrado hasta la caída del régimen.

Con los caramelos Mu-Mu se utilizó la misma puesta en escena: los hermanos Grossman, propietarios de la fábrica, pretendieron cobrar los caramelos entregados a la Fundación y se los acusó de trabajar en pésimas condiciones de higiene. Toda una generación quedó traumatizada. Los niños argentinos sentían gran aprecio por esos caramelos de leche de un hermoso tono marrón, que se pegaban a las muelas. ¡Y de pronto el gobierno, los adultos, señalaban los caramelos con el dedo sosteniendo que tenían pelos de rata! Tres años más tarde, gracias a una propuesta generosa, la fábrica pudo reabrir sus puertas. Los hermanos Grossman donarían a la Fundación una parte de sus ventas futuras. Pero el mal estaba hecho: el pretexto invocado para el cierre había sido un hallazgo tal que nadie pudo disociar nunca más los caramelos de leche de los pelos de rata. Aún hoy, la historia de los caramelos Mu-Mu, al igual que los chistes sobre Evita y sobre Aloe, constituye un signo de reconocimiento para toda una camada de argentinos.

Evita al amanecer

Hacia las 3 de la tarde, por fin lograban convencer a Evita de ir a comer algo al Hogar de la Empleada. Almorzar con Perón, como lo hacía en un principio, se había vuelto imposible. A esa hora, Perón se levantaba de su siesta sacrosanta y regresaba a su oficina. Evita lo veía muy poco, cada vez menos, durante un acto oficial y, sobre todo, los miércoles, cuando la Secretaría en pleno lo iba a visitar. Esos miércoles tenían un sentido evidente: el de mostrar al verdadero patrón, Perón, las realizaciones de su delegada, Evita. Y como ella misma lo cuenta en *La razón de mi vida*, eso le permitía a Perón retomar un contacto directo y familiar con los obreros, es decir, seguir seduciéndolos, explicándoles sus ideas como un maestro, pero también como un amigo que reflexiona en alta voz y necesita a esas personas precisas para aclarar sus ideas. Pero como nada era simple (por simplificador que fuera el discurso de Perón), esos miércoles también tenían un sentido oculto: mostrarle al ex patrón el creciente poder de su presunta sombra. Y todo transcurría en el mejor de los mundos, ya que Evita no desperdiciaba una oportunidad de decir que ella no era nada y que él lo era todo, ni Perón, de pregonar su inmensa alegría por los éxitos de su mujer.

Durante esos almuerzos en el Hogar de la Empleada, la mesa de Evita era ruidosa y animada como en los tiempos de su bohemia. Pero ella no comía. Apenas si desmigajaba con el tenedor un trozo de pescado, tenedor que también le servía para remover en el vaso el agua mineral con gas hasta acabar con las burbujas. Cuando se iba, quedaban sobre el mantel los restos de una galletita que había roto entre sus dedos. Todos sus gestos eran nerviosos y todos tendían a destrozar la comida y la bebida que le habían servido.

Los días en que no había ninguna inauguración que presidir, o ninguna medalla que prender sobre el pecho de un joven promisorio o de un anciano agradecido, Evita recibía en su antro hasta las dos o tres de la mañana. En una célebre fotografía, aparece en su automóvil saludando al fotógrafo con la mano. Vuelve de trabajar. Está fresca y sonriente bajo su sombrerito a la Maurice Chevalier. El reloj de la Torre de los Ingleses, detrás de la plaza San Martín, marca las cinco menos veinte de la mañana.

Por la tarde, el paisaje humano de la Secretaría sigue siendo el mismo. Algunos la esperan desde hace horas. Pero no se mueven, convencidos de que Evita terminará por recibirlos. La impaciencia estaba mal vista. Por el contrario, los que habían resistido se anotaban un punto: significaba que eran tenaces y conocían sus deseos. Además, lo que alargaba la espera era la carrera de Evita contra el reloj: esperaban ahora para no tener que esperar la vida entera un milagro económico que tardaría en llegar. Era ése el sentido de la "ayuda directa": mientras Perón desarrollaba planes quinquenales que irían a solucionarlo todo (Evita lo creía realmente), ella se ocupaba de los más apurados. Su Fundación trataba los casos urgentes, los de aquellos para quienes siempre es demasiado tarde. Evita nunca pronunció la frase típicamente administrativa, inmortalizada por el cronista español Mariano José de Larra: "Vuelva usted mañana".

Además, en la Argentina, esperar no era nuevo. El país conocía desde siempre la tradición de la "amansadora" tan cara a la administración, sobre todo a la de Yrigoyen. El "Peludo" también hacía esperar durante horas y terminaba por conceder lo que se le pedía. Una tradición paternalista que se remontaba a los caudillos conservadores como el padre de Evita, don Juan Duarte, con la diferencia de que Evita se consideraba mucho más la hija de doña Juana que la de un estanciero. La fidelidad a su clase era auténtica y consciente. Lo proclamaba en sus discursos pero, sobre todo, lo demostraba en su actitud cotidiana, totalmente sincera.

La Secretaría era también su espacio favorito para recibir a los más variados visitantes. Allí solía citar a personas que no iban a pedirle nada ni eran de origen popular. Al hacerlo, Evita no ocultaba un objetivo pedagógico: enfrentar a los peronistas teóricos con la miseria del pueblo, pero también con su calidez. Solía repetir una frase de Perón que no dejaba de ser cierta: "En la Argentina lo mejor que tenemos es el pueblo". Es que con la llegada del peronismo, el pueblo argentino revelaba sus mejores virtudes (inútil agregar que también sus defectos). Al sentirse en confianza, podía expresarse con mucha más facilidad que otros pueblos. En la Argentina las costumbres coloniales habían sido muy simples, sin el empaque rígido y cortesano de Lima o Bogotá. La llegada masiva de inmigrantes había añadido a las relaciones humanas un elemento fraternal. Por todas esas razones, los códigos sociales no habían sido nunca rigurosos. El régimen peronista, autoritario pero popular, no tuvo ninguna dificultad en instaurar normas de comportamiento increíblemente abiertas, inconcebibles bajo la égida de las clases cultas, donde la democracia, más formal que real, proscribe al iletrado. La gente por la calle saludaba a Perón, al paso de su automóvil, diciéndole sin el menor complejo: "¡Chau, Juancito!", "Por favor, Peroncito, no te mueras nunca" o "Te queremos".

Evita sabía todo eso de manera confusa y quería mostrárselo a los "peronistas tibios" como si les mostrara a sus propios hijos, tan orgullosa de la simpatía, el humor y la humanidad de sus humildes que -no lo dudaba un solo instante- esos convencidos a medias saldrían de allí con renovado ardor. Y es verdad que algunos intelectuales del peronismo (aunque para la oposición, ambos términos se excluyeran recíprocamente) se sintieron maravillados por lo que habían visto. Así nació la Peña Eva Perón.

En 1950, José María Castiñeira de Dios fue nombrado subsecretario de Cultura de la Nación. Era un joven poeta nacionalista y católico que había apoyado la revolución peronista de 1945, pero que se había alejado de ella. Fue Evita la que lo hizo nombrar en ese cargo. Como tenía por costumbre, lo citó en la Secretaría y le pidió que se quedara para asistir al espectáculo de sus "grasitas" (otro modo posible de llamar a los pobres). La jornada resultó decisiva para el "poeta oligarca", como Evita lo definió al primer golpe de vista. Castiñeira pudo ver las escenas de siempre. Una mujer pedía tres camas. "¿Por qué tres, si tiene seis hijos?", preguntaba Evita. De vez en cuando le decía a Castiñeira: "¿Ahora se da cuenta de lo que es el dolor de esta gente?"

Pero antes lo había maltratado un poco. En primer lugar lo había tanteado para ver si a su mujer no le interesaría trabajar con ella. Y Castiñeira, que se autodenominaba un "gallego de las cavernas", le había contestado que no le hacía la menor gracia ver a su mujer fuera del hogar. Entonces Evita le había soltado esta pregunta: "¿Y a usted por qué le gusta Franco? Yo no lo puedo ver, ni a él ni a nadie de quienes lo rodean". Sentido y fascinado a la vez, esa misma noche Castiñeira había escrito un poema donde jugaba con los nombres de Eva y María, y donde comparaba a esta mujer prodigiosa con el pelícano que alimenta a sus hijos de sus propias entrañas.

Ya sabemos que Evita siempre había adorado las "poesías" o los "versos". Se quedó encantada con el pelícano y le ordenó a Apold que publicara cien ejemplares del poema. Además, le propuso al poeta reunir a sus colegas, todos los miércoles por la noche, en el Hogar de la Empleada, con una sola condición: que la razón misma de esos encuentros poéticos fuera hablar de Perón. Que cada palabra pronunciada se refiriese a Él.

Varios poetas respondieron al llamado de Evita, ignorando el descrédito que declararse peronista traía aparejado en el ambiente intelectual. Entre otros, Fermín Chávez, Héctor Villanueva, Julia Prilutzky Farny, Claudio Martínez Paiva, María Granata y Juan Oscar Ponferrada. El resultado consistió en diecisiete plaquetas de poesía laudatoria publicadas por Apold. A veces, durante esas veladas, Evita olvidaba por un instante la obligación de incensar a Perón que ella misma se había impuesto y aparecía bajo una luz distinta. Bromeaba, se reía, tenía réplicas vivaces, como gozando de revivir sus noches de bohemia, su existencia despreocupada. ¿Pero en aquella existencia, había conocido realmente algún respiro, o recién lo descubría por primera vez, ahora que era tarde?

Fermín Chávez relata que en unos de esos encuentros, mientras escuchaba el discurso trabajosamente leído por el doctor Salomón Chichilnisky, miembro de la OIA -la Organización Israelita Argentina, compuesta por los pocos judíos que apoyaban el peronismo-, Evita tuvo un verdadero ataque de risa. No era antisemita. Dora Dana, la viuda de Moisés Lebensohn, el periodista de Junín, nos lo ha asegurado sin vacilar. La risa loca de Evita al escuchar a Chichilnisky no era de carácter xenófobo sino auditivo: el médico judío nacido en Rusia transformaba en oi cada diptongo en ue. Evita luchó por contener las carcajadas y al final estalló. Chichilnisky la miró por encima de sus páginas. Rápida como el rayo, Evita se volvió hacia la Chocha Nicolini, sentada junto a ella, y amonestó a la hija de su viejo amigo en los siguientes términos: "¡Mocosa de porquería! ¿Nunca vas a aprender a respetar a las personas mayores? ¡Andate al baño y quedate ahí hasta que el doctor termine su discurso!"

En esos ágapes faltaba un escritor peronista: Leopoldo Marechal, poeta y autor de *Adán Buenosayres*, una novela fundamental para la comprensión de la Argentina. Pero Evita estaba lejos de olvidarlo. En 1951, Marechal tenía que inaugurar la temporada del Teatro Nacional Cervantes con su pieza *Antígona Vélez*, y le había dado el texto a Fanny Navarro, que debía representar el papel principal. Pero Fanny lo había perdido. Como no tenía copia, Marechal había abandonado el proyecto. Un día lo llama Evita. "Usted es un gran poeta y un gran peronista -le dice-. Es absolutamente necesario que se represente su obra el 25 de Mayo. Seguro que la tiene en la cabeza. Haga un esfuerzo y reescríbala." Su energía es contagiosa y Marechal se pone a trabajar con ayuda de su mujer, Elbia Rosbaco (la Elbiamor de sus poemas). Dos días más tarde, la obra existe de nuevo.

"Al final de cada encuentro -nos ha dicho el poeta Héctor Villanueva- Evita elegía su corte, señalando con el dedo a los que debían acompañarla a la Residencia: 'Vos, vos y vos'." ¿Quiénes eran los elegidos? ¿Por qué ésos y no otros? Ni ellos mismos lo sabían. Muchos años más tarde, el aspecto físico de Villanueva, de Castiñeira o de Decker (que no formaba parte de la Peña sino de otros encuentros) nos permite imaginar cuál habrá sido el común denominador. En aquel tiempo, los tres tenían entre veinte y treinta años y unas caritas lisas con narices respingadas: el tipo mismo de muchacho que, al no atraerla, le inspiraba un sentimiento de fraternal camaradería sin entrañar el menor riesgo. En efecto, esa última copa bebida justo antes de que cantara el gallo nunca fue peligrosa para Evita. Su fidelidad a Perón era tan evidente que, a falta de otro argumento, la oposición no católica la acusaba de ser poco mujer.

De modo que seleccionaba a sus no riesgosos caballeros (lo opuesto al deportista maduro, al Emilio Kartulowicz que sí podía impresionarla) para que le hiciesen compañía por una hora o dos. Quedarse sola en la blancura del alba se parecía demasiado a la muerte. Al salir del Hogar de la Empleada, hacia las cuatro de la mañana, el grupo se iba a terminar la noche en un salón del Palacio Unzué. "¡Shhhh! -decía Evita al abrir la puerta-. El viejo está durmiendo."

Durante horas había idealizado lo bastante a Perón, poniéndolo por las nubes, como para ahora concederse una tregua y llamarlo "viejo". En un discurso pronunciado antes de 1949, había aludido a él diciendo "el viejo general Perón". Pero debieron tirarle de las orejas porque, a partir de entonces, siempre se refirió a él con tono reverente. Siempre, salvo en esos momentos, a las cuatro o cinco de la mañana, cuando agarraba en brazos a su perra Tinolita para que no ladrara, susurrándole a su barra de hermanos de naricitas cortas: "Suban en puntas de pie. Vamos a hacer papas fritas con huevo y a tomarnos una cerveza".

Los hermanitos se iban poco antes de las seis, cuando oían al "viejo" moverse en su habitación. Al salir no era raro que se encontrasen con el auténtico hermano, Juancito Duarte. Él también volvía de una fiesta con un dedo en los labios: todas las mañanas, a las seis en punto, Perón golpeaba a la puerta de su habitación con el mate en la mano. Juancito le hacía creer que se acababa de levantar y llamaba al barbero para dormir un poco, al menos mientras duraba la afeitada.

A las siete, Evita telefoneaba a Castiñeira, a Villanueva o a Decker para decirles con voz de gorrión: "¿No te despierto, no? Dale, vení enseguida para acá".

En 1950 ya habían detectado su enfermedad. Ahora no se trataba de convocar a sus visitantes tan temprano sólo por educarlos. Llamaba para pedir auxilio. La verdadera razón era su soledad.

CAPÍTULO 8

RENUNCIANTE

El partido de Evita. El brillo de Evita oscurece la frente del general. Las mujeres. La razón de su vida. Evita muestra sus riquezas. Trajes de piel de tiburón. Una pareja despareja. Evita cae enferma. Consagrada por el pueblo. El Renunciamiento. Compra de armas. El último discurso.

Día 26 de julio de 1949: la relación de Evita con las mujeres adquiere un carácter político. Mil mujeres peronistas que han asistido a la reunión del Partido en el Luna Park se trasladan al Teatro Nacional Cervantes, donde las espera Evita, fundadora del Partido Peronista Femenino.

Aunque buscar a toda costa un sentido psicológico o esotérico en la coincidencia de las fechas resulte enormemente irritante, permítasenos hacer notar que Evita murió un 26 de julio.

¿Por qué crear un partido independiente del de los hombres? Rosa Calviño de Gómez nos contesta sin vacilar: "Porque Evita decía que los hombres utilizan a las mujeres".

Ésas no fueron sus palabras en el Teatro Cervantes. El noble decorado español del viejo teatro porteño sin duda no se prestaba. Los problemas de las trabajadoras -les explicó a sus mil partidarias- eran mucho más dolorosos que los de los trabajadores. Ellas se sacrificaban en el hogar, soportaban la brutalidad de los patrones y ganaban un salario inferior al de los hombres. Por todas esas razones, la mujer debía organizarse a su manera. Pero ¡cuidado! Esto no quería decir en modo alguno que Evita fuese independiente de Perón: "Para la mujer, ser peronista es, ante todo, guardar fidelidad a Perón y depositar en él una confianza ciega". A continuación venía un panegírico del Líder en el estilo que sabemos, pero aun más exagerado que en años anteriores, cuando Evita elogiaba a Perón sin tasa ni medida pero no lo divinizaba.

Para ella, 1948 fue el año en que adquirió el poder, 1949, fecha de la creación de su Partido, el año de las luchas intestinas y de los juegos del poder, 1950, el apogeo, y 1951, la inevitable decadencia. Y fue en 1949 cuando, en boca de Evita, Perón se transformó nada menos que en "el sol". La misma exacerbación del elogio despierta sospechas. ¿Lo adoraba realmente cada vez más, hasta rozar el infinito, o ponerlo por las nubes era una forma de comprar su libertad, como ya la hemos visto hacerlo en las veladas de la Peña Eva Perón, prolongadas hasta el alba con la condición de no hablar sino de Él? Todo parece aclararse cuando Rosa Calviño nos confiesa que Evita les decía a sus íntimos: "Es cierto que Perón es como el sol. Mejor no acercársele mucho porque quema".

Así que en momentos de confianza llegaba a sugerir que Perón incineraba más de lo que alumbraba. E iba aun más lejos. Hugo Gambini relata que a Guardo le había dicho: "Perón es un cobarde".

Pero por extraño que parezca, sus declaraciones de idolatría eran sinceras. Pensaba que Perón era el hombre de Estado más genial de todos los tiempos. Y además, al exaltarlo, restablecía su propio equilibro, inflando por el lado de la leyenda un amor desinflado en la vida real. Exagerar era inherente ella y, ¿cómo esconder su desencanto y su impresión de estar en falta con él sino por medio de la hipérbole? Cuanto más aumentaban sus ambiciones personales, más culpable se sentía hacia ese sol que actuaba en la sombra. Por otra parte, cuando ella desgranaba su rosario de ditirambos, por delirantes que fuesen, Perón ni parpadeaba. Jamás la interrumpió con un gesto de pudor. Nadie mejor que su mujer para hacer su apología. De modo que ella la hacía, porque necesitaba creer, porque sabía que el punto débil de Perón era la vanidad y, por último, para calmarle los celos. Durante sus viajes o en las ceremonias de la Plaza de Mayo, cuando el pueblo aclamaba a Evita con un ardor creciente, Perón parecía encantado, demasiado encantado. Era imposible no comparar las ovaciones recogidas por ambos. A Evita la aplaudían más que a Perón. Y la sonrisa del Líder se acentuaba, de ser ello posible. Pero en sus ojos de indio, los celos le brillaban como un relámpago. ¿Perón, envidioso? La sola idea la hacía temblar. Ya en 1946 le había confesado a uno de nuestros testigos que su marido le daba miedo.

Una vez bien aclarado que la ambición personal era un pecado indigno de una peronista, Evita gozaba de plena libertad para crear su partido como mejor le pareciese. Por empezar, disolvió todas las asociaciones femeninas peronistas creadas hasta la fecha, sobre todo la de su hermana Elisa. Al llegar al Teatro Cervantes había oído a un grupo de mujeres que coreaban el nombre de Elisa con el mismo ritmo empleado para corear el suyo. La carrera política de la caudilla de Junín había terminado en ese preciso instante.

La ceremonia del 26 de julio marca el comienzo de una serie de entrevistas en las que Evita probaba a las candidatas con un objetivo perfectamente delineado: encontrar delegadas con las agallas suficientes para realizar el censo de todas las mujeres virtualmente peronistas y para afiliarlas al peronismo en todo el país. El resultado fue un equipo de veintitrés mujeres (una por cada provincia), elegidas según criterios no menos claros: el fanatismo y las ganas de trabajar. Esas delegadas debían abandonarlo todo para consagrarse a la Causa: casa, familia, profesión. La manera en que fue seleccionada Rosa Calviño muestra a las claras los métodos de esa pastora de almas que era Evita.

Rosa tenía una panadería con su marido en el barrio de Caballito, donde había colgado los retratos de Perón y de Evita. Uno de sus clientes era Atilio Renzi. Un día, Renzi le anunció que se iba a vivir con su mujer al Palacio Unzué: lo habían nombrado administrador de la Residencia. Pasó el tiempo, Renzi fue de visita y ella le pidió que le consiguiera un empleo. Tenía título de maestra pero nunca había ejercido. Poco después recibió el nombramiento en una escuela, de parte de Evita. Y en 1949, gran golpe teatral: Evita la espera en la Residencia. Otras dos mujeres han sido convocadas. Llega Evita, las escudriña con la mirada y les explica que deberán trabajar en unidades básicas del Partido Peronista Femenino. Entendámonos bien: trabajar noche y día. Las otras dos escurren el bulto. "¿Y la maestra?", pregunta Evita. "A mí me gustaría, pero tengo un hijo de tres años." "Le daremos una casa en el barrio de Saavedra que va a ser la sede de la unidad. Allí podrá trabajar mientras se ocupa del chiquito." Así fue como el 27 de enero de 1950, la maestra panadera se encontró a la cabeza de la primera unidad básica del Partido Peronista Femenino, se hizo amiga de Evita y, un año más tarde, se convirtió en Senadora de la Nación.

El recorrido de Ana Macri es igualmente ilustrativo. Había trabajado en la Sociedad de Beneficencia y ahora lo hacía en uno de los hospitales que dependían del Ministerio de Salud Pública por decisión del doctor Méndez San Martín. Evita le pidió a este último una lista de "mujeres honradas" para trabajar con ella. Ana resultó elegida para ocuparse del Hogar de Tránsito N° 2, en la calle Lafinur. Después de la reunión del Teatro Cervantes, formó parte del grupo de veintitrés delegadas enviadas por Evita a todos los rincones del país. "Nos dio un papel a cada una, dirigido al Gobernador de la provincia -recuerda-. Teníamos que arreglarnos con eso. Si el gobernador era amable, nos ayudaba poniendo un auto a nuestra disposición. Pero a menudo los hombres del peronismo nos miraban con malos ojos y boicoteaban nuestro trabajo. Cuando Evita me encargó la provincia de Santa Fe, me dijo: 'Ya mandé a una chica muy buena pero de poco carácter. Se deja dominar por el ingeniero Caeza, que es el gobernador de la provincia, un peronista frío que quiere apoderarse de nuestro Partido y aprovecharse del trabajo de nuestras mujeres. Andá y hacete respetar'".

Ana Macri, una rubiecita que no llegaba al metro cincuenta, recorrió caminos a pie, atravesó ríos en canoa, fundó seiscientas cincuenta y ocho unidades básicas y afilió a cinco mil mujeres. Por suerte, una ferviente evitista de rodete blanco apodada "la abuela" se había anticipado a su llegada alquilando una sede para el Partido y comprando los muebles. Gracias a ello, la rubiecita pudo dedicarse a su tarea sin pérdida de tiempo. Iba de pueblo en pueblo manejando su jeep, se paraba en la plaza y llamaba a las mujeres por el altoparlante. A las recién llegadas les repetía frases de Evita: "La mujer, en política, tiene que estar junto al hombre pero sin permitir que se meta en sus asuntos". "No quiero ver ni a un hombre en nuestras unidades básicas. En política, el hombre es el peor enemigo de la mujer." A veces, la unidad funcionaba en el comedor de una casa. Pero el marido tenía prohibida la entrada durante las horas de trabajo.

La sede del Partido Femenino de la Capital Federal fue inaugurada el 29 de octubre de 1949 por la delegada de Buenos Aires, Teresa Adelina Fiora, que también dirigía la Escuela de Enfermeras de la Fundación Eva Perón. Poco después, Elena Caporeale de Mercante inauguró la primera unidad básica provincial. Esas veintitrés delegadas, ayudadas por decenas de subdelegadas, tenían la misión de reclutar partidarias, pero también de buscar personalidades femeninas capaces de convertirse en diputadas. ¿Cómo elegirlas? "Me importan un bledo los diplomas -respondía Evita-. Tomen a las más trabajadoras y a las más peronistas." El procedimiento parecía un ritual de iniciación. Era como tomar el velo: las candidatas no debían saber que estaban destinadas al cielo, es decir, al Congreso. Evita obligaba a sus muchachas a no decir una palabra sobre el tema, y expulsó a una de ellas, una tal señora de Coronel, por haber hablado de más. Lo que pretendía con ello era evitar que el único aliciente para las eventuales legisladoras fuese la ambición. Lo que debía animarlas era la fe.

Entre todas las enfermeras o maestras de escuela que formaban el grueso de sus tropas había una abogada, Elsa Chamorro Alemán, y una cantante de tangos, Juanita Larrauri (una de las pocas amigas de la época artística que lograron frecuentar a Evita cuando llegó al poder). Pero según Ana Macri, las "doctoras" sólo empezaron a aparecer cuando "los hombres", a propósito, divulgaron el secreto, repartiendo la noticia de que varias mujeres iban a ser nombradas diputadas y senadoras. A Evita la preocupaba poco el intelecto, pero sí la obediencia, y eso sabía muy bien cómo obtenerlo.

En 1955, Delia Degliuomini de Parodi, delegada a la provincia de San Luis y ardiente colaboradora de Evita, confesó ante una comisión de investigaciones de la Revolución Libertadora: "Después de las elecciones de 1951 en que se eligió a las senadoras y diputadas del Partido Peronista, todas las legisladoras de la rama femenina tuvieron que firmar cartas dirigidas a sus parientes o amigos que contenían expresiones de deslealtad hacia el Partido. Era una exigencia de la señora de Perón, expresada personalmente o por mi intermedio: en esa época, ella ya estaba enferma. Esos documentos fueron redactados en la Residencia y entregados al señor Renzi". Renzi confirmó esas asombrosas declaraciones: "Las cartas le servirían como arma a la señora de Perón para eliminar a las firmantes de sus funciones legislativas, si llegaban a desobedecer sus órdenes".

Por autoritario que fuese, todo esto no dejaba de ser original. En la mayoría de los países se elige a los representantes del pueblo en función de su dominio del lenguaje. En Francia, sobre todo, sólo el que sabe hablar puede tomar el poder. Es cierto que en la Argentina los códigos socioculturales son mucho menos rígidos, pero lo son lo bastante como para que Evita hubiera hecho estudiar a sus mujeres el arte de la oratoria. Sin embargo, su insolencia y su desafío consistían en elegirlas ignorantes. Por supuesto que sus razones no eran del todo inocentes: esas mujeres no amenazaban con hacerle sombra y al primer desliz quedaban despedidas. Pese a todo, queda un margen de frescura y de verdadera impertinencia que nos parecen revolucionarias. El mundo nunca ha rebosado de panaderas que se vuelven senadoras.

Originalidad del evitismo: en las unidades básicas, las mujeres del barrio podían aprender a coser, a cocinar, a hacer peinados pero también toda otra materia que alguna de ellas fuera capaz de enseñar. Originalidad del peronismo entero: según el periodista Enrique Oliva, en la Universidad de Cuyo había profesores obreros que iban a dictar cátedra en alpargatas. Se partía del excelente y desprejuiciado principio de que todo el mundo sabía hacer alguna cosa y estaba en condiciones de enseñarla a los demás.

El Partido Femenino prolongaba el brazo de la Fundación, porque el censo permitía controlar el país casa por casa. Esto a la policía le resultaba de gran utilidad para vigilar cada calle y cada manzana: el peronismo poseía infinitas listas con los nombres, costumbres e ideas de cada cual. Pero la enumeración tenía su lado bueno: nadie era invisible ni anónimo. La indiferencia no existía. Una coyita del noroeste que vivía en un pueblo perdido de la frontera boliviana se estaba por casar. La delegada de Salta o de Jujuy se enteraba de la noticia y se la comunicaba a Evita, que todas las noches llamaba a sus mujeres a horas imposibles. Poco antes del casamiento, golpean a la puerta de la coyita. Es el cartero. Trae una caja gigantesca con el vestido de novia, el velo, los zapatos y el ramillete. Hasta hay un corte de tela de un color serio para el vestido de la madrina, y un sombrero haciendo juego.

La seriedad y el decoro obsesionaban a Evita casi tanto como las dentaduras y las máquinas de coser. A ella la habían despreciado por razones de moral y quería que sus mujeres respetaran las normas. Ana Serrano, que la conoció en su adolescencia, nos ha transmitido los consejos de Evita: "¡Cuídense mucho! Las maneras y la conducta tienen que ser irreprochables. Vístanse con elegancia. Yo cometí muchos errores pero estoy salvada porque soy la mujer de Perón; en cambio, a ustedes se les van a venir encima apenas den un traspié". "Ellos", los que habrían de precipitarse sobre las pobres chicas, representaban una fuerza oscura compuesta de enemigos dispares: oligarcas, curas, militares, hombres... En 1951, durante una reunión del Consejo Superior del Partido Peronista, surgió una discusión sobre la cantidad de legisladores y legisladoras propuestos por el movimiento. Evita quería incluir en las listas a ocho senadoras. Pero ellos las redujeron a seis y Evita tuvo que aceptarlo. "Ellos, ¿quiénes?" "Los hombres -nos respondió tranquilamente Rosa Calviño-. Y Perón los sostuvo diciendo: 'Le pido a la Presidenta del Partido Femenino que renuncie a esas dos senadoras. Seguramente nos va a decir que sí: ¡son tan generosas las mujeres!' Evita dijo que sí, ¿qué remedio le quedaba? Pero al salir a la calle le agarraron vómitos."

La Razón censurada

La historia de su libro, *La razón de mi vida*, está muy ligada a la del Partido Femenino. En *Historia del peronismo*, publicada por la revista *Primera Plana* en 1967, Hugo Gambini nos describe a un extraño personaje: Manuel Penella de Silva. Era un periodista español que había llevado una existencia movida. Hijo de un músico célebre al que nunca había conocido, había sido educado por su madre y sus cuatro hermanas. Después se había casado con una alemana y había tenido cinco hijas, de modo que comprendía muy bien a las mujeres. Lo habían expulsado de Alemania por haber pronosticado la derrota del régimen y había escrito un libro sobre Hitler, muy antinazi. Y entonces había tenido una súbita iluminación: lo que le había faltado al imperio nazi eran mujeres. "Ni Agripina, ni Lucrecia. Hitler escondió a Eva Braun y a todas las que la habían precedido. El führer, símbolo y modelo del hombre germánico, debía ser un macho sin hembra."

Esta iluminación lo hizo concebir la idea de estudiar la participación femenina en todos los regímenes políticos. Y de ahí en más, se le ocurrió proponer una Cámara exclusivamente reservada a las mujeres, ya que los Parlamentos tenían dos. Pero no se atrevió a sugerirlo él mismo: de seguir así -se decía a sí mismo-, lo iban a nombrar ¡"mujer honorífica"! Pensaba viajar a los Estados Unidos para hablar del proyecto con Eleanor Roosevelt y estaba en Zurich con su familia, bastante hambreados los siete, cuando conoció al embajador argentino, Benito Llambí, que le dijo: "La persona indicada es Eva Perón".

Penella reunió sus últimos centavos para ir a Buenos Aires. Quería proponerle a Evita su famoso proyecto y, de paso, redactar la biografía de la "Dama de la Esperanza". En su primer contacto con Perón se produjo un malentendido que dibujó la relación futura entre ambos hombres. Perón siempre seducía a sus interlocutores extranjeros manifestándoles la mayor simpatía por su país y hasta llegando a sugerir que tenía un abuelo de esa nacionalidad. Creyendo que el apellido de Silva era brasileño, se lanzó a elogiar el Brasil. Al comprender su error se sintió despechado y nunca le perdonó al periodista el no haber sido brasileño. Penella de Silva no logró conocer a Evita hasta mucho después. Sólo al viajar a Suiza, ésta se enteró del proyecto de Penella gracias al embajador Llambí. Y a su regreso frecuentó al español con tanta asiduidad, que Aloe le aconsejó no encontrarse a solas con él para evitar comentarios. Una sugerencia que Evita, siempre cuidadosa de su reputación, se apresuró a aceptar.

Las palabras del periodista la impresionaron mucho. Decidieron que escribiría la historia de Evita en primera persona y poniendo en su boca sus propias ideas, que ella encontraba formidables. "Cuando empezó a escribir y a leerle el manuscrito -escribe Gambini-, Evita lloraba como si leyera un folletín: '¡Sí, sí! ¡Es así como pasó todo! ¡Exactamente así!'." Pero no compartía los criterios literarios de Penella. Él redactaba el libro en un estilo simple, un poco torpe y muy sentimental, que reflejaba la candidez de Evita y su inteligencia en bruto. Y ella lo que deseaba era una escritura embellecida, pulida, burguesa. Una escritura semejante a su manera de vestirse, tan cuidadosa, y a su nuevo afán moralizador.

Pero el que se opuso al libro fue Perón. Al libro y a la idea de la Cámara femenina, que le parecía ridícula, lo que a Evita no le impidió lanzarla durante el Congreso Hispanoamericano de Mujeres reunido en Buenos Aires. Sólo las mujeres deberían formar parte del Senado, que se convertiría en un organismo de consulta y en un instrumento de paz para el mundo. "Puras pavadas", dijo Perón, y archivó el manuscrito junto con la idea.

Según Penella, Evita se consoló arrancándole a Perón el permiso para crear un Partido Femenino. Era mejor que nada y Perón, por conveniencia, no estuvo en contra: así conseguiría que las mujeres, en su inmensa mayoría, lo votaran a él. Pero al hacerlo, siempre según el periodista español, el presidente avalaba una realidad imposible de esconder: el poder bicéfalo.

Demás está decir que el español rumiaba su descontento. Un día en que se hallaba junto a Evita, Raúl Mendé, ministro de Asuntos Técnicos, y Armando Méndez San Martín, ministro de Educación, en el automóvil que los llevaba a la Residencia de Olivos, otra mansión presidencial, donde lo habían invitado a almorzar, aprovechó para expresarse. Por el camino, Evita repetía incansablemente las consabidas frases sobre la obediencia a Perón (sin duda exageradas por la presencia de los dos testigos argentinos): "Tenemos que trabajar para Perón, consagrarle nuestra voluntad. Él es el que manda, él sabe adónde va. Es el hombre más extraordinario del mundo". Harto de oírla, el periodista le espetó: "Usted no para un minuto de gritarlo a todos los vientos. En cambio él nunca la elogia, ni en público ni en privado". Evita se quedó muda durante el resto del trayecto. Cuando llegaron a Olivos no invitó a Penella a bajar del automóvil y le hizo adiós con la mano. Más tarde, él se enteró de que durante el almuerzo le había dicho a Perón: "Penella dice que vos nunca me elogiás". Y cuando el español le reprochó el haber hablado de más, ella le contestó abriendo los brazos como si fuera la evidencia misma: "¿Y qué quería, que Perón lo supiera de boca de Mendé?"

Y justamente fue a Mendé, uno de sus más obsequiosos servidores, a quien Perón le encargó la corrección de *La razón de mi vida*. Era en 1951. Evita, muy enferma, le había dicho a su marido que deseaba ver el libro publicado antes de morir.

El padre Benítez hubiera querido encargarse de esas correcciones, para tranquilizar a Perón, que odiaba el feminismo del libro, pero conservando lo esencial de una obra muy importante en su opinión. Una obra que Mendé dejó irreconocible. No satisfecho con eliminar los conceptos fundamentales, la adornó con elogios a Perón lindantes con el delirio. Veamos un ejemplo:

"De la misma manera que una mujer alcanza su eternidad y su gloria, y se salva de la soledad y de la muerte dándose por amor a un hombre, yo pienso que tal vez ningún movimiento feminista alcanzará en el mundo gloria y eternidad si no se entrega a la causa de un hombre.

"¡Lo importante es que la causa y el hombre sean dignos de recibir esa entrega total!

"Yo creo que Perón y su causa son lo suficientemente grandes y dignos como para recibir el ofrecimiento total del movimiento feminista de mi Patria. Y aun más, todas las mujeres del mundo pueden brindarse a su Justicialismo que con ello, entregándose por amor a una causa que ya es de la humanidad, crecerán como mujeres".

Para el autor de *Historia del peronismo* esos párrafos salen de "un cerebro recalentado que define la adhesión de las mujeres a Perón en términos de exaltado erotismo". Y concluye diciendo: "Esto coincide absolutamente con ciertas maniobras posteriores de los que rodeaban a Perón, para provocarle un verdadero delirio sexual. Todavía no habían comenzado a inyectarle ciertas hormonas. El tratamiento era sólo verbal".

Más adelante observaremos ese "delirio sexual" de Perón tras la muerte de Evita, así como el papel representado en dicho delirio por Mendé y Méndez San Martín. Por ahora volvamos al lenguaje que le atribuían a Evita para ocultar, si no la suya, una escritura masculina más favorable a la mujer. "Mientras el libro fue mío -ha dicho Penella-, también fue de ella. Simple, ingenuo, necesariamente violento como lo era ella, el libro era su retrato." Al renunciar a él, Evita había cometido dos traiciones: una para con el escritor y la otra para con su propio feminismo instintivo. Consciente de ello pero ya sin fuerzas, dejó de frecuentar a Penella de Silva.

En octubre de 1951, un mes después de la publicación de *La razón de mi vida*, el autor del manuscrito que nunca leeremos fue a visitarla por última vez para decirle adiós: se volvía a Europa. La encontró pálida y triste. Por su enfermedad, pero también por haber demostrado poco coraje al permitir que Perón la despojara. Le dijo simplemente: "Gracias por el libro. Es el hijo que no tuve". En el momento de decirlo germinaba en su vientre el fruto de su rebelión: un cáncer de útero.

¿Qué ha quedado de Evita en ese libro que terminaron por imponer como lectura obligatoria en las escuelas? A veces, perdida en sus páginas, una palabra sencilla y directa nos impresiona por su frescura, y nos parece oírla a ella tal como era cuando el campo estaba libre de testigos: cándida y apasionada. Por lo demás, sus declaraciones reaccionarias sobre la mujer abnegada y maternal que vive para sus hijos en el seno del hogar no son reveladoras. En primer lugar, su origen es fácil de imaginar. Y en segundo, aun en el caso de que Evita las hubiera firmado sin rechinar los dientes, siguen sin presentar el menor interés. El biógrafo de un ser intuitivo pero inculto está obligado a captarlo más allá de sus palabras. El propio padre Benítez lo ha dicho: a Evita no hay que buscarla en sus frases sino en sus actos. Podríamos agregar: y en sus gestos inconscientes, en su muerte. No fue por abnegación, por "generosidad femenina" ni por gusto de sacrificarse que se largó a vomitar en plena calle después de haber perdido dos puestos en el Congreso.

Marysa Navarro observa atinadamente las similitudes entre el lenguaje de *La razón de mi vida* y el de los discursos, los escritos sobre todo, pronunciados por Evita. Agreguemos a esto los artículos de *Democracia* y los cursos de historia del peronismo dictados a partir de 1951 en la Escuela Superior de Peronismo. En efecto, el conjunto de esta obra está redactado en una lengua uniformemente primaria. Sin emplear ni ese adverbio ni ese adjetivo, Navarro concluye que la pluma es idéntica, y que pertenece a Evita. En nuestra opinión, la evidente unidad de esa escritura tiene una explicación: la prosa de los plumíferos que la produjeron estaba cortada con la misma tijera porque, de ser menos chata, se hubiera vuelto sospechosa. Sin embargo, algunas palabras repetidas muy a menudo parecen provenir de la propia Evita. Son palabras que expresan sentimientos a través de sensaciones físicas, en especial dolorosas. Se las reconoce gracias al elemento corporal que sólo Evita podía introducir. Ella ha debido transmitirlas a sus redactores, quienes, creyéndolas inofensivas, las habrán dejado pasar. Ya en los textos de Muñoz Azpiri para el programa de propaganda "Hacia un mundo mejor" se hallaban rastros de lo mismo: "algo angustioso y duro que germina en el interior, en la raíz de las vísceras".

Del mismo modo, en *La razón de mi vida* y en los discursos pueden leerse frases que hablan de vísceras y de cuerpo maltratado: "Pensar (en la injusticia) me produjo siempre una sensación de asfixia, como si no pudiendo remediar el mal que yo veía, me faltara el aire necesario para respirar". "Desde que yo me acuerdo cada injusticia me hace doler el alma como si me clavasen algo en ella. De cada edad guardo el recuerdo de alguna injusticia que me sublevó desgarrándome íntimamente." "Es por eso que grito hasta enronquecer y hasta perder la voz cuando se me escapa en mis discursos la indignación que llevo adentro, cada vez más viva, casi como una herida en el corazón." "En una sola cosa tengo mérito: en mi amor por el pueblo y por Perón que me quema el alma, me duele en la carne e inflama mis nervios." "He gastado mis fuerzas físicas para reanimar las de mis hermanos vencidos. Mi alma lo sabe, mi cuerpo lo ha sentido. Ofrezco toda mi energía para que mi cuerpo sea como un puente tendido hacia la felicidad común. Pasad sobre mí."

Imágenes y simulacros

El testimonio de la fotógrafa alemana Gisèle Freund arroja una luz sorprendente sobre una Evita que pareciera desesperada por mostrarse a sí misma bajo su aspecto más desfavorable. Una imagen de mujer ávida por los objetos, engañosa o incompleta y ofrecida en bandeja a sus enemigos, ya sea por ingenuidad o por autoboicot.

Gisèle Freund había conocido la Argentina durante la guerra, gracias a Victoria Ocampo. Volvió en 1950 y de incógnito: quería fotografiar a Evita y sabía que sus amigos, violentamente antiperonistas, lo considerarían una traición. Durante meses Gisèle Freund esperó a ser recibida por esta mujer que le interesaba desde el punto de vista artístico, más allá de todo prejuicio. La cita tuvo lugar en la Secretaría. Se quedó hasta las 2 de la mañana y su paciencia subyugó a Evita tanto como sus fotos. Al día siguiente invitó a la fotógrafa a almorzar en el Hogar de la Empleada. "¡Eh, muchachos! -les gritó alegremente a sus cortesanos, en pleno almuerzo-. Tengo un excedente de varios millones y no sé dónde meterlos. ¿Quién los quiere?" Momentos después, un ministro le reprochó el haber firmado cierto decreto y Evita se le rió en la cara: "¿Qué le hace una firma más o menos?" Gisèle Freund comprendió que aquellos hombres se sentían incómodos porque Evita se hacía la niña mimada delante de una extranjera.

Pero la historia no se detiene allí. Evita la invitó a visitar sus hogares, "de un lujo espantoso" según la alemana, y a fotografiar el contenido de sus roperos "para que todo el mundo vea lo que tengo".

Perón estaba presente. No parecía contrariado pero no pudo dejar de decirle: "El mundo entero va a pensar que parecés una bailarina de cabaret". Evita ni lo oyó, ocupada como estaba en probarse un vestido de noche de tul blanco todo sembrado de "diamantes azules".

Esas fotografías se han vuelto célebres. El mundo entero pudo ver a Evita de pie ante las vitrinas repletas de joyas que ocupaban toda una sala del Palacio Unzué. ¿Le alcanzarían los 365 días del año para ponerse esos cientos de zapatos, sombreros, trajes y pieles clasificados según su especie y dispuestos en una serie de habitaciones pequeñas? ¿Era para llenar su vacío y calmar su angustia que poseía tantos, del mismo modo que para ahuyentar su soledad se rodeaba de una tribu de fieles hasta el amanecer? ¿O bien esa abundancia ilimitada significaba que, en el fondo, nada le pertenecía ya que la propiedad de los objetos pierde sentido desde el momento mismo en que acordarse de todos y cada uno ya se vuelve imposible? La necesidad de poseer corría pareja con el sentimiento de que todo -sus bienes, su nombre, su cuerpo- era ilusorio. Esta mujer que exhibe sus tesoros nunca será otra cosa que una gitana.

Pero era seguro que sus enemigos no lo interpretarían de ese modo. A las 8 de la mañana del día siguiente, Apold llamó por teléfono a Gisèle Freund y le dijo: "Tráigame los negativos. Es una orden". Ella entregó las copias a una amiga para preservarlas en caso de accidente y se precipitó al aeropuerto con los negativos. Lo único que llevaba era su máquina de escribir. Perdió todo lo que tenía en su departamento, adonde llegó la policía dos horas después de su partida.

El vestido de tul blanco con el *corsage* bordado de strass también se hizo famoso. Quizás haya sido el mismo que se puso el 25 de Mayo de 1951 para la función de gala del Teatro Colón y que iba acompañado de un abrigo de satén bordado de línea *evasée*. En todo caso, ese vestido u otro parecido, típico de los años cincuenta, fue elegido para la ópera rock *Evita*, representada por primera vez en Londres en 1978. Las actrices y cantantes que han estado a cargo del papel (Eliane Page, Patty Lupone, Paloma San Basilio) han lucido ese atuendo de falda vaporosa y *corsage* resplandeciente sin mangas ni tirantes. Evita no se equivocaba al probárselo ante la fotógrafa venida del "mundo". Su error fue dar a sus enemigos las armas con las que soñaban, pero fue ella la que indicó la imagen inolvidable a sus futuros directores artísticos.

Casi todos sus trajes de noche venían de *chez* Dior. Para la ropa de todos los días su modisto era Luis Agostino. Él le hizo los trajecitos cuando Paco Jamandreu dejó de diseñárselos. ¿Por qué se había alejado de Evita el "maricón" que inventara su legendario traje Príncipe de Gales? No parecen haberse peleado. Largo tiempo después de la inexplicable separación, Evita se lo encontró por la calle, se rió a carcajadas de su vetusto automóvil y le hizo entregar uno nuevo. Y cuando ella cayó enferma, Perón llamó a Jamandreu para que la ilusionara mostrándole modelos hermosos y telas brillantes. ¿Entonces por qué el alejamiento? Quizás él haya pagado por haber sido el testigo de una época en la que Evita aún trastabillaba por el camino del buen gusto.

Sea como fuere, lo reemplazó Agostino. Pero el nuevo modisto jamás vio a la Señora vestida para salir, sino siempre en pijama, cuando iba al Palacio Unzué a probarle los modelos. El mismo automóvil que había conducido a Perón a la Casa Rosada pasaba de regreso a buscar a Luis para llevarlo a la Residencia. A las 7 de la mañana no era raro que los ministros ya estuvieran allí, y el pobre modisto tenía que esperar, a veces hasta el mediodía. Cuando Perón volvía a almorzar y se lo encontraba allí, meneaba la cabeza con enojo: "¡Ah, esta Eva! ¡Es incorregible!"

Para que no la regañara, en cuanto oía los pasos de su marido Evita escondía a su modisto como si fuese un amante, detrás de una cortina (la misma que servía para esconder a los poetas de la Peña, al alba, cuando Perón se levantaba). Una cortina que muy pronto ya no sirvió para engañarlo. "¡Tenía un olfato! -recuerda Luis Agostino agitando la mano-. Siempre adivinaba cuando yo estaba ahí."

Luis Agostino creó para Evita decenas de *tailleurs* de *shantoung* italiano o de "piel de tiburón" celeste o rosa. Y, por supuesto, le siguió haciendo los célebres *tailleurs* Príncipe de Gales que ella usaba con un canotier adornado con un moño de *gros-grain*. Las chaquetas tenían que estar abotonadas hasta arriba porque no se ponía blusa. Sólo se vestía con estos trajes "de oficina" o con vestidos de noche, y no tenía vestidos cortos ni tapados de lana: únicamente de piel. Medía un metro setenta pero los zapatos con plataforma le agregaban doce centímetros. Las medidas: 92-67-94.

Aquí la autora de este libro no resistió a la tentación de formularle al modisto una pregunta delicada: "Mi madre, que detestaba a Evita, decía que era una flaca con cintura redonda. ¿A usted qué le parece? Tenía razón?" Y este hombre discreto, que nunca había hablado antes sobre el tema ni concedido entrevistas, confesó tomado de sorpresa: "Sí, es cierto. Tenía un poco de estómago. Cuando Dior lanzó las chaquetas entalladas yo le ensanchaba un poquito las caderas y los hombros y le ponía por adentro un cinturón elástico para disimular el defecto".

Detrás de la cortina

La escena de la cortina nos conduce a un tema fundamental: el de los misterios. Perón y Evita no parecían dirigirse el uno al otro sino por medio de tapujos: mensajes cruzados donde no se sabía si se trataba de revelar algo o de fingir hacerlo para esconder lo esencial. Jorge Luis Borges dijo: "Ni Perón era Perón ni Eva era Eva. Eran individuos misteriosos, anónimos, de los que no conocíamos ni los rostros ni los nombres secretos". En realidad, Perón era mucho menos Perón de lo que Eva era Eva. Ambos representaban sus papeles en el mismo teatro de sombras. Pero detrás del simulacro del Hada, había una mujer.

Y sin embargo, aunque ella fuera franca y él tramposo, los volvía similares ese tercer personaje que era su relación. Esto es válido para cualquier pareja, siempre compuesta por dos, pero a los cuales se les agrega un tercero surgido de ambos. Así, en la lucha por el poder que los había unido, Evita cazaba guanacos a su modo.

Ángel Miel Asquía nos ha referido las triquiñuelas a las que ella se veía obligada a recurrir para convencer a Perón de que tal ministro o tal funcionario ya no le convenían. Empezaba por decírselo. Pero él, que se creía infalible, era de una extremada terquedad (según Sergia Machinandearena, a veces su obstinación lo volvía intratable, mientras que Evita, menos vanidosa, escuchaba los consejos). En esos casos Evita buscaba otros caminos y apelaba a Héctor Cámpora: "El General no sabe que Fulano lo traiciona. Habría que decírselo". El fiel servidor se encargaba. Y Perón exclamaba sorprendido: "¡Qué curioso! Eva piensa lo mismo". Alentada por el éxito, ella volvía a emplear el mismo procedimiento para denigrar o exaltar a éste o a aquél. Esta vez, Perón miraba a Cámpora con cara de sospecha. Y la tercera vez lo escuchaba con excesiva atención, lo acompañaba hasta la puerta y, mientras le hacía su acostumbrada reverencia, que casi parecía japonesa, le decía por lo bajo: "Muy bien, Cámpora, ya cumplió. Saludos a Evita".

La imagen de un Perón testarudo parecería contradecir la del hombre "cósmico y amorfo" (la expresión es del escritor José Pablo Feinman) al que todos creían haber convencido puesto que con todos se mostraba de acuerdo. Lo cierto es que era inaccesible. Para el cineasta Mario Sábato, el guión que mejor lo define es el siguiente: Perón acaba de criticar a X ante Y, y sin embargo recibe a X dándole un gran abrazo. Pero por sobre el hombro de X le cierra el ojo a Y, definitivamente convencido de saber lo que piensa Perón puesto que le ha hecho un guiño. Y el enigma queda sin resolver. ¿A quién está traicionando? ¿Al destinatario del abrazo, al del guiño, a los dos, o quizás a ninguno porque el ojo se le cierra por su cuenta y, en ese caso, el engaño es total?

Perdida en semejante marasmo, Evita luchaba con todas sus fuerzas para salvar a Perón de sus lados brumosos, esa zona de inexistencia adonde se retiraba cerrando la puerta tras de sí. ¿Acaso la responsable no era ella? De manera consciente, al multiplicar sus intervenciones Evita sólo se proponía hacerlo amar por la gente y aniquilar a sus enemigos. Había que taparlo para que nadie lo viera tal como era: "¡No se le acerquen, es el sol!" Pero de modo más oscuro, también exageraba la vigilancia por temor a quedar ella misma de lado. Así vivía, Penella dixit, "en un permanente estado de cólera", furiosa contra unos enemigos reales o imaginarios y a menudo equivocándose de contrincante. Era ella la que había elegido a Raúl Mendé como reemplazante de Figuerola, el español franquista que había trabajado con Perón en la Secretaría y al que Evita había decidido eliminar argumentando que no era argentino. Y el propio Méndez San Martín había formado parte del equipo evitista, antes de lanzarse a orquestar el "delirio sexual" de Perón.

Si el Perón inasible y apático sumía a Evita en el más profundo desconcierto, el Perón duro y despreciativo también la apenaba. "El único defecto de Perón es ser militar", le dijo a Rosa Calviño. Curioso modo de enumerar una larga lista de defectos fingiendo reducirlos a uno. Y es claro que ese Perón de costumbres rígidas, maniático del orden y la limpieza, que se duchaba y se cambiaba varias veces por día, era un militar y, por ende, capaz de actitudes hirientes que ella trataba de esconder. La vez en que un pobre hombre lo besó en la mejilla, Perón se puso a gritar enloquecido: "¡Qué asco! No puedo soportar que un hombre me bese!" Y ella corrió a explicarle al "grasita" que la intención del líder no había sido mortificarlo. Pero no olvidemos que en esa época el hábito de besarse entre amigos, entre hombres, aún no existía. Militares o no, los hombres guardaban sus distancias y hasta evitaban besar a sus niños pequeños. El contraste entre una Evita cariñosa y un Perón intocable existía, pero menos rotundo de lo que podría serlo hoy.

Una amiga de Erminda Duarte nos ha contado la siguiente anécdota. La pareja va en su automóvil rumbo a San Vicente. Se produce un embotellamiento y Perón le ordena al chofer que se meta de contramano. Un joven policía viene a hacerle la boleta. Perón le dice, furioso: "¿Pero no ves quién soy?" "Sí -responde el policía-, pero igual va de contramano." Perón le pregunta el nombre y, pese a las súplicas de Evita, se toma la molestia de ir a ver al comisario para ordenar el despido del policía. El resto del viaje se lo pasa refunfuñando: "¡Negro de mierda!" Al llegar a San Vicente, Evita llama a escondidas a la comisaría "de parte de Perón", para que se restituya en su cargo al que pecó por honrado y se le pidan disculpas.

Por lo demás, Evita en San Vicente no paraba de hablar por teléfono. Tenía la "neurosis del fin de semana" y Perón tuvo que arruinarle el aparato para impedir que se pasara el domingo colgada del tubo. Pero ella se dio cuenta, lo arregló con sus propias manos y lo tapó con almohadones para apagar el sonido. Vieja obsesión suya, el teléfono: durante su viaje a Europa, llamaba todos los días a Perón y al Congreso. Los diputados evitistas interrumpían las sesiones para precipitarse al aparato. Y Evita, la indispensable, les daba indicaciones cuyo cumplimiento verificaría sin falta veinticuatro horas después.

Lo contrario de Perón que, una vez en el campo, sólo se consideraba irreemplazable para batir la mayonesa. Él era el único capaz de hacerlo al ritmo adecuado. (Aparte de la mayonesa tenía pocos pecados de gula. En la casa de Teodoro García poseía una bodega con excelentes vinos enviados por Franco. Pero él siempre tomaba su vino tinto marca Toro, bien áspero y con gusto a tanino. Los menús de la Residencia eran de una lastimosa sobriedad. Evita no comía, o se encargaba un par de huevos fritos.) El General también era especialista en lustrar zapatos. "Es una cuestión de muñeca", les explicaba a sus íntimos, siempre didáctico, así como les dictaba conferencias sobre su tema favorito: el planchado del pantalón.

En San Vicente Perón montaba su caballo Manchita, rubio, con una estrella negra en la frente, que había desfilado en agosto de 1950 durante un homenaje al general San Martín. ¡Embriagador espectáculo para una mujer, verlo a Perón sobre un caballo! De a pie se le veían demasiado lo ancho de la cintura y lo corto de los brazos, que él cruzaba sobre el vientre con las manos unidas a la altura del ombligo. Y vestido de civil, la elegancia no era su fuerte: en una entrevista inédita concedida a la socióloga Marta Echeverría, Castiñeira de Dios describe los zapatos de Perón, bicolores y con festones de bordes dentados. En cambio de a caballo, con pantalón y botas de montar, se izaba hacia otra dimensión. Era imposible no conmoverse ante esa masa de músculos humanos y animales, sólidamente soldados los unos a los otros. Pero Evita, pensando en los humildes que no podían esperar al lunes porque para ellos siempre es tarde, lo miraba sin verlo.

Otra cosa que la aburría era navegar con Perón a bordo del Tacuara. Para complacer a su marido, a veces lo acompañaba a una carrera automovilística para ver a Juan Manuel Fangio, o a un match de box para ver a Gatica, gran amigo de Juancito (ella era la madrina de su hijo). Los sábados por la tarde volvía corriendo de la Fundación para ver una película con Perón en un salón de la Residencia. Perón se levantaba de la siesta y ella mordisqueaba una manzana diciendo que era el postre. Pero no había almorzado. Si la película era de amor, vaya y pase, pero al marido le gustaban las de aventuras. ¿Podía haber pareja más típica? Ella nerviosa y apasionada, él tranquilo y flemático: el día y la noche. Pero repitámoslo: no se trataba sólo de ellos mismos como individuos. Empantanados en eso que da en llamarse la relación de pareja -juego reiterativo en donde cada uno se empecina en manejar al otro-, eran inseparables en el sentido más barroso del término.

¿En quién pensaba Evita cuando decía: "Los tibios me repugnan"?

Hacia 1949, la corte de evitistas estaba compuesta por Cereijo, ministro de Finanzas y administrador de la Fundación, Cámpora, Miel Asquía, Espejo y Nicolini. Miranda, ése que le encontraba la plata para la Fundación sólo con dar una patada, no era un hombre de Evita. Llevaba agua para su propio molino y lo pagó muy caro: lo acusaron de malversación de fondos y tuvo que refugiarse en Montevideo para evitar lo peor. Pero no bastaba formar parte del círculo de Evita para gozar de toda su confianza. A veces ella le contaba un secreto a uno de sus fieles para ver cuánto tiempo tardaba en volverle, ahora en forma de chismorreo. A esos fieles los trataba igual que a los otros ministros y funcionarios, con una mezcla de alegre camaradería, indulgencia maternal, seducción infantil y severidad matizada de sadismo. Agitaba el índice como exagerando una amenaza que no por teatral resultaba menos cierta: "Me contaron que estos últimos tiempos no te portás como es debido. Tené cuidado, ¿eh? Yo soy muy buena, pero..." O fruncía los labios: "¡Dale, por favor, sé buenito, haceme este trabajito para mañana!" O insultaba directamente, como la vez en que le dijo a Antonio Cafiero, un líder peronista aún en circulación al que ella no quería en ese tiempo -después cambió, según parece-, porque llevaba en la solapa el escudito de la Acción Católica y no el del Partido Peronista: "¿Pero decime, vos qué tenés en la cabeza? ¿Mierda?"

¡Cómo se divertía en someterlos a las pruebas más duras! Enrique Pavón Pereyra nos ha contado que, cierto día, Evita convidó al poeta Juan Oscar Ponferrada con un manjar delicado, regalo del embajador del Japón. El poeta probó, estuvo a punto de escupir y dijo: "Es la porquería más grande que he comido en mi vida". Ella soltó la carcajada: "A mí también me parece inmundo. Pero le hice creer a Cámpora que me gustaba y repitió siete veces".

Travesuras de mujer todopoderosa que hablan de su desprecio por el servilismo, lo cual, por otra parte, no le impedía estimular la adulación. ¿Era capaz de amistad? Al menos, ella lo creía. En realidad, era más bien capaz de dar, cosa que no es lo mismo: al dar también se ejerce un poder. Y no apreciaba demasiado que no le pidieran nada, ni favores ni objetos. Pero con algunos entablaba relaciones sencillas y llenas de frescura. Entonces era simple y cordial y hacía bromas como cualquier muchacha. Fermín Chávez, que la trató en la Peña, escribe lo siguiente: "La Evita que yo conocí no tiene nada que ver con la 'mujer del látigo', ni con la del 'mito negro', ni con la dominadora descrita por algunos, ni con el personaje para psicoanalistas que aparece en ciertas lucubraciones librescas, pedantes y pretenciosas".

Aunque más capaz de regalar que de entablar una amistad igualitaria, era capaz de querer. En cambio, cuando ella le decía a Salinas: "El General no tiene amigos. No ama ni odia a nadie", lo que trataba de expresar era un aspecto constante de la personalidad de Perón. Por complicado que fuera, en las relaciones humanas el General se mostraba bajo dos formas principales: seducción y frialdad. Esta segunda característica estaba en el origen de su supuesta cobardía. El coraje requiere ardor. El hombre glacial no ve motivo para arriesgar su vida. Y Evita temía su falta de fuego, la forma en que rechazaba los afectos. Por eso frecuentaba a doña Juana Sosa. Al enviudar, la madre de Perón se había casado con un peón de campo al que ella le llevaba veinte años. Perón jamás la recibía. ¿Lo avergonzaba mostrar a esa "chinaza gorda" que era su madre? Su hermano no era tan impresentable y no por eso Perón lo presentaba. Le había dado un puesto en el Zoológico, seguramente no sin ironía, y había prohibido a sus edecanes que lo dejaran entrar a la Casa Rosada.

Pero no olvidemos el aspecto literario y latino de esta relación proteiforme. En esta vuelta del caleidoscopio, Perón era el maestro y Evita, la alumna admirativa que lo escuchaba boquiabierta mientras él le explicaba las obras sacrosantas heredadas de su padre, sobre todo las *Vidas paralelas* de Plutarco. De ahí venía que Evita, en sus discursos, hablara de Alejandro con tanta reverencia. Tal vez la reserva de Perón y su capacidad de dominarse fueran virtudes romanas. Y tal vez Perón fuera la reencarnación de Julio César.

Ella creía firmemente en la inteligencia de su esposo, creencia que él, por una vez, también compartía. Desde muy temprana edad, Perón había experimentado la más alta estima por su propia inteligencia, sin duda porque sólo frecuentaba a militares: en el Ejército pasaba por un intelectual. En realidad, era astuto, voluntarioso y de una inteligencia mediana y pragmática que estaba lejos de ser la de un pensador como creían su mujer, su partidarios y hasta él mismo. Pero con la inteligencia ocurre como con la belleza: lo importante es convencerse a sí mismo de que se las posee. Curiosamente Evita, que había tomado la decisión de ser hermosa, nunca se imaginó que en cosas del intelecto, tierra prohibida para ella, sucediese lo mismo.

Fortalecido por esta imagen de sí mismo, Perón había comprendido que el país soñaba con un padre, pero un padre con aire de buenazo, de físico y lenguaje típicamente criollos, un padre divertido, simpático y autoritario cuando se presentara la ocasión. Y ese padre era él, sin duda alguna. Haberlo comprendido era su propio modo de ser inteligente, un modo peculiar, no el del intelectual sino el del hombre político: ¿qué es la inteligencia de un líder sino la agudeza necesaria para captar el deseo de un pueblo y la insolencia de decirse: "El deseado soy yo"? Claro que para hacérselo entender lo habían ayudado. En 1945, su ataque de cansancio había estado a punto de impedirle que respondiera al llamado del "destino". Fue la sed de su público lo que acabó de revelar su talento de seductor. Entonces asumió su papel, metiéndose en la piel del personaje que desencadenaba la simpatía como un alud. A partir de ese instante, Perón gozó sinceramente de representar a Perón: sinceridad especular, capacidad de reflejar deseos ajenos hasta el punto de convencer a millones de argentinos de que sus propios deseos eran los de Perón. Bien mirado, en esa pareja donde Evita ponía en escena su elegancia y su belleza, pero no su amor por el pueblo que sí era real, el verdadero actor era él.

Reencarnación o no de Julio César, Perón tenía, de creerle al padre Benítez, una tendencia al esoterismo que Evita no compartía en lo más mínimo. Tendencia común entre los militares argentinos, irritante para ella, que la hallaba muy poco cesárea y hasta un tanto pueril.

En efecto, el Jefe de la Nación tenía cosas de niño. En la Residencia de Olivos solía invitar al general Sosa Molina, ministro de Guerra, que andaba siempre de uniforme, a un paseíto por el parque. No tenía nada especial que decirle. Lo hacía por el placer de ver al ñandú que andaba suelto por el parque picotearle al general los botones dorados.

Un vasco lechero le había confesado riéndose la proporción de agua que ponía en la leche, y Perón lo había nombrado inspector de lecherías.

En la casa de Teodoro García jugaba al tren eléctrico con Raúl Salinas. Y para festejar la nacionalización de los ferrocarriles, habían hecho un escudito con el perfil de Perón de un lado y una locomotora del otro que lo puso contento como un chico. También los ingleses debían reírse tapándose la boca por haberle vendido trenes tan destartalados, a modo de consuelo y a falta de haber pagado lo adeudado a la Argentina, deuda equivalente a 67.500 millones de libras esterlinas de hoy, aún sin pagar. ¿Perón era consciente de esa estafa que, según las conclusiones de un reciente congreso de economistas brasileños, arruinó a varios países del Tercer Mundo además de la Argentina? ¿Nacionalizó los ferrocarriles a sabiendas de que compraba chatarra y con fines puramente electorales? ¿O bien, enceguecido por su soberbia y por un curioso candor que contrastaba con su viveza, se dejó engañar por otros más astutos que él, como ocurrió con Ronald Richter?

Ese "científico" alemán había logrado convencerlo de que podía producir energía atómica. Perón le mandó construir una supuesta central atómica en la isla de Huemul, al sur del país. En la Argentina faltaba material para construir casas, pero se enviaron a Huemul toneladas de cemento. Con su eterno impermeable y sus cabellos despeinados de sabio loco, Richter hacía reír a todo el mundo salvo a Perón, por una vez muy serio. Evita decía: "El General es muy ingenuo".

Y avaro, codicioso, pero también de modo infantil. Le había regalado a su mujer un relojito barato que la había dejado estupefacta. Los peronistas que lo iban a visitar a su exilio panameño o madrileño se quedaban atónitos por su avidez. Mejor no aparecerse con un reloj de pulsera: lo ponderaba con tal insistencia que resultaba imposible no regalárselo.

Pero no podemos completar el cuadro de tan multifacética relación sin añadir la imagen de un Perón paternal que regañaba a Evita por volver a las 5 de la mañana. A Guardo se le quejó de lo mismo y lo escribió en sus memorias: "Casi había perdido a mi mujer. (...) Un día le dije: 'Eva, descansa y piensa que eres también mi mujer'. Su rostro se puso grave. 'Es justamente así -me dijo- como me siento tu mujer'". Y hasta había recurrido a la señora de Mercante para que Evita no se quedara levantada hasta tan tarde. Respuesta de Evita, acompañada por un mohín de adolescente sobreprotegida: "Decile que no hinche".

Estamos pues en presencia de un hombre enamorado, preocupado por la salud de su mujer y reprochándole en público que se cuidara poco. ¿Es toda la verdad? Aquí llegamos a uno de los puntos fundamentales de esta historia: los mensajes cruzados con respecto a la enfermedad de Evita. Anticipémonos a los acontecimientos para agregar que estos mismos mensajes en forma de bumerán sirvieron para todo lo referente a la reelección de Perón y a la candidatura de Evita a la vicepresidencia del país. Enfermedad y poder: dos temas ligados entre sí, imbricados el uno en el otro a causa de la actitud oblicua que ella adoptaba por no quedarle más remedio, y él, porque le era completamente natural.

Mensajes cruzados: la enfermedad

¿En qué momento experimentó los primeros síntomas? Es difícil determinarlo con precisión puesto que Evita siempre fue de salud delicada. Hay divergencias (lo contrario hubiera sido asombroso) entre Salinas y Gambini, que aventuran una fecha temprana (1947), Perón (1949), y la historia oficial: el 9 de enero de 1950. Ese día, Evita estaba inaugurando la nueva sede del sindicato de choferes de taxi cuando se desmayó en presencia del doctor Oscar Ivanissevich, ministro de Educación. El 12 de ese mes, Ivanissevich la operó de apendicitis y le diagnosticó un cáncer de útero.

Según esta versión, admitida por Fermín Chávez, Ivanissevich le habría dicho a Evita que tenía un cáncer y que deberían operarla, agregando que doña Juana había sido operada de lo mismo y ahora estaba muy bien. Respuesta de Evita: "Usted a mí no me toca. Yo no tengo nada". Meses más tarde, el médico habría vuelto a la carga, y entonces ella le habría dado un legendario carterazo sobre el pómulo izquierdo. Muy ofendido, el ministro habría renunciado a su cargo. En esta versión, Perón brilla por su ausencia. ¿Qué hacía durante los varios meses en que el médico se preguntaba si debía insistir?

Examinemos la cosa con más detenimiento. Marysa Navarro se preocupa por la fecha que Perón indica en sus memorias: 1949. Dado que la enfermedad sólo se declaró abiertamente en el segundo semestre de 1951, "eso significaría -escribe Navarro- que durante un año y medio Perón no empleó su influencia sobre Evita para obligarla a cuidarse, *conclusión difícil de aceptar*" (el subrayado es nuestro). Siendo la conclusión inaceptable, Navarro deduce que Perón, en su libro, se equivocó de fecha como solía sucederle.

Lo cierto es que Ivanissevich, en la versión oficial, había dado su diagnóstico a principios de 1950, cuando la operación de apendicitis. Y en 1949 la enfermedad ya era tan visible que cuando Evita viajara a Formosa, cerca del Paraguay, Perón, con su habitual sentido del humor, le había dicho a su futuro biógrafo Enrique Pavón Pereyra, que nos lo ha relatado con inocencia: "Está tan débil que tengo miedo de que la maten de un abrazo". ¿Por qué no se opuso al viaje, de ser así? Como para descargar a Perón de toda responsabilidad, Pavón Pereyra agregó: "El problema es que ella no comía nada. Se alimentaba exclusivamente de unos caramelos de menta que le regalaba la esposa bordelesa del marqués de Chinchilla".

¿De qué se asombra entonces Marysa Navarro? Aun en dicha versión oficial se admite que Evita (y, por ende, Perón) supo la verdad a comienzos de 1950. Sólo podemos atribuir esta sorpresa a la incapacidad de asimilar la "conclusión inaceptable", y que realmente cuesta tanto aceptar, a saber, que Perón no obligó a su mujer a curarse el cáncer.

Pero según Hugo Gambini, el propio Ivanissevich le habría aseverado que los primeros síntomas habían aparecido mucho antes: a fines de 1947. Ese año, quizás al regresar Evita de su viaje, Perón le habría pedido a Ivanissevich que examinara a su mujer. El diagnóstico habría sido un cáncer incipiente y fácil de operar. Pero Eva habría respondido como sabemos: "No tengo nada. Usted lo que quiere es apartarme de la escena política". La única diferencia entre esta versión y la oficial está en la fecha. Una diferencia de peso y que vuelve aun más inadmisible la reacción de Perón: si estaba al tanto del diagnóstico desde 1947, ¿cómo pudo tolerar que Evita no hiciera nada por cuidarse y que siguiera trabajando veinte horas por día?

Aunque también acepte la fecha oficial, 1950, el hijo de Mercante nos ha dado una versión bastante explícita desde un punto de vista psicológico. A su entender, Perón trataba a Evita con un afecto paternal que ella le retribuía con desplantes de niñita mimada: "Él era un diplomático y nunca se ha visto a un político de raza maltratar al que le es útil. En 1950, después de haber operado a Evita por apendicitis, Ivanissevich le dijo a Perón que ella tenía un cáncer. Pero Evita decidió no escuchar lo que Perón le transmitía de parte del médico. Y Perón la frenaba en su actividad desbordante sólo para empujarla a seguir haciendo más y más y aunque la viera matarse trabajando. Era lo mismo de siempre: la hacía enojar contra alguien fingiendo calmarla y la contenía en su trabajo para que ella se esforzara por partida doble".

La versión de Rodolfo Decker invierte los términos: "Cuando Ivanissevich se lo dijo, ella le suplicó que no le dijera nada a Perón para no preocuparlo y lo amenazó con darle un golpe si llegaba a comentárselo. Ivanissevich se lo dijo y Eva le dio el carterazo".

Existen otras versiones, claro está: Ivanissevich no habría tenido la intención de operarla sino de enviarla a descansar en Suiza; Ivanissevich le habría dado el diagnóstico a Perón, pero éste, demasiado pusilánime para transmitírselo a Evita, le habría rogado al médico que se lo dijera él mismo, etcétera.

Observadas por separado, las reacciones de Evita pueden ser comprensibles. Extrañas pero comprensibles. Por omnipotencia y por creer que todo lo controlaba, hasta su enfermedad, apartó la mala noticia como una mosca inoportuna. Detenerse era el fin. ¿Ella, darles un alegrón a sus enemigos abandonando sus posiciones? ¡Jamás! Había que hacer trampas para engañar a los médicos. Por la mañana se apuraba a desayunar antes de que llegara la enfermera a hacerle los análisis. Y durante su larga jornada en la Secretaría, se tomaba la temperatura con el termómetro al revés. ¿Pero a quién quería engatusar? ¿A los otros o a sí misma? La negación siempre va acompañada de una conciencia subterránea que aflora por momentos. Un amanecer, hacia las 4 de la mañana, mientras se paseaba a pie por una Buenos Aires semidesierta sin que los escasos transeúntes la hubieran reconocido, le dijo al poeta Héctor Villanueva, miembro de su corte de naricitas respingadas: "Yo no pienso quedarme en cama tomando tisanas. A la gente debo ayudarla ahora y quiero morirme así".

Con respecto a las reacciones de Perón, quedan plenamente descritas a través de una frase de Juancito Duarte dirigida a uno de nuestros testigos: "Perón le dijo que se cuidara. Pero se lo dijo como por casualidad, como una cosa sin importancia".

Los mensajes cruzados funcionaban a la perfección. Perón y Evita escondían y negaban la enfermedad detrás de una cortina idéntica. ¿Habrá sentido ella, por secreta que fuese, esa incitación a desaparecer, y le habrá obedecido?...

Pulsiones oscuras que el lenguaje descubre. Perón, según Gambini, "no controlaba sus palabras". Como su inconsciente corría más rápido que él, su sentido del humor puede guiarnos en este laberinto. Lo que sigue no son más que unas bromas, pero revelan los verdaderos sentimientos que le inspiraban sus mujeres. En 1973, Perón estaba por volver a la Argentina tras dieciocho años de exilio. Y Carmen Llorca cuenta que dijo con su voz sofocada: "Ojalá tengamos suerte y a Isabelita nos la maten allá". También Pavón Pereyra nos ha transmitido unas palabras de corte similar: "Perón decía que cuando al fin se habían decidido a curarla a Evita, ya estaba pa'l gato".

Pero la vida entera se halla entretejida con crímenes inconscientes. También está compuesta de sentimientos opuestos, trepados los unos sobre los otros en forma de pirámide. Sentimiento de una repetición insoportable (por eso la negaba): su primera mujer, Aurelia Tizón, había muerto de lo mismo, un cáncer de útero. Perón se sabía los síntomas de memoria, sin contar con que, además, siempre había soñado con ser médico. Sentimiento de impotencia: vigilar y controlar a Evita no era tarea fácil. Sentimientos de impotente: al acostarse a la hora en que él se levantaba, Evita le declaraba (y revelaba a los demás) que dormir a su lado carecía de todo interés.

Mensajes cruzados: el poder

El segundo capítulo de mensajes cruzados comienza con los preparativos para la reforma de la Constitución de 1949. Se trataba de agregar al texto de esa Constitución las leyes sociales dictadas por Perón desde 1943 y los Derechos de la Ancianidad proclamados por Evita. Además, el preámbulo debía contener la definición de la Argentina peronista: "Socialmente justa, políticamente soberana y económicamente poderosa". Pero sobre todo, se trataba de abolir el artículo que en la vieja Constitución de 1853 impedía la reelección del presidente.

Todo hubiera sido claro como agua de manantial si Perón hubiese confesado sencillamente que quería ser reelecto. ¿Qué tenía de raro semejante ambición? Pero visto y considerado el personaje, era imposible pretender cierta claridad. Y, como no podía ser de otro modo, la historia de la abolición se volvió un círculo infernal.

He aquí el abanico de versiones.

Según Rodolfo Decker que, como sabemos, era hombre de Mercante, Perón no estaba interesado en un segundo mandato presidencial. Tenía ganas de recorrer el mundo difundiendo su doctrina y estudiando las nuevas realidades de los países desarrollados. Mercante era el presidente de la Asamblea que debía modificar la Constitución y su más evidente sucesor. Evita siempre lo llamaba "el corazón de Perón". ¿Qué otro hubiera podido reemplazarlo? Más adelante, Perón pensaba retomar su puesto pero, por el momento, había programado las cosas para que Mercante lo sucediera.

Pero las intrigas cortesanas, siempre según Decker, habían torcido el curso de los acontecimientos. Juan Duarte y sus amigos conocían la enfermedad de Evita. (A esos amigos, Decker no los llamó por su nombre. Los designó como "alguien de San Nicolás", "alguien que se volvió presidente de la República" y "alguien que era periodista". La alusión es tan clara que no traicionamos su confianza al llamarlos Ramón Subiza, Héctor Cámpora y Raúl Apold.) Juancito Duarte y sus tres mosqueteros temían que un Mercante presidente más una Evita difunta dieran como resultado el final de sus carreras. Así que se dedicaron a vilipendiar a Mercante delante de Evita, argumentando que quería desplazar a Perón.

Tampoco Evita ignoraba su estado de salud. Influida por su hermano y por los tres amigos, comenzó a preguntarse si Mercante, una vez elegido presidente, no haría palidecer el prestigio de su esposo, y comunicó a Perón sus negros pensamientos. Perón conocía la lealtad de Mercante, pero él también se puso a dudar. Entretanto, Evita reunía a algunos miembros de la Asamblea Constituyente y los convencía de la necesidad de abolir el famoso artículo para que Perón pudiera ser reelecto. Cuando esos miembros de la Asamblea presentaron el proyecto de abolición, Mercante se quedó sorprendido. Pero viendo que Evita lo sostenía, él hizo lo mismo. Había creído de buena fe que Perón y Evita querían hacerlo presidente. De no ser así, obedecería como un soldado sin una sola queja.

Esta visión de las cosas contradice la versión generalmente admitida según la cual Evita habría radiado a Mercante, candidato a la vicepresidencia, para preparar su propia candidatura a ese puesto. Pero además, el relato de Decker añade un elemento que explicaría las razones del encarcelamiento del líder radical Ricardo Balbín.

Entre 1949 y 1950 Balbín pronunció tres discursos incendiarios contra Perón. Era el candidato radical al puesto de gobernador de la provincia de Buenos Aires ocupado por Mercante. Y este último quería ser reelecto por el próximo período de dos años. Había sido un buen gobernador y era perfectamente lícito que así lo deseara. Fue entonces cuando Perón hizo poner preso a Balbín en una cárcel de la provincia. Y Carmen Llorca escribe: "Uno de los colaboradores más próximos de Perón me contó que ese encarcelamiento era una astucia del presidente, que había advertido que Balbín perdía prestigio. (...) Para equilibrar las fuerzas y para que Balbín recuperara su prestigio perdido, le ofreció un papel de mártir, cosa que nunca deja de conmover a las masas".

¿Por qué Perón quería reequilibrar las fuerzas de un rival peligroso? Esto es algo que el relato de Llorca deja en suspenso y que el de Decker pareciera aclarar.

No contentos con haber apartado a Mercante de la candidatura a la presidencia -dice Decker-, los cuatro personajes arriba mencionados complotaron para alejarlo también de la gobernación de la provincia. Y los discursos de Balbín les dieron el pretexto ideal. El juez federal de San Nicolás, donde Subiza tenía gran influencia, consideró que esos discursos eran injuriosos para con el presidente y ordenó encarcelar al líder radical. Mercante le suplicó a Perón que no firmara la orden de encarcelamiento, para que nadie pudiese decir: "El gobernador ha sido reelecto sólo porque Balbín está preso". Como podrá observarse, en esta historia se trataba mucho más de su propio prestigio que del de su adversario. Y Perón se lo prometió. Sin embargo, justo en vísperas de las elecciones, Balbín fue tomado prisionero. La orden emanaba del juez de San Nicolás. Decker no agregó: y del propio Perón. La que nos aporta el dato es Carmen Llorca, un dato valioso en el contexto del relato de Decker.

Pese al "conmovedor martirio" de Balbín, Mercante fue reelecto gobernador de la Provincia de Buenos Aires. Ocupó ese cargo hasta 1952, cuando fue reemplazado por el "caballo" Aloe. Pero nunca más volvió a ser "el corazón de Perón". Con respecto a Evita, recordemos su afán por explicarle a Georges Bidault las "realizaciones de Mercante". Y en determinado momento, había odiado de todo corazón al ministro del Interior Ángel Borlenghi, sólo porque quería reemplazarlo por Héctor Mercante, hermano del gobernador. Eran cosas del pasado. Ahora, tanto para ella como para la mayoría de los peronistas, Mercante era un traidor. Valentín Thiébault no parece creerlo así. En su opinión, Mercante era leal, pero no inteligente. Lo habían convencido de que podía ser presidente, y Perón, que acariciaba esa ambición perfectamente normal, lo había sacado del medio.

La versión de Raúl Salinas contiene nuevos elementos. Según él, Perón decía "no quiero ser reelecto" para que se entendiera lo contrario. Dos personas creyeron en su intención manifiesta, Evita y Mercante, y otras dos percibieron la oculta: Subiza, que odiaba a Mercante por motivos personales, y Juancito, por amistad con Subiza. Sin desconfiar un solo instante de las palabras de Perón, los dos primeros tal vez hayan pensado en la fórmula Mercante-Eva Perón. Obedeciendo a los deseos del presidente, por lo menos a los explícitos, Mercante firmó un predecreto en contra de la reelección. Salinas se apodera del papel, va a buscar a Subiza y a Juancito y los tres golpean a la puerta de la oficina de Perón para mostrárselo: "Mire lo que ha hecho Mercante". Perón adopta el aire contrito de un hombre traicionado en sus más caros sentimientos. "¿General, me permite actuar a mí?", le pregunta Subiza. Y hace modificar el predecreto, agregando la cláusula de la abolición del artículo.

Cuando Evita se entera, irrumpe en la oficina de Subiza y se pone a sollozar sobre el hombro de Salinas, que intenta calmarla. Acaba de darse cuenta de que Perón la ha hecho meter la pata. A partir de ese instante, para reivindicarse, apoyará con todas sus fuerzas la reelección de Perón, denunciando rabiosamente al otro bobo del cuento, el desdichado Mercante.

El testimonio de Rufino Herce, vecino de Los Toldos y ex diputado peronista por la provincia de Buenos Aires, no parece concordar con esas maniobras electorales pero es doblemente interesante: en primer lugar nos muestra a una Evita colérica que maltrata en público a una figura del peronismo y, en segundo, designa a otro enemigo de Mercante que no figura en los relatos anteriores. Convocado al Consejo Superior del Partido, Moreno 711, Rufino Herce había sido ubicado en la sala junto con los amigos de Mercante. La reunión estaba presidida por Perón, que no dijo una palabra, Evita, Cámpora, Borlenghi y Alberto Teisseire. Y Evita se lanzó de cabeza en un discurso de una violencia extraordinaria contra Teisseire, que enrojeció hasta las orejas. Lo acusaba de intrigar contra Mercante. "¡Le dio una lavada de cabeza! -exclamó Herce-. Al lado mío, Hugo Mercante me codeaba. Lo que pasa es que ella era sincera, impulsiva y muy ingenua en política." Muy cándida, en efecto, hasta el punto de defender a Mercante (claro está que antes de los acontecimientos descritos más arriba) sin percibir el peligroso silencio de Perón. Y también muy intuitiva: a la muerte de Quijano que, durante el segundo mandato de Perón, no tuvo tiempo de asumir sus funciones, Teisseire se convirtió en el vicepresidente. Y no es imposible que Perón haya elegido a Quijano, ya muy enfermo, calculando que después de su muerte nombraría a Teisseire, cosa que no podía hacer directamente porque Evita y los suyos lo hallaban demasiado antipático. Teisseire habría de resultar tan nefasto como Méndez San Martín. A la caída del régimen, acusó a sus compañeros ante las comisiones investigadoras de la Revolución Libertadora sin omitir un detalle. Y "cantó" tanto y tan bien, que los peronistas lo llamaban Antonio Tormo, un célebre folklorista apodado "el cantor de las cosas nuestras".

Y por último, veamos dos testimonios concordantes de Enrique Pavón Pereyra y de José María Acosta, ex periodista del diario *Democracia*.

"Perón no quería ser reelecto -dijo el primero-. Le había dictado un texto a Figuerola donde decía eso: que no quería. Pero Figuerola, encargado de redactar el proyecto de reforma de la Constitución, se había negado a escribir semejante barbaridad y había tirado la lapicera gritando como un loco: 'Es tan antidemocrático imponerle al pueblo un gobernante al que no quiere, como impedirle elegir al que sí quiere'."

Así que Perón no quería. Ahora es el periodista el que habla: "Mercante, Cámpora y algunos otros habían ido a ver a Perón a propósito del artículo. Y Perón les había dicho: 'No lo toquen, déjenlo tal cual porque no quiero ser reelecto'". En su calidad de jefe de redacción de la sección política del diario, Acosta frecuentaba a Cámpora, que presidía la Cámara de Diputados. Y Cámpora lo llama para contarle que Perón ha dicho que no. Acosta se pregunta: "¿Y éste qué querrá? ¿Para qué me lo cuenta? ¿Para que anuncie la noticia?" Entonces llama a Apold, director del diario, y le pregunta qué hacer. Apold se queda mudo y finalmente le ordena con voz estrangulada: "No se mueva, quédese ahí donde está". Y corre a contárselo a Evita. Quince minutos más tarde suena el teléfono. Es ella. "¿Quién le ha contado eso?" "Cámpora." Evita sale como una flecha, se aparece en plena sesión del Congreso, insulta a todos cuantos han tomado las declaraciones de Perón al pie de la letra y obtiene la abolición del artículo.

Bien mirado, esta versión coincide en algunos puntos con la de Raúl Salinas, aunque Acosta pareciera creer en el "no" de Perón. Y lo del griterío de Evita nos ha sido confirmado por otro testigo: Tito, el peluquero del Congreso. "Se la sentía desde acá. Y qué boca que tenía, ¡mamma mia! Ah, era una gran mujer. Ella venía a la mañana, bien tempranito, antes de las sesiones, y se ocupaba de todo. ¡Y pobres de ellos si no habían puesto la silla de Fulano o de Mengano justo donde ella quería, que si no...!"

A falta de algo mejor, Evita hubiera deseado pronunciar un discurso en la Asamblea Constituyente. Lo había dicho con tono desafiante durante una comida en homenaje a Espejo: "Voy a hablar aunque más no sea para demostrarles a los contreras que no es verdad que no me dejan". Pero no la dejaron, y ella mandó una carta al Congreso renunciando a un honor que no le habían concedido.

Mensajes cruzados. Mensajes oblicuos, concebidos para desconcertar, manipular, dominar. Mensajes que Evita trata de interceptar a su vez, para acabar renunciando *in extremis*.

Aparte de los nombrados, en la Asamblea de 1949 hubo una estrella que no brilló por sus argucias ni por su candidez, sino por su inteligencia: Moisés Lebensohn. El periodista y dirigente radical de Junín había sido consultado muy a menudo por Juancito Duarte, que lo conocía desde la época de los almuerzos de su madre, y por el notario Hernán Ordiales que había casado a Perón y Evita. Aunque fuera un adversario del régimen, era un vecino, un amigo, un hombre recto y lúcido cuyos consejos convenía escuchar. Perón lo había invitado a trabajar con él y Evita le había repetido mil veces: "Dale, ruso, venite con nosotros que con los radicales no vas a ningún lado". Pero el periodista "ruso" (en la Argentina se llama así a todos los judíos, porque los primeros inmigrantes venían de Rusia) sólo había escuchado la voz de su conciencia, y pronunció en el Congreso un memorable discurso, evocado en estas páginas con el único objetivo de aludir a un ser humano de una especie muy rara, al menos en esta historia.

La gloria del fracaso

La caída de Mercante dejó "un vacío que sólo Evita podía llenar", como lo ha hecho notar Marysa Navarro. Y en 1950 Héctor Cámpora, Ángel Miel Asquía y otros fieles organizaron homenajes a Evita que sugerían en filigrana la idea de su candidatura a la vicepresidencia de la Nación.

Fue su momento de gloria. Casi todos los ministros estaban con ella. Méndez San Martín, al que Eva creía un amigo, había reemplazado a ese desdichado Ivanissevich que se había atrevido a repetirle demasiado a menudo: "Por favor, Señora, déjese curar". Evita había echado a unos cuantos más: Picazo Elordy, Raúl Lagomarsino (hermano de Lilian), Bramuglia y Figuerola, y los había reemplazado por Emery, Barro, Paz y Mendé. Se disponía a hacer caer al coronel Castro. Cereijo, Nicolini, Freyre y Carrillo, ubicados en otros ministerios, eran evitistas de ley. El único intocable era Borlenghi, un ex socialista al que creían judío porque estaba casado con una judía y que terminó por exiliarse en Cuba, donde murió en la miseria. Borlenghi mantuvo con Evita una relación de antagonismo, pero también de fascinación, y logró permanecer largo tiempo en su puesto. Aparte de él, los otros intocables eran los ministros militares a los que sólo el ejército podía destituir. A los demás, Evita los había derrocado uno por uno sin que Perón pusiese peros.

A veces, en la Secretaría, con todos esos ministros amontonados a su alrededor (una compacta masa de hombres con el espinazo doblado), ella decía de repente, uniendo el gesto a la palabra: "¡Bueno, basta, rajen de aquí!"

Inauguró la conferencia nacional de gobernadores al lado de Perón. El vicepresidente Quijano estaba en segunda fila.

La campaña oficial para proclamar la fórmula presidencial Perón-Eva Perón comenzó el 2 de agosto de 1951. Doscientos sindicalistas de la CGT fueron a ver a Perón para pedirle que aceptara la reelección y le expresaron el "vehemente anhelo" de que Evita formara parte de la fórmula. Él no dijo ni sí ni no. Ni siquiera en la intimidad era capaz de decirle a Evita blanco o negro. Y como no se lo decía, ella creía que le dejaba el campo libre.

La fecha fijada fue el 22 de agosto. Ese día, la CGT en pleno pediría públicamente a Perón y a Evita que proclamaran sus respectivas candidaturas. Por una vez, el drama no iría a desarrollarse en el balcón de la Casa Rosada porque se temía que la Plaza tradicional no bastara para tamaña multitud. En su lugar se eligió la avenida 9 de Julio, ese pedazo de pampa tan ancho como toda una manzana que atraviesa la ciudad de norte a sur. Hacía falta espacio para poner en escena la pasión de Evita.

En Buenos Aires hay sol muy a menudo, pero en agosto, en pleno invierno, puede que esté nublado. Sin embargo, y como era de esperar, el 22 hizo buen tiempo. El pueblo había encontrado un adjetivo para esos días radiantes: "Es un día peronista". Las ceremonias del peronismo siempre han gozado de ese sol invariablemente fiel sin el cual las sonrisas de la pareja y el rodete dorado hubieran refulgido mucho menos. Imágenes resplandecientes del peronismo, tan distintas del nazismo alemán, donde el aspecto juguetón brillaba por su ausencia tanto como el sol. El fascismo italiano también era soleado, pero Mussolini nunca aflojaba las mandíbulas, temeroso de un regocijo que debía parecerle poco digno de un hombre. El peronismo era un fascismo sonriente. Un fascismo que lo era menos por contar con una mujer.

Y además -hay que reconocerlo-, era un fascismo bajo el cual las masas populares vivieron felices con sus monoblocks y sus chalets, sus clínicas, sus aguinaldos, sus vacaciones pagas, su jubilación fácil de conseguir, sus vacaciones en el mar, sus campeonatos, los juegos para sus niños y el sentimiento de asistir a una puesta en escena donde ellas tenían el papel protagónico.

Casi un millón de personas se había reunido frente a la enorme tribuna levantada en la esquina de la inmensa avenida y de la calle Moreno. Todo era gigantesco, tanto la multitud como la banderola que anunciaba la "fórmula de la Patria". El ondular de las banderas, los racimos humanos trepados a los faroles y a los palos borrachos, el avión que escribía en el cielo "CGT, Perón y Evita", la voz de los vendedores de escuditos, todo formaba parte del ritual. En efecto, era un día peronista, un día para celebrar la nueva fe. ¿Acaso la rivalidad que la Iglesia comenzaba a sentir con respecto a Perón no tenía que ver con este aspecto místico? "Para un peronista no puede haber nada mejor que otro peronista", había dicho Perón. Ese peronismo "inexplicable", definido en términos de "sentimiento", tenía mucho de comunión religiosa.

A las 5 de la tarde, Perón se instaló en la tribuna, rodeado por ministros y funcionarios. Evita permanecía invisible. Espejo tomó el micrófono para decir que esa ausencia era debida a la "modestia" de Evita, y anunció que iría a buscarla. Momentos más tarde, se la vio aparecer. Se había hecho desear y la aplaudieron como nunca. Llevaba un vestido negro, sin sombrero, y estaba palidísima.

Espejo abrió el acto con una alusión histórica: el pueblo estaba allí reunido como el 25 de mayo de 1810. Ella le respondió con un largo discurso donde aludía a ese 25 de mayo fundador de la Argentina, cuando la multitud apiñada en la Plaza de Mayo les gritaba a los primeros patriotas reunidos en el Cabildo: "El pueblo quiere saber de qué se trata". Ahora, dijo Evita, el pueblo sabía muy bien a qué atenerse: se trataba sencillamente de que el general Perón siguiera conduciendo "los destinos de la Patria". Sus palabras de amor incendiario hacia Perón y el pueblo, y de odio furibundo hacia la oligarquía, no eran inesperadas. Pero la multitud quería que así fueran: reiteradas como el sabor de una leyenda. A partir de 1948, cuando el poder de Evita se había acrecentado, ella había adquirido el derecho a hablar durante los grandes mitines del 17 de octubre y del 1º de mayo. Y la gente deseaba revivir una y otra vez la misma escena arcaica, verse a sí misma como una antigua tribu que adora a su sacerdotisa. Sin embargo, el arcaísmo de estos discursos iba acompañado de una música revolucionaria más allá de las palabras, cuyo ritmo mismo era rebelde. Aunque no comprendiera el castellano, un extranjero hubiera captado que el sentido de esas palabras era la insurrección. Evita hablaba tendiendo las manos con las palmas hacia arriba. Pero la crispación, el temblor de esas manos con gesto de amenaza o de súplica revelaban que su ofrenda no era la paz sino la guerra. Gritos de rabia y de dolor le desollaban la garganta, y su voz enronquecía como si enrojeciera.

Momentos después, la voz velada de Perón calmó a la multitud. En él nada temblaba ni sangraba. Habló de los pueblos "fuertes y virtuosos", con una serenidad que, sin embargo, no era su único registro. El "león hervíboro" podía ser carnívoro cuando hacía llamados a la violencia, cada vez más frecuentes, sobre todo tras la muerte de Evita. Pero ese 22 de agosto de 1951, se limitó a aceptar su candidatura y a contemplar boquiabierto el desarrollo de la escena. Una voz lo interrumpió gritando: "¡Que hable Evita!"

Al finalizar el discurso del Presidente, Espejo retomó el micrófono para hacer notar que Evita no había dicho una palabra sobre su candidatura. Agregó que la CGT exigía una respuesta para el día siguiente.

Pero una vez más, no habían contado con el pueblo. Una vez más, ya que este día invernal parecía estar convirtiéndose en el 17 de octubre de Evita. Unánimemente la multitud contestó: "¡Mañana no! ¡Ahora!"

Cómo describir el desgarramiento de su voz al responder: "¡No me obliguen a hacer lo que nunca he querido!"

Y pidió cuatro días para reflexionar.

"¡No! -gritó la multitud- ¡Ahora!"

Cuatro veces tuvo que repetir "compañeros" antes de que guardaran silencio. "Compañeros: no renuncio a mi puesto de lucha, renuncio a los honores." "¡No, no! ¡Que conteste enseguida o hacemos huelga!", gritaba el mar humano agitado a sus pies.

Ella quiso explicar sus razones: "Se lanzó por el mundo que soy una mujer egoísta y ambiciosa. Ustedes saben muy bien que no es así. Pero también saben que todo lo que hice no fue nunca por ocupar ninguna posición política en mi país. Yo no quiero que mañana un trabajador de mi Patria se quede sin argumentos cuando los resentidos, los mediocres que no me comprendieron ni me comprenden, creyendo que todo lo que hago es por intereses mezquinos..." La interrumpieron con protestas de amor y se negaron nuevamente a concederle un plazo para dar su respuesta.

Entonces tomó el toro por los cuernos. "Esto me toma de sorpresa. Hace mucho que yo sabía que mi nombre se mencionaba con insistencia y no lo he desmentido. Yo lo hice por el pueblo y por Perón, porque no había ningún hombre que pudiera acercarse a Perón a distancia sideral de él..." Quería decir: porque los otros hombres se hallaban a una distancia sideral de Él. "Pero jamás, en mi corazón de humilde mujer argentina, pensé que yo podía aceptar ese puesto." "Sí, sí", gritaron. "Denme dos horas para contestarles." "¡No, no, ahora!" Vencida, o más bien victoriosa, le pasó el micrófono a Espejo, que dijo muy inquieto: "No nos moveremos de aquí hasta que Evita no haya dado una respuesta favorable a los anhelos del pueblo trabajador".

Gracias a las cámaras cinematográficas, toda la Argentina pudo advertir la nerviosidad que reinaba en la tribuna y oír por los micrófonos la batalla de voces, especialmente la de Perón que, en determinado momento, se alzó para decir: "¡Paren todo esto! ¡Terminemos de una vez!" Un ex ministro de Cámpora nos lo ha confirmado: Perón le dijo a Evita, en un tono más bajo, "Basta".

¿Era necesaria esta confirmación? Entre los recuerdos de infancia de la autora de este libro figura ese momento en el que "Alguien agarró a Evita del brazo para impedirle aceptar". Quizá los comentarios de la época y los atajos de la memoria hayan introducido la visión de ese brazo. Pero todo argentino, fuera cual fuese su edad, había comprendido lo fundamental de la historia. Quedaba claro que Evita prolongaba su diálogo con el pueblo porque aún albergaba la esperanza de convencer a Perón. Pero no pudo, y su 17 de octubre terminó en fracaso. Al abandonar la tribuna cayó desvanecida. A causa del dolor, dice el padre Benítez: "Había sentido todo el tiempo esas agujas en el vientre". Y a causa de la ilusión perdida.

Antes de pronunciar su discurso le habían llegado ecos de la furia del ejército ante el anuncio de tan escandalosa candidatura. Ella hizo alusión a su manera, hablando de "las injurias y las calumnias" y agregando textualmente: "Cuando se desatan las lenguas desatadas"... La rabia de los uniformados tenía un motivo preciso: si Evita asumía la vicepresidencia, y si Perón moría antes que ella, "esa mujer" iría a reemplazarlo (como veinte años más tarde lo hizo Isabelita) y pasaría revista a las tropas (como terminó por hacerlo la tercera señora de Perón). Los militares palidecían ante la sola idea de semejante afrenta.

Ahora bien: Perón nunca se había preocupado por las reacciones del Ejército. Muy por el contrario, jugaba con el fuego. No sólo se había casado con Evita sin importarle un bledo el horror de sus colegas, sino que además le gustaba provocarlos cada vez que podía. En una entrevista con Marta Echeverría, Raúl Lagomarsino describe la risa de Perón al darles a los sargentos permisos de compra de automóviles lujosos, únicamente para burlarse de coroneles y generales. Es cierto que se anunciaba un golpe militar que no tardó en producirse. Sin embargo, los militares fueron los primeros en sorprenderse de que Perón prestara tanta atención a su indignado clamor.

¿Por qué escucharlos de repente, sobre todo sabiendo que era ella quien moriría primero? Y ya que lo sabía, ¿por qué no contentarla regalándole un cargo que ocuparía por tan poco tiempo? Y además, ¿por qué no haber desalentado a los fieles evitistas en el momento mismo en que comenzaron a homenajearla como a una futura vicepresidenta? ¿Y por qué haber dejado correr las cosas hasta esta representación teatral cuya figura protagónica no parecía saber lo que pasaba en el último acto?

A esta altura del relato ya conocemos a Perón lo suficiente como para saber que una de sus estrategias más corrientes era dejar venir para asestar el golpe en el último minuto.

Pero la escena del 22 de agosto es de un carácter improvisado y de una auténtica fuerza dramática que sobrepasan la estrategia. La tardía reacción de Perón tiene una base irracional. Él no había imaginado ni por un solo instante la intensidad del diálogo amoroso entre Evita y el pueblo. Hallarse oscurecido por el resplandor de una pasión de a dos y excluido del triángulo no estaba en sus planes. Nada desarma tanto al hombre calculador como la irrupción de lo imprevisto. Si se obstinaba tanto, era por celos pero también por rabia de haber caído en la trampa. Perón, el cazador cazado.

Y ni siquiera entonces le dijo a Evita: "Renunciá a tu candidatura". Hubiera sido demasiado simple. Al día siguiente del triunfo más grande de su vida, que fue también su más terrible fracaso, Evita le confesó a Ana Macri: "Hace tres noches que no duermo. Perón me ha abandonado. Mil veces le pregunté lo que debía hacer y mil veces me contestó: 'Escuchá la voz de tu conciencia'". Tras habernos contado esto, Ana Macri se quedó largo rato en silencio y terminó por decir a modo de conclusión, con voz de pena pero también de inquina y de rencor: "Pobrecita. Pobrecita".

Nueve días más tarde, Evita dirigió un mensaje radiofónico al pueblo argentino anunciando su decisión de renunciar. La "voz de su conciencia" había hecho bien las cosas, a entera satisfacción del sembrador de culpas. "No tenía entonces ni tengo en estos momentos más que una sola ambición personal -dijo ahogando un sollozo-. Que de mí se diga, cuando se escriba el capítulo maravilloso que la historia dedicará seguramente a Perón, que hubo al lado de Perón una mujer que se dedicó a llevar al presidente las esperanzas del pueblo y que, a esa mujer, el pueblo la llamaba cariñosamente 'Evita'."

Y justo un mes después de haber afirmado el único nombre realmente suyo por chiquito que fuera, Evita se metió en cama y empezó a morir.

La camisa de Perón

El país se derrumbaba con ella. En adelante, el alegre despilfarro del que Evita fuera la protagonista se tornaría imposible. El poder adquisitivo no cesaba de disminuir desde 1946, y la inflación iba en aumento. Por eso el gobierno había lanzado una campaña contra "la especulación" y Evita había organizado su cadena de almacenes en los barrios. Como ya lo hemos visto, Perón había apostado a una "solución" económica que se revelaba ilusoria: la tercera guerra mundial. Pero la Argentina, enriquecida durante la Segunda Guerra (pese a la deuda inglesa), se empobrecía sin remedio. Hemos dicho que Evita encarnaba la Argentina peronista. El 28 de setiembre, en el momento mismo en que a ella le hacían una transfusión de sangre, el general Benjamín Menéndez encabezaba una revuelta militar para derrocar a un régimen anémico.

Según Decker, Perón estuvo al tanto antes de que las tropas rebeldes salieran de sus cuarteles. Pero, fiel a sí mismo, los dejó venir. La tentativa sólo le inspiró un calificativo desdeñoso, "chirinada", derivado de un tal sargento Chirino que cincuenta años atrás había intentado un golpe de Estado tan desdichado como éste. Cuando todo volvió al orden, el general Berdaguer, encargado de la justicia militar, fue a pedirle que firmara la sentencia de muerte para Menéndez. Según Pavón Pereyra, Perón le ordenó que aplicara a los rebeldes el código militar que, en la Argentina, a diferencia del civil, acepta la pena de muerte. Pero al finalizar la entrevista, y cuando Berdaguer ya se iba, le gritó de lejos: "¡Ah! Me olvidaba de decirle que estas manos nunca se ensuciarán con la sangre de un hombre. No voy a firmar la sentencia". " ¡Y recién ahora me lo dice, después de haberme dicho lo contrario? -exclamó irritado el militar-. ¡Qué juego más siniestro y más torcido!" Y el biógrafo de Perón concluyó diciendo que ese modo de ser era "típicamente criollo: lo más importante lo largaba al final".

(¿Habrá sido por criollo que le aconsejaba a Evita cuidarse la salud "pero como por casualidad, como una cosa sin importancia"?)

La CGT había convocado a una concentración en la Plaza de Mayo para condenar a los traidores, y Perón habló ante un pueblo sorprendido por la ausencia de Evita. A ella se lo habían ocultado todo. Se enteró recién al atardecer y quiso hablar por radio. Con voz quebrada les pidió a sus oyentes: "Rueguen a Dios para que me devuelva la salud". Pero se apresuró a agregar, como si hasta su deseo de curarse le pareciera una ambición deshonrosa: "No por mí, sino por Perón y por ustedes, mis descamisados".

El 10 de setiembre, Perón le había otorgado la Gran Medalla Extraordinaria por ese renunciamiento transformado en Renunciamiento, con R mayúscula. De aquí en adelante, todo cuanto Evita diga o haga se escribirá con mayúscula. Pero la amarga satisfacción de haberse convertido en la imagen misma del Sacrificio no le impidió llamar en secreto a los sindicalistas Isaías Santín, José Espejo y Florencio Soto, y a un militar de los fieles, Humberto Sosa Molina, el de los botones picoteados por un ñandú. ¿Para qué los llamaba, en semejante estado de postración? Para ordenarles la compra de cinco mil pistolas automáticas y mil quinientas ametralladoras que se entregarían al pueblo en caso de golpe militar.

A la muerte de Evita, Perón se apoderó de esas armas y las donó a la Gendarmería. Con poca suerte y con "muy poca cabeza", como diría Atilio Renzi meneando la suya: en 1955, esa institución utilizó las armas contra él. ¿Por qué negarse a armar al pueblo como quería Evita, para que defendiera la Revolución con sus propias manos? Para evitar la explosión social que, como buen reformista, nunca había deseado. Evita no había estado errada cuando le dijo a Rosa Calviño: "La enemiga de la oligarquía soy yo, no el General".

La concentración del 17 de octubre estuvo enteramente consagrada a honrar el Renunciamiento de Evita. Por primera vez en su vida, Perón la colmó de elogios en un discurso. Él, que según Penella de Silva jamás la elogiaba, expresó al fin su gratitud por "esta mujer incomparable de todas las horas". Vestida con un triste *tailleur* gris oscuro, como de duelo por sí misma, Evita lo escuchaba en éxtasis. Cuando quiso hablar no le salió de la garganta ni un sonido. Y por fin pronunció las palabras que quedarían grabadas en la memoria argentina y que la oposición contribuyó a perpetuar riéndose de ellas: "He dejado por el camino jirones de mi vida"; "alcanzaremos la victoria, cueste lo que cueste y caiga quien caiga".

Hasta en la clase media más someramente cultivada y entre los chicos de la escuela primaria se volvió de buen tono subrayar con desprecio: "Esa ignorante no sabe que se dice cueste lo que costare y caiga quien cayere". No era una época piadosa. Cuando se supo el nombre de su enfermedad, en la pared del Palacio Unzué que daba sobre la calle Austria apareció la inscripción: "¡Viva el cáncer!"

Al terminar su discurso, Evita se dejó caer en brazos de Perón.

En la fotografía aparece en camisa. Ella hunde la cara en su hombro y apoya fuerte en su espalda la mano con las uñas pintadas de rojo. Casi se siente el olor de Perón a través de la tela: un olor a hombre limpio, grandote y robusto (la estatura y el grosor influyen sobre el olor que se desprende). El hombre protector y su Chinita enferma: por un instante se convierten de nuevo en la pareja abrazada que se paseaba por el Delta mirando los arroyos de barro, tan similares a su destino. El amor va y viene. Es un gran viajero.

Evita le había ordenado a Yankelevich que filmara para la televisión ese 17 de octubre, sin imaginar la tragedia que las cámaras irían a grabar para su debut en la Argentina.

El candidato elegido para la vicepresidencia resultó nuevamente Hortensio Quijano. Esa candidatura parecía maldita. A Quijano ya le quedaba muy poco de aquel caudillo correntino cuyos mostachos, patillas y cejas pobladísimos le habían dado tanto que hacer al peluquero Tito. Él también tenía un cáncer. El padre Benítez cuenta que decía: "¡Pobre Evita! Jugar una carrera con un pobre viejo como yo, a ver quién muere primero!" Perón conocía perfectamente su estado de salud, lo cual invalida el argumento según el cual impidió la candidatura de Evita a causa de su cáncer. Designarlo a Quijano significaba con toda claridad: "En este puesto no nombro a nadie". O más concretamente: ni a Evita, ni a Mercante, ni a ningún rival. Tal vez a Teisseire, a la muerte de Quijano. Teisseire, un ser manipulable por abyecto. ¿Pero sabría Perón hasta qué punto sufría Quijano viéndolo caer en la soberbia, la vanidad y la corrupción? En todo caso, el secreto no murió con él. El padre Benítez lo sabía y no tuvo empacho en relatarlo para que todos lo sepamos.

El brazo enyesado

El 3 de noviembre Evita se internó en el Policlínico Presidente Perón, construido por la Fundación.

He aquí el informe médico tal como lo conocemos gracias a dos artículos publicados respectivamente en *La Nación* y *La Prensa* en marzo y abril de 1991, firmados por dos médicos que participaron en la operación: los doctores Abel Canónico y Jorge Albertelli.

A fines de agosto, es decir, justo después de haber perdido sus esperanzas, Evita tuvo pérdidas vaginales. Según Canónico, el doctor Raúl Mendé le pidió al ginecólogo Humberto Dionisi que examinara a Evita. Dionisi constató una ulceración del cuello del útero y pidió una biopsia. El doctor Julio Lascano González, encargado del análisis, dio su diagnóstico: carcinoma endofítico. En otros términos, tumor maligno. Se decidió aplicar radioterapia para destruir la zona enferma.

La primera aplicación se la hizo Albertelli el 28 de setiembre. Más tarde le pidieron que se quedara en la Residencia, donde permaneció hasta el fin.

Por el momento los análisis no revelaban metástasis, o sea que el cáncer no estaba generalizado. Pero había que operarla. Canónico sugirió que se recurriera al cirujano George Pack, eminente especialista del Memorial Cancer Hospital de Nueva York, y viajó a los Estados Unidos para traerlo a la Argentina. Pack y Canónico se instalaron en la Residencia de Olivos donde, según Albertelli, hicieron los análisis con anestesia general a pedido de Evita. A la paciente le ocultaban el nombre de la enfermedad. No se enteró de la presencia de Pack y ni siquiera de la de Canónico. "¿Por qué tanta reserva? -se pregunta este último-. En primer lugar, porque en ese tiempo la sola mención de un proceso oncológico se asociaba irremediablemente con los sufrimientos y un desenlace fatal. Y segundo, porque dado el temperamento vigoroso y superactivo de la paciente, la certificación de un proceso canceroso hubiera impresionado su espíritu altamente sensible."

El resultado del examen fue claro: había que proceder a una histerectomía total. Pack regresó a los Estados Unidos para ocuparse de sus pacientes y la operación recién tuvo lugar cuarenta días más tarde, a principios de noviembre. ¿No era una espera demasiado larga?

"Aunque le habíamos dicho a la señora de Perón que tenía un fibroma -escribe Albertelli-, ella intuía que le iban a practicar una intervención ginecológica importante. A su pedido, se llamó al doctor Finochietto, en su calidad de eminente cirujano general, para quitarle a la operación su carácter específicamente ginecológico." En una palabra, "a su pedido" la operación debía parecerse a otra cosa. Pero por lo bajo, la misma persona que solicitaba no enterarse murmuraba que sabía. El padre Benítez nos confirma que Evita no se dejaba embaucar. El hecho mismo de que en su presencia nunca se pronunciara la palabra "cáncer" a ella le bastaba. "Yo sé con qué enemigo tengo que luchar -le dijo-. Los médicos me mienten y yo les miento a mi vez. Aquí todos mentimos. Pero todos sabemos la verdad."

El que prosigue el relato es Canónico: "La ablación total del útero y sus anexos permitió constatar que el proceso tumoral se extendía más allá del cuello uterino. El examen histopatológico de la pieza operatoria, efectuado por el doctor Grato Bur, confirmó que el carcinoma había invadido el parametrio izquierdo". Albertelli designa la ablación de los anexos en términos de "linfadenectomía pelviana", lo que significa la ablación de los ganglios.

Pack volvió a los Estados Unidos sin aceptar honorarios. La evolución posoperatoria parecía tranquilizadora. Como dice el padre Benítez, "el cirujano había cortado de más y no de menos para estar más seguro". Es claro que la neoplasia podía reaparecer, aunque se la hubiera extirpado de raíz. Pero no en forma inmediata. Al irse, el cirujano se limitó a aconsejar: "Díganle que coma. Que no tenga miedo de engordar y vivirá cien años". Evita siempre ignoró la existencia de ese norteamericano que le había quitado sus órganos femeninos. Creía que había sido Finochietto el que le había sacado una parte de sí misma cuyo nombre nadie decía en su presencia. Pero según Albertelli, en realidad ella pensaba que había sido él.

El 11 de noviembre le llevaron la urna electoral al lado de la cama. La víspera había estado muy nerviosa pensando en las elecciones y sufrió una crisis tan grave que creyó morir. Pero ese día celebró el acontecimiento: era la primera vez en la historia del país que las mujeres votaban. Puso el sobre en la urna y gorjeó: "Ya voté". Y estalló en sollozos. La fotografía nos la muestra de perfil, con la nariz puntiaguda, el ojo hundido en la órbita, dos trencitas cruzadas detrás de la nuca y aplastadas por la almohada. Por pura casualidad, el fiscal encargado de controlar la votación era un joven escritor llamado David Viñas. "Asqueado por la adulonería que encontré en torno a Eva Perón -escribió más tarde- me conmovió la imagen de las mujeres que afuera, de rodillas, rezando en la vereda, tocaban la urna que contenía el voto de Eva y la besaban. Una escena alucinante, digna de Tolstoi."

Perón obtuvo una aplastante victoria, en gran parte debida a las mujeres. Pero Evita, aunque exaltada por el triunfo, captó inmediatamente el sentido de los diez mil votos en blanco. "Son los decepcionados del peronismo -dijo-. Hemos perdido a los mejores." Y el padre Benítez agrega que ese rechazo silencioso denunciaba "la egolatría de Perón, ese cáncer moral mucho más grave que el cáncer físico de Evita y que también a él lo devoraba".

En Navidad pudo hablar por radio y salir a los jardines de la Residencia para entregar juguetes a los niños y un poco de la sidra y el pan dulce que distribuía todos los años, millones de paquetes y botellas que para ella representaban compartir la fiesta de sus "humildes". Para la oposición, el sentido era otro: acostumbrar al pueblo a mendigar. Pero comer ese pan dulce y beber esa sidra se asemejaba más a la comunión que a la mendicidad.

A mediados de enero hizo un viaje a bordo del Tacuara. Iban por el Delta y en las orillas florecidas de hortensias la gente la saludó con una lluvia de pétalos.

En el Palacio Unzué, acostada o sentada entre almohadones, aún recibía a un centenar de obreros, ministros o funcionarios por día.

Pero a mediados de febrero volvieron los dolores: esas agujas en el vientre. Y además, esas terribles pesadillas, esa inapetencia, ese adelgazamiento que Renzi le ocultaba falseando la balanza. La nueva biopsia reveló la reaparición de una neoplasia que amenazaba con generalizarse. Pack respondió con balbuceos a la carta de sus colegas argentinos. No lograba explicárselo. Los médicos decían: "No va a durar ni un mes".

Duró unos cuantos, porque morir de una muerte mezquina le era tan imposible como vivir mezquinamente. Su enfermedad mortal iba acompañada por un exceso de salud (quizá la una no hubiera existido nunca sin el otro). Enamorada de los extremos, hacía esfuerzos por prolongar sus días, esfuerzos tan violentos como su lucha por acabar de una vez.

El 3 de abril se levantó para ir al velorio de Hortensio Jazmín Quijano, el ganador de la "carrera con la muerte". Y al día siguiente, bonita y elegante como si nada pasara, leyó el manuscrito de *La razón de mi vida* en un salón de la planta baja del Palacio Unzué, ante un "público selecto". Mal que le pese al padre Benítez, que lo encontraba detestable y para quien Evita apenas lo leyó, ella consideraba que ese libro, aunque rehecho por Mendé, era un logro más en su vida. Trataba de consolarse recitando de nuevo frases que nunca había escrito con una voz de niña que no era la suya. A su izquierda el príncipe Bernardo, de los Países Bajos, la escuchaba con aire cortés. "El príncipe adoraba a Evita", ha dicho Irma Cabrera, la mucama de la Residencia. Acababa de otorgarle la gran cruz de la Orden de Orange-Nassau pero, por encima de todo, había ido a Buenos Aires a venderle las cinco mil pistolas y las mil quinientas ametralladoras que ella había encargado.

El 25 de abril, por primera vez en la Argentina, treinta y una mujeres recibieron sus mandatos parlamentarios.

El 1º de mayo Evita se arrastró hasta el balcón de la Casa Rosada para pronunciar su último discurso. Su aire amenazador contrastaba con su flacura esquelética disimulada por un vestido informe que le ocultaba las llagas de la nuca y los tobillos, debidas a una torpe radioterapia que le había quemado la carne. Su hermana Blanca guardó por mucho tiempo un jirón de piel ennegrecida. La metáfora tan ridiculizada por la oposición, "jirones de mi vida", resultaba de un realismo insospechado.

También su discurso ocultaba al verdadero destinatario de sus furiosas advertencias a los enemigos. Conscientemente o no, era el propio Perón, ese Perón transformado, según el confesor, en "el peor enemigo de sí mismo". Al insistir con semejante ardor: "Cuiden al General", Evita estaba diciendo, en el fondo: "Miren que es débil y que puede suceder lo peor. Reemplácenme para que no se pierda lo que hicimos. Vigílenlo como yo siempre lo he hecho para que no se desmorone cuando yo me haya ido".

Al oírla, sus fieles cerraban los ojos. Su voz hacía pensar en una garganta ensangrentada. "Si es preciso -aulló-, haremos justicia con nuestras propias manos. Yo le pido a Dios que no permita a esos insensatos levantar la mano contra Perón, porque ¡guay de ese día!, mi General, muerta o viva, yo saldré con el pueblo trabajador, yo saldré con las mujeres de mi pueblo, yo saldré con los descamisados de la Patria para no dejar en pie ni un solo ladrillo que no sea peronista."

En un balcón muy próximo a la Casa Rosada, Josephine Baker asistía a la escena con visible emoción.

Perón la sostenía por la cintura. Juntos abandonaron el balcón. "En la sala detrás de las ventanas, a través de las cuales llegaba todavía la voz de la multitud que la llamaba -relató Perón en sus memorias- se oía solamente mi respiración. La de Eva era imperceptible y fatigada. Entre mis brazos no había más que una muerta."

El 7 de mayo festejó su cumpleaños. Treinta y tres años.

Pesaba treinta y siete kilos ese 4 de junio en que Perón prestó juramento para su segunda presidencia. Ese día, por la mañana, Apold había ido a llevarle un libro sobre las realizaciones del peronismo. Al ver sus fotos, ella dijo: "Mirá un poco lo que he sido, y mirá lo que soy". Para desviar su atención, Apold le comentó que afuera hacía frío. "Es el General el que te manda a decírmelo -gritó ella enojada-. Pero yo no me voy a quedar en esa cama a menos que esté muerta."

Perón debía recorrer el trayecto entre la Residencia y el Congreso en un automóvil descubierto. Eva apenas podía levantarse. Pero para ese último papel, no quiso aparecer sentada junto a un Perón de pie. Entonces le aumentaron la dosis de morfina y le fabricaron un soporte de yeso donde logró permanecer parada. El amplio abrigo de piel ocultaba el cinturón con que la habían atado al vidrio de adelante. La gente decía que también le habían enyesado la manga derecha porque, débil como estaba, a todo lo largo del trayecto fue saludando al pueblo sin bajar el brazo.

CAPÍTULO 9

MÁRTIR, MOMIA, SANTA Y ABUELA

Una habitación pequeña y sencilla. Evita escribe. Tiempos idos. La agonía. "Y la Argentina detuvo su corazón." El embalsamador enamorado. Llega la Revolución Libertadora. Perón en Madrid. La desaparición de la momia. Herencias misteriosas. ¿Quién mató a Juan Duarte? Los tres mitos de Evita. El regreso de la momia. De nuevo Presidente. Las manos de Perón. Evita es grande.

Después del 4 de junio podía comenzar su agonía. La noche de ese día en que Perón había prestado juramento ya no cerró los ojos. La felicidad la mantenía despierta: "Era ella la que había regalado ese triunfo a su marido y a su pueblo", escribe el padre Benítez. Ahora respiraba. Le habían prohibido ser vicepresidenta y ocupar un cargo en su propio nombre. Pero ni en la Argentina ni en el resto del mundo mujer alguna había gozado de semejante poder. Sentirse colmada también significaba llegar al límite. Ya no iría más lejos.

A su regreso de la clínica la habían instalado en una habitación principesca con muebles dorados y cortinas rojas de una tela sedosa. "Tenía que enfermarme para que me prepararan un lugar como la gente", había comentado. Allí había recibido a sus visitantes durante su breve mejoría. Pero a partir de entonces, se volvieron más prácticos y la pusieron en un cuarto alejado para que no molestara a Perón con sus terribles gritos.

Y con su olor. Los antiperonistas viscerales han fantaseado tanto con la repugnancia que a Perón le inspiraba la enfermedad de su mujer, que autores como Marysa Navarro han decidido rechazar esas versiones como meras leyendas. En realidad, en su fase terminal el cáncer de útero desprende un olor tan característico que un médico sagaz detecta la enfermedad en el momento de entrar a lo de su paciente. Y Pavón Pereyra, a quien costaría confundir con un gorila (como se dio en apodar a los fanáticos de la Revolución Libertadora), nos describió la siguiente escena: una mujer va a visitar a Evita, que yace como crucificada, con las llagas abiertas y sin poder moverse. Al besarla no puede contener una mueca. "¡Ah! -exclama Evita-. Le dio asco besarme." "¡Pero no! -protesta una amiga-. Lo que pasa es que tiene un tic!" "Puede ser, pero se le agravó justo al acercárseme."

De modo que le arreglaron una piecita del otro lado del palacio, que contenía la cama de la enfermera y la de Evita: una cama de hospital, toda de hierro, con cubrecama blanco. Algunos testigos dicen púdicamente que el conjunto era sencillo, pero una amiga de las hermanas Duarte, nada gorila ella tampoco, especifica que lo "sencillo" era muy feo y hasta bastante miserable: "Perón era tan tacaño que dio la orden de no ponerle sábanas finas. '¿Para qué? -decía-, si total con las llagas las va a ensuciar'".

¿Tenía miedo de acercarse a su cama? Esos mismos testigos nos lo han confirmado. Es claro que las dudosas historias imaginadas por los "contreras" sobre un Perón que se protegía con una máscara de cirujano antes de entrar a la habitación de la enferma son exageraciones debidas al odio. Pero el miedo existió. Y resulta difícil juzgar severamente una actitud que coincidía con sus manías y sus fobias. Lavado y planchado hasta su último recoveco, Perón era incapaz de controlar sus nervios ante la carne maltrecha. El padre Benítez le ha contado a Marta Echeverría que una noche Evita había logrado arrastrarse hasta la habitación de Perón. Y Perón se había puesto a gritar con verdadero espanto: "¡Sáquenme *eso* de aquí!"

Eso pensaba, sin embargo, y sentía preocupación por el futuro, temores que, como suele ocurrir, resultaban mínimos en relación con lo que sucedería realmente. Pero aunque *eso* no hubiera podido imaginar nunca lo que ocurriría, sus inquietudes eran tales que se puso a escribir. Por una vez era ella misma quien redactaba de su puño y letra, sentada en la cama, un largo texto titulado *Mi mensaje*, del que Perón, a su muerte, hizo publicar una mínima parte: el "testamento". Las primeras palabras anunciaban el tono general: "Quiero vivir eternamente con Perón y con mi pueblo". A ambos les legaba sus joyas para que constituyeran un fondo permanente destinado a la construcción de viviendas populares. Durante largos años, el resto del manuscrito permaneció perdido, pero acabó por encontrárselo y por darlo a conocer. Perón no había querido publicarlo porque lo hallaba demasiado incendiario.

Al no tener otro modelo que sus Muñoz Azpiri o sus Mendé, Eva retoma su modo de expresión pero lo hace arder con un fuego que lo empobrece aun más, un fuego reductor que no cocina sino que carboniza. Su lenguaje no está hecho de palabras sino de puros gritos: aullidos contra la Iglesia y el Ejército. Se expresa sin ambages pero no sin retórica. Por su veracidad, esas palabras hubieran podido ser las de una profetisa, pero resultan impotentes dentro de su violencia misma. Su cáncer la expresaba con mayor claridad.

Dicen que los moribundos rememoran su vida como una sucesión de rápidas imágenes. Podemos imaginarla recordando sus horas de esplendor, todos esos momentos en que adelantó su pecho con un gesto gracioso para que un hombre encorbatado le pusiera una cruz, una medalla o una banda con los colores de otro país. No hacía mucho que el príncipe Bernardo la había condecorado en nombre de Su Majestad la reina Juliana. Y ya estaba muy enferma el día en que el embajador de Siria le había otorgado la Orden de los Oméyades, pero se había levantado para ponerse su vestido de terciopelo granate, con un escote que destacaba el mármol de su piel. El Aguila Azteca, la gran cruz de la Orden del Sol, y la de la Orden de Malta, sin olvidar las condecoraciones colombiana, haitiana, brasileña, dominicana, ecuatoriana, libanesa... ¿cuántas veces la habían llamado "ilustrísima", "excelentísima", "honorable"? El 18 de julio, ocho días antes de su muerte, su propio país le ofreció el collar de la Orden del Libertador General San Martín, cumbre del arte ingenuo compuesto de esmeraldas, rubíes, brillantes y esmaltes, con los escudos de las provincias todo alrededor, el de la Argentina, en el medio, más abajo un cóndor, laureles, un sable y, aun más abajo, un sol con dieciséis rayos de platino y brillantes y otros dieciséis de oro que rodeaban la efigie toda de oro del héroe de la patria.

Y las funciones de gala del Teatro Colón. Sus vestidos de noche, que el público esperaba como si fueran acontecimientos nacionales. El modelo de Jacques Fath de terciopelo negro con plumas en el *corsage* distribuidas como escamas y línea "sirena" abierta por abajo en un volado de tafetán *plissé*. El otro modelo de Fath: *corsage* de satén blanco, falda de tul bordada con plumas en *degradé*, abrigo de satén de color marfil. Y los modelos de Dior: tul de seda rosa pálido, *corsage* bordado con lentejuelas de plata sembradas sobre la falda. Organdí blanco con flores en la cintura y un abrigo corto de satén con galones de oro. Y por fin, el célebre vestido de tul celeste con perlas y lentejuelas nacaradas en el *corsage* y una anchísima falda con varios volados, acompañado por esa capa toda de plumas color salmón y color cielo que mereciera el comentario de Perón: "Parecés una gallina".

Le mentían sin cesar. El país entero celebraba misas por su salud, transmitidas por radio, pero desenchufaban el aparato para que ella no lo supiera. Y cada día le llevaban el diario, pero en edición expurgada donde no figuraban los boletines sobre su estado de salud. Ilusión y simulacro: Perón le había pedido a Paco Jamandreu que le enseñara las telas más suntosas y los modelos más originales diciéndole que pronto los podría lucir. Le mostraban folletos de turismo: "¡Mirá la India! ¡Egipto! ¡Las pirámides! Vamos a ir en cuanto estés curada". Ella decía que sí con la cabeza, siguiendo el juego, creyendo y sin creer, demoliendo las mentiras piadosas con alusiones a su muerte y escudriñando las reacciones. Una vez le dijo a Apold: "Anoche soñé que me moría y que vos publicabas la noticia". El periodista iba a balbucear una respuesta cuando Juancito le sopló: "Tené cuidado. Te está semblanteando". Otra vez reunió a los suyos para anunciarles su muerte.

Pero Doña Juana pegó un grito tan terrible, que ella dijo riendo: "No, si era un chiste". Convocaba a sus amigos para repartirles recuerdos y medallas con su firma grabada. A principios de julio llamó al padre Benítez. Quería confesarse. "Usted sabe muy bien que estoy en un pozo -murmuró-. Aparte de Dios, ni los médicos ni nadie van a poder sacarme de aquí."

Hablaba de religión muy a menudo, sobre todo con su hermano, enfermo de sífilis y en plena rebelión contra la injusticia divina. "Al contrario -decía ella-, Dios es justo. ¡Hasta es justicialista! Si no, como soy la mujer del Presidente no me hubiera mandado semejante enfermedad. Pero yo acepto el sufrimiento, si es por el amor de mi pueblo." El gusto por el radioteatro la acompañaba hasta el fin. Pero cuando la garra se le clavaba más adentro, en el vientre y la nuca, cambiaba de lenguaje: "Lo que le pediría son unas vacaciones. Soy muy chiquita para tanto dolor".

También decía: "Si Dios me devuelve la salud, no volveré a ponerme joyas ni vestidos lindos. Nada más que una blusa y una pollera".

Y también: "Él me ha colmado, a mí, una pobre chica, nada más que una pobre chica".

Siempre había tenido tobillos gruesos y ahora suspiraba mirándose los huesos, visibles bajo la piel: "Todos los sacrificios que hice para afinarme las piernas y mirá los palitos que me han quedado". Le habían dedicado una célebre marcha titulada "Evita capitana". "Ahora no soy ni sargento", comentaba.

Una de sus últimas fotografías nos la muestra sentada en un sillón. Ya no es Evita. Es un esqueleto que intenta sonreír. El recuerdo de Auschwitz nos viene a la mente. En lugar del rodete lleva una trenza mal hecha que también parece enflaquecida. Desde la rótula claramente dibujada, los pantalones le caen de golpe. Se ha puesto un chalequito de lana y unos zapatos deportivos con zoquetes blancos. Su espalda, doblada por el dolor, le da un aire de humildad, como si estar enferma la hiciera regresar a sus pobres orígenes: no hay enfermos ricos. La nariz puntiaguda y el labio superior sobresaliente como si se los hubieran tirado hacia adelante ya no pertenecen a esta mujer que alguna vez ha sido hermosa. Todos los moribundos y todos los recién nacidos se parecen entre sí, como si provinieran del mismo lugar y a él se encaminaran.

Había organizado turnos de ocho horas para que sus hermanas y amigas estuvieran con ella. Pero un día Lina Machinandearena, la mujer del productor cinematográfico que había terminado por alejarse de Perón, se empeñó en ir a verla en contra de la opinión de su marido. Las dos mujeres no se veían desde hacía varios años. ¡Y pensar que un día Evita había usado las joyas de Lina para su personaje de *La Pródiga*! Lina volvió a su casa gritando horrorizada: "¡Esa mujer está sola! ¡La encontré abandonada sobre una cama miserable! ¡Y estaba loca de contenta al verme, como si nadie fuera a visitarla!"

Era un poco cierto. Trataban de que nadie la viera, aparte de sus íntimos, para no excitarla demasiado (ni divulgar su enfermedad). Y ella languidecía, no por soledad sino por la nostalgia de todos aquellos a los que nunca más vería. ¡Había conocido a tanta gente! ¿Dónde estarían ahora?

El 18 entró en un falso coma. Creían que se moría y trataban de reanimarla cuando se despertó rodeada de extraños aparatos, en medio de un ajetreo y una ansiedad inusuales. "¿Qué pasa? -preguntó-. Me tengo que levantar. Si me quedo en esa cama, me muero." Y una vez más logró ponerse de pie.

A su madre le había dicho como si fuera en broma: "Te prevengo que si no parás de lloriquear, me aparezco. ¡Te voy a dar un susto!"

Los médicos ya no le ocultaban la verdad. Ahora se asombraban de todo lo que sabía sobre el cáncer de útero. Había pasado años tratando de enterarse: ¿en 1945 no había bombardeado a preguntas a la fotógrafa Anne-Marie Heinrich, cuya madre se moría de esa misma enfermedad? ¡Y pensar que le habían mentido tanto a una mujer tan valiente y bien informada!

La víspera de su muerte llamó a Perón y quiso quedarse a solas con él. Siempre se veían en presencia de otra gente. Y según Carmen Llorca, él no iba a verla desde hacía dos días. Era un viernes por la noche. (Durante la semana, Evita había prevenido a los suyos: "Pronto voy a saber si me muero el sábado, o no". ¿Era por influencia de la última película que había visto en la Residencia y que le había impedido dormir: *Cyrano de Bergerac*? Después de verla había exclamado con un suspiro: "¡Cómo me gustaría morir así, luchando hasta el final!" Cyrano había muerto un sábado 26 de julio. Y ese sábado, es decir, al día siguiente, sería 26 de julio.) Así que llamó a Perón y le dijo: "Quería verte un poco". Y después: "No te olvides de los humildes", como temiendo un olvido que su ausencia amenazaba con provocar.

¿Había un reproche en su voz? Castiñeira de Dios, que era secretario de Cultura cuando lo entrevistamos, nos habló de ella en términos oficiales. Pero una vez finalizada la entrevista, hizo un gesto con la mano y salió al corredor. "¡Espere! Tengo algo que agregar. Perón quería a Evita, pero menos de lo que ella lo quería. Era más frío y distante. Mientras ella agonizaba, él charlaba y fumaba afuera de la habitación, completamente impasible." Una amiga de Erminda y de Blanca fue más lejos: "En ese momento ya tenía a sus colegialas y Evita lo sabía. Y hablaba en su presencia con Pedro Ara, pidiéndole detalles de lo que iría a hacerle, como si ella durmiera". Ara, el médico español que momificó el cadáver de Evita.

El sábado 26, a las 11 de la mañana, Elisa fue a reemplazar a Blanca. Doña Juana salió un momento de la habitación.

- ¡Pobre vieja!- suspiró la agonizante.

- ¿Por qué pobre? -respondió su hermana como si no entendiera-. ¡Si mamá está muy bien!

- Ya sé. Lo digo porque Eva se va.

Fueron sus últimas palabras, las más hermosas. *Eva se va*. Una música perfecta con una sílaba que vuelve como un eco.

Y se durmió.

Hasta para la hora de su muerte reinó el simulacro. La anunciaron oficialmente a las 20.25, pero algunos piensan que murió poco antes del mediodía, otros, hacia las 2 de la tarde y otros, por fin, a las 19.40, cuando el embalsamador Pedro Ara llamó por teléfono a Aznar, embajador de España, y le dijo: "Acaba de morir. Me la llevo al baño para hacerle las primeras intervenciones. No se asombre si recién se anuncia la noticia dentro de tres cuartos de hora". Este último dato nos lo proporcionó un periodista español que ha preferido permanecer anónimo. Otros periodistas, ambos argentinos, como Eduardo del Castillo y Luis Clur, afirman que aguardaron la noticia de la muerte en la Subsecretaría de Informaciones aun sabiendo que Apold redactaba boletines cada vez más pesimistas para crear un clima de espera. Pero el acontecimiento ya se había producido. Sea cual fuere la hora en que murió, no fue a las 20.25. Alguien fijó esa hora con asombrosa precisión. Era la hora en que Perón y Evita se habían casado en la iglesia de San Francisco, el 10 de diciembre de 1945.

Se apagaba suavemente y apenas respiraba. Después exhaló un suspiro y se le detuvo el corazón.

Juancito, súbitamente envejecido, con la cara descarnada y la forma de la calavera visible bajo la calvicie, abandonó la habitación y descendió las escaleras gritando: "¡No hay Dios!" Erminda lo siguió, lo alcanzó y le dijo tomándolo en sus brazos: "Sí, sí hay. Era Su voluntad".

De modo que el hermano negó el sentido de esta historia extremosa y la hermana lo afirmó.

Absurdo o cumplimiento: que decida el lector.

Hermosa para siempre

Mientras ella agonizaba, afuera la ponían por las nubes. El régimen exhausto recuperaba la salud gracias a su muerte. Alguien había escrito: "*La razón de mi vida* despierta en el alma humana el mismo eco que la voz de Jesús". En una unidad básica exponían el libro en un altar, entre flores y velas. El día de su cumpleaños, en el mismo momento en que Evita le cantaba a Erminda el "arroz con leche me quiero casar", una canción para niños que le había enseñado a su lorito, el Congreso la nombraba Jefa Espiritual de la Nación. Por todas partes se inauguraban bustos de Evita. Los escultores tenían trabajo. Lugares con nombres tradicionales como la ciudad de Quilmes, llamada así en homenaje a una tribu indígena, ahora se llamaban Eva Perón. Pronto publicarían un texto para las escuelas primarias titulado *Eva de América, Madona de los humildes*. Y los chicos tendrían que repetir a coro: "Era una santa. Por eso voló hacia Dios". Un grabado del libro representaba a unos niños que miraban nostálgicos una estrella en forma de cruz, resplandeciente en la noche.

Pero el proyecto más loco era el del Monumento. La propia Evita se lo había encargado al escultor León Tomassi diciéndole textualmente: "Tiene que ser el más grande del mundo". Para ella se trataba de un Monumento al Descamisado, pero ahora se hablaba de un Monumento a Evita. El 7 de julio, el Congreso aprobó la ley que autorizaba su construcción. Entre los ochenta y cuatro panegíricos de Evita que se escucharon en esa oportunidad se destacó el de Juana Larrauri, senadora y cantante: "Eva Perón es el honor de los honores. No acepto que se la compare con ninguna otra mujer, ni con ninguna heroína de ninguna época". Es que la senadora Hilda Nélida Castiñeira se había atrevido a equipararla con reinas y santas: "Eva Perón resume lo mejor de Catalina de Rusia, Isabel de Inglaterra, Juana de Arco e Isabel la Católica, pero multiplicando sus virtudes y llevándolas a la enésima potencia, hasta el infinito".

El 20 de julio la CGT hizo celebrar una misa. Alrededor del Obelisco, en un silencio absoluto, un millón de personas miraban fijamente el gigantesco altar donde oficiaba el padre Virgilio Filippo. Después habló Benítez. Rogó por la salud de la enferma pero dijo, sobre todo, que el milagro solicitado ya se había producido: el de un pueblo que había vuelto a ser cristiano por obra y gracia de su mártir. Era una manera de sugerir que el milagro de la salud no tendría lugar. Perón le había pedido que preparara al pueblo. Ya no podían ocultar la realidad. Pero por las calles de las ciudades y los pueblos, de norte a sur de la Argentina, se escuchaba un murmullo de rezos todavía esperanzados y hubo quienes ofrecieron sus vidas a cambio de la suya.

Por fin, el 26, poco antes de las 21, anunciaron su muerte. La cocinera de una casa aristocrática nos ha contado que sus patrones festejaron la noticia con champaña mientras la servidumbre lloraba en la cocina. La atmósfera de dolor era tal que la autora de este libro, de vuelta del colegio (tenía doce años), se encerró en su habitación para ocultar sus lágrimas. Sus padres eran de izquierda y no llegaban al extremo de festejar la muerte de Evita, pero se hubieran sentido muy asombrados de que su hija la llorase.

A partir de ese 26 de julio de 1952, y hasta la caída del régimen, la programación habitual se interrumpiría diariamente para que un locutor dijera con voz de radioteatro: "Son las veinte y veinticinco, hora en que Eva Perón entró en la inmortalidad". Se decretó duelo nacional por un mes. La CGT ordenó a todos los peronistas que llevaran corbata negra u otra señal de duelo durante tres días. Por "todos los peronistas" había que entender todo el mundo, puesto que la afiliación al Partido era obligatoria si se quería conservar el puesto de trabajo. La poeta María Elena Walsh, y con ella muchos otros, fue expulsada de la escuela donde enseñaba por no haberse cosido el pedacito de tela negra.

Entretanto, Pedro Ara realizaba su labor.

Perón había dicho que la propia Eva había manifestado su deseo de no consumirse bajo tierra. En todo caso sabía que expondrían su cuerpo y le pidió a su manicura, Sara Gatti, que le cambiara el esmalte demasiado rojo de las uñas por un brillo incoloro. Ultima coquetería o, más bien, preocupación de actriz que monta el espectáculo de su propia muerte. ¿Pero quería realmente, desde el fondo de su alma, convertirse en momia, o era un deseo formulado en una semiconciencia y que tomaron al pie de la letra? De ser auténtico el deseo, habría significado que no veía tan negro el porvenir de Perón. Sin embargo, su marido era más frágil que un faraón. ¿Habrá querido permanecer contra viento y marea, imponiendo físicamente su presencia pese a los presentimientos que le impedían dormir y luchando en la muerte lo mismo que en la vida?

La manicura llegó a la Residencia al amanecer del día 27. Para ese momento, Pedro Ara ya había vuelto "definitivamente incorruptible" el cuerpo de Evita. Sara intentó pintar las uñas de la muerta, pequeñas y almendradas. Pero los dedos, finos y largos a excepción de ese pulgar demasiado corto, se habían puesto rígidos y Ara tuvo que ayudarla manteniéndolos separados. Después le tocó el turno a Pedro Alcaraz, que decoloró la cabellera hasta volverla radiante y le rehizo el rodete con la trenza de los días felices. Ambos trabajaban "como en un sueño", como el peluquero y la manicura de la Bella Durmiente del Bosque.

Cubierta por un sudario blanco y una bandera celeste y blanca, la acostaron en un féretro con tapa de vidrio. Entre sus dedos colocaron el rosario que le había regalado Pío XII. Y la expusieron en el vestíbulo de la Secretaría.

(Pero no sin tropiezos. Según el testimonio de Sebastián Borro, recogido por Marta Echeverría, la derecha peronista no quería que se la velara en ese Ministerio de Trabajo demasiado simbólico. Y el futuro político del peronismo se jugó ese mismo día: cuando Espejo y Santín quisieron despedirse de su amiga, por poco no los dejan entrar.)

El vestíbulo estaba flanqueado por dos grandes escalinatas. En el medio, el ataúd transparente. Se subía por un lado, se contemplaba a la yacente detrás de su cristal y se bajaba por el costado opuesto llevando en la memoria una imagen aun más incorruptible que el cuerpo embalsamado. Una imagen donde convergían todos los cuentos de hadas, Cenicienta, la Bella Durmiente del Bosque, Blancanieves, todos.

Una imagen o un desfile de imágenes que no podían escapar a un ojo avizor: el de Raúl Apold. El Goebbels argentino había contratado a Edward Cronjagar, camarógrafo de la 20th Century Fox, que había filmado los funerales del mariscal Foch. El resultado fue un documental que llevaba por título *Y la Argentina detuvo su corazón.*

Ese corazón dejó de palpitar durante trece días. También fueron "días peronistas", pero de signo opuesto. La lluvia no paraba un solo instante, como si el tiempo compartiera la pena. La fila de llorosos se alargaba, zigzagueando bajo un techo de paraguas y de papel de diario. Se calculó que llegaba a medir tres kilómetros. Esperaban diez horas haciendo cola, helados, empapados, hambrientos, a menudo enfermos. La Fundación y la Cruz Roja se ocupaban de los ancianos y repartían sandwiches y café. Por fin llegaban junto al ataúd, agotados de cansancio y de tanto llorar. Tan linda, tan joven, tan chiquita. Besaban la tapa de cristal y caían desmayados. Entonces venían las enfermeras de la Fundación a levantarlos y cuidarlos. Al salir, ya era de noche. Huérfanos, enceguecidos por las lágrimas, miraban brillar los miles de antorchas que se apagaban al unísono, a las 20.25. Y las flores. Miles de flores. El olor de las flores que se podrían en la calle. Y su retrato inmenso con la sonrisa de varios metros de ancho, en la Plaza de Mayo. Cuando el cielo se abrió, los vecinos de la isla Maciel, ésos que habían atravesado el Riachuelo en 1945, decían que en la luna estaba el rostro de Evita.

El 9 de agosto colocaron el féretro sobre una cureña. Con todos los honores y rodeada por un mundo de flores y por dos millones de personas, la transportaron primero al Congreso y después a la CGT, donde debía descansar mientras se construyera el Monumento. Evita le había regalado a la central obrera ese flamante edificio. No fue fácil para los sindicalistas conseguir el permiso de tenerla con ellos, pero acabaron por ganar: su última voluntad había sido descansar junto a sus obreros. Alguien dijo que esos restos eran más políticos que humanos. El doctor Pedro Ara la esperaba en un laboratorio cuidadosamente acondicionado según sus instrucciones.

Hacía mucho que la estaba esperando.

Ese profesor de anatomía convertido en embalsamador había adquirido renombre mundial y hasta se murmuraba que había supervisado la momificación de Lenin, halagüeño rumor que él no confirmaba ni desmentía. Lo cierto era que, al instalarse en la Argentina con un vago puesto honorífico de agregado cultural de la Embajada Española, había embalsamado al compositor Manuel de Falla. Se decía también que había momificado el cuerpo de una adolescente cordobesa cuyo padre, loco de dolor, la vestía cada noche para sentarla a la mesa. En su casa, Pedro Ara tenía un bar donde guardaba una "cabeza de mendigo" junto a las botellas de jerez. La contemplación de ese prodigio había convencido a Perón de encargarle el trabajo.

En su libro *El caso Eva Perón*, el propio Ara cuenta cómo logró observar a Evita mientras aún estaba en vida. Observarla o acecharla como una araña. Un 17 de octubre, los azares de la vida diplomática le permitieron encontrarse al lado de ella en el balcón de la Casa Rosada. Cuando Evita empezó a hablar, él se dijo: "Es ahora cuando la resistencia de esta dama se pondrá a prueba. Si es verdad que, como se dice, sufre de una profunda anemia, la disnea producida por semejante esfuerzo no le permitirá extenderse en largos períodos oratorios. Estará obligada a descansar entre cada período y aprovechará las ovaciones que la interrumpirán sin cesar. Su fatiga quizá pase inadvertida. Pero yo estoy aquí para *ver* su disnea y aun para *ver* su pulso palpitante bajo la fina piel de su cuello delgado". Es él mismo quien subraya el verbo ver.

Para su gran sorpresa, o su gran decepción, Evita no flaqueó: "Ni la mano en el pecho, ni la boca que busca el aire, ni los ojos desorbitados del que siente que se sofoca, ni la danza vascular en el cuello... nada de lo que caracteriza a los anémicos en semejantes momentos pudo observarse". Pero el doctor se consoló con otra observación que en el futuro le sería útil: "La encontré siempre sonriente, con los labios semicerrados que dejaban ver sus blancos dientes a causa de un fuerte prognatismo maxilar superior".

Evita no murió, ni mucho menos, ese 17 de octubre. Pasó el tiempo y llegó el momento en el que todos sabían que se acercaba el fin. Las opiniones divergen en relación con ese momento. Según Ara, la idea de momificar a Evita estaba en el aire. Varios emisarios oficiosos se lo habían sugerido. Y por fin, Raúl Mendé había hablado para proponerle el trabajo. Pero el doctor no había visto a Evita hasta después de muerta. Gabriel García Márquez afirma lo contrario. El 5 de setiembre de 1983, en el diario *Clarín* de Buenos Aires, escribe lo siguiente: "El hombre que la embalsamó montó guardia en la antecámara de la enferma durante las largas semanas que duró la enfermedad, porque debía proceder a la momificación en el instante mismo de su muerte para que la conservación resultara más convincente y durable".

Durante los trece días que duró la exposición del cuerpo, unos funcionarios ansiosos por mostrar su celo habían levantado la tapa de vidrio para limpiarla por el revés. Pensando en las emanaciones de los gases, hasta habían hecho pasar por adentro una corriente de aire para evitar que el vidrio se empañara. El doctor se puso furioso: había dado orden de no exponer el cuerpo a la acción del aire. Los daños podían ser irreparables, sobre todo desde un punto de vista estético. No era para llegar a ese resultado que había trabajado tanto la noche del 26, en compañía de un catalán al que Perón, fiel a sí mismo, había recibido con las consabidas palabras: "¡Siempre he tenido mucho aprecio por los catalanes!"

Esas intromisiones (las de los limpiadores oficiosos) eran inadmisibles y Pedro Ara había insistido para que le construyeran en la CGT un laboratorio técnicamente perfecto, al amparo de toda indiscreción. Aparte del propio Ara, el único que tendría la llave sería Perón. Y el más profundo secreto rodearía aquellas largas horas durante las cuales Evita iba a permanecer sumergida en unas piscinas colmadas por sabe Dios qué líquidos extraños.

Pedro Ara nunca proporcionó indicaciones precisas sobre el contenido de las piscinas. El que las dio fue el doctor Domingo Tellechea, encargado de restaurar la momia varios años más tarde: "El cuerpo había sido disecado con el antiguo método de la 'momificación española', trabajado en una solución de formol e infiltrado en las zonas internas y subcutáneas a todo lo largo del trayecto sanguíneo. La principal inyección se hace en la carótida, para que el material conservador llegue hasta el extremo del sistema capilar. (...) En ciertas partes del cuerpo es evidente que se han empleado otros conservadores -ácido fénico, borato, bicloruro de mercurio y arsénico-, pero después de la momificación y antes de recubrir el cuerpo con una capa plástica de ceras duras. El interior del cuerpo ha sido irrigado con formol o cloruro de zinc. Ciertas partes han sido abiertas y sus cavidades rellenas con parafina pura. La prueba es una incisión del cráneo que coincide con una trepanación que atraviesa la parte superior de los huesos parietales y que corre lateralmente a lo largo de las suturas temporoparietales hasta la base del cráneo".

Los trabajos duraron un año, durante el cual cuatro "damas" -doña Juana, Elisa, Blanca y Erminda- fueron regularmente a llorar y a rezar frente a la puerta cerrada. Utilizamos las comillas porque, curioso detalle, el doctor Ara, que era casado y padre de tres hijas, nunca emplea en su libro la palabra "mujer". Siempre "dama". Sospechosa omisión que revela su interés por el tema más de lo que lo encubre. Evita no se equivocaba cuando entendió que tenía cáncer por la sencilla razón de que delante de ella nunca decían la palabra tabú.

Estuvo lista en julio de 1953, justo un año después de su muerte. El que no estaba listo era su Monumento. El peronismo perdía impulso y aflojaba el ritmo. Así que la guardaron en la CGT, en una especie de capilla con un cuadro de la Virgen de Luján de la que, según Perón, Evita era devota. Yacía bajo una campana de vidrio sobre un lecho minúsculo con una sábana de seda. Llevaba una túnica marfil con mangas anchas, diseñada y realizada gratuitamente por una "dama" española amiga del embalsamador, Thana Palud. "Parece dormida", dijo Perón, inevitablemente, apenas la vio.

A partir de ese día, un reducido público tuvo derecho a verla. Contemplaban con religioso respeto a la Madona de cera. Lloraban entonces y siempre. Durante todo ese tiempo, la fachada de la CGT estuvo tapizada por una cascada de flores que la ocultaba enteramente. Pero los visitantes, sin poder evitarlo, miraban al doctor con aire de sospecha. Las maneras del español eran de una exagerada correción. Todo en su actitud parecía esquivar los verdaderos gestos, así como su escritura esquivaba las verdaderas palabras. En 1985, el periodista Rafael Brown describió a la revista *Siete Días* la siguiente escena: "Un día fui a la CGT donde exponían el cuerpo y la vi colgada de los pies. Seguramente acababan de bañarla. Me impresionó mucho y no me gustó nada. Me pareció una falta de respeto".

Ara envió un documento a la Comisión Nacional del Monumento a Eva Perón donde afirmaba que el cuerpo podía estar en contacto con el aire. "No se ha abierto ninguna cavidad del cuerpo -decía (pero Tellechea dice lo contrario)-. Se han conservado todos los órganos internos, sanos o enfermos. (...) No se ha extirpado ninguna partícula de piel ni de ningún otro tejido orgánico; sólo se han practicado dos pequeñas incisiones superficiales." No era necesario adoptar ninguna precaución particular, salvo la de vigilar la temperatura del cuarto (no más de 25°C) y evitar el sol. Última precaución: él conservaría la llave de la capilla. Por su parte, Perón no utilizó la suya más que tres veces, hasta el 16 de setiembre de 1955, cuando fue derrocado.

Ese día, en medio de una indescriptible confusión, Juana Larrauri tuvo la probidad de pagarle al embalsamador los cincuenta mil dólares que aún se le debían. Cobró cien mil en total, según sus afirmaciones, pero fue víctima de la fiebre virtuosa que se apoderó del periodismo a la caída de Perón, y lo acusaron de haber embolsado tres veces más.

Con los dólares bajo el brazo se precipitó al Palacio Unzué, entre camiones del ejército y bandas de sobreexcitados. Una atmósfera de fin del mundo. Llovía, por supuesto. También había llovido el 16 de junio, cuando la primera tentativa de derrocar al régimen que produjo centenares de muertos en la Plaza de Mayo. El cielo seguía peronista y acorde con los acontecimientos. El tiempo del sol había quedado atrás. Se hubiera dicho que no había parado de llover desde la muerte de Evita.

La Residencia estaba rodeada de soldados pero Ara, aprovechando el desorden, se deslizó hacia adentro en puntas de pie. Suponiendo que Perón ya no estaba (decían que se había ido al extranjero), Ara pidió ver al mayor Renner para plantearle el problema que tanto lo angustiaba: ¿Qué hacer ahora con Evita? ¿Cómo ponerla fuera del alcance de tantos enemigos mórbidos y perversos? Pero para su gran asombro, Renner le contestó que Perón estaba ahí.

No por eso lo recibió ni le dio indicaciones sobre el destino del cuerpo. Le mandó decir que ya lo llamaría; pero las circunstancias decidieron otra cosa. Perón se fue al exilio sin dar señales de vida al embalsamador de su mujer. Y ni desde el Paraguay o Panamá, sus primeros refugios, ni desde Madrid, donde vivió veinte años, le hizo llegar el menor mensaje. Pedro Ara se había quedado solo. Era el único responsable de Evita, cosa que distaba de parecerle mal.

Esa mujer es mía

Durante cierto tiempo, nada turbó la paz del embalsamador. Todos los días subía al segundo piso del edificio de la CGT, saludaba a los guardias que nadie había pensado en reemplazar y se instalaba en su oficina, no lejos de Evita, para leer o meditar sobre las cosas de este mundo. Nadie venía a interrumpir sus reflexiones. El nuevo presidente, Eduardo Lonardi, respetaba el eslogan pronunciado cuando tomó el poder: "Ni vencedores ni vencidos". Ara trató de acercarse a él para decirle que Evita estaba en sus manos. Pero el embalsamador había sabido rodear toda esta operación de un relativo secreto que ahora daba sus frutos: los adversarios del peronismo no sabían que Evita estaba allí, o se mostraban escépticos frente a ese cuerpo demasiado perfecto que más bien parecía una estatua. Por fin, el gobierno ordenó un peritaje médico que le dio la razón al extraño enamorado. Los doctores Nerio Rojas, Julio César Lascano González y Osvaldo Fustinoni llegaron a una conclusión desoladora: sí, era ella. ¡Eso sí que era un problema! Esa mujer seguía molestando. Había sido un escándalo viviente y ahora era un escándalo muerto. ¿Qué hacer? Ante la duda, se abstuvieron.

Lonardi había asumido sus funciones de presidente el 23 de setiembre de 1955. El 13 de noviembre fue reemplazado por el general Pedro Eugenio Aramburu, representante de una línea que atribuía mayores derechos a los vencedores. El almirante Isaac Rojas, vicepresidente durante el gobierno de Lonardi, permaneció en su puesto, ya que representaba la línea dura como nadie. (Acerca de este feroz antiperonista, Castiñeira de Dios le dijo a Marta Echeverría: "Yo lo vi a Rojas con mis propios ojos el día en que fue condecorado por Evita. No paraba de repetir: ¡'Señora, es el honor más grande de mi vida!'")

Tres días después de que Aramburu tomara el poder, la CGT fue intervenida por el Ejército. Desde la muerte de Evita, Espejo ya no era el secretario de la organización sindical. Había caído junto a otros sobrevivientes del equipo, ya que Perón (los peronistas dicen púdicamente "sus colaboradores") quería limpiar a fondo todo rastro de evitismo.

Los más variados uniformes se apiñaban ahora alrededor de la momia. El horror, la diversión y la incredulidad alternaban con el respeto religioso: por ardiente que fuera el odio de esos hombres, la mujer dormida daba una ilusión de santidad a la que muchos de ellos no podían sustraerse. Uno de los visitantes fue el capitán Francisco Manrique, alto jefe del Ejército. "Tenía el tamaño de una niña de doce años -ha dicho luego-. Su piel parecía de cera, artificial. Sus labios estaban pintados de rojo. Si se la golpeaba con el nudillo sonaba a hueco. Ara, el embalsamador, no se separaba un minuto, como si se hubiera encariñado con *eso*" (el subrayado es nuestro).

El conflicto creado por la existencia de *eso* era el terror al mito. Los militares de la Revolución Libertadora temían que todo sitio designado para albergar esos restos se convirtiera en lugar de culto. Isaac Rojas expresó ese temor con una fórmula de una asombrosa precisión: había que "excluir el cadáver de la vida política". ¡Y pensar que Evita había luchado tanto en vida para impedir esa exclusión, llegando a imaginar que el diagnóstico de Ivanissevich no tenía otro objeto que sacarla del medio!

El teniente coronel Carlos Eugenio Moori Koening era hijo de un militar alemán muerto durante la Primera Guerra mundial. Ese hombre macizo y rubicundo se había convertido en jefe del servicio de inteligencia del Ejército. Ya había visto a Evita en su versión reducida cuando Pedro Ara se había presentado a la Casa Rosada para informarle a Lonardi que Perón lo había dejado plantado con el cadáver bajo el brazo. Moori Koening lo había observado todo en silencio, sin el menor comentario. Pero durante esos meses de idas y venidas, había concebido una idea que terminó por proponerle a Aramburu. La idea se llamaba "Operativo Evasión". Se trataba de apoderarse de los explosivos despojos y de hacerlos desaparecer en un lugar seguro. No de profanarlos ni de quemarlos. Después de todo eran cristianos, ¡qué embromar! Aramburu aceptó.

Antes de eso juzgaron necesario sacarle radiografías a la momia y cortarle un dedo para verificar una vez más su identidad. ¿No acabarían nunca de desconocerla?

El 24 de noviembre, a medianoche, Moori Koening subió al segundo piso de la CGT con un grupo de militares. Pedro Ara estaba allí. Le habían comunicado la decisión de Aramburu y deseaba que todo sucediera dentro de las normas. El cuerpo volvería al mismo ataúd que había servido para exponerlo en la Secretaría, y Moori Koening se había comprometido a llamar a un soldador para cerrar la tapa.

Pero esa última noche de su relación con una muerta le depararía al doctor dos sorpresas mayúsculas.

Él siempre creyó que Perón era el único poseedor de la llave de la entrada privada que conducía directamente del garage a las oficinas de los dirigentes sindicales. Había que abrir esa puerta para que entrara el camión del Ejército que transportaba el ataúd desde la empresa funeraria que lo había guardado en depósito. Pero la puerta estaba cerrada y ningún miembro de la guardia tenía la llave. Por pura desesperación, Ara probó con la suya. "Mi sorpresa no tuvo límites -escribe-; esa puerta se abría con la misma llave que abría la del laboratorio y la de la capilla del segundo piso. Es decir que lo que yo había guardado celosamente durante más de tres años había estado a merced de quien sin saberlo, o sabiéndolo, poseía una llave idéntica a la mía." En otros términos, a Perón poseer una llave especial le había interesado muy poco. La idea de pasearse como dueño de casa por el edificio que contenía el cuerpo de Evita no había pasado por su mente. Lo cual parece muy lógico: sólo un embalsamador podía hallarla normal. Pero aparte de eso, no se había preocupado un solo instante por la seguridad del "operativo", para emplear una palabra cara a sus colegas. Cualquiera de los guardias o de los sindicalistas en posesión de la llave de marras hubiera podido echar un vistazo al laboratorio mientras duraron los trabajos secretos. Una negligencia que se agrega a la indiferencia demostrada frente al destino de la momia.

Segunda sorpresa: el soldador no apareció. El ataúd quedaría abierto, y el cuerpo de Evita, expuesto a las miradas y a los roces.

Una veintena de hombres contemplaban la escena: los militares que acompañaban a Moori Koening, los policías y soldados de guardia y los obreros de la CGT que habían ayudado a subir el féretro. Moori Koening les dirigió a estos últimos un discurso de circunstancias: "Hemos querido que estén aquí, esta noche, para que den testimonio del respeto cristiano con el que hacemos las cosas". Y quitó la bandera peronista que recubría el cuerpo (la argentina se la habían quitado anteriormente otros militares).

He aquí la prosa del doctor: "El cuerpo de Eva apareció, vestido con su nueva túnica que cubría sus pies desnudos. (...) Les hice una señal a dos obreros para que se acercaran a ayudarme. Sin descubrirla, uno de ellos la levantó tomándola de los tobillos por encima de la túnica. El otro obrero y yo la tomamos por los hombros. Así transportamos su cuerpo delgado, lentamente, con muchas precauciones, desde la plataforma hasta el fondo del ataúd, sin desarreglar su peinado ni su vestido. Mis improvisados colaboradores estaban pálidos y cubiertos de sudor por la emoción y el temor respetuoso que sentían. Corrió más de una lágrima, y no solamente entre los peronistas fanáticos".

Ahora veamos otra prosa que no se caracteriza por esquivar las palabras: la de Rodolfo Walsh. Este escritor conocido por sus investigaciones detectivescas, y al que no puede acusarse de fantasioso, se dedicó a rastrear el cadáver de Evita. En su célebre cuento "Esa mujer", Walsh hace hablar a Moori Koening como ningún historiador podría hacerlo:

"Esa mujer -le oigo murmurar-. Estaba desnuda en el ataúd y parecía una virgen. La piel se le había vuelto transparente. Se veían las metástasis del cáncer, como esos dibujitos que uno hace en una ventanilla mojada. (...) Desnuda. Éramos cuatro o cinco y no queríamos mirarnos. Estaba ese capitán de navío, y el gallego que la embalsamó y no me acuerdo quién más. Y cuando la sacamos (...), ese gallego asqueroso (...) se le tiró encima. Estaba enamorado del cadáver, la tocaba, le manoseaba los pezones. (...) Le di una trompada, mire (...), que lo tiré contra la pared. (...) Una diosa, desnuda, y muerta. Con toda la muerte al aire."

El camión conducido por el capitán Frascoli salió del garage de la CGT con el ataúd sin cerrar y permaneció estacionado hasta el amanecer en el patio del 1er Regimiento de Infantería de Marina. Mucho más tarde, cuando su enfermedad nerviosa ya se había declarado, Moori Koening contó que, al llegar la mañana, habían encontrado junto al camión una vela y un ramito de flores.

La momia vagabunda recorrió varios edificios militares. Estuvo veinte días escondida en una sede del servicio de inteligencia del Ejército, en la calle Sucre. Había que cambiar a menudo de sitio para despistar a los peronistas que la andaban buscando. Pero en cada lugar, según Moori Koening, las flores y la vela reaparecían como por encanto. "La tuve en Viamonte, en 25 de Mayo, siempre cuidándola, protegiéndola, escondiéndola -dice el militar en el cuento de Walsh-. Me la querían quitar, hacer algo con ella." La revista *Siete Días* de enero de 1985 relata una historia rocambolesca ligada a la momia. Hacia el 16 o 19 de noviembre de 1955, en la avenida General Paz 542, el mayor Arandia mata a su mujer, Elvira Herrera de Arandia, de tres balazos en el corazón. Es inútil decir que circularon varias versiones. La más conocida es la siguiente: Arandia había formado parte del "Operativo Evasión" y tenía a Evita escondida en el ropero. En medio de la noche su mujer, que estaba embarazada, se levantó para ir al baño. Terriblemente nervioso, el mayor creyó que venían a apoderarse del cuerpo, saltó sobre su pistola calibre 38 y tiró sobre el bulto que se movía en las tinieblas.

Todos estos acontecimientos terminaron por convencer a Moori Koening de que no podían seguir trasladando la momia de un lado para el otro. La llevó a su oficina del cuarto piso, en la sede central del servicio de inteligencia, SIE, esquina de Callao y Viamonte, y la puso en una caja de madera que había contenido material radiofónico y que llevaba la inscripción *La Voz de Córdoba*. Se decía que dos oficiales medio borrachos habían llevado a unas mujeres para mostrarles a la muerta. Evita estuvo allí hasta 1957.

En febrero de 1956 Moori Koening viajó a Chile a pedido de Aramburu para encontrarse con doña Juana, exiliada en Santiago con sus tres hijas. El militar obtuvo su autorización para enterrar a Evita digna y secretamente. Por decreto Nº 37, Aramburu ordena a Moori Koening que deposite los restos en el nicho 275 de la sección B del cementerio de Chacarita.

Pero Moori Koening desobedece. Conserva a Evita y la contempla. Puede que antes, en algún momento, la haya enterrado en un terreno baldío cerca de la avenida General Paz, quizá durante el episodio que le costó la vida a la mujer de Arandia. A Walsh le declaró con sencillez: "¡La enterré parada, como Facundo, porque era un macho!"

¿Desenterró más tarde a la mujer a quien creía rendirle honores de soldado al no acostarla en su tumba? ¿Y la ubicó en su oficina para reflexionar a su lado, como lo hacía Pedro Ara? El segundo enamorado de la momia termina por decirle al escritor Rodolfo Walsh, en un murmullo lejano: "Es mía. Esa mujer es mía".

La rebelde indomable por fin se había convertido en una cosa. La habían usado como mujer desde su adolescencia. Al verla enferma o muerta, la habían llamado *eso*. Ahora era una muñeca que se podía inflar con los sueños, un cadáver objeto.

Pero alguien se lo fue a contar a Francisco Manrique, que la creía tranquilamente instalada en su nicho Nº 275. Manrique fue a visitar a Moori Koening, que le mostró su tesoro. Y Aramburu, al que Manrique puso al corriente del asunto, destituyó a Moori Koening considerándolo enfermo y lo reemplazó por el coronel Cabanillas. El mayor Arandia y el capitán Frascoli también fueron expulsados del Ejército.

Manrique convoca entonces al mayor Hamilton Díaz y al coronel Gustavo Adolfo Ortiz. (Años más tarde este último, pariente lejano de la autora de este libro, contó la historia en familia.) Ambos militares fueron los encargados de transportar la momia hasta un país europeo con la colaboración de un cura italiano presentado por otro cura argentino, el padre Rotger. Fuera de esas personas, nadie sabría en qué lugar enterrarían a Evita.

Pero el sitio preciso tampoco ellos deberían saberlo. El Vaticano se encargaría de todo. Semanas después, el cura italiano volvió a Buenos Aires con un sobre que contenía todos los datos sobre el paradero de los restos. El presidente Aramburu se negó a abrirlo y lo puso en manos de un notario, pidiéndole que, cuatro semanas después de su muerte, se lo entregara al que en tal momento fuera el presidente de la Nación. Curiosamente, pensaba que el notario iba a sobrevivirle.

El otoño del patriarca

Retrocedamos en el tiempo. Hemos visto que las dificultades económicas habían aumentado a partir de 1951. Por más que aumentaran los salarios, los precios ganaban la carrera. Pero Evita aún estaba allí para servir de puente y regañar a los huelguistas. Todo pareció desinflarse con su muerte. Los obreros se quedaron sin interlocutor ni intermediario. Perón intentó verlos más a menudo pero, sobre todo, se dedicó a destituir a los dirigentes de la CGT, habituados a entenderse con Evita, que siempre se inclinaba por los trabajadores.

El 17 de octubre de 1952 estuvo consagrado a honrar el recuerdo de la ausente. Perón leyó el testamento y anunció la creación de una Fundación Evita, independiente de la Fundación Eva Perón. Las joyas que ella había legado al pueblo quedarían guardadas en el museo del peronismo que se pensaba inaugurar en el futuro Monumento. Esas joyas servirían como garantía para otorgar créditos de vivienda a los humildes. Pero detrás de esa cortina de honores y buenas intenciones se estaba representando el verdadero drama. En la plaza, grupos de hombres decididos a todo silbaron a Espejo, que fue inmediatamente reemplazado por Vuletich. La nueva CGT debía reflejar el cambio: la política de distribución de las riquezas, de nacionalizaciones y de control estatal de la economía llevada a cabo por Perón hasta el momento ya no era posible. En adelante habría que estimular las inversiones extranjeras, sobre todo las norteamericanas. Perón había dicho que se cortaría las manos antes de llegar a ese extremo. Simbólicamente, estaba hecho.

Todo esto había sido presentido por Evita en su lecho de muerte. A sus dolores físicos se les habían sumado este dolor y esta rabia. Por eso había convocado a Castiñeira de Dios, al que ya no veía desde hacía tiempo. Él mismo narró la anécdota a Marta Echeverría. "Nos han separado -le había dicho ella con tristeza-. Pero yo a usted lo quiero ver encabezando la Fundación. Haré todo lo que pueda para que ese sinvergüenza de Méndez San Martín no se apodere de mi trabajo."

Y justamente fue Méndez San Martín quien terminó por apoderarse, no de la Fundación, sino del propio Perón. Méndez San Martín, que representaba la derecha del peronismo como Teisseire o Raúl Mendé. Los precursores de López Rega.

Porque a la muerte de Evita, es Perón el que parece haberse vuelto la encarnación del país. ¿La Argentina peronista se desinfla? De pronto, la robustez de Perón queda blanda y sin músculos, como un odre vacío. Da lástima con sus anteojos a caballo sobre su nariz de Patoruzú, sentado ante el escritorio de Evita, en la Secretaría, y tratando de hacer lo que ella había hecho. El proyecto de Evita con Castiñeira no había resultado. Perón había resuelto reemplazarla en persona. Un día ya lejano, en esa Secretaría, ella había intentado hacer lo mismo que él. Ahora él era incapaz de imitar a su imitadora. Evita había visto lejos cuando lloraba y gritaba en su agonía: "¿Quién se va a ocupar de mis pobres?"

Pero la Fundación continuó sin Evita -y sin Perón, rápidamente harto de recibir a esos pobres olorosos y llenos de manos que amenazaban con tocarlo-, hasta la caída del régimen. Se la ha acusado de ser un organismo personalista. Sin embargo, tras la muerte de Evita, la Fundación prosiguió su actividad como si nada fuera. También se la acusó de despilfarro y de desorden. Casi medio siglo más tarde podemos afirmar que la Argentina nunca conoció una institución mejor organizada. Funcionaba a su modo, fuera de toda burocracia, pero funcionaba. Por supuesto que correspondía a un sueño distributivo cada vez más imposible y que, para ocuparse de ella, hacía falta una energía endiablada, por no decir suicida. Pero los reemplazantes de Evita supieron asimilar el resto de energía que quedaba en el aire. Y Perón, cumpliendo con un deseo de su mujer, organizó un nuevo subterfugio para disimular la muerte detrás de una cortina: pidió a la gente que siguiera enviando cartas a Evita como si ella viviera. Como si: definición del peronismo (¿o de la Argentina?). Había que escribir en el sobre: "Señora Eva Perón, Residencia Presidencial, Agüero 2502, Capital Federal".

En las fotografías de Perón tomadas durante los pocos días en que recibió a los pobres de Evita puede observarse que su espalda ya no lo sostiene. Permanece con la boca abierta, no por el "prognatismo maxilar", como ella, sino por una especie de estupor. ¿Pero entonces la había querido? ¿Ese vacío perceptible en su cara y su cuerpo lo probaban? ¿Esas utilizaciones recíprocas y esas trampas que un día se tendieran el uno al otro constituían una "historia de amor"? ¡Y pensar que había deseado verla desaparecer, para venir a extrañarla de este modo y a encontrarse tan falto de apoyo, tan sin aire ni huesos!

Lo que el viudo precisaba, Méndez San Martín lo comprendió enseguida. El primer punto débil de Perón era la vanidad y el segundo, una sexualidad peculiar. El ministro logró reunirlos en uno solo, convenciendo a Perón de que un líder como él podía poseer a todas las mujeres. ¿No es eso lo que se lee entre líneas en el citado texto de *La razón de mi vida* escrito por Mendé? Al convencerlo de ello, el equipo de manipuladores adquiría un poder sobre Perón. Ya conocemos sus nombres: el tan mentado Méndez San Martín, el doctor Raúl Mendé (ése que, según *Historia del peronismo*, recetó al Presidente un tratamiento hormonal para producirle un "delirio sexual") y el vicepresidente Alberto Teisseire. Es que Perón, con sus casi sesenta años, aún quería probar la fruta verde. Regresaba así a su pasión primera, los amores infantiles, con una avidez acrecentada por la edad y el espanto de la carne corrupta. Lo que deseaba era frescura. Frescura, puerilidad, tontería. Muñecas que le hicieran olvidar lo marchito y que lo liberaran de esa otra muñeca "definitivamente incorruptible" de tan pesada memoria. Así nació la Unión de Estudiantes Secundarios que todo el mundo llamó por su sigla: UES.

En su calidad de ministro de Educación, Méndez San Martín hizo mucho para convertir a la UES en un instrumento político (peronizar a los estudiantes) y en un pasatiempo eficaz. La afiliación, en apariencia, no era obligatoria. Pero en cada colegio, los delegados estudiantiles amenazaban a los recalcitrantes por lo bajo: "Te conviene inscribirte". Y eran raros los adolescentes que no tenían su carné de la UES, así como eran raros los empleados sin carné del Partido y raros habían sido los que no se habían puesto corbata o pedacito de tela negra en julio de 1952. El carné de la UES era mágico: abría las puertas de la Residencia Presidencial de Olivos.

El tema de la UES, lo mismo que el del miedo al cáncer demostrado por Perón, ha sido tan explotado por los antiperonistas viscerales que no es fácil volver a tocarlo. Pero rechazar la euforia mórbido-moralizadora que se apoderó de la Argentina a la caída de Perón no implica recaer en el simulacro. Las fotografías de Perón en la UES están allí para dar testimonio. Perón aparece con su célebre gorra. ¿De dónde viene su preferencia por ese modelo con visera que pone en evidencia sus rasgos caídos? Su cintura se ha ensanchado aun más y sus brazos se han encogido como aletas. Se hace llamar Pochito. Su sentido del humor entre cínico y pueril ha terminado por triunfar sobre toda sensatez. El patriarca otoñal está rodeado de una multitud de jovencitas con blusas blancas y shorts negros: el uniforme de gimnasia. Algunos shorts son abullonados, lo cual poco favorece a las amenazadas por la futura celulitis. Pero todos están contentos: él, porque respira el olor de las jóvenes, el Ministro, porque ha inventado un juguete que al patrón lo divierte, y ellas, porque presienten los regalos. Junto con la "gorra de Pochito", las motonetas que Perón les regalaba a las chicas forman parte de la leyenda. Y una verdad demasiado repetida ya tiende a parecer mentira. Sin embargo, el propio padre Benítez ha escrito que N. R., la amante niña de Perón, vivió en el Palacio Unzué. Tenía trece años. Era una morochita con grandes ojos negros y cejas pronunciadas. Se probaba los vestidos de Evita ante la mirada enternecida del viejo General. Atilio Renzi, el fiel colaborador de Evita, administraba la Residencia como siempre. Para él, todo esto era una puñalada en pleno corazón. Lloraba con Benítez y le dijo a Rosa Calviño que no escribiría sus memorias para no empañar la imagen de Perón.

Años más tarde, alguien le reprochó a Perón la edad de N.R. y él contestó bromeando: "¿Ah, sí? ¿Tenía trece años? No importa, no soy supersticioso".

Para la Iglesia, esa juventud de uniforme deportivo y hedonismo estimulado eran almas perdidas. Y a Perón el Vaticano le inspiraba rencor. Ya en octubre de 1950 había refunfuñado ante la idea de inaugurar el Congreso Eucarístico que iba a reunirse en Rosario. Los católicos estaban ofendidos. El presidente había dirigido un mensaje de bienvenida al congreso de la Escuela Científica Basilio llevado a cabo en el Luna Park. Ellos habían llegado a la conclusión de que Perón formaba parte de ese grupo esotérico y habían puesto el grito en el cielo, su futuro paradero.

En realidad, Perón sentía cierta simpatía por esas experiencias misteriosas. El padre Benítez lo ha dicho y lamentado y el testimonio de Leonor Troxler, miembro de la resistencia peronista tras la caída de Perón, pareciera probar que hubo relación entre ambos movimientos, el político y el esotérico. "Al caer Perón, el pueblo entero se volcó hacia el espiritismo

-dijo Leonor Troxler en una entrevista con Marta Echeverría-. La Escuela Basilio ganó miles de adeptos. Los basilios se decían peronistas e invocaban el espíritu femenino. Nosotras, las mujeres peronistas, íbamos a la Escuela para 'lavarnos' y concentrarnos en el retorno de Perón." En el mismo momento, López Rega atraía a Perón e Isabel, ex basilia, hacia un culto que muchos viejos peronistas siguen reivindicando: el culto brasileño de Umbanda.

Sea como fuere Perón, contrariado por la propaganda católica, no quería ir a Rosario. Sólo ante la insistencia de Evita, empujada por Benítez, se dejó convencer. La pareja presidencial inauguró el Congreso Eucarístico junto a monseñor Ernesto Ruffini, y las alumnas de las escuelas católicas ovacionaron a Evita con tal delirio que las monjas se hicieron cruces. La propia Evita atravesó una crisis anticlerical hacia 1951. Raúl Mendé, un ex seminarista, la había convencido de que el peronismo era la nueva religión. Y ella, que había desarrollado una campaña para implantar la enseñanza religiosa en las escuelas, en ese momento estuvo a punto de quitar los crucifijos de los hospitales. Sólo frente a la muerte se liberó de Mendé para volver a acercarse a Benítez (y, por supuesto, a Dios).

Pero antes de resolverse a ir a Rosario, Perón le envió a Benítez una carta que el cura reprodujo en la revista *Careo*, en 1964, donde escribía lo que sigue: "He advertido un comportamiento poco claro y muy indiscreto por parte del Vaticano. Usted sabe que allá, mi gobierno está en cuarentena. Pero eso no es todo. Según un informe de nuestro embajador Arpezani, el Papa le declaró personalmente que nuestro gobierno era de tipo totalitario. El ministro Paz oyó lo mismo y se asombra igual que yo, *no de la afirmación sino de la indiscreción*" (el subrayado es nuestro). ¿Por qué Perón no se asombraba de la afirmación? Porque, como buen totalitario que era, no tenía reparos en admitirlo. En cambio, la "indiscreción" lo enfurecía. ¿Pero qué indiscreción? ¿Consideraba acaso que el Papa no tenía derecho a denunciar el totalitarismo de un presidente al que él mismo le había mandado miles de nazis?

Volvamos a la muerte de Evita, a la UES y al momento en que Perón se entrega totalmente a su irritación para con la Iglesia, irritación de la que esa carta nos da una pista no desdeñable. Se ha tratado de explicar de mil maneras la razón de ese enojo. La carta nos permitiría deducir que para la jerarquía eclesiástica, Perón se estaba volviendo infrecuentable, pero que, para Perón, la Iglesia no estaba en condiciones de buscar la paja en el ojo ajeno. Y, siempre según el cura Benítez, el que insistió para que Perón se quitara las sotanas de encima fue Méndez San Martín, la bestia negra.

Un paréntesis sobre el cura Benítez. Su adhesión absoluta al peronismo y su encarnizado trabajo en la Fundación como director espiritual le acarrearon la desconfianza de las autoridades eclesiásticas, descontentas por la clausura de la Sociedad de Beneficencia, donde la Iglesia tenía gran predicamento. Para comenzar, Benítez había sido expulsado de la Compañía de Jesús y, más adelante, pese a sus cordiales relaciones con los cardenales Copello y Caggiano, no había obtenido ninguna promoción en la escala jerárquica. Él pensaba que la Iglesia se alejaba de Cristo y anhelaba una Iglesia popular. No hay duda de que esos sentimientos influyeron sobre Evita mucho más que las maniobras de Raúl Mendé, encaminadas a intoxicarla de fanatismo peronista para manipularla lo mismo que a Perón.

El 11 de junio de 1955 los católicos organizaron la tradicional procesión de Corpus Christi. Pero la procesión se transformó en una violenta manifestación antiperonista y Perón, nervioso y gesticulante como nunca lo había estado los acusó, con razón o no, de haber quemado una bandera argentina. Oigamos nuevamente al padre Benítez en una entrevista inédita con Lila Caimari que aporta un elemento muy poco conocido: "El 16 de junio de 1955, a las 4 de la mañana, alguien me golpea la puerta. Es Trenti Rocamora, que había reemplazado a Martínez Zuviría en la Biblioteca Nacional. Era íntimo de Méndez San Martín y lo acompañaba en todas sus fechorías. Lo hago entrar y me pregunta si la Iglesia posee títulos de propiedad de la Catedral de Buenos Aires. Yo le contesto: 'No, pero el lugar previsto para ubicarla figura en la carta de la fundación de Buenos Aires de Juan de Garay. ¿Por qué me lo preguntás?'. 'Porque el Estado la va a expropiar.' Le dije que era una locura y que iban a producir un escándalo internacional. Y me quedé en mi casa rezando. A mediodía oí la noticia del bombardeo de la Plaza de Mayo. La secularización de la Catedral estaba decidida para ese día y esa hora precisos. Publique lo que le digo bajo mi responsabilidad".

¿La aviación estaba al tanto de lo que Perón se proponía hacer con la Catedral, cuando aprovechó la concentración reunida en la Plaza de Mayo -ceremonia expiatoria por la quema de la bandera-, para lanzar un intenso bombardeo que masacró a un centenar de personas?

Al día siguiente de la masacre, estallaron los incendios: las viejas iglesias coloniales de San Ignacio, Santo Domingo y San Francisco fueron quemadas por peronistas furibundos, quizá los mismos que ya habían incendiado el Jockey Club, el 15 de abril de 1953, durante una manifestación de apoyo a Perón tendiente a neutralizar los rumores provocados por la muerte de Juancito Duarte.

Una bala en la cabeza

Porque Juancito Duarte no siguió a Perón a bordo de la cañonera paraguaya donde éste se refugiara después del 16 de setiembre de 1955, ni se exilió con él, ni tampoco fue encarcelado por la Revolución Libertadora como miles de peronistas que de perversos y ladrones nada tuvieron. Tampoco formó parte de la resistencia peronista, a menudo heroica, ni del levantamiento de Juan José Valle, fusilado por orden de Aramburu en 1956. Juancito no vivió lo bastante para verlo.

El 9 de abril de 1953 lo encontraron muerto en su departamento del quinto piso de Callao 1944. Estaba arrodillado junto a su cama, en camiseta y calzoncillos. A su izquierda, en el suelo, un revólver Smith & Wesson calibre 38. Detrás, sobre una silla, una camisa blanca y un traje. Sobre una mesita, una carta dirigida a Perón donde explicaba los motivos de su acto. Estaba asqueado de la vida. Había sido honrado y nunca había dejado de amar y respetar a Perón. Pero había venido con su hermana y con ella se iba. El juez Pizarro Miguens concluyó que se trataba de un suicidio. Juancito estaba enfermo de sífilis, cosa que permitió a Perón compadecerse de su suerte: "¡Pobre muchacho! Era un provinciano. En Buenos Aires perdió la cabeza".

Pero el propio gobierno acababa de acusar al pobre muchacho de haber participado en negocios sucios de exportación de carne. Y Perón, cada vez más gesticulante, había dicho en un discurso que si un miembro de su familia se entregara a la especulación, él sería el primero en destruirlo.

"Juancito nunca anduvo metido con la exportación de carne -nos ha dicho Raúl Salinas-. Orlando Bertolini, el marido de Erminda, sí, pero Juancito, no. La policía puso en el escritorio de Juancito documentos comprometedores que pertenecían a Bertolini. Y la víspera de su muerte, Juancito le dijo a un amigo: 'Decile a Raúl que el General me ha abandonado'. Si no lo mataron, lo mismo da: lo empujaron a hacerlo."

Pero el análisis de las circunstancias de su muerte excluye la tesis del suicidio. Por empezar, la bala que lo mató no era de calibre 38 sino 45. En segundo lugar, no se entiende cómo un hombre que, según el juez, se ha pegado un balazo en la sien derecha sentado en el borde de la cama, aparece arrodillado con la cabeza apoyada en ella y el revólver a la izquierda. Interrogado sobre el asunto, Pizarro Miguens dio esta respuesta extraordinaria: "En las películas se ve muy bien la manera en que un hombre que recibe un balazo se da vuelta por efecto del impacto". Estos conocimientos cinematográficos le bastaron al juez para no ordenar una autopsia. Poco importa que el valet de Juancito haya afirmado que su patrón, la noche de su muerte, no llevaba camisa blanca sino a rayas. Poco importa que otros testigos hayan declarado haber visto el cuerpo de rodillas, pero en otra posición. Poco importa, por último, que varios vecinos del edificio hayan oído ruidos en la escalera a altas horas de la noche como si se arrastrara un bulto pesado ni que hayan visto en el corredor al embajador Margueirat, a Apold, a Cámpora y a un desconocido al que éstos llamaban Gallego, ocupados en examinar unos papeles a la luz de una linterna.

El juez Miguens tampoco ordenó un peritaje grafológico de la carta de Juancito. Sin embargo era evidente que la habían retocado, y el gobierno terminó por "confesar": habían tenido que corregir las faltas de ortografía. ¿Juancito la había escrito amenazado? ¿Habían imitado su escritura? ¿Lo habían matado en otra parte y transportado a su departamento? En todo caso, el juez llamó a la funeraria antes de que la familia viera el cuerpo. Doña Juana gritaba por la calle: "¡Me han matado a mis dos hijos!"

En octubre de 1955 la testigo María Rosa Daly Nelson, amiga de los

Duarte, que vivía en el sexto piso y que, a las 2 de la mañana, había reconocido a los tres hombres arriba mencionados, declaró ante la comisión que había reiniciado la investigación del caso: "Al día siguiente de la muerte, me encontré con Juana Ibarguren de Duarte y Elisa Duarte de Arrieta, que me dijeron textualmente: 'Lo mató Apold'".

Perón destituyó a Apold de sus funciones en junio de 1955, después del primer intento militar de derrocar el régimen.

¿Y el tesoro? ¿Y el viaje de Juancito a Suiza poco antes de su muerte? ¿Tenía o no los números de las cuentas? ¿De tenerlos, se los había comunicado al que correspondía? ¿Y, como lo afirma Glenn I. Infield, una vez entregados esos números se había vuelto inútil y molesto y era mejor eliminarlo? ¿O al contrario, lo eliminaban para apoderarse de los extractos de cuentas, o a modo de castigo ejemplar? Trataba de abandonar el país en compañía de su amiga Elina Colomer cuando lo arrestó la policía, acusado de negociar con la exportación de carne. Un diario de 1955 sugiere que lo mataron de un balazo en la espalda y lo remataron de otro en la cabeza, justo en el momento en que tomaba el avión para escapar.

En realidad, Juancito siempre había traficado, junto a su amigo Jorge Antonio y con mercancías menos perecederas: los Mercedes Benz. Además, Evita lo había nombrado inspector del casino de Mar del Plata (donde doña Juana, muy amante del juego, vivía momentos de intensa felicidad). Era un puesto a medida para un muchacho desprejuiciado como él (casi como nombrar inspector de lecherías a un vasco que pone agua en la leche). Esos negocios nunca habían sido un misterio para nadie. Acusarlo de traficante justo al año siguiente de la muerte de Evita, y precisamente a su regreso de Suiza, era un acto cargado de significación.

A la muerte de Juancito, la estrella de Jorge Antonio brilló con una nueva luz. En la revista sensacionalista *Ahora* del 7 de octubre de 1955 podemos leer: "Jorge Antonio surge a principios de 1948. Un puesto en el Banco de Crédito Industrial lo hizo depender de la Secretaría Técnica de la Presidencia, donde trabajaba bajo las órdenes de José Figuerola. Gracias a su permanencia en la Casa Rosada, pronto se hizo íntimo de Juan Duarte. Cuando éste se encontró "suicidado", Jorge Antonio habría ido a ver al General Perón para decirle que tenía en sus manos una importante serie de títulos de propiedad del difunto. En ese momento probó tener condiciones de administrador insospechadas hasta entonces y se reveló como un auténtico genio financiero".

Otra revista de la época, *Hechos en el mundo*, dice en su edición del 24 de octubre de 1955: "Poco después del fallecimiento de Juan Duarte, doña Juana Ibarguren de Duarte hizo abrir la sucesión del difunto. Se comprende el asombro del Tribunal Civil Nº 16, presidido por el Dr. Ots Ortiz, cuando tomó conocimiento de la naturaleza de esos bienes. Juan Duarte, el hombre que había tenido millones en sus manos y al que la prensa norteamericana llamaba 'el soltero más rico de América Latina', disponía de un crédito de 850.000 pesos otorgado por el Banco de la Provincia de

Buenos Aires. Como garantía para ese préstamo tenía, en total, 80.000 pesos en el First National Bank y dos automóviles y un avión evaluados en 620.000 pesos. (...) Pero todo el mundo sabía, o por lo menos presentía, que era titular de varios cofres en bancos locales. ¿Para qué los había alquilado si no tenía nada que poner? (...) Sabemos que todos los hombres que rodeaban al ex dictador, ya se tratara de Aloe o de Nicolini, disponían de considerables capitales. El único en descubierto era Juan Duarte. ¿Adónde había ido a parar su fortuna? ¿Quién se había apoderado de ella?".

A pedido de Perón, doña Juana había renunciado a su parte de herencia en lo tocante a las joyas de Evita. Perón no había firmado ningún desistimiento. Más tarde, doña Juana le hizo un proceso por la sucesión de Evita que duró largos años. Las relaciones entre el yerno y la suegra dejaban mucho que desear, cosa que se comprende fácilmente. En 1959, doña Juana le escribió una carta al papa Juan XXIII para suplicarle que la ayudara a encontrar los restos de su hija. En ella escribía: "Antes de la caída de Perón, y por razones que no es oportuno exponer aquí, mi situación y la de mis hijas ya estaba muy amenazada". Doña Juana murió sin conocer el paradero del cadáver de Evita y antes de que concluyera su juicio contra Perón. Erminda y Blanca (también Elisa había muerto entretanto) terminaron por ganar ese juicio. Viven en Buenos Aires, recluidas, sin recibir a nadie.

¿De qué herencia se trataba? A diferencia de Juancito, Evita había redactado de su puño y letra, y con faltas de ortografía (alaja por alhaja), una declaración de bienes donde decía poseer una casa en la calle Teodoro García y 1.300.000 pesos en joyas y en dinero. Pero a la caída del régimen, la Revolución Libertadora expuso y vendió sus bienes en pública subasta: vestidos, pieles, zapatos, sombreros y joyas. Según Vacca y Borroni, entre el 9 y el 19 de diciembre de 1957 la comisión liquidadora de esos bienes vendió o trató de vender sesenta y cinco kilos de oro y otros tantos de plata, una esmeralda de cuarenta y ocho quilates, tres lingotes de platino, mil seiscientos cincuenta y tres brillantes, ciento veinte pulseras de oro y cien relojes del mismo metal. Desde antes de la adjudicación, en la cuenta especial de la comisión se depositaron 11.155.608, 86 pesos y, más tarde, cien millones más. Un informe dice que esa venta sólo podía compararse con la de los bienes del rey Faruk. Ahora bien: en su biografía de Evita, Libertad Demitrópulos afirma que la totalidad de esos fondos desapareció sin dejar rastros. La citada comisión habrá considerado que le tocaba el turno de aprovecharse un poco ella también.

En un estudio publicado por la revista *Todo es historia*, Adolfo Rocha Campos relata que Perón, en 1949, hizo una declaración pública y jurada en momentos en que se comenzaba a hablar de su segunda presidencia. Declaraba la casa de San Vicente y algunos otros bienes sin importancia. Evita firmó también una declaración similar, en el mismo momento, pero la de ella permaneció en sobre cerrado.

Rocha Campos calcula que en 1952 la fortuna de Evita y de Perón se elevaba a 12.271.280 y 11.265.438 dólares, respectivamente, más la casa de San Vicente y un terreno en la provincia de Córdoba. La Revolución Libertadora bloqueó esos bienes en 1955 por decreto Nº 5.148. Era la época en que los antiperonistas veían rojo y rebosaban de celo justiciero. En cambio, en 1973, cuando Perón volvió a la Argentina, los tiempos eran otros: se hablaba de pacificación y los adversarios de Perón, por no recaer en los excesos del pasado, se mostraron altamente magnánimos. Y de esa manera, la ley 20.503 que puso fin al bloqueo de dichos bienes fue el producto de una opinión y de un estado de ánimo, igual que la anterior pero en sentido inverso. Doña María Estela Martínez, viuda de Perón, heredaría la mitad de esos bienes. La otra mitad quedaría en manos de las dos hermanas de Evita.

Pero estas cifras, por exactas que sean, no nos revelan el origen de tales posesiones. "Durante sus dieciocho años de exilio -escribe Rocha Campos-, Perón tuvo tiempo de adquirir bienes, personalmente o por intermedio de algunos amigos, entre otros el hombre de negocios Jorge Antonio. Por otra parte, se le atribuían fondos depositados en el extranjero, mencionados sin dar precisiones (quizá porque el acceso a toda información era imposible) en el fallo de la Corte que da por finalizada la interdicción de sus bienes de 1955." Según parece, en 1974, al asumir la presidencia por tercera vez, Perón no rindió cuentas sobre el estado de sus finanzas. Y nadie se lo reprochó. Para diferenciarse de los viejos antiperonistas viscerales cuya furibundez adquiría ribetes cómicos con el paso del tiempo, se puso de moda alzarse de hombros al evocar esas riquezas. Son raras las actitudes libres. Casi todo lo que pensamos es simplemente reactivo y pendular.

En su carta a Juan XXIII, doña Juana alude también a un tema para ella tan doloroso como el de la desaparición del cadáver de Evita: la profanación de los restos de Juancito Duarte. Tras la caída de Perón, un tal "capitán Gandi" se apoderó del cráneo de Juancito para demostrar que había sido asesinato y no suicidio. Müller, un viejo peronista de Junín amigo de Juancito, nos ha asegurado que cuando el peluquero de esa ciudad había sido llamado a declarar en el caso Duarte (después de 1955, claro está), había visto la calavera sobre el escritorio del capitán.

Evita y Juancito, hijos del abandono, nunca habían pronunciado el nombre de su padre. Nunca, ni siquiera ante los íntimos.

El sempiterno exilio

El "suicidio" de Juancito provocó en el país una intensa emoción. Félix Luna relata en *Argentina, de Perón a Lanusse*: "En las esferas oficiales reinaba una pesada atmósfera de negocios turbios y de enriquecimientos clandestinos. Los nombres de los supuestos testaferros de los personajes más encumbrados eran un secreto a voces. En la Cámara de Diputados, un legislador peronista tuvo la desdichada idea de citar en su discurso uno de los eslogans más difundidos del peronismo ('En la nueva Argentina los únicos privilegiados son los niños'), y un diputado de la oposición preguntó con fingida inocencia la edad de uno de los personajes sospechoso de haberse enriquecido con las asociaciones más inconfesables"...

Tan cargada estaba la atmósfera, que la CGT organizó para el 15 de abril una manifestación de apoyo al presidente. Fue el principio del fin. La oposición hizo explotar algunas bombas y fue entonces cuando grupos de peronistas quemaron el Jockey Club, otro símbolo de la oligarquía y de la cultura "de elite" con su pinacoteca de gran valor que voló hecha cenizas.

El 16 de setiembre, cuando estalló la Revolución Libertadora encabezada por el general Lonardi, Perón no quiso armar al pueblo. Sus partidarios se lo pedían llorando. Él contestó que no quería un baño de sangre. Quizá temía que el pueblo ya no lo defendiera con tanto ardor como en 1945, quizá tenía miedo por su propia vida, quizá realmente la sangre lo espantara, o quizá las tres cosas. Lo cierto es que renunció. Todos los peronistas y numerosos antiperonistas son unánimes al respecto: si Evita hubiera vivido, la Revolución Libertadora no hubiese tenido lugar.

Hemos sugerido que Evita había renunciado a la vicepresidencia de una manera "femenina" o considerada como tal (según el mismo criterio, la ambición es "masculina"). Sin embargo, la Argentina guarda en su memoria el renunciamiento y el exilio de San Martín, el exilio de Rosas. Y ahora le tocaba el turno a Perón. ¿Renunciar sería femenino y argentino a la vez?

Al enterarse de su partida, una entusiasta multitud se concentró en las calles. Otra multitud, compuesta por personas que no habían comulgado con el pan dulce de Evita ni vivido en sus chalets con postigos verdes y corazones recortados. Esas personas gritaban "¡libertad, libertad!" Durante diez años se habían sentido asfixiados y ahora respiraban. Decir que todos eran oligarcas sería un grave error. Eran gente de clase media que creía en los libros más que en las alpargatas y aborrecía la censura, la obligación de afiliarse a un partido totalitario, el "fascismo a la argentina". Tenían sus razones y los otros también. Juntos abarcaban una razón total. Pero muchos, al afrontar a los de enfrente, se volvían tan locos como ellos. Al derrocar a un régimen demente a fuerza de corrupto, caían en la demencia virtuosa. Un importante sector de intelectuales, profesores, profesionales, gente de izquierda y, sobre todo, "gente suelta", festejó la caída de Perón pero muy brevemente: pronto comprendieron que la Revolución Libertadora tampoco los reflejaba. Eran gente sin espejo.

Perón se refugió en la Embajada de Paraguay y se embarcó a bordo de una cañonera anclada en el puerto de Buenos Aires, rumbo a Asunción. Más tarde fue a Venezuela, a la República Dominicana y a Panamá, donde conoció a una bailarina. Se llamaba Estela pero se hacía llamar Isabel. Tenía un cuerpo frágil y un rostro de pájaro con unos ojos aun más empequeñecidos por la expresión de astucia, cualidades que a él sin duda le gustaron. Vivía con ella y se negaba a casarse por no lastimar a los evitistas. Sólo se decidió a dar el paso cuando obtuvo el derecho de asilo en España, país católico, y también para reconciliarse con el Vaticano. En efecto, Juan XXIII terminó por levantar la excomunión pronunciada contra Perón en 1955 por la Iglesia argentina.

Una vez fuera del país, comenzó a organizar la resistencia peronista. En la actualidad Guillermo Patricio Kelly, ex resistente y ex nacionalista transformado en partidario acérrimo de Israel, cuestiona sus métodos. En una entrevista concedida a Marta Echeverría, Kelly dice lo siguiente: "Perón se fue porque no quería que corriera la sangre de los argentinos. Pero apenas se encontró en el Paraguay, empezó a pedir la cabeza de los gorilas. Así que la sangre podía correr, siempre y cuando él estuviera bien lejos, sano y salvo".

En Madrid, Perón frecuenta poco a su amigo Franco. Vive en una villa en Puerta de Hierro donde cultiva rosas. Es allí donde aflora el mejor Perón, un Perón que explica sosegadamente cómo podar las plantas, un hombre ordenado, mesurado, tranquilo, a gusto con su vida cotidiana y que utiliza giros y proverbios del campo, los unos más divertidos que los otros. ¡Ay! El mejor Perón, ése que sabía planchar los pantalones y batir la mayonesa, no era el Perón amado por Evita. Ella nunca había adorado sino al hombre imaginario. No lo llamaba de otro modo que por el apellido: rara vez Juan Domingo, y mucho menos Juancito. Curiosamente, Aurelia Tizón había hecho lo mismo. El malquerido en el fondo era él.

Obsequioso y servil, López Rega teje su tela alrededor de Perón como antes ya lo han hecho Mendé, Teisseire y Méndez San Martín. Según Rosa Calviño, había comenzado su carrera como simple policía. Siempre estaba sonriendo en la puerta de la Residencia y ofreciendo mate a las visitas. Desde entonces había recorrido un buen trecho, siempre reptando.

Pero a pesar del brujo meloso, el Perón de Madrid se ha sacudido el entorpecimiento, se ha despertado, ha remontado la pendiente, se ha puesto a ironizar mejor que nunca y a dirigir la Argentina desde lejos. En el país no estalla ni una huelga que el gobierno argentino no se vea obligado a negociar con Perón. Otro tema que a Kelly no le inspira ternura: "Perón lanzaba la huelga, pongamos en el gremio de la carne. Entonces el gobierno le mandaba a un delegado para arreglar las cosas. Y Perón contestaba: 'Mándenme al secretario del sindicato, ya voy a ver lo que puedo hacer'. A cambio de eso pedía que se levantara una parte de la interdicción de sus bienes y de los de Jorge Antonio. Y durante todo ese tiempo, el pueblo lo seguía esperando, arriesgando la prisión y la muerte. ¡Ese pueblo al que Perón llamaba la gilada!"

Los giles, los tontos, soñaban con verlo volver a la Argentina en un avión negro.

Cuando los antiperonistas acusaron al ex presidente de haber tenido una relación homosexual con el boxeador Archie Moore, los giles escribían en las paredes: "Puto o ladrón/ lo queremos a Perón".

En el cementerio de la Chacarita, el régimen peronista había erigido un busto de Evita que los giles cubrían de flores. La Revolución Libertadora había reemplazado el busto por un tacho de basura. Entonces los giles pusieron flores sobre el tacho.

Al quemar salvajemente cada cubrecama, cada camiseta deportiva que llevara la inscripción "Fundación Eva Perón", la Revolución Libertadora provocó la testaruda supervivencia del peronismo. El encarnizamiento generaba resistencia. Los antiperonistas demolieron el Palacio Unzué y la casa de la calle Teodoro García. Destruyeron pulmotores envilecidos por la inscripción maldita; poco después sobrevino una epidemia de poliomielitis y murieron muchos niños al no haber pulmotores. Era una lucha contra el símbolo: pintaron de otro color las camionetas celestes de la Fundación y prohibieron a la prensa que se mencionaran los nombres de Perón y Evita. Había que decir "el ex dictador" o "el tirano vencido". No habían comprendido que cada palabra, cada nombre, cada edificio ausente se transformaba en una presencia terrible (en el sentido en que la presencia de Dios puede ser terrible).

Ausencia divinizada: por aislado que estuviera, el rancho más miserable tenía su foto de Evita con velas encendidas. Ardían los altares día y noche por la mítica madre que aun de muerta daba el pecho a sus niños.

Blanco, negro y rojo

Dos mitos quedaron enfrentados: el blanco y el negro. Para el primero, Eva era la Virgen en persona, con todas sus virtudes: dulzura maternal y sentido del sacrificio. Para el segundo, era una prostituta, una trepadora sedienta de poder.

Tanto el blanco como el negro partían del mismo principio. Los unos amaban a Evita por su pureza y los otros la odiaban por impura. Así pues, para los dos, el sexo merecía condena. La virgen y la puta eran imágenes opuestas de un mismo ideal. Hasta Borges pensaba que Eva era una prostituta. Pero exaltarla o denigrarla asumían proporciones sobrenaturales. El amor y el odio parecían apuntar hacia otra cosa más allá de lo humano. La amaban y la odiaban religiosamente. En *Los mitos de una mujer*, Julie Taylor concluye que las mujeres y los muertos siembran perturbación y desorden. El poder simbólico de Evita como "cadáver femenino" estaba intacto.

¿Cómo exorcizarlo? La psicoanalista Marie Langer escribió en *Fantasías eternas a la luz del psicoanálisis*: "Cada uno tenía dos imágenes contradictorias (de Evita) en su fuero interno, pero unos proyectaban la buena y reprimían la mala, y otros hacían lo contrario". Creemos que ha llegado el momento de no reprimir ninguna imagen... ni tampoco ninguna sonrisa. Los muertos dejan de quemarnos, por femeninos que sean, cuando nos sorprendemos a nosotros mismos riéndonos de ellos tiernamente.

El Cordobazo de 1969 -un movimiento revolucionario en el que buena parte de la población de Córdoba se lanzó a las calles en contra del Ejército- marca el nacimiento de una nueva raza de peronistas que crearían el tercer mito de Eva. Ya que se ha coincidido en atribuir a los otros dos tonalidades opuestas, llamemos al tercero "el mito rojo". Estos nuevos peronistas eran de izquierda, aunque algunos de los que formaron el grupo guerrillero Montoneros, llamado así en homenaje a los gauchos que habían combatido por la libertad de la patria durante el siglo XIX, venían de la extrema derecha. Pero todos tenían en común su juventud. Los que tomaron el camino de la guerrilla se sentían puros y a cargo de una alta misión. Tenían ojos tan ardientes, bigotes tan negros y expresión tan severa que era posible reconocerlos por la calle. Dostoyevski los ha descrito en *Los demonios*. En general, eran de clase media o de la burguesía. Sus padres habían sido antiperonistas. Razón de más para tratar de captar lo que a la generación precedente se le había escapado, o sea, que el peronismo era un movimiento de liberación nacional. ¿La buena acogida de Perón a los nazis no les quitaba el sueño? Todo eso les parecía charlas de viejos.

Lograron crear un verdadero ejército de 40.000 hombres; un ejército contra el Ejército. La Revolución cubana y Mayo del 68 ya habían sucedido. Perón, al que iban a visitar a Madrid, les decía que estaba completamente de acuerdo con ellos. Si les hubieran advertido que siempre decía lo mismo, no lo habrían creído. Les gustaba la sabiduría irónica del líder, pero pensaban, sobre todo, que irían a infiltrarse en su movimiento para radicalizarlo, y Perón los dejaba pensarlo en paz.

Pero el viejo Vizcacha que repetía "todo en su medida y armoniosamente" no tenía el temple de un héroe romántico y ellos necesitaban figuras excitantes. Por eso se proclamaron peronistas pero tomaron a Evita como bandera. Compartían con ella el mismo ardor, el mismo amor por el autosacrificio y por la muerte, el mismo espíritu de Robin Hood. Al asaltar supermercados, al secuestrar a millonarios y al repartir el botín en las villas miseria creían imitarla. Cantaban con absoluta convicción: "Si Evita viviera/ sería Montonera".

¿Lo sería en realidad? Evita era una constructora y los Montoneros querían destruir para edificar una nueva sociedad. Nadie sabe si su amor por las obras no la hubiera colocado en el bando opuesto al de esos jóvenes coléricos y si los ponedores de bombas no hubieran terminado por considerar la Fundación como un simple paliativo y acusado a su fundadora de simple reformista. Si Evita hubiera vivido, habría sido de izquierda (es nuestra íntima convicción). No forzosamente montonera.

Sin embargo, la muerte la había fijado en una engañosa juventud. Y los Montoneros o la Juventud Peronista inflaban con sus sueños la muñeca perdida. Es cierto que imaginándola descubrían en ella un impulso revolucionario que a Perón le faltaba. Un impulso real, que ellos utilizaban para su propia causa pero que estaba lejos de ser falso. Si hubiera que elegir, podríamos decir a la distancia de los años que el menos absurdo de ese trío de mitos era el rojo. Pese a sus insolentes atuendos, que a Perón le parecían "de cabaret", o quizá precisamente a causa de ellos, Evita tenía aspectos de verdadera Pasionaria.

Aparte de soñar con Evita, los Montoneros soñaban con ellos mismos. El sueño se convirtió en su modo de vida (y de muerte). A ese sueño no le faltó belleza, sombría hermosura. Ahora ya no existe. En la Argentina de hoy, como en el resto del mundo, la izquierda desconcertada se formula preguntas. Y la nueva versión de la frase montonera dice modestamente: "Si Evita viviera / sería una viejita". Guiñada casi peroniana de un modo condicional que, al menos por una vez, no es quejumbroso, pero al que desearíamos quitarle el diminutivo peyorativo. Si Evita viviera, sería una vieja. Una formidable vieja capaz de haberse curado de su cáncer, de haber engordado justo lo necesario para honrar la vida, de haber vuelto a ser morocha y de haber proseguido su trabajo político por cuenta propia. Una robusta abuela con la cabeza clara.

En su tiempo y su historia, no pudo ser. La que realmente fue basta para merecer el respeto de esa izquierda compuesta por disidentes del peronismo, socialistas o comunistas que reaccionan contra un liberalismo "sin corazón", como ella misma hubiera dicho. Respetada y no mitificada, porque el mito, tanto si exalta como si denigra, es irrespetuoso. Pero tampoco analizada de manera "objetiva", es decir, reseca y sin el jugo de los propios sentimientos, porque uno puede respetar lo humano sin sobarse el mentón con aire doctoral.

El cadáver herido

Para los jóvenes peronistas quedaba una enorme injusticia por reparar: había que encontrar el cuerpo de Evita. La indiferencia demostrada por Perón frente a Pedro Ara se había confirmado: el Líder exiliado, pero todopoderoso, nunca había utilizado su influencia sobre el gobierno argentino -influencia debida a su poder de atizar o desinflar una huelga-, para exigir que le devolvieran el cadáver desaparecido. Los Montoneros, futuros cadáveres y futuros desaparecidos, iban a remediar la situación (se hubiera dicho que buscaban su propia imagen por venir). Y el único que sabía dónde estaba la muerta era Aramburu. Ellos, al menos, lo creyeron así.

El 29 de mayo de 1970, dos hombres uniformados se apersonaron en lo del entonces ex presidente y lo obligaron a subir a una camioneta con vidrios ciegos. Ocho horas más tarde llegaron a un rancho perdido en la pampa y le anunciaron al prisionero que sería juzgado por un tribunal revolucionario. Mario Firmenich, el comandante, comenzó su interrogatorio. Aramburu contestó a todas las preguntas. Habló del fusilamiento de Juan José Valle y de otros veintiún peronistas y reconoció su parte de responsabilidad en esa ejecución llevada a cabo en 1956. Pero cuando le preguntaron dónde estaba el cuerpo de Evita, se quedó "como paralizado", según el testimonio del propio Firmenich. Hizo un gesto para que detuviesen la grabación y murmuró: "No puedo decirlo por razones de honor". Como sus carceleros insistían, prometió reflexionar. Al amanecer les reveló que el Vaticano se había encargado de todo, y que Evita estaba enterrada en un cementerio de Roma bajo un nombre falso. Después se supo que en realidad estaba en Milán. Pero lo que Aramburu no soltó fue el nombre del notario al que él mismo le había entregado el sobre cerrado con las informaciones precisas sobre la tumba de Evita. Aramburu no sabía dónde estaba el cadáver. Nunca había querido saberlo. Ante su obstinado silencio, los Montoneros lo condenaron a muerte, lo ejecutaron y difundieron un comunicado donde anunciaban que sus restos serían devueltos a la familia "el día en que los restos de nuestra querida compañera Evita sean devueltos al pueblo".

Pero la policía encontró los restos de Aramburu. Y el notario cumplió la promesa que le había hecho al difunto varios años atrás: entregar el sobre, cuatro semanas después de la muerte de Aramburu, al que en ese momento fuera el presidente de la Nación.

Resultó serlo el general Alejandro Agustín Lanusse. Hacía mucho que Lanusse deseaba pactar con ese diablo que gobernaba la Argentina y daba órdenes desde Madrid. Lanusse abrió el sobre, llamó al coronel Cabanillas, le dio el nombre de un cura y de un cementerio y Cabanillas viajó a Milán con el padre Rotger, el mismo que había acompañado el cadáver en su primer viaje.

Entretanto, el cura italiano había muerto. La única solución era buscar en los registros del cementerio los nombres de todas las mujeres enterradas en 1956. Encontraron a una tal María Maggi de Magistris, italiana, viuda, emigrada a la Argentina y muerta cinco años antes de haber sido enterrada en Milán.

El coronel Cabanillas se dejó crecer el bigote y se presentó ante las autoridades del cementerio como Carlos Maggi, hermano de María. Pedía autorización para trasladar a España el cadáver de su hermana. El 2 de setiembre de 1971, un grupo de hombres se reunió ante la piedra sepulcral del espacio 86, jardín 41. La tumba estaba abandonada. Era Evita, sin duda. Y era también su destino encontrarse allí, transformada en momia, en manos de un grupo de hombres y con una falsa identidad. Tras haber adoptado la de un bebé muerto al nacer, Juan José Uzqueda, había tomado en préstamo la de otra mujer, María Maggi, cuyo cadáver nadie se molestó en buscar.

La camioneta de la empresa funeraria que transportaba el féretro atravesó la frontera italofrancesa. Una vez en España, fue escoltada por varios automóviles. A Perón le advirtieron a último momento que se acercaba Evita.

Ese cuerpo del que tanto había huido lo alcanzaba por fin. Durante su período errabundo por América Latina, nunca se había separado de una foto de Evita, una minúscula foto de carné envuelta en un pedazo de papel junto con una estampita de San Cayetano provisto de su escoba y otra de la Virgen de Luján. "Había colgado el paquetito de un clavo, encima de su cama", nos ha dicho Roberto Galán. Y en Madrid tenía la misma fotografía diminuta puesta sobre su escritorio. Amor aminorado como respuesta a un amor hiperbólico. Amor supersticioso, también. Nunca se sabe. Pero el cuerpo, ¡no! Y pensar que los Montoneros habían matado por eso. Ahora Lanusse se lo mandaba de regalo para congraciarse con él. Nadie le pedía su opinión, que igual no hubiera dado.

A la llegada del cadáver estaban presentes en Puerta de Hierro Perón, Isabel, López Rega, Jorge Paladino, el embajador argentino Rojas Silveyra y dos curas de la Merced. A ellos se agregó, naturalmente, el coronel Cabanillas. Para este último tramo del viaje habían cambiado de vehículo: Evita no llegó en un coche funerario sino en una camioneta de pastelería.

Perón trató de abrir el ataúd y se lastimó con la tapa de zinc. Entonces López Rega, siempre ingenioso, propuso utilizar un soplete oxídrico. Lo miraron consternados. Finalmente fueron a buscar un abrelatas robusto que venció la resistencia de la tapa oxidada. Y Evita apareció. Perón exclamó al verla: "¡Qué atorrantes!" Deslizó un dedo tras la oreja de la muerta, como para cerciorarse de algo, y se puso a llorar.

Mientras él firmaba el formulario de reconocimiento del cuerpo, Isabel deshizo el rodete de Evita que estaba humedecido. Pero se negó a firmar el mismo documento. "¿Si no la conocí en vida -argumentó con tino-, cómo la voy a reconocer de muerta?"

En un reportaje publicado por la revista *Así* el 24 de setiembre de 1971, el doctor Isidoro Ventura Mayoral, abogado de Perón, afirmó que el ex presidente les volvía la espalda al embajador Rojas Silveyra y al coronel Cabanillas. Pero el periodista Enrique Bugatti escribe lo siguiente en el diario *Clarín* del 11 de noviembre de 1984: "Usted sabe, Rojas, yo viví momentos de alegría, de gloria y de felicidad al lado de mi señora, confesó Juan Domingo Perón tomando por el brazo al embajador argentino". Un tercer testimonio es el del periodista Rafael Brown, el mismo que se había sentido ofendido al ver la momia de Evita colgada de los pies. Brown relata que cuando los hombres que habían transportado el cuerpo hasta Puerta de Hierro ya se estaban por ir, Perón los llamó. Quería darles un regalito como agradecimiento y tenía un paquete en la mano, mal envuelto en papel de diario, que dejaba ver el contenido. Eran fiambres.

¿Por qué había exclamado "¡qué atorrantes!" al abrir el ataúd?

Hasta eso suscita controversias. Pedro Ara había vuelto a Madrid y lo llamaron para examinar los daños sufridos por el cuerpo. Como de costumbre, su descripción esquiva las palabras justas. El cuello, según él, no había sido seccionado. Los senos no presentaban rastros de violencia. Todo era reparable.

Pero Blanca y Erminda, que habían ido a Madrid para ver a su hermana, publicaron un comunicado muy diferente. Lo hicieron mucho después, en 1985, como respuesta a un artículo del doctor Raúl Matera publicado en la revista *Ahora*: "Nuestra intención no es reavivar antiguas heridas que nos siguen haciendo sufrir. Pero no podemos ni debemos permitir que la historia sea desnaturalizada. Por eso damos testimonio aquí de los malos tratos infligidos a los despojos mortales de nuestra querida hermana Evita:

-varias cuchilladas en la sien y cuatro en la frente,

-un gran tajo en la mejilla y otro en el brazo, al nivel del húmero,

-la nariz completamente hundida, con fractura del tabique nasal,

-el cuello, prácticamente seccionado,

-un dedo de la mano, cortado,

-las rótulas, fracturadas,

-el pecho, acuchillado en cuatro lugares,

-la planta de los pies está cubierta por una capa de alquitrán,

-la tapa de zinc del ataúd tiene las marcas de tres perforaciones, sin duda intencionales. En efecto, el ataúd estaba completamente mojado por dentro, la almohada estaba rota y el aserrín del relleno, pegado a los cabellos,

-el cuerpo había sido recubierto de cal viva y mostraba en algunas partes las quemaduras provocadas por la cal,

-los cabellos eran como lana mojada,

-el sudario, enmohecido y corroído".

Por su parte, en 1971 Ventura Mayoral había denunciado la demencia antiperonista al describir el estado del cuerpo. En un discurso pronunciado en una unidad básica, hace un balance que coincide con el de las hermanas, atribuyendo tal importancia a ese testimonio, que termina diciendo estas solemnes palabras: "Queremos que la información se transmita de boca en boca como se hacía durante las guerras gauchas".

Pero no pasó nada. Según la revista *Así* del 24 de setiembre de 1971, el Consejo Superior Peronista guardó silencio sobre la momia mártir. Y Perón nunca dijo una palabra acerca de esa nariz hundida o esos tajos profundos que dejaban al aire jirones de su muerte.

Guardó el cadáver en la mansarda de su villa de Puerta de Hierro donde, según Tomás Eloy Martínez, López Rega intentó hacer pasar el alma de Evita al cuerpo de Isabel, pero en vano: era una tarea demasiado pesada.

Regreso al país del olvido

En 1973, Héctor Cámpora ganó las elecciones y fue Presidente de la Argentina durante un mes. Ese "mes de Cámpora" -un Cámpora renovado y transformado en izquierdista- quedará en la memoria de los argentinos como un índice, una pista que permite captar las virtudes y errores de una verdadera Revolución. Un mes más tarde, Perón volvió a la Argentina a imponer orden y a retomar el sitio que le era debido. Aunque durante un mes pudo creer lo contrario, Cámpora no había sido más que otro simulacro. Lo habían votado únicamente como si fuese una máscara, y atrás estaba Perón.

El día de su regreso al país tras dieciocho años de exilio, los peronistas de izquierda y de derecha se encontraron frente a frente en el aeropuerto de Ezeiza. Tanto a los unos como a los otros, Perón les había dicho que estaba completamente de acuerdo con ellos. Pero los segundos se hallaban mejor equipados. Hasta habían contratado los servicios de franceses mercenarios, ex miembros de la OAS. Y contaban con López Rega, creador de la Triple A (Alianza Anticomunista Argentina), una fuerza parapolicial tan bien organizada que, a la caída de Isabel Perón en 1976, el Rasputín de la viuda logró salvar el pellejo legando su invención al general Videla. Todo quedaba en familia.

Un millón de personas habían ido a recibir a Perón. La ruta que conducía al aeropuerto hervía de gente, esas alegres multitudes que sólo el peronismo ha logrado juntar. Llegaban de todas las provincias, con sus pelos negros y sus pieles doradas, dichosos, llenos de calidez y riendo de emoción como en 1945. Habían traído sus bombos y se disponían a gozar de una fiesta que volvería a dar sentido a sus vidas. Hacía casi veinte años que escudriñaban el cielo con la mano sobre los ojos a modo de visera, a ver si por fin llegaba el avión negro con Perón a bordo.

¿Por qué lo habían imaginado negro? Una vez más la fantasía reflejó la realidad. La masacre fue atroz. Subidos a los árboles, los mercenarios de la derecha tiraban sobre "la gilada". Giles de todas clases: jóvenes intelectuales, jóvenes obreros, jóvenes paisanos envueltos en sus ponchos. Todos comulgaban, fraternos. Hasta había una columna del Movimiento de Liberación Homosexual que había creído poder salir por fin del armario a defender sus derechos. Error fatal. Eran tan giles los homosexuales como los heterosexuales. También se masacraban las ilusiones. Lo peor es el despertar, cuando uno se avergüenza de sí mismo. Ahí estaba patente el verdadero rostro del Perón camaleón. Claro que él no había organizado la masacre. Eran sus allegados. Pero allegados de derecha y que Perón elegía libremente, hoy como ayer. Siempre se había dicho que él era bueno pero que estaba mal rodeado. ¿Hacer responsables a quienes lo rodeaban no equivalía a considerarlo un pelele? Estaba viejo, sí, y su senilidad ya era visible en 1955. Pero a la hora de la verdad, el Perón con chocheras y el Perón pragmático, o sea, abierto a todo, se condensaban en un solo Perón perfectamente coherente, un Perón que no estaba en lo más mínimo de acuerdo con todos.

En los inmensos carteles, ahora se veían tres caras: Perón en el medio, Isabelita a la derecha y Evita a la izquierda.

Perón llegó a la Argentina junto a Isabel. Hubo nuevas elecciones, Perón asumió la presidencia y ella, la vicepresidencia. El cadáver molesto había quedado en España. Perón había prometido traerlo al país pero no había vuelto a decir una palabra sobre el tema. Isabelita mostraba mayor interés: quería revivir el mito de Evita, e intentaba imitarla, aunque más no fuera por medio de su abombado rodete de un matiz arratonado, o que lo parecía por cotejo.

Pero los Montoneros seguían empecinados. Ellos querían ver con sus propios ojos a su radiante amor, rubio y luminoso, amor cuyo vacío nunca podrían llenar unos cabellos castaños y unos ojos astutos. Y para completar esta historia macabra, profanaron la tumba de Aramburu y se llevaron el cuerpo. Un muerto vagabundo a cambio de otro: no lo devolverían hasta el día en que Evita volviese a la Argentina.

Perón no pudo contener su irritación ante esos falsos peronistas, dispuestos a importunarlo reavivando unos celos que parecían extinguidos y pretendiendo hacer del peronismo el movimiento de izquierda que nunca había sido. Los expulsó de una concentración en la Plaza de Mayo, llamándolos "jóvenes imberbes", apelativo injusto ya que muchos de ellos tenían barba igual que en Cuba.

Sin embargo, los peludos lampiños terminaron por ganar, al menos en eso: el cuerpo de Evita regresó al país. Perón ya había muerto. Su retorno al poder, que él no había deseado, su alejamiento de las rosas y de la paz del exilio acabaron con él. A lo mejor su drama fue que uno de los personajes de su desfile interno quería estar tranquilo, sin mujeres calcinadas por el fuego del fanatismo ni partidarios cargosos, y que a estos últimos les decía siempre que sí para sacárselos de encima. Si Perón no hubiera tenido que entrar al Ejército para huir de la Patagonia, no habría conocido la seducción del poder ni sus demonios y habría sido un excelente médico de pueblo, hombre reposado y de consejo, cazurro, socarrón y satisfecho con que a veces los pacientes le regalaran gallinas.

A su muerte, Isabel, o doña María Estela Martínez de Perón, asumió la presidencia. Era ella la que realizaba el sueño de Evita.

El 17 de octubre de 1974, un vuelo charter transportó a Evita de Madrid a Buenos Aires. La llevaron a la Residencia de Olivos, donde el doctor Domingo Tellechea emprendió los trabajos de reparación que Perón había omitido encargar desde que le entregaran el cuerpo tres años atrás.

Ya hemos dicho que el informe del doctor Tellechea, publicado por la revista *Siete Días*, coincide con el comunicado de Blanca y Erminda sobre el estado del cuerpo. Pero Tellechea agrega un detalle que confirma las palabras de Moori Koening en el cuento de Rodolfo Walsh: "La enterré parada, porque era un macho". "Los pies estaban dañados por la evidente posición vertical soportada por el cuerpo y por los malos tratos", escribe Tellechea.

Torturar a un cadáver femenino con aspecto de santa era un ensayo general. Entre 1976 y 1983, los militares torturaron a mujeres vivas, de preferencia embarazadas porque así se parecían más aún a la Virgen. La tortura es una adoración invertida, una misa negra. No sucede en el terreno de lo humano ni puede aspirar a ser humanamente perdonada.

Esta Evita rehecha, remozada, vuelta a peinar, con las uñas barnizadas y la túnica blanca que Isabel le había puesto en Madrid, fue expulsada de la Residencia de Olivos el 24 de marzo de 1976, día en que el general Videla derrocó a Isabel Perón e inauguró la dictadura militar que dio como resultado treinta mil desaparecidos.

El 22 de octubre de ese mismo año, Erminda y Blanca recibieron el féretro y lo depositaron en la bóveda de la familia Arrieta, la del marido de Elisa Duarte, en el cementerio de la Recoleta.

Evita no tiene una tumba con nombre propio. La casa natal de Los Toldos que las autoridades provinciales muestran a las visitas no es la suya: como no se puede enseñar la verdadera por un motivo equis, eligieron la casa de enfrente porque se le parece. Todo en su vida se asemejó a otra cosa.

En 1987, bajo la presidencia del doctor Raúl Alfonsín, profanaron la tumba de Perón y le cortaron las manos.

Argentina necrófila.

Había declarado que se cortaría las manos antes de pactar con el imperialismo norteamericano y, sin embargo, pactó. ¿El profanador de su tumba habrá sido un último sobreviviente de los jóvenes imberbes que se bebían sus palabras, y que ahora, en su amargura, lo acusaban de traición? Entre las innumerables leyendas tejidas alrededor de ese hecho aún no esclarecido, ésta es la más tenaz, quizá por ser la más absurda: Perón se habría hecho grabar en el anillo el código de la cuenta suiza arrancado a Juancito. Un espejismo más, sin duda. El simulacro de una razón. Otro teatro de sombras, con la única diferencia de que, esta vez, el actor es una sombra verdadera.

Un espejismo que, sin embargo, nos conduce a formularnos una pregunta turbadora.

Supongamos que Evita haya depositado realmente en Suiza una fortuna fabulosa. Supongamos también que Perón y ella misma hayan devuelto a Skorzeny o al propio Bormann una parte considerable de tales riquezas. ¿Pero por qué ella no le dio a su marido el código de lo que aún quedaba en el banco? ¿Y por qué dárselo a su hermano?

Hay que repetirlo hasta el cansancio: no existe confirmación alguna sobre el tesoro de Martin Bormann. Apenas una serie de pistas, que parten de los submarinos alemanes para desembocar en el asesinato o el suicidio provocado de Juancito Duarte.

Pero aparte del hecho de que la fortuna de la pareja no provenía solamente del presunto tesoro, sino de consistentes contribuciones de los nazis a cambio de sus pasaportes y ciudadanía argentina, lo no confirmado de la historia no nos impide continuar el razonamiento, aunque sólo sea por extremar la lógica hasta sus últimas consecuencias.

Este razonamiento nos lleva a admitir que Evita no le dio el número de cuenta a Perón porque se reservaba una salida. Penella de Silva y David Viñas han coincidido en un punto: si ella hubiera vivido, los caminos de ambos se hubieran separado. Perón y Evita permanecieron dependientes y prisioneros el uno del otro. Nada más impensable que un divorcio en esa época, en la Argentina, y entre personas públicas. Pero guardarse para ella y para su hermano parte del tesoro era una garantía de libertad. La otra era morirse. Ella sólo apostaba a los extremos.

¿Podemos concebir que la codicia haya sido la única inspiradora de semejante audacia?

Algo de eso había en ella, por supuesto: una voracidad de malquerida. Pero Evita era una gitana. No estaba apegada a los objetos o al dinero como lo está la gente instalada, asentada, establecida. Por mucho que las deseara, se rodeaba de cosas como de un decorado teatral. También lo hacía para tranquilizarse, aunque supiera como nadie que dichas posesiones eran frágiles e inciertas. Su único interés profundo y obsesivo era la acción social. De ahí a imaginar que haya podido burlarse de Perón, de Bormann, de Skorzeny o de todo otro personaje implicado en el caso, para realizar sus obras en el futuro y en forma independiente, no hay más que un paso. Un paso que tenemos derecho a dar en el terreno de los sueños.

El mismo razonamiento, siempre utópico, nos indica que su apuesta era riesgosa. No podía ganarla y, en efecto, la perdió. Freude, Dörge y varios otros más estaban muertos, y Juancito pagó con su vida la omnipotencia de su hermana.

¿Por qué no atenernos a lo que hizo, en vez de especular con lo que hubiera hecho si el supuesto tesoro hubiera estado en sus manos?

Por dos motivos principales. El primero es que las versiones sobre el caso Bormann son múltiples y reiteradas. No es posible contar la vida de Evita sin tenerlas en cuenta. Si sus biógrafos anteriores han podido esquivarlas (o refutarlas, como Fermín Chávez) es porque hasta hace poco las investigaciones sobre el tema aún estaban en pañales.

Segundo motivo: no sólo se es lo que se ha hecho, porque las obras se destruyen. Se es también lo que se pudo ser, el movimiento esbozado, el gesto sugerido. ¿Y qué mejor elogio que considerar a Evita capaz de hacerle un palmo de narices al mundo entero para volverle a dar un lustre de nobleza al dinero maldito? Lo importante es que, basándonos en su vida y en su temperamento, podamos creerla en condiciones de hacerlo. Toda la dimensión de ese gesto travieso, práctico y corajudo estaba en ella.

En resumidas cuentas, ¿Evita era buena o mala?

Dejaremos zanjar la dificultad a una personalidad francesa más allá de toda sospecha. Pierre Mendès France, que conoció a Evita durante su viaje a Francia, dijo de ella al despedirse: "Acabo de encontrarme con una gran mujer".

Grandeza: una idea de antaño.

Tratemos de recordar en qué consiste la grandeza.

No está en la perfección (a menudo es lo contrario).

No tiene que ver con la prudencia pero tampoco el mero exceso alcanza a explicarla.

Su naturaleza es tal, que la persona grande puede volverse mezquina, pero lo opuesto es imposible.

Digamos de modo provisorio que la grandeza se resiste a la "enumeración". Está más bien entre los intersticios y en el espacio circundante. Y siempre sobrará algún haz luminoso y algún triste jirón al margen de la lista más completa de virtudes y defectos, puesto que la grandeza es innumerable.

En la bóveda de la Recoleta hay una placa pequeña que indica su presencia. Las multitudes ya no se apretujan para tocar el mármol como antes tocaban su piel. Sólo algunos nostálgicos entrados en años, mujeres casi siempre, van de vez en cuando para encender velitas. ¿Serán los mismos que iban siguiendo el camión militar para depositar unas flores o alumbrar una llama? Fantasmas cada vez más desteñidos y ya casi invisibles. En cambio, periodistas extranjeros de edad menos provecta siguen desfilando ante esa tumba. La prensa, la televisión, el teatro, el cine y la literatura del mundo entero se interesan por ella. Y en la misma Argentina, después de un olvido similar a la palidez que sobreviene tras un crepúsculo demasiado rojo, hay signos anunciadores del retorno de Evita. El deseo que en la noche madrileña le confesó a su acompañante se ha cumplido. Ahora pertenece a la Historia.

Obras generales

AVNI, HAIM: *Argentina y la historia de la inmigración judía*, Buenos Aires.

BELLONI, ALBERTO: *Del anarquismo al peronismo*, Editorial A. Peña Lillo, Buenos Aires, 1960.

BIANCHI, SUSANA Y SANCHÍS, NORMA: *El Partido Peronista Femenino*, Centro Editor de América Latina, Buenos Aires.

BIDAULT, SUZANNE: *Je n'ai pas oublié*, Editions La Table Ronde, Paris.

BOIMVASER, JORGE: *Las manos de Perón (¿y por qué, señor Alfonsín?)*, BB Editores, Buenos Aires, 1991.

BOIZARD, RICARDO: *Esa noche de Perón*, H. del Valle, Buenos Aires, 1955.

BUCHRUCHER, CRISTIÁN: *Nacionalismo y peronismo. La Argentina en la crisis ideológica mundial (1927-1955)*, Editorial Sudamericana, Buenos Aires, 1987.

CAFIERO, ANTONIO Y GAMBINI, HUGO: *Desde que grité: ¡Viva Perón!*, Pequén Ediciones, Buenos Aires, 1983.

CAMARASA, JORGE: *Los nazis en la Argentina*, Editorial Legasa, Buenos Aires, 1992.

CARRIL, BONIFACIO DEL: *Memorias dispersas. El coronel Perón*, Editorial Emecé, Buenos Aires, 1984.

CERRUTI, GABRIELA: *El Jefe. Vida y obra de Carlos Saúl Menem*, Editorial Planeta, 1993.

DAMONTE TABORDA, RAÚL: *Ayer fue San Perón*, Ediciones Gure, Buenos Aires, 1954.

DOS SANTOS, ESTELA: *Las mujeres del tango*, Centro Editor de América Latina, Buenos Aires, 1972.

DOS SANTOS, ESTELA: *Las mujeres peronistas*, Centro Editor de América Latina, Buenos Aires, 1972.

FLORES, JOSÉ: *Operación "Rosa Negra"*, Buenos Aires, 1956.

GAMBINI, HUGO: *El 17 de Octubre de 1945*, Editorial Brújula, Buenos Aires, 1969.

HOLLANDER, NANCY: *La mujer, ¿esclava de la historia o historia de la esclava?*, Editorial La Pléyade, Buenos Aires, 1974.

HOROWICZ, ALEJANDRO: *Los cuatro peronismos*, Editorial Legasa, Buenos Aires, 1985.

INFIELD, GLENN I.: *Skorzeny, chef des commandos de Hitler*, Editions Pygmalion/ Gérard Wattelet, Paris, 1984.

JACKISCH, CARLOTA: *El nazismo y los refugiados alemanes en la Argentina, 1933-1945*, Buenos Aires, Editorial Belgrano.

JAMANDREU, PACO: *La cabeza contra el suelo, Memorias*, Ediciones de La Flor, Buenos Aires, 1975.

LAMARQUE, LIBERTAD: *Autobiografía*.

LAMAS, RAÚL: *Los torturadores*, Lamas, Buenos Aires, 1956.

LANGER, MARIE: *Fantasías eternas a la luz del psicoanálisis*, Editorial Nova, Buenos Aires, 1957.

LUNA, FÉLIX: *El 45. Crónica de un año decisivo*, Editorial Sudamericana, Buenos Aires, 1972.

LUNA, FÉLIX: *La Argentina de Perón a Lanusse*, Editorial Planeta, Buenos Aires, 1990.

LUNA, FÉLIX: *Perón y su tiempo, I*, Editorial Sudamericana, Buenos Aires, 1986.

LUNA, FÉLIX: *Perón y su tiempo, II*, Editorial Sudamericana, Buenos Aires.

LUNA, FÉLIX: *Perón y su tiempo, III*, Editorial Sudamericana, Buenos Aires, 1990.

MARTÍNEZ, TOMÁS ELOY: *La novela de Perón*, Editorial Alianza Cuatro, Madrid, 1989.

MEDINA, ENRIQUE: *Gatica*, Editorial Galerna, Buenos Aires, 1991.

MERCIER VEGA, LOUIS: *Autopsia de Perón*, Editorial Tusquets, Barcelona, 1975.

MIQUEL, PIERRE: *Histoire du Métro de Paris*, Editions de la RATP.

MOLINARI, ALDO LUIS: *Caso Duarte*, Buenos Aires, 1958.

PEICOVICH, ESTEBAN: *Hola, Perón*, Editorial Jorge Álvarez, Buenos Aires, 1965.

POMBO, ANA DE: *Mi última condena*.

POTASH, ROBERT A: *El Ejército y la política en la Argentina, 1928-1945*, Editorial Hyspamérica, Buenos Aires, 1971.

QUATTROCCHI-WOISSON, DIANA: *Un nationalisme de déracinés. L'Argentine, pays malade de sa mémoire*, Editions du CNRS, Paris, 1992.

REYES, CIPRIANO: *Yo hice el 17 de Octubre, Memorias*, GS Editorial, Buenos Aires, 1973.

REYES, CIPRIANO: *La farsa del peronismo*, Sudamericana-Planeta, Buenos Aires, 1987.

ROZICHNER, LEÓN: *Perón entre la sangre y el tiempo*, Centro Editor de América Latina, Buenos Aires.

SÁBATO, ERNESTO: *El otro rostro del peronismo. Carta abierta a Mario Amadeo*, Editorial Gure, Buenos Aires, 1957.

SANTANDER, SILVANO: *Técnica de una traición. Juan Domingo Perón y Eva Duarte, agentes del nazismo en la Argentina, Montevideo, 1953*. Editorial Legasa, Buenos Aires, 1985.

SEBRELI, JUAN JOSÉ: *Los deseos imaginarios del peronismo*.

SIRVÉN, PABLO: *Perón y los medios de comunicación (1943-1955)*, Centro Editor de América Latina, Buenos Aires.

SOMMI, LUIS V.: *Los capitales alemanes en la Argentina*, Editorial Claridad, Buenos Aires, 1943.

VARIOS AUTORES: *Historias del peronismo*, Editorial Corregidor, Buenos Aires, 1973.

WALSH, RODOLFO: *Los oficios terrestres*, Editorial La Flor, Buenos Aires, 1986.

WIESENTHAL, SIMON: *Los asesinos entre nosotros*, Editorial Noguer, Barcelona, 1967.

Obras sobre Eva Perón

ACOSSANO, BENIGNO: *Eva Perón, su verdadera vida*, Editorial Lamas, Buenos Aires, 1955.

ARA, PEDRO: *El caso Eva Perón. Apuntes para la historia.*

BARNES, JOHN: *Eva Perón*, Editorial Ultramar, Buenos Aires, 1987.

BORRONI, OTELO Y VACCA, ROBERTO: *Eva Perón*, Centro Editor de América Latina, Buenos Aires, 1970.

BRUCE, GEORGE: *Evita*, Ediciones Picazo.

CHÁVEZ, FERMÍN: *Eva Perón en la historia*, Editorial Oriente, Buenos Aires, 1986.

CHÁVEZ, FERMÍN: *Eva Perón sin mitos*, Editorial Fraterna, Buenos Aires, 1990.

COPI: *Eva Perón*, Christian Bourgois, Paris, 1969.

DEMITRÓPULOS, LIBERTAD: *Eva Perón*, Centro Editor de América Latina, Buenos Aires, 1984.

DEUTSCH, MARIO, GARBARINO, ALEJANDRO, RAGGIO, ALEJANDRO, TENEMBAUM, HEBERT: *Eva Perón, una aproximación psicoanalítica.*

DOUMERC, BEATRIZ: *Eva Perón*, Editorial Lumen, Barcelona, 1989.

DUARTE, ERMINDA: *Mi hermana Evita*, Centro de Estudios Eva Perón, Buenos Aires, 1972.

FRASER, NICHOLAS Y NAVARRO, MARYSA: *Eva Perón*, Editorial Bruguera.

GHIOLDI, AMÉRICO: *El mito de Eva Perón*, Ediciones Gure, Buenos Aires, 1956.

JAMANDREU, PACO: *Evita fuera del balcón*, Ediciones del Libro Abierto, Buenos Aires, 1981.

LLORCA, CARMEN: *Llamadme Evita*, Editorial Planeta, Barcelona, 1980.

LOMBILLE, ROMÁN: *Eva, la predestinada. Alucinante historia de éxitos y frustraciones*, Editorial Gure, Buenos Aires, 1955.

MAIN, MARY: *La mujer del látigo*, Ediciones La Reja, Buenos Aires, 1955.

MIGNOGNA, EDUARDO: *Evita, Quien quiere oír, que oiga* (guión de la película del mismo título), Editorial Legasa, Buenos Aires, 1984.

NAIPAUL, V.S.: *The return of Eva Perón*, Knof, New York, 1980.

NAVARRO, MARYSA: *Evita*, Editorial Corregidor, Buenos Aires, 1981.

OTTINO, MÓNICA: *Evita y Victoria*, Grupo Editor de América Latina, Buenos Aires, 1990.

PAGANO, MABEL: *Eterna*, Editorial Nuevo Sol, Buenos Aires, 1982.

PAVÓN PEREYRA, ENRIQUE: *Evita, la mujer del siglo*, Editorial Ruy Díaz, Buenos Aires.

PICHEL, VERA: *Mi país y sus mujeres*, Editorial Sudestada, Buenos Aires, 1968.

PICHEL, VERA: *Evita íntima*, Editorial Planeta, Buenos Aires, 1993.

SACCOMANO, GUILLERMO: *Roberto y Eva*, Editorial Legasa, Buenos Aires, 1989.

SEBRELI, JUAN JOSÉ: *Eva Perón: ¿Aventurera o militante?*, Editorial Siglo XX, Buenos Aires, 1966.

TAYLOR, JULIE: *Los mitos de una mujer.*

TETTAMANTI, RODOLFO: *Eva Perón*, Centro Editor de América Latina, Buenos Aires, 1971.

Textos de Perón y Eva Perón

JUAN DOMINGO PERÓN: *Del poder al exilio. Cómo y quiénes me derrocaron.*

JUAN DOMINGO PERÓN: *La comunidad organizada*, Ediciones del Pueblo, Buenos Aires, 1970.

EVA PERÓN: *La razón de mi vida*, Editorial Peuser, Buenos Aires, 1951.

EVA PERÓN: *Clases y discursos completos, 1946-1952*, Editorial Megafón, Buenos Aires, 1987.

EVA PERÓN: *Historia del peronismo*, Editora Volver, Buenos Aires, 1987.

EVA PERÓN: *Mi mensaje*, Ediciones del Mundo, Buenos Aires, 1987.

EVA PERÓN: *Discursos completos, 1946-1948*, Editorial Megafón, Buenos Aires, 1985.

Revistas, publicaciones y textos diversos

"Historia del peronismo", por HUGO GAMBINI, en *Primera Plana*, 1967.

"Evita", Nº 7, *Órgano del Ateneo Eva Perón*, sin fecha.

"*Eva Perón hoy*", por VICENTE ZITO LEMA, en *Cuadernos de Fin de Siglo*, Buenos Aires, 1973.

"*Etnicidad e inmigración durante el primer peronismo*", por LEONARDO SENKMAN, en *Estudios Interdisciplinarios de América Latina*, Universidad Hebrea de Jerusalem.

"*Las relaciones Estados Unidos-Argentina y la cuestión de los refugiados de la post-guerra: 1945-1948*", por LEONARDO SENKMAN, en *Judaica Latinoamericana*, Separatum, Universidad Hebrea de Jerusalem.

"*Perón y Evita en la historia bonaerense*", Homenaje del Gobierno del Pueblo de la Provincia de Buenos Aires, octubre de 1990.

"*Mayoría*", Año de la Liberación, 26 de julio de 1973.

"*Eva Duarte, actriz*", por GERARDO BRA, en *Todo es Historia*, agosto de 1986.

"*Perón y los judíos*", por EMILIO J. CORBIÈRE, en *Todo es Historia*, junio de 1988.

"*Prehistoria de Eva Perón*", por JORGE CAPSITSKI, en *Todo es Historia* Nº 14.

"*Perón y su exilio español*, por MARCELA A. GARCÍA y ANÍBAL ITURRIETA, y "*La fortuna de Perón*", por ADOLFO ROCHA CAMPOS, en *Todo es Historia*, Nº 313, agosto de 1993.

"*Perón, Braden y el antisemitismo: opinión pública e imagen internacional*", por IGNACIO KLICH, en *Ciclos*, año II, vol. II, Nº 2, 1º de setiembre de 1992.

"*Perón y los nazis*", por TOMÁS ELOY MARTÍNEZ, en *El Periodista*, Buenos Aires, agosto de 1985, Nºs 49 y 50.

"*Catorce hipótesis de trabajo en torno a Eva Perón*", por DAVID VIÑAS, en *Marcha*, Montevideo, 1965.

"*La Fundación Eva Perón*", tesis universitaria inédita, por MÓNICA CAMPINS, HORACIO GAGGERO y ALICIA YANO.

"*Eva Perón: catolicismo tradicional y mitología cristiano-justicialista*", tesis universitaria inédita, por LILA CAIMARI.

"*Hernán Benítez: le péronisme comme meilleure façon de faire le christianisme*", thèse universitaire inédite, por LILA CAIMARI.

"*La infancia de Perón en la Patagonia*", por TOMÁS ELOY MARTÍNEZ, en *2001*, año 6, Nº 63, octubre de 1973.

"*Perón, el hombre del destino*", colección de 45 volúmenes dirigida por ENRIQUE PAVÓN PEREYRA, Editorial Abril, Buenos Aires, 1973.

"*Ciudad infantil Amanda Allen*", Presidencia de la Nación, Secretaría de
   Informaciones.

"*Cuando Descartes firmaba Perón*", por FERMÍN CHÁVEZ, *Clarín*, 9 de
   marzo de 1989.

Carta inédita de las hermanas de Eva Perón al Dr. Raúl Matera, 29 de julio
   de 1985 (propiedad de Fermín Chávez).

Carta inédita de Juana Ibarguren al Papa Juan XXIII, 22 de marzo de 1959
   (propiedad de Fermín Chávez).

Carta inédita de Raúl Matera a Monseñor Lino Zanini, 1971 (propiedad de
   Fermín Chávez).

Revistas

*Primera Plana, Gente, Siete Días, Careo, Ahora, Hechos en el mundo, Antena,
Radiolandia, El Hogar, Somos, Noticias, Gaceta Ilustrada, Paris-Match, Time,
Life* y otras.

Diarios

*La Prensa, La Nación, Clarín, Página 12, Buenos Aires Herald, Río Negro, El
País, La Stampa, La Repubblica, Voix Ouvrière, Paroles françaises, La Démo-
cratie* y otros.

Películas

La Pródiga, La República perdida de Luis Gregorich y María Elena Walsh,
Quien quiere oír que oiga de Eduardo Mignogna, *Evita* de Juan Schroeder,
El misterio Eva Perón de Tulio de Michelis.

Personas consultadas

Acosta, José María, periodista. *Agostino, Luis*, modisto de Eva Perón. *Alcorta, Gloria*, escritora. *Ardiles Gray, Julio*, escritor y periodista. *Asquía Miel,
Ángel*, ex diputado. *Barranco, Dora*, militante anarquista. *Bayer, Osvaldo*,
historiador y sociólogo. *Padre Benítez Hernán*, confesor de Eva Perón. *Dr.
Benjamin*, psicoanalista. *Blaisten, Isidoro*, escritor. *Boto, Marta*, pintora. *Calviño de Gómez, Rosa*, ex miembro del Partido Peronista Femenino. *Cámpora, Héctor*, hijo del ex presidente argentino. *Caparrós, Martín*, escritor. *Ca-*

prile, Delfina, miembro de la ex Comisión Liquidadora de la Fundación Eva Perón. *Cartier, Héctor,* retratista de Eva Perón. *Castiñeira de Dios, José María,* poeta, ex secretario de Cultura. *Cereijo, Ramón,* ex ministro. *Chávez, Fermín,* historiador. *Ciano, Tito di,* ex peluquero del Congreso. *Claiman, Víctor,* periodista. *Clur, Luis,* periodista. *Decker, Rodolfo,* abogado, ex diputado. *Estrella, Miguel Ángel,* pianista. *Facio, Sara,* fotógrafa. *Feinman, Juan Pablo,* escritor. *Fernández, Javier,* diplomático. *Freund, Gisèle,* fotógrafa. *Galán, Roberto,* animador de televisión. *Gallaher, Mike,* ex oficial de la Aviación. *Gambini, Hugo,* periodista. *Granata, María,* escritora. *Heinrich, Anne-Marie,* fotógrafa. *Jonquières, Eduardo,* pintor. *Dr. Larrauri,* médico. *Luna, Félix,* historiador. *Lunazzi,* militante anarquista. *Machinandearena, Sergia,* hija de Pedro Machinandearena, productor cinematográfico. *Macri, Ana,* ex miembro del Partido Peronista Femenino. *Maglie, Graciela,* socióloga. *Maguid, Jacobo,* militante anarquista. *Maratea, Pedro,* actor. *Mercante,* hijo del ex gobernador de la Provincia de Buenos Aires Domingo Mercante. *Miguens, José Enrique,* sociólogo. *Núñez, Ángel,* poeta. *Oliva, Enrique,* periodista. *Orgambide, Pedro,* escritor. *Pandolfi, Rodolfo,* periodista. *Pavón Pereyra, Enrique,* biógrafo de Perón. *Piaggio de Hogan, Elena,* amiga de Eva Perón. *Reta, Lilia,* militante socialista. *Righi, Carlos,* ex ministro. *Rocamora, Alberto,* ex ministro. *Dr. Rodríguez Mancini,* médico. *Rojas, Isaac* (por teléfono), ex vicepresidente de la Nación. *Romero, Sarita,* ex miembro del Partido Peronista Femenino. *Rosbaco de Marechal, Elbia,* poeta. *Rossi, Raúl,* actor. *Dr. Rozitchner, León,* psicoanalista. *Dr. Ruiz Moreno, Gerardo,* psicoanalista. *Salinas, Raúl,* ex secretario de Cultura. *Sábato, Ernesto,* escritor. *Sábato, Mario,* cineasta. *Thiébault, Valentín,* periodista. *Valenti, Alejandro,* cineasta. *Vecino, Ambrosio,* periodista. *Villanueva, Héctor,* poeta. *Walsh, María Elena,* poeta.

Vecinos de Los Toldos: *Herce, Rufino; Padre Hux Meinrado, de la Torre, Tito; Villa, Pirula; Vinuesa, Ema.*

Vecinos de Junín: *Amicucci, Dana Dora* (periodista); *Dimarco, Roberto Carlos; Lebensohn, Héctor* (periodista), *Leguizamón Cabrera, Rogelio; Müller, Dr., Ordiales Sabella, Elsa.*

Padre Hernán Benítez: entrevista inédita con la socióloga *Lila Caimari.*
Borro, Sebastián (dirigente sindical); *Castiñeira de Dios, José María; Chávez, Fermín; Lagomarsino, Raúl* (ex ministro peronista); *Kelly, Guillermo Patricio* (político); *Torres, Fernando* (dirigente sindical) y *Troxler, Leonor* (militante peronista): entrevistas inéditas sobre la resistencia peronista con la socióloga *Marta Echeverría.*